Über den Verfasser

Eugenio Barba, 1936 in Süditalien geboren, emigrierte mit achtzehn Jahren nach Norwegen, arbeitete dort als Schweißer und Seemann und absolvierte sein Studium der Romanistik und Religionswissenschaft. Seine Theaterlaufbahn begann Barba als Student der Theaterschule in Warschau 1960, die er nach wenigen Monaten wieder verließ, um sich Jerzy Grotowski anzuschließen, der zu dieser Zeit mit den Forschungen in seinem «Theaterlaboratorium» in Opole begann. Nach dreijähriger Arbeit mit Grotowski und zahlreichen Reisen, die ihn zum Studium des orientalischen Theaters besonders nach Indien führten, gründete er 1964 in Oslo das *Odin Teatret*, das seit 1966 als «Nordisk Teaterlaboratorium for Skuespillerkunst» in der dänischen Stadt Holstebro arbeitet.

In zahlreichen Vorträgen und Veröffentlichungen hat sich Barba seit 1962 zur aktuellen Theaterdiskussion und zu seiner eigenen Arbeit geäußert.

Wichtigste Veröffentlichungen: Expériences du Théâtre laboratoire 13 rzedòw (1962); Det magiske Teater (1964); A Theatre of Magic and Sacrilege (mit L. Flaszen; 1965); Le Théâtre Kathakali (1965); Totaal Theater versus de totale acteur (1965); Alla Ricerca del Teatro Perduto (1965); Il signore della Scena (1980); Priem Ostrannenija, Verfremdung, Hana (1980); La Lunga Iniziatione (1980); Sémiologie ou Anthropologie du Théâtre (1980).

Eugenio Barba

Jenseits der schwimmenden Inseln

Reflexionen mit dem Odin-Theater
Theorie und Praxis
des Freien Theaters

Mit einem Postskript
von Ferdinando Taviani

Autorisierte Übersetzung
von Walter Ybema
Das Kapitel «Theateranthropologie»
und das «Postskript» wurden
von Christoph Falke übersetzt

rowohlts enzyklopädie

rowohlts enzyklopädie
Herausgegeben von Burghard König

Deutsche Erstausgabe
Veröffentlicht im Rowohlt Taschenbuch Verlag GmbH,
Reinbek bei Hamburg, April 1985
Umschlagentwurf Werner Rebhuhn
Copyright © 1985 by Rowohlt Taschenbuch Verlag GmbH,
Reinbek bei Hamburg
«Beyond the floating Islands» Copyright © 1984
by Eugenio Barba
«Postscript» Copyright © 1984 by Ferdinando Taviani
Mit freundlicher Genehmigung des
H. M. Bergs Forlag ApS, København
Bildquellennachweis siehe Seite 6
Satz Sabon (Linotron 202)
Gesamtherstellung Clausen & Bosse, Leck
Printed in Germany
2480-ISBN 3 499 55415 1

Inhalt

Vorwort: Über geschriebenes Schweigen   7

Theater: Berufung   21
Brief an den Schauspieler D.   22
Warten auf die Revolution   24
Fremde im Theater   44

Laboratorium: Lernen zu lernen   51
Körpertraining   52
Stimmtraining   55
Worte oder Präsenz   58
Fragen zum Training   73
Zwei Briefe   77
Stimme, Ton und Musik   79
Der Lauf der Gegensätze   90
Theateranthropologie: Erste Hypothese   123
Theateranthropologie   147

Reisen: Tauschhandel   175
Zwei Stämme   176
Ein Brief aus Süditalien   187
Blätter und Wurzeln   199
Das Dritte Theater   215
Theaterkultur   217
Dialog mit Brecht   241

Postskript   253
Ferdinando Taviani: Die Geschichte des Odin   262

Quellennachweis der Abbildungen

Massimo Agus: Nr. 28, 29, 66, 68, 70, 72, 77
Peter Bysted: Nr. 88, 97, 98, 122, 124, 125, 126, 130, 131, 132, 133
Christoph Falke: Nr. 30, 31, 32
Jean-Pierre Kaba: Nr. 87, 119, 120
Catherine Poher & Jan Rüsz: Nr. 100, 101, 102, 103, 104, 105, 106
Jan Rüsz: Nr. 42, 43, 44, 45, 46
Nicola Savarese: Nr. 49, 50, 51, 52, 53, 54, 55, 56, 57, 58, 59, 61, 62, 63, 64, 65, 67, 69, 71, 73, 74, 75, 76, 78, 79, 80
Saul Shapiro: Nr. 86, 115, 116, 123
Tony D'Urso: Nr. 15, 18, 19, 20, 25, 26, 27, 33, 34, 35, 36, 37, 38, 39, 40, 41, 81, 82, 83, 84, 85, 89, 90, 91, 92, 93, 94, 96, 99, 107, 108, 109, 110, 111, 112, 113, 114, 117, 118, 121, 128, 129, 134

Alle weiteren Abbildungen: Eugenio Barba

Vorwort:
Über geschriebenes Schweigen

> Was ich auch immer sage,
> es sollte nicht als Gewißheit,
> sondern als Frage verstanden
> werden.
> *Niels Bohr*

Einige Menschen verstecken ihre Krankheiten und begraben sie tief drinnen. Es gibt zum Beispiel Herzkranke, die sich weigern, wie Behinderte zu leben, die jeden Schritt bedenken müssen. Sie führen ihr normales Leben weiter, aber sie sind sich dessen bewußt, daß die Leere sie immer begleitet.

Nach der letzten Seite kommt die erste: Dieses Vorwort, das der Abschluß des Buches sein könnte, ist sein Anfang.

Dieses Buch enthält Texte über meine berufliche Laufbahn und über die Aktivitäten meiner Theatergruppe. Beide zeichnen sich durch besondere Bedürfnisse und Bedingungen aus. Hier sind einige:
— die Tatsache, lange Zeit vom Theatermilieu nicht anerkannt worden zu sein;
— zu akzeptieren, daß andere unsere Arbeit nicht für notwendig halten;
— das Bedürfnis, uns selbst zu verändern, ohne den Anspruch, andere zu verändern;
— die Notwendigkeit, unser gesamtes theatralisches Wissen selbst zu erfinden, indem wir als Autodidakten anfingen;
— das Verlangen nach einer Disziplin, die uns freier machen könnte;
— die Sehnsucht danach, Fremde zu bleiben;
— der Drang, weit weg von den Gebieten zu reisen, in denen Theater normalerweise zu Hause ist;
— die Begegnung mit anderen ‹Emigranten›;
— die tiefe Überzeugung, daß Theater nur Revolte sein kann;
— die Suche nach einem Weg, die Bedeutung der Revolte weiterzugeben, ohne selbst unterdrückt zu werden;
— die Erkenntnis, daß es Bande zwischen uns und Personen oder Gruppen von Personen gibt, die unter ähnlichen Bedingungen leben oder gelebt haben wie wir;
— die Entdeckung einer gemeinsamen Unterströmung, die uns mit Meistern verbindet, die in Raum und Zeit weit von uns entfernt sind;
— das Bewußtsein, daß unser theatralisches Handeln aus einer Haltung gegenüber der Existenz entspringt und seine Wurzeln in einem Land jenseits einzelner Nationen und Kulturen hat.

Lange Zeit dachte ich, daß dieses Land ein Archipel schwimmender Inseln sei. Ich griff auf eine historische Analogie zurück: Ein kleineres Kapitel in der Geschichte der Neuen Welt handelt von Menschen, die

die Sicherheit des Festlandes verlassen haben, um auf schwimmenden Inseln ein gefährdetes Leben zu führen. Um ihrem Bedürfnis nach einer anderen Lebensweise treu zu bleiben, bauen sie Dörfer, Städte oder elende Wohnstätten mit einem Häuflein Erde für einen Garten dort, wo es unmöglich zu sein schien, irgend etwas zu bauen oder zu kultivieren: auf dem Wasser und den Strömen. Es waren Menschen, die entweder aus persönlichem Bedürfnis oder gegen ihren Willen ‹asozial› wurden, und denen es gelang, andere Modelle von Zusammenleben zu verwirklichen. Die schwimmenden Inseln sind dieses unsichere Gebiet, das unter deinen Füßen verschwinden kann, wo aber auch persönliche Grenzen überwunden und Begegnung möglich werden können.

Aber was gibt es jenseits der schwimmenden Inseln? Wen oder was trifft man dort?

Der ‹Geschwindigkeitsreisende›

Es gibt Leute, die leben in einer Nation, einer Kultur. Und es gibt Leute, die leben in ihrem eigenen Körper. Sie sind die Reisenden, die das Land der Geschwindigkeit durchqueren, ein Raum und eine Zeit, die nichts mit der Landschaft und der Jahreszeit zu tun haben, durch die sie gerade reisen. Man kann Monate und Jahre an einem Ort bleiben und trotzdem durch Gegenden und Kulturen reisen, die Tausende von Jahren und Tausende von Kilometern entfernt sind – in Übereinstimmung mit Gedanken und Reaktionen von Menschen, die wegen ihrer Hautfarbe oder der Geschichte weit weg von einem selbst sind. Geschwindigkeit ist eine Dimension, die letztlich nicht nach wissenschaftlichen Anforderungen gemessen werden kann, auch nicht, wenn Wissenschaft und Fortschritt selbst ihre Wurzeln in dieser unmeßbaren Dimension haben.

In dieser Dimension, im Zentrum dieses Landes, das durch unseren lebendigen Körper begrenzt ist, gibt es eine Hauptstadt mit dem Palast des Herrschers; in dem Palast gibt es ein geheimes Zimmer, und dieses Zimmer ist das Herz. Das Herz dieses Landes, unseres lebendigen Körpers, ist ein Gewebe fixer Ideen, besonderer Probleme, persönlicher Besessenheiten und versteckter Krankheiten.

Diese Reisenden jenseits von Raum und Zeit kann man auch im Theater treffen. Die Bedeutung ihres Lebens und ihrer Revolte wurden vergessen. Manchmal wurden sie selbst vergessen, manchmal wurden sie nur berühmt.

Einer von ihnen hatte zum Beispiel eine sehr persönliche Besessenheit: Wie wäre es möglich, seine Rolle jeden Abend mit der gleichen Qualität fließenden Lebens zu wiederholen, ohne sie mechanisch festzulegen?

Einer von ihnen suchte nach dem ‹Neuen Menschen› im Schauspieler.

Einer von ihnen wollte, daß das Theater transzendente Wirklichkeit enthüllt, Wirklichkeit, die wahrer ist als diejenige, die wir wahr nennen und die hinter dem Schleier unserer Welt und unserer Psychologie liegt.

Einer von ihnen erschöpfte sein Leben darin, das Theater als große chinesische Mauer zu errichten, ein Schutz gegen die irrationalen und emotionalen Wogen, die die Tage und Jahre in Verwirrung brachten und die unergründliche Dialektik der Geschichte verdunkelten.

Schließlich begann einer von ihnen, vielleicht derjenige, der mir am nächsten steht, sicherlich derjenige, der mir der teuerste ist, damit, daß er Polen verändern wollte; dann veränderte er das Theater und seinen Beruf, und dann versuchte er, das Leben einzelner Menschen zu verändern.

Der Bewohner einer großen Theatertradition und der ‹Geschwindigkeitsreisende› leben gemeinsam auf der Landkarte der Theater und ihrer Geschichte, und es ist schwer, sie davon getrennt zu sehen. Der erste lebt im Rahmen eines Erbes, das er den nachfolgenden Generationen weitergibt; manchmal in verarmter Form, manchmal verändert und bereichert. Der letztere betrachtet, wenn er an einem bestimmten Punkt auf seinem Weg angekommen ist, seine Hände, und er entdeckt, daß er mit ihnen etwas ganz anderes aufgebaut hat als das, was er im Sinn gehabt hatte.

Lange Zeit wanderte der ‹Geschwindigkeitsreisende› mit einer Gruppe. Dann entdeckte er, daß er allein mit anderen einsamen Leuten gegangen war. Er ging weiter.

Aber was sieht er jenseits der Gesichter, die er kennt?

Hier mache ich eine Pause: Ich halte an und schaue zurück.

Reflexionen
über einen zwanzigjährigen Sechzigjährigen

Odin Teatret, meine Gruppe, ist zwanzig Jahre alt. Zwanzig Jahre sind für eine Gruppe soviel wie sechzig Jahre für einen einzelnen Menschen. Wenn ich mich umblicke, stelle ich fest: Wir sind nicht jung gestorben. In der Geschichte des Theaters ist das außergewöhnlich.

Ich frage mich, welche konkreten, unprogrammierten Fakten zu diesem zerbrechlichen Gleichgewicht geführt haben, das uns nicht nur erlaubte, durch unsere Jugend zu kommen, sondern auch in unserer Reife weiter zu wachsen und uns zu verändern. Ich frage mich, welche Logik hinter den Episoden steht, die von den Umständen diktiert wurden. Ich frage mich, ob hinter der Nebelwand der Biographie einer Gruppe Informationen entdeckt werden können, die für andere nützlich sein könnten.

Im Leben unserer Gruppe gibt es scheinbar zwei verschiedene Perioden. Die erste Periode begann 1964, als das Odin Teatret gegründet wurde, und sie dauerte zehn Jahre. Diese Periode war von einer Arbeitsintensität bestimmt, die uns im nachhinein sehr hart erscheint, so hart, daß wir heute vermutlich nicht mehr in der Lage wären, sie auszuhalten: mehrere Stunden tägliches Training, Vorbereitungszeiten für jede neue Produktion von ein oder zwei Jahren. Die Gruppe öffnete sich gegenüber der Außenwelt durch die Vorstellungen. Die Vorstellungen wurden vor sechzig bis siebzig Zuschauern gezeigt, so viele, wie in unserem Arbeitsraum Platz finden konnten. Es waren vor allem *unsere* Vorstellungen, und wir weigerten uns, sie zu verändern, wenn wir auf Tournee waren und es möglich gewesen wäre, mehr Zuschauer unterzubringen. Die Vorstellungen blieben innerhalb der Grenzen des kleinen Bereichs, in dem sie entstanden waren: nie mehr als sechzig oder siebzig Zuschauer.

Die gesamte Arbeit des Schauspielers, sein Training und seine persönliche Forschung, fand isoliert von jeder fremden Beobachtung statt. Unsere beiden Arbeitsräume in Holstebro waren abgetrennte (etymologisch gesprochen: ‹geheime›, (engl.: secret; Anm. des Übers.) Bereiche, in denen sich die Forschung des Schauspielers, geschützt vor äußeren Störungen, in gegenseitigem Vertrauen entwickeln konnte, ohne der Tyrannei halbreifer Urteile und dem hastigen Zwang zur Produktion unterworfen zu sein. Sieht man von unseren Vorstellungen ab, so wurden wir für die Außenwelt durch Tätigkeiten sichtbar, die zu dieser Zeit niemand zu den Aufgaben eines Theaters gerechnet hätte: Organisation von Kursen und Seminaren, Tourneen ausländischer Produktionen, Publikation von Büchern und einer Zeitschrift, soziologische Gutachten, Produktion didaktischer Theaterfilme.

Die zweite Periode im Leben unserer Gruppe begann 1974 mit einem langen Aufenthalt in einem Dorf in Süditalien. Es schien uns ganz natürlich, uns dort so zu verhalten, wie wir es gewohnt waren: ‹geheime› Trainingsarbeit und ‹geheime› Vorbereitung einer neuen Produktion, Aktivitäten, die nicht nach draußen gerichtet waren. Aber in dieser Situation, in diesem Dorf in Süditalien, erzeugte ein ‹Geheimnis› Neugierde, die uns zu der Frage zwang, ob ‹Geheimhaltung› wirklich noch notwendig wäre. Wir entdeckten, daß sie nicht mehr notwendig war.

Unsere tägliche Arbeit, unser Training, von dem wir geglaubt hatten, es ginge nur den einzelnen Schauspieler in der Gruppe an, wurde in dem Augenblick zu etwas anderes, in dem es sich nach außen öffnete. Es enthüllte das Gewebe unserer internen Beziehungen, dasjenige, was uns nicht als Schauspieler, sondern als eine kleine Gruppe von Leuten mit einer gemeinsamen Geschichte und gemeinsamen Haltungen (vielleicht nicht ausgesprochen, aber sicherlich konkret und sichtbar) gegenüber der uns umgebenden Realität ausmacht.

Die ‹Geheimhaltung›, die dazu bestimmt gewesen war, uns die bestmöglichen Bedingungen für unsere berufliche Entwicklung zu garantieren, hatte ein unerwartetes Ergebnis hervorgebracht: die Kristallisation einer ‹Gruppenkultur›.

‹Gruppenkultur› — wenn ich jetzt diesen Ausdruck niederschreibe, dann stört er mich fast. Seit Jahren schon habe ich darüber gesprochen und geschrieben. Jetzt läuft er Gefahr, hohl zu werden und zu einem Slogan zu verkommen. ‹Gruppenkultur› ist nichts als ein eleganter Ausdruck dafür, daß eine Gruppe Wissen und Erfahrung gemeinsam hat, sie ihr eigenes Training entwickelt, sie ihre künstlerischen Visionen gefunden und ihren Gegenstand gewählt hat. Genauso muß es sein, wenn man es mit einer Theatergruppe zu tun hat.

Beides, die ‹geheime› Aktivität und das Spielen an Orten, an denen es kein Theater gibt, zeigte uns, daß es möglich war, unser Handwerk zu einem Instrument für Veränderung zu machen — Veränderung für uns genauso wie für andere, vorausgesetzt, daß wir uns entweder diesseits des Theaters (‹geheime› Aktivitäten) oder jenseits des Theaters (‹Tauschhandel›) aufhielten. Auf der einen oder auf der anderen Seite des Theaters zu sein, das ist der Weg des Odin Teatret gewesen. Was zu ihrer Zeit zwei sich ergänzende Perioden waren, sind heute die beiden Pole einer einzigen Praxis.

Jenseits des Theaters gab es den ‹Tauschhandel›: den Austausch unseres theatralischen Angebots — Training, Vorstellungen, pädagogische Erfahrung — gegen die Kultur anderer Theatergruppen oder Gemeinschaften. Er bedeutete auch, daß Theater auf andere Weise und in anderen Zusammenhängen benutzt wurde. Aber vor allem war er ein Mittel, abgestumpfte Beziehungen neu zu beleben: ein Mittel, um von der Begegnung mit einem ‹Geister-Publikum›, das an einem Abend auftauchte und wieder verschwand, zur Begegnung mit einem Publikum zu gelangen, das sowohl den Schauspielern zuschaute als sich auch selber zeigte und darstellte.

Auf der hiesigen Seite des Theaters gab es das ‹geheime› Theater, geheim im Sinn von abgeschlossen: ein Ort, an dem eine kleine Gruppe von Leuten – einige Schauspieler und ein Publikum – sich versammelten. Sie hatten einander gewählt, um die Kräfte, die die menschliche und soziale Wirklichkeit beherrschen, zu zerlegen, sich mit ihren eigenen Fragen, ihren ungelösten Rätseln zu konfrontieren und um die Bruchstücke des Vergangenen und der Zukunft zu betrachten, die im Spiegel der Vorstellung verzerrt und vergrößert wurden.

Beide, die ‹geheimen› Aktivitäten und der ‹Tauschhandel›, basieren auf gegenseitigen Interessen und Erwartungen, nicht auf einer vagen und allgemeinen künstlerischen Neugierde. Der Tauschhandel enthält das Geheimnis, wie man Theater gleichzeitig nutzen und verschwenden kann. Und das ‹Geheime› enthält den Höhepunkt eines Austausches.

Diese beiden Perioden im Leben unserer Gruppe erscheinen Betrachtern oft als zwei gegensätzliche Phasen. Vom Standpunkt der Ergebnisse aus gesehen trifft das zu. Vom Standpunkt des Prozesses aus gesehen war es jedoch eine folgerichtige und konsequente Entwicklung.

Zuerst legte die Gruppe ein Fundament für ihr internes und externes Leben. Dann entwickelte sie auf diesem Fundament Aktivitäten, die die Grenzen des Theaters durchbrachen. Nur oberflächlich betrachtet gibt es Widersprüche, Sprünge, Trennungen zwischen diesen beiden Perioden: der Periode, in der das Theater geschlossen und auf sich selbst konzentriert war, und der Periode, in der es sich in die Welt hinein zu werfen schien. Nur weil wir uns zehn Jahre lang auf die Bedingungen unserer Arbeit konzentrierten und weil es uns gelang, uns selbst zu verändern, bevor wir erwogen, ob das Theater oder die Gesellschaft verändert werden könnten, sind wir heute weitgehend dazu in der Lage, uns davor zu bewahren, nur eine Art theatralischer Organisation zu sein.

Im Leben einer Gruppe wie im Leben eines Individuums kommt die Zeit, da die Bedingungen für eine gewisse Sicherheit gewährleistet sind. Dann steht man einer fatalen Alternative gegenüber: entweder in der sicheren Routine zu bleiben oder noch mehr Stabilität zu gewinnen. Um zu vermeiden, im Griff dieser schraubstockartigen Situation gefangen zu werden, ist es wichtig zu wissen, in welche Richtung man seine Energien einsetzen will. Es ist dieser kritische Augenblick, in dem der Faden jederzeit reißen kann. Jeder sucht nach seinem eigenen Weg. Der Druck wird derart zentrifugal, daß die Gruppe sich in individuelle Projekte zersplittert oder auf der Suche nach frischem Sauerstoff, neuen Herausforderungen, anderen Beziehungen nach draußen flüchtet.

Oft wird angenommen, daß eine Gruppe stabil ist, wenn ihre Mitglieder sich ähneln. Im Gegenteil, es ist notwendig, auf der Grundlage des Vertrauens jedes einzelnen in die anderen und ohne Illusionen nach den gegenseitigen Differenzen zu suchen. So entsteht eine solide, vereinigende Grundlage unter aller Verschiedenheit. Oberflächliche Gemeinsamkeit jedoch, selbst wenn sie in einer Gemeinsamkeit von Ideen und Absichten besteht, wird vom ersten Wind weggefegt.

In professionelle Begriffe könnte man das so übersetzen: Wenn man die Arbeit einer Gruppe von Schauspielern sieht und man feststellt, die Arbeit eines Schauspielers gleicht der Arbeit der anderen und umgekehrt, dann bedeutet das fast immer, daß diese Gruppe lediglich gewisse Theorien gemeinsam hat. Wenn diese Theorien verbraucht sind, ist die künstlerische Entwicklung in Gefahr zu veröden. Es ist ein gutes Zeichen, wenn die Arbeit der einzelnen Schauspieler einer Gruppe sich in so unterschiedliche Richtungen entwickelt, daß sie vom technischen und ästhetischen Gesichtspunkt her gesehen keine Beziehung mehr zueinander zu haben scheinen. Diese Verschiedenheit, dieser Mangel an Homogenität im Ergebnis ist vielleicht einer der verläßlichsten Beweise für tiefe methodische Einheit.

Diese methodische Einheit besteht darin, die Impulse zu nähren, die jeden einzelnen dazu treiben, seinen eigenen Weg zu verfolgen, bis er sich selbst und seine Visionen, nicht die seines Lehrers, trifft. Was bleibt dann von der Beziehung zwischen dem Lehrer und seinem Schüler?

Führt die Suche nach dem eigenen Weg unwiderruflich zur Einsamkeit?

Drachengeschichten

Man erzählte mir einmal von einer Diskussion, die unter Mitgliedern verschiedener Theatergruppen stattfand. Jemand behauptete, daß das Odin einen Weg gezeigt habe, den auch andere Theatergruppen gehen könnten. Odin sei Avantgarde im politischen, nicht im künstlerischen Sinn. Jemand anders sagte dann: «So können wir uns zu einer Gruppe wie dem Odin nicht verhalten.»

«Und warum nicht?» fragte ein weiterer.

«Weil das Odin wie ein Drache ist», antwortete der erste. «Ich habe es aus dem I Ging (chines. Horoskop; Anm. d. Übers.) erfahren.»

Ich kann mir vorstellen, wie einige der Anwesenden anfingen zu lächeln. Aber der, der gesprochen hatte, wurde seiner immer sicherer und fing an zu erklären. Es sei nicht seine persönliche Meinung, hob er hervor. Ob sie es glauben wollten oder nicht, sei ihnen überlassen, aber das I Ging habe es gesagt; sie sollten wenigstens zuhören. Es sei ein Fehler anzunehmen, das Odin sei eine starke Gruppe. Das Odin habe keine starken Bindungen, mit denen es in der Welt verankert sei. Es sei viel zerbrechlicher, als die Leute dächten, weit weniger mächtig, als es schien: Es sei nur durch eine dünne Schnur mit der Erde verbunden. Aber das Odin sei wichtig, weil es die Winde aufspüre. Es hätte keinen Sinn, dem luftigen Weg des Odin zu folgen. Dann hatte das I Ging hinzugefügt: «Orientiere dich an den Winden, aber folge den Wasserwegen.»

Es ist in der Tat unmöglich, die Harmonie der Winde, ihren immerwährenden und ständig wechselnden Einklang weiterzugeben.

Die Theatergeschichte ist voll von Reisen, deren Routen nicht weitergegeben werden.

Trotz der großen Distanz, die die Produktionen des Berliner Ensembles in den fünfziger und Grotowskis' in den sechziger Jahren voneinander trennte, vermittelten beide das gleiche Gefühl von Stimmigkeit, den gleichen Eindruck von ‹Harmonie›, durch die eine persönliche Suche etwas Gegenständliches hervorgebracht hatte. Aber diese Suche folgte so individuellen Wegen – wie die Harmonie der Winde, die den Flug eines einsamen Papierdrachens führen –, daß sie jede Möglichkeit auszuschließen schien, den Prozeß zu wiederholen, der das Ergebnis hervorgebracht hatte.

Selbst die Zuschauer Stanislawskis müssen am Anfang dieses Jahrhunderts diesen gleichen Eindruck einer neuen, höchst persönlichen Harmonie erhalten haben.

Harmonie ist keine statische Schönheit, sondern aktive Proportion. Bewegung in Ruhe.

Das Bedürfnis nach Harmonie ist nicht das Bedürfnis, ein Problem zu lösen. Es ist der Impuls, die Umgebung in einer Art zu verändern, die auch für einen selbst schwer zu erklären ist.

Harmonie ist Einklang zwischen Spannungen. Wenn ich spüre, daß mir etwas Wesentliches fehlt, dann gibt es in mir keine Harmonie. Es ist, als gäbe es in mir eine Leere, und ich bin genötigt, sie zu füllen. Deshalb setze ich mich in Bewegung. Dieses In-Bewegung-Sein, um die Leere zu versöhnen, enthüllt die Bedeutung dessen, was mich treibt und nährt.

Stellen wir uns einen Menschen von schwacher körperlicher Konstitution vor mit einer fast unbrauchbaren Hand, mit Augen, die kaum sehen können. Dieser Mensch lebt in einer Zeit, in der die Sterne und Planeten mit bloßem Auge studiert werden und in der dieses Studium große Ausdauer verlangt, um die ganze Nacht wachsam den Himmel zu erforschen. Johannes Kepler war so ein Mensch, der zum Astronomen anscheinend völlig ungeeignet war.

Er war von dem Bedürfnis besessen, das Mysterium der Schöpfung und das Geheimnis ihrer Harmonie zu lösen: Er fragte sich, warum gibt es sechs Planeten (so viele waren zu dieser Zeit bekannt) und nicht zwanzig oder dreiunddreißig? Warum sind sie durch genau diesen Abstand voneinander getrennt? Warum bewegen sie sich mit genau dieser gegebenen Geschwindigkeit?

Seltsame, nutzlose Fragen, und noch seltsamer waren die Wege, auf denen er nach Antworten suchte: Er dachte, daß die verschiedenen Entfernungen zwischen den sechs Planeten eine Beziehung unter ihnen zeigt, die einer Reihe regelmäßiger Polyeder ebenso wie den Intervallen der Noten auf der Tonleiter entspräche.

Welche Methode für künftige wissenschaftliche Entdeckungen hätte Kepler jemals seinen Schülern weitergeben können? Und trotzdem, diese extrem persönliche, mystische und pythagoreische Besessenheit führte ihn zu der Entdeckung, daß die Kreisbahnen der Planeten elliptisch sind, und zum Beweis der Hypothese des Kopernikus, nach der die Sonne das Zentrum des Universums ist. Er fand dutzende weiterer Fakten, die zum erstenmal zeigten, daß für Erde und Himmel die gleichen physikalischen Gesetze gelten. Dies war die Grundlage für die Theorie vom Gravitationsgesetz, das Newton kaum ein Jahrhundert später formulierte.

Heute zeigen viele Theoretiker, daß es in wissenschaftlichen Entdeckungen einen verborgenen privaten Zusammenhang gibt, was nicht zu der weitverbreiteten Annahme paßt, daß Ideen Rationalität hervorbringen. Paradoxe, scheinbar irrationale Argumente, Vorurteile, persönliche Leidenschaften und die Ausdauer in der Suche wirken manchmal zusammen, um eine Harmonie zwischen einsamer Herausforderung und möglicherweise überzeugenden Ergebnissen herzustellen.

Ein persönlicher Kampf, der niemals in eine allgemeingültige Methode übersetzt werden könnte, treibt die größten Mathematiker an, eine Art Schönheit, eine ästhetische Symmetrie zu suchen. Dieser Kampf ähnelt dem, was den Musiker in Thomas Manns Erzählung («Tonio Kröger»; Anm. des Übers.) dazu brachte, eine bildliche Harmonie in den Noten seiner Partitur zu suchen.

Poincaré sagte, daß für den Mathematiker die Suche nach einer «dem Nichteingeweihten unbekannten» ästhetischen Harmonie grundlegend für die Geburt neuer Ideen sei.

Wie in der Geschichte der Wissenschaft so auch in der Geschichte der Kunst und des Theaters: Das Wesentliche liegt hinter der Entwicklung von Methoden und pädagogischen Absichten, unter der Überlieferung von Wissen versteckt. Das Wort ‹Harmonie› symbolisiert die Bedeutung dieses persönlichen Kampfes auf der Suche nach neuen Spannungen, die Leben erneuern und verlorene oder sich verlierende

Bedeutung wiedergewinnen können: keine neuen Tatsachen, aber neue Beziehungen unter den Tatsachen.

Wenn in der Kunst und Wissenschaft Papierdrachen fliegen, wenn diese Spannungen zu Ergebnissen führen, die für die Umgebung Wert zu haben scheinen, dann sieht es aus, als sei ein Vorrat an Wissen angesammelt worden, der denen, die nach uns kommen und uns folgen wollen, vererbt werden sollte.

So gibt es scheinbar viel zu lehren. Wir wissen jedoch, daß Ergebnisse immer die Gefahr bergen, zu Ballast zu werden. Das Wesentliche war, wie unser persönliches Gefühl für Leere und unsere Hartnäckigkeit, sie zu versöhnen, mit den Winden kreuzte.

Nichts davon kann weitergegeben werden. Es ist die Zone des Schweigens.

Trotzdem ist es unsere Pflicht zu sprechen, gerade deshalb, weil das Wesentliche stumm ist.

Ergebnisse werden von der Motivation bestimmt, nicht von dem Weg, den die Suche nimmt. Trotzdem ist der Weg, den man gegangen ist, das einzige, was weitergegeben werden kann.

Aber nicht immer. Durch eine lange Beziehung von Person zu Person ist es möglich, all das, was man in Jahren an Erfahrung gesammelt hat, an einen anderen weiterzugeben, ohne jemals über das Wesentliche zu sprechen. So ist es in der orientalischen Theatertradition in der Beziehung *Guru – shishya*. Trotzdem vermag das Schweigen am Ende etwas hervorzubringen, das unerwartet und sogar den beteiligten Personen unbekannt gewesen sein kann. Dieser Prozeß folgt einer Logik, die der Logik pädagogischen Wissens überlegen ist.

Eine solche Beziehung muß Jahre um Jahre dauern. Sie verlangt eine bestimmte Haltung von seiten des Schülers gegenüber den Werten, die der Lehrer verkörpert. Mehr als der Meister ist es die Zeit, die Strömung des Windes, die eine Prägung hinterläßt. Und mehr als mit seiner Aufmerksamkeit absorbiert der Schüler unterhalb der Schwelle seines Bewußtseins Hinweise auf das, was für ihn wesentlich ist.

Eine solche Beziehung muß sich auf wenige Menschen beschränken. Was unter ihnen weitergegeben wird, ist eigentlich ein Same aktiven Schweigens, der in der Frucht eines fast wissenschaftlich formulierbaren Wissens versteckt liegt. Wenn die pädagogische Beziehung sich öffnet und einen größeren Kreis von Menschen einbezieht, dann ist nur noch das Mark dieser Frucht übrig. Und wenn man von der direkten Beziehung zum geschriebenen Wort übergeht, wo derjenige, der schreibt, nicht wissen kann, für wen er schreibt, dann werden die Worte marmorn und verlieren ihr aktives Schweigen.

Aus diesem Grund erscheinen Stanislawski oder Brecht, Copeau oder Grotowski und viele andere, die einst Meister und ‹Geschwindigkeitsreisende› waren, heute wie Statuen.

Gibt es einen Weg, seine eigenen Erfahrungen weiterzugeben, die Aufmerksamkeit auf das Wesentliche daran zu lenken und trotzdem die Entwürdigung zu vermeiden, die mit der Erweiterung des Radius des Wortes droht?

Das Wort, das nicht mehr von Person zu Person kommuniziert wird, muß sich des Anscheins entledigen, als wolle es unbedingt sprechen. Das Wort müßte sich zurückziehen, auf der Lauer liegen. Dieses ‹Auf-der-Lauer-Liegen›, etwas zu erhaschen, worüber nichts gesagt wird, kann das geschriebene Wort ausdrücken. Das Wort wird sich dazu mit künstlerischem Wissen und Erfahrung verkleiden, wird Gesetze und Entdeckungen hervorheben. Aber wenn es gelingt, dies zu erreichen, dann wird sein ehrlichster Wert darin liegen, eine Form für *Nichtsagen durch Sagen* zu sein.

Je mehr man das geschriebene Wort benutzt, um sich der Bedeutung der mündlichen Überlieferung zu nähern, desto weiter entfernt man sich. Und je weiter man sich entfernt, desto näher kommt man.

Ich sagte mir also: Versuche nicht, irgend etwas über künstlerischen Ausdruck zu lehren. Liege auf dem Gebiet der vorexpressiven Arbeit auf der Lauer. Versuche nicht, mit warmen Worten Glut zu vermitteln. Versuche, Glut im kühlen Griff einer Sprechweise, bar jeder Emotion, einzufangen. Versuche nicht zu beschreiben, was der fruchtbarste Teil deiner Erfahrung war. Sprich von der trockenen Arbeit, die die Erfahrung weiterführt.

Aber warum? Für wen?

Warum, wenn wir selbst wie Menschen zum Theater kamen, die nach den Winden hungerten, die die Leere ausfüllen wollten, die wie schwimmende Inseln weit weg vom Festland leben wollten?

Es weitergeben an wen?

In den Jahren meines professionellen Theaterlebens haben verschiedene Leute mir bei verschiedenen Gelegenheiten die gleiche Frage gestellt: Für wen machst du Theater?

Ich habe in verschiedener Weise geantwortet. Ich bin der Frage ausgewichen, und ich habe sie analysiert. Ich habe durchblicken lassen, daß ich nur für mich selbst Theater mache oder für zwei oder drei Personen, die ich gut kenne, oder für ein nichtanwesendes und doch anwesendes Publikum von nur einer Person, von der ich mir vorstelle, daß sie in der Arbeit neben mir steht, und deren Urteil für mich ein Maß für Objektivität ist.

Heute denke ich mehr, für diejenigen Theater zu machen, die 1994 zwanzig Jahre alt sein werden, die geboren wurden, als das Odin Teatret *Min Fars Hus* (Das Haus meines Vaters) spielte.

Ich glaube, dies ist im Augenblick die Antwort auf die Frage, die mir so oft gestellt wurde. Aber es ist auch die Antwort, die der Leere am meisten entgegensieht, denn sie bedeutet Theater zu machen, das verschwinden wird, für ein Publikum, das noch nicht erschienen ist.

Im Herzen

«Jedesmal, wenn der Boden unter deinen Füßen zu beben anfängt, jedesmal, wenn du dir der Sicherheit deiner gemachten Erfahrungen nicht mehr gewiß bist», riet mir Grotowski einmal, «geh zu deinen Ursprüngen zurück, dahin, wo du angefangen hast.» Wir saßen in einem polnischen Bahnhofsrestaurant, es war vor einem Vierteljahrhundert. Er fügte hinzu: «Das rät auch Stanislawski: Geh zurück zu deinen Ursprüngen, zurück zu deinem ersten Tag im Theater.»

Unser erster Arbeitstag bestimmt die Bedeutung unseres Weges.

Jedesmal wenn ich an diesen Rat denke, schwebt mir das Bild eines fünfjährigen Kindes vor, eines zurückgebliebenen Kindes, das glaubte, ein Wunder zu erleben, als sein Vater ihm einen Taschenkompaß gab. Als er zweiundsechzig Jahre später an seiner Autobiographie schrieb, sagte Einstein: «Diese Erfahrung ließ bei mir einen tiefen und nachhaltigen Eindruck zurück. Alles muß tief in sich etwas versteckt haben.»

Was ist dann mein Ursprung? Wie war mein erster Tag im Theater? – Vielleicht war es der Tag der Trennung, der Tag, an dem ich meine Muttersprache verlor und mich in einem Land zum Fremden machte, das nicht mein Geburtsland ist.

Zweifellos war das der Tag, an dem ich, ohne es zu bemerken, zu einer schwimmenden Insel wurde, zu einem ‹Geschwindigkeitsreisenden›, zum Bürger eines einzigen Landes, meines Körpers im Leben. In verschiedenen Kulturen zu Hause, trotzdem immer Fremder. Mit dem Wunsch, andere, ähnliche Inseln zu treffen, andere Inselgruppen. An diesem Tag begann ich meine Suche: individuelle Grenzen zu überwinden, die umgebende Wirklichkeit zu treffen, zu versuchen, neue Lebensbedingungen zu schaffen; eine Gruppe wie eine kleine Insel, die sich vom sicheren Festland ablösen kann und trotzdem bebaubar bleibt; sie erstarken lassen, aus ihren Schwächen einen Hebel machen; die eigene Identität, das eigene Sein durch Unterscheidung von anderen wiederzuentdecken.

Aber was gibt es jenseits der schwimmenden Inseln? Wen oder was trifft man dort? Was siehst du jenseits bekannter Gesichter?

Wenn ich einen Augenblick zurückblicke, dann denke ich: «Welch lange Vorbereitung!»

Ich frage mich: wozu? Und ich antworte, indem ich an den Spruch erinnere: Es braucht sechzig Jahre, um einen Menschen zu machen, und wenn er fertig ist, dann taugt er zu nichts als zum Sterben.

Wenn ich nach vorn blicke, dann sehe ich das Große Theater: nutzlos und ungerechtfertigt.

Jacek Wojszczerowicz war klein, alt, und er war nie schön gewesen. Sein Gesicht war von Runzeln verwüstet und sein Schädel fast kahl. Er war Pole und Schauspieler. Nach einem Herzanfall rieten ihm die Ärzte, mit dem Spielen aufzuhören. Ein zweiter Herzanfall folgte. Die Ärzte sagten ihm, er werde sicherlich sterben, wenn er weiter auf die Bühne ginge. Er blieb hartnäckig. Zweimal die Woche schleppte er sich, eine schwere Rüstung tragend, vorwärts, als würde er von einem wohlgehüteten Geheimnis erdrückt. Er war Richard der Dritte. Zwei Tage im voraus begann er mit den Vorbereitungen für die Vorstellung. Er aß nur Suppe und trank nur Wasser. Er ging in seinem Raum hin und her, auf und ab, ohne Pause, als wolle er seinem Körper versichern: «Wir schaffen es!»

Am Tag der Vorstellung fastete er wie ein Mönch, der sich auf die Messe vorbereitet. Aber er dachte nur daran, den Magen vor der Anforderung der Vorstellung zu erleichtern. Um drei Uhr Nachmittags verließ er sein Haus und ging zu Fuß zum Theater. Er wohnte in einem Vorort: Er ging mit einem bestimmten Schritt in die Stadt und murmelte seine Verse. Leute, die ihn vorbeikommen sahen, dachten, er sei betrunken oder verrückt.

Wieder zog er seine Rüstung an. Schon kam die Zeit, wo er nicht mehr auf seine Mitspieler achtete, wo er nicht mehr auf die Zuschauer achtete, sondern um sich spähte und nach dem Tod suchte.

«Ich spiele nicht für das Publikum, sondern für Gott.»

In Warschau, in der Theaterschule, in der ich den ersten Tag meiner Lehrzeit verbrachte, schien es mir, als sollten vielleicht nur Leute mit Herzschwächen Schauspieler sein.

E. B.

Theater: Berufung

Du mußt die Leute gut zahlen lassen, wenn du das Theater machst, das sie haben wollen. Aber du mußt aus deiner eigenen Tasche zahlen, wenn du das Theater machst, das du haben willst.
Vsevolod Meyerhold:
Gespräche mit Gladkov

Brief an den Schauspieler D.

Dieser Brief wurde 1967 von Eugenio Barba an einen Schauspieler des Odin Teatret geschrieben. Er ist in Büchern und Zeitschriften in verschiedenen Teilen der Welt veröffentlicht worden, um zu zeigen, welche Vorstellung das Odin Teatret von Theater hat und um allgemein die Auffassung vom neuen Schauspieler darzulegen. Der Brief wurde erstmals in dem Buch «Synspunkter om Kunst» veröffentlicht (Kopenhagen 1968).

Oft ist mir in deiner Arbeit mangelnde Ernsthaftigkeit aufgefallen. Das ist nicht das gleiche wie Mangel an Konzentration oder gutem Willen. Es ist Ausdruck zweier Haltungen.

Erstens scheint es, als wären deine Handlungen nicht von innerer Überzeugung oder von einem zwingenden Bedürfnis getrieben. Das wird in deinen Übungen, in deinen Improvisationen und in den Aufführungen sichtbar. Es mag sein, daß du dich auf deine Arbeit konzentrierst, daß du keine Energie sparst; vielleicht sind deine Gesten technisch korrekt und präzise, aber deine Handlungen bleiben leer. Ich kann dir das, was du machst, nicht glauben. Dein Körper sagt deutlich: «Man hat mich aufgefordert, das zu tun.» Deine Nerven, dein Gehirn und deine Wirbelsäule sind nicht vollständig beteiligt, und mit diesem halbherzigen Dabeisein willst du mich davon überzeugen, daß das, was du tust, für dich existentiell ist. Du selbst spürst nicht, wie wichtig das ist, was du mit den Zuschauern teilen willst. Wie kannst du dann erwarten, daß die Zuschauer von deinen Handlungen ergriffen werden? Wie kannst du mit dieser Einstellung ein Verständnis von Theater als einem Ort aufrechterhalten, an dem gesellschaftliche Hemmungen und Konventionen aufgebrochen werden, um einer offenherzigen Kommunikation Platz zu machen? Du repräsentierst in diesem Raum die Gemeinschaft mit den Demütigungen, die du erfahren hast, den Erniedrigungen, die dich verschlossen gemacht haben, deinem Zynismus, der eigentlich Selbstschutz ist, und deinem Optimismus als Ausdruck von Unverantwortlichkeit – all das zusammen mit deiner Schuld, deinem Bedürfnis nach Liebe, dem Verlangen nach einem verlorenen Paradies, das in der Vergangenheit verborgen liegt, nah bei dem Menschen, der dich die Furcht vergessen lassen könnte.

Jeder, der mit dir in diesem Raum zusammen ist, wird berührt sein, wenn es dir gelingt, diese Quellen, diesen gemeinsamen Boden menschlicher Erfahrung, die verborgene Heimat wiederzuentdecken. Das ist das Band, das dich mit den anderen verbindet, ein Schatz, der tief in jedem von uns vergraben liegt; nie gehoben, weil er unser einziger Trost ist und weil es weh tut, wenn wir ihn berühren.

Eine zweite Haltung, die ich an dir beobachte, ist die Angst, dir die Ernsthaftigkeit deiner Arbeit einzugestehen. Du hast das Bedürfnis zu lachen, zu spötteln und witzige Kommentare über das zu machen, was du und deine Kollegen tun. Es ist, als ob du vor der Verantwortung fliehen wolltest, von der du spürst, daß sie zu deinem Beruf gehört. Ein Beruf, der darin besteht, Kommunikation mit Menschen herbeizuführen und die Verantwortung für das zu übernehmen, was du freilegst. Du fürchtest dich vor der Ernsthaftigkeit, vor dem Wissen, daß du dich an der Grenze des Zulässigen befindest. Du hast davor Angst, daß deine Arbeit Langeweile, Fanatismus oder Überspezialisierung bedeuten. Aber in einer Welt, in der die Menschen um uns herum entweder an nichts mehr glauben oder nur vorgeben an etwas zu glauben, um in Ruhe gelassen zu werden, wird derjenige, der tiefer in sich gräbt, der sich Klarheit über seine Situation, über den Mangel an Idealen, über sein Bedürfnis nach geistigem Leben verschafft, immer fanatisch oder naiv genannt werden. In einer Welt, in der Lügen zum Alltag gehört, wird derjenige, der nach seiner eigenen Wahrheit sucht, für einen Betrüger und Heuchler gehalten.

Du mußt akzeptieren, daß alles, was du schaffst, alles, was du durch deine Arbeit freisetzt und gibst, auch ein Stück Leben ist, das Beachtung und Respekt verdient. Dein Handeln vor der Gemeinschaft der Zuschauer sollte seine Kraft aus der Flamme nehmen, die im glühenden Eisen verborgen ist, aus der Stimme im brennenden Busch. Nur dann wird dein Handeln in den Gefühlen und den Erinnerungen der Zuschauer weiterleben und zu unvorhersehbaren Konsequenzen führen.

Wir wissen, daß sich Dullins Gesicht auf dem Sterbebett in alle wichtigen Rollen verwandelte, die er gespielt hatte: Smerdiakow, Volpone, Richard III. Es starb nicht nur der Mensch Dullin, sondern auch der Schauspieler mit den vielen Stadien seines Arbeitslebens.

Wenn ich dich frage, warum du Schauspieler geworden bist, wirst du antworten: «Um mich selbst zu verwirklichen, um mich auszudrükken.» Aber was bedeutet das? Wer hat sich selbst verwirklicht? War es der Manager Hansen, der ein ruhiges Leben geführt hat, angesehen und ohne Probleme, nie von unlösbaren Fragen gequält? Oder war es der romantische Gauguin, der mit allen gesellschaftlichen Normen gebrochen hatte und sein Leben in unendlicher Armut und erniedrigt in einem polinesischen Dorf beendete, überzeugt, die verlorene Freiheit Noa-Noa gefunden zu haben? In einer Zeit, in der der Glaube an Gott als Neurose diagnostiziert wird, fehlen uns Maßstäbe, an denen wir unser Leben messen können und die uns zeigen, ob wir uns verwirklicht haben. Es spielt keine Rolle, welche persönlichen, verborgenen Beweggründe dich zum Theater gebracht haben; wenn du einmal dabei bist, mußt du eine Bedeutung dafür finden, die über deine eigene Person hinausgeht und dich gesellschaftlich mit anderen konfrontiert.

Nur in Katakomben können wir ein neues Leben vorbereiten. Hier kann man nach einem geistigen Engagement suchen, ohne Angst, mit Fragen konfrontiert zu sein, die zu einer neuen Moral führen würden. Das erfordert Mut. Die meisten Leute bedürfen unserer nicht. Deine Arbeit ist eine Art sozialer Meditation über deine gesellschaftliche Situation und über die Ereignisse, die dich in der Erfahrung unserer Zeit in deinem Innersten berühren. Jede Vorstellung kann in diesem präkeren Theater, das jeden normalen Menschen schockiert, deine letzte sein. Und so mußt du sie auch sehen, als letzte Möglichkeit, zu dir selbst zu finden, indem du den anderen das Protokoll deiner Handlungen, dein Testament übergibst.

Wenn das alles für dich bedeutet, Schauspieler zu sein, dann wird ein neues Theater geboren werden. Ein neues Herangehen an die literarische Tradition, eine neue Technik wird vorangetrieben werden und eine Beziehung zwischen dir und den Menschen, die jeden Abend kommen, um dich zu sehen, weil sie dich brauchen.

Warten auf die Revolution

Erschienen in der Zeitschrift des Odin-Theaters *Teatrets Teori og Teknik*
(Holstebro 1969/8)

Zu fordern, daß Theater wieder eine volkstümliche Kunst werden soll, würde zeigen, daß man mit seiner Geschichte schlecht vertraut ist. Wir finden nur zwei Epochen in der Vergangenheit, in denen Theater ein soziales Ereignis war, das die gesamte Gesellschaft erfaßte: das griechische Drama und die Passionsspiele des Mittelalters. Aber in diesen Zeiten war Theater weniger ein ästhetisches Ereignis als eine Manifestation, die auf Moral und religiöse Erbauung ausgerichtet war.

Nur eine Gesellschaft, die durch starke und tiefe Bande sowie durch eine gemeinsame Vision vom Leben verbunden ist, kann einmütig auf eine Aufführung reagieren, die, soweit sie die Quellen des Glaubens und des geistigen Lebens berührt, zu einer Möglichkeit für Handeln werden kann. Heute gibt es kein homogenes Publikum mehr, sondern Zuschauerkreise, die unsere zersplitterte Gesellschaft widerspiegeln. Wenn einmal die gemeinsame Grundlage – das heißt der religiöse Glaube und ein tief empfundener moralischer Kodex – verlorengegangen ist, dann kann keine Form des Theaters für sich beanspruchen, populär, mit anderen Worten: in der Lage zu sein, die Gesellschaft vollständig zu erfassen.

Theater ist nicht mehr die einzige Form der Darstellung. Es gibt andere, die aufregender sind und die besser in den Rhythmus unseres Lebens passen: Sport, Fernsehen, Kino und überdies Auslandsreisen, wo eine Flugstunde – die Zeit, die notwendig ist, um aus einem Vorort ein Theater im Stadtzentrum zu erreichen – uns in ein neues Land bringt, in eine phantastische Welt nicht aus Pappmaché, sondern in eine wirkliche exotische Szenerie, belebt von Menschen, die nicht vorspielen, etwas zu sein, sondern garantiert echt sind; eine Welt, die uns von den Zwängen und Tabus befreit, die uns in unserer Alltagsumgebung einschränken.

Wenn ich über Theater spreche, dann denke ich weder an einen Ort reiner Unterhaltung noch an ein didaktisches oder revolutionäres Zentrum. Um diese Funktionen zu erfüllen, gibt es Diskotheken, Nachtklubs und Kabaretts auf der einen, Fortbildungsstätten, Schulen, politische Parteien und die Straße auf der anderen Seite.

Theater ist Fiktion, Vision. Die Kraft der Suggestion ist das eine, was auf das Publikum wirkt. Wenn das Theater selbst zu dem wird, was es sich zu suggerieren vornimmt, dann verliert es seine Wirkung. In den zwanziger Jahren gab es in Deutschland dutzende kommunistischer Agit-Prop-Theater. Sie waren nicht in der Lage, Hitlers Aufstieg zu bremsen, und sind jetzt alle vergessen. Aber Piscator und Brecht, die in die gleichen Forderungen, aber auf künstlerische Weise einstimmten, gehören zu unserem politisch-kulturellen Erbe.

Heute liegt der Wert des Theaters nicht mehr in seiner soziologischen Funktion, die diffus und undefinierbar geworden ist, sondern in einer präzisen, klaren psychologischen Bedeutung, die es für jeden Schauspieler und für jeden Zuschauer erhält.

Wir haben alle Aufführungen gesehen, in denen die Schauspieler in einem unkontrollierten körperlichen Wirbel – sie nennen das Spontaneität – mit durchdringenden Schreien und konvulsiven Bewegungen spielen. Im selben Augenblick, in dem sie versuchen, ihr ganzes Sein auszudrücken, zerfallen sie in ein formloses Nichts. Wenn es auch die zugrunde liegenden Absichten eines solchen Theaters verdient haben, respektiert zu werden, so bringt eine solche Form der Kommunikation doch nichts Neues im Sinne eines artikulierten Bewußtseins über uns selbst hervor. Alles bleibt in einem biologischen Chaos, in Ohnmacht, stecken.

Theater ist – wie alle künstlerischen Aktivitäten – Disziplin. Alle visionären Ausbrüche müssen gemeistert werden: Der Schauspieler muß auf dem Tiger reiten, er darf sich nicht von ihm fressen lassen. Die körperliche Entäußerung von Gefühlen muß kanalisiert, kontrolliert und so zu einer Welle deutlicher Zeichen werden. Man darf nicht zulassen, daß sie die Oberhand gewinnt und den Schauspieler in konfuse Handlungen stürzt, mit denen er Leiden nachäfft. Dieser falsche Schmerz, diese oberflächliche, der Hysterie verwandte Sentimentalität, dieses Nachäffen des Elends anderer Menschen, vor allem als Alibi für ein gutes Gewissen, das der Schauspieler empfindet, zeigen das Elend und die Heuchelei unserer Zeit, unserer Gesellschaft, und das Theater wird so zum wahrheitsgetreuen Spiegel eines Zustandes, der, angefangen beim Theater, zerstört werden muß. Der Zuschauer lächelt über eine solche Aufführung und fühlt sich wieder beruhigt: Dieser Ort ist nicht gefährlich, die Täuschung geht weiter. Das Unmögliche hat sich nicht manifestiert, die Schreie, die politischen Slogans, die nackten Körper auf der Bühne sind Fetzen, in denen die Schauspieler ihre innere Leere kleiden. Klarsicht und Können sind erforderlich, wenn man Revolutionär sein will: Amateure haben nie den Lauf der Geschichte verändert.

Theater ist keine exakte Wissenschaft. Es ist kein Bereich, in dem man bestimmte objektive Ergebnisse erlangen, übermitteln und entwickeln könnte. Die Ergebnisse, die erreicht, und die Lösungen, die von den Schauspielern gefunden werden, sterben und verschwinden mit ihnen. Aber die Zuschauer nehmen die deutlichen Handlungen der Schauspieler, die wie auch immer Ergebnis eines subjektiven Prozesses sind, als objektive Zeichen wahr. Wie kann der Schauspieler Nährboden dieser Prozesse und gleichzeitig in der Lage sein, sie zu objektiven Zeichen zu formen? Dies ist das Wesentliche der Schauspielkunst und ihrer Methodologie. Es ist unmöglich, Formeln, Werkzeuge und Instrumente zu finden, die eine definitive Antwort auf diese Frage liefern könnten.

Während des Trainingsprozesses, der nicht auf drei oder vier Jahre beschränkt werden kann, gibt es nur eine Möglichkeit: die Widerstände entdecken und dann überwinden, die die Kommunikation verhindern. Der Rest ist Ungewißheit.

Das Unverständnis beginnt bei der pädagogischen Vermittlung dieser innigen und eigentümlichen Situation, in der eine Generation ihre Erfahrungen – in der Kunst und im Leben – einer nachfolgenden Generation anbietet. Es ist völlig illusorisch, eine Reihe von Elementen lehren zu wollen, die in Wirklichkeit nur Klischees und Stereotypen sind: ein bißchen Sprache, ein bißchen Theatergeschichte, ein bißchen Psychologie und vielleicht ein paar Bemerkungen über modernen Tanz und Akrobatik.

Ein lebendiger Zugang zu unserer Kunst kann nur von einer beständigen Erneuerung unseres Bewußtseins und unserer Haltung zum Leben bestimmt sein. Der Prozeß ist es, der uns verändert, das tägliche Verhalten, mit dem wir unsere Arbeit angehen.

Laßt unterdessen die jungen Leute, die sich für das Theater entschieden haben, den täglichen Beweis für die Notwendigkeit ihrer Wahl selbst mit den Mitteln dieses unzusammenhängenden Programms führen. Konfrontiert sie mit einem Beruf, der so unmenschliche Forderungen stellt, daß nur wenige ihn aushalten: die voller Leben sind, ein unbeugsames Bedürfnis haben und sich nicht mit oberflächlichen Lösungen abfinden, die Dämonen der Arbeit, welche die Trägheit überwinden, die sich mit nutzlosen Ergebnissen zufriedengibt. Laßt sie mit ihrer eigenen Persönlichkeit, ihren eigenen Körpern und Seelen zu einem grundlegenden Urteil über sich als Repräsentanten dieser Gesellschaft kommen, die immer noch verkündet: Du sollst deinen Nächsten lieben. Und trete den Beweis dafür an, daß dies ohne Chaos, ohne Exzeß, ohne emotionale Masturbation, aber mit Klarheit und ruhigem Blut erreicht werden kann.

Es geht nicht mehr um die Alternative zwischen Missionar und originellem Künstler, sondern darum, realistisch zu sein. Unser Beruf gibt uns die Möglichkeit, uns selbst und dabei die Gesellschaft zu ändern. Man darf nicht fragen: Was bedeutet das Theater für die Leute? Das ist eine demagogische und unfruchtbare Frage, sondern vielmehr: Was bedeutet das Theater für mich? Die Antwort, in Handlung umgesetzt, ohne Rücksicht und ohne Kompromisse, wird die Revolution im Theater sein.

Ornitofilene (1965–1966)

(Die Vogelfreunde)

Nach einem Stück von Jens Björneboe

Fotos: Odin Teatret
Schauspieler: Anne Trine Grimnes, Else Marie Laukvik,
Tor Sannum, Torgeir Wethal
Architekt: Ole Daniel Bruun

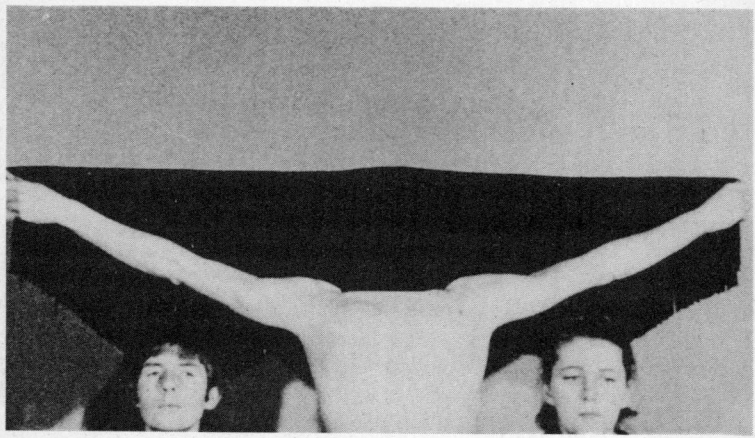

1: Ein Gesang über die Gewalt der Geschichte
(Else Marie Laukvik, Torgeir Wethal, Anne Trine Grimnes)

Übersicht über Ornitofilene

Der Vorsitzende heißt die Zuschauer willkommen und gibt bekannt, daß deutsche Vogelfreunde vorgeschlagen haben, aus der Stadt ein ‹Touristenparadies› zu machen, jedoch unter der Bedingung, daß die Vogeljagd verboten wird.

Im Saal entsteht ein Aufruhr: Gemurmel, Rufe und Beschimpfungen. Die Mutter und die Tochter, die unter den Zuschauern sitzen, rufen, daß die Jagd das einzige Vergnügen der Leute ist und Vögel zudem sehr gut schmecken. Auch der Vater protestiert. Der Vorsitzende sagt ihm, er sei nur deshalb gegen den Vorschlag, weil die Deutschen ihn während des Krieges gefoltert haben.

Als Antwort darauf geht der Vater auf die Jagd, fängt trillernde, zwitschernde kleine Vögel und erdrosselt sie mit seinen Händen. Zu Hause wird er freudig von Mutter und Tochter empfangen. Sie rösten und essen die Vögel und denken an das, was vor vielen Jahren geschehen war.

Rückblende: Kriegsszenen. Die siegreiche Armee der deutschen Vogelfreunde rückt ein. Es gibt schrille warnende und panische Schreie, Fetzen von Gebeten, Glockenläuten, rhythmische Schritte, die ihr Echo aus verschiedenen Teilen des Saals zurückwerfen. Ein Vogelfreund spricht als Militärrichter in einem besetzten Dorf mit sich selbst über die Schönheit der Rosen und fragt sich, ob man sie in seine Heimat verpflanzen könnte. Ein Gefangener, der Vater, wird in den Raum geworfen, ein Stück weißes Papier hängt von seinem Mund herunter. Der Richter singt einen Psalm: die Anklage. Der Urteilsvollstrecker beginnt, sich selbst zu schlagen, während der Vater unter Schmerzen einen Text rezitiert, der dem Brief eines zum Tode verurteilten Partisanen entnommen ist. Die Mutter und die Tochter singen über dem Körper des Vaters ein Klagelied, wobei jede darum kämpft, ihn als erste zu umarmen. Die Tochter nimmt den Körper auf ihre Schultern: ecce homo. Sie läuft lachend und zufrieden durch den Raum. Die Mutter folgt ihr und summt ein norwegisches Beerdigungslied. Plötzlich springt der Vater auf; er ist wieder lebendig und erklärt, wie er dem Tod entronnen ist.

Zurück in der Gegenwart, bringen die Eltern die Tochter zu Bett. Der Vater erzählt ihr lachend die Geschichte vom Wolf, der mit dem Lamm spielte. Die Mutter singt ihr ein Schlaflied: «*Wenn der Tag kommt / wenn die Stunde kommt / wenn sie kommen dich zu holen / denk an das, was ich dir sagte / es ist einsam zu sterben.*» «*Wenn ich einmal groß bin*», sagt die Tochter zum Vater, «*dann will ich so ein Jäger sein wie du.*»

Die Handlung führt zurück zur Dorfversammlung. Der Vorsitzende kommt auf den Gegenstand der Diskussion zurück: die Bedingungen der Vogelfreunde anzunehmen oder abzulehnen. Man muß die Vergangenheit vergessen, sagt er, und die Kinderkrankheit bekämpfen, die auch Erwachsene treffen kann: «*Moral: Es gibt einige Leute, die leiden unter der zersetzenden Krankheit, bis zuletzt ihren Idealen nachzuhängen. Unsere Ideale müssen dem entsprechen, was für die Gesellschaft nützlich ist.*» Der Vorsitzende fragt, wie viele Leute im Publikum es vorziehen weiterzujagen. Der Vater befindet sich unter der Minderheit. In Übereinstimmung mit den Bedingungen der Vogelfreunde wird die Jagd also gänzlich verboten.

Der Vater erkennt, daß die Zeiten sich verändert haben, daß die Vogelfreunde vor zwanzig Jahren nur eine ‹historische› Aufgabe ausführten. Während er die Erinnerung an die großen Pogrome wachruft, hören die Zuschauer das Stampfen der Züge, die in den Lagern ankommen, und die Schreie bei den Auftrieben in den Gettos. Dabei rennen die Schauspieler hin und her, huschen wie wahnsinnig gewordene Mäuse durch den Raum. Dann ziehen sie ruhig ihre Schuhe aus, klettern wie Schafe blökend aufeinander und werden zu einer formlosen Masse von Körpern. Eine Stimme sagt: «*Ich fühle mich sicher, und ich habe keine Angst, denn Adonai ist meine Kraft und meine Heimat.*»

Der Vorsitzende erinnert daran, daß es die höchste Form der Moral ist, seine Pflicht zu tun. Die anderen drei Schauspieler, die hinter einem Tisch versteckt sind und ihre Hände als Puppen benutzen, antworten in einem Kreuzverhör über Gerechtigkeit und Ungerechtigkeit mit einem Gesang über die Gewalt in der Geschichte. Sie stellen sich vor, die heutigen Vogelfreunde zum Tode zu verurteilen. Aber der Vorsitzende schreitet ein; er ohrfeigt den Vater so lange, bis er ihn davon überzeugt hat, der Entscheidung der Mehrheit zuzustimmen. Die Jagd ist verboten, und die Vogelfreunde sind willkommen.

Die Versammlung will aufbrechen. Der Vater ruft sie zurück und beginnt einen biblischen Klagegesang über die Ungerechtigkeit. Die Tochter, gleich einer schwarzen Krähe, sieht für die Versammlung schreckliche Ereignisse voraus. Der Vater befestigt ein Seil an der Decke und will sich aufhängen. Im letzten Augenblick hält er ein und flüstert: «*Ich kann nicht. Ich bin nicht tapfer genug.*» Der Vorsitzende schüttelt dem Vater die Hand und gibt ihm einen ersten Abschlag von dem Geld der Touristen.

Die Tochter wirft sich hin, schlägt mit ihren Fäusten auf den Boden und singt mit rauher Stimme: «*Der Tag ist gekommen, die Stunde ist gekommen ...*» Sie geht

2. Probe in einem Luftschutzbunker in Oslo (Else Marie Laukvik, Anne Trine Grimnes)

3: Tor Sannum, Anne Trine Grimnes

leichtfüßig zu ihrem Vater und sagt schmeichelnd: «*Wehe den Vätern, die verraten, denn ihre Kinder werden für sie bezahlen.*» Sie umarmt ihn liebevoll, spuckt ihm ins Gesicht, als würde sie ihn küssen. Dann erhängt sie sich an der Schlinge, die an der Decke befestigt ist. Die Mutter singt den Psalm von dem Kind, das beim Morgengrauen lebte und bei Sonnenuntergang tot war. Der Vater lacht das Publikum an: «Eure Kinder.»

Der Schauspieler, der den Vorsitzenden spielte, hilft der Schauspielerin aus der Schlinge. Die vier Schauspieler verlassen den Raum.

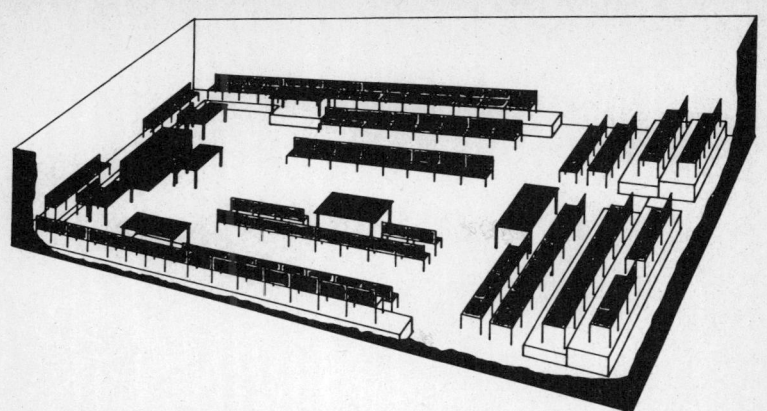

Szenographische Anordnung und Nutzung der Spielfläche in *Ornitofilene*: Der Bühnenraum, der die Spielfläche und den Raum für eine festgelegte Anzahl von Zuschauern umfaßt, ist immer annähernd 10 mal 15 Meter groß – so groß wie eine normale Turnhalle. Deshalb konnten die Produktionen des Odin Teatret in Schulen aufgeführt werden und sogar in kleinen Dörfern. Es gibt keine Bühne. Schauspieler und Zuschauer sind miteinander vermischt. Die Schauspieler spielen in dem gesamten Raum, der so angeordnet ist, daß er mehrere Assoziationen hervorrufen kann. In *Ornitofilene* erschien der Raum ebenso als Versammlungshalle wie als Gerichtssaal. Schauspieler und Zuschauer saßen hinter Tischen, die auch als Spielflächen benutzt wurden.

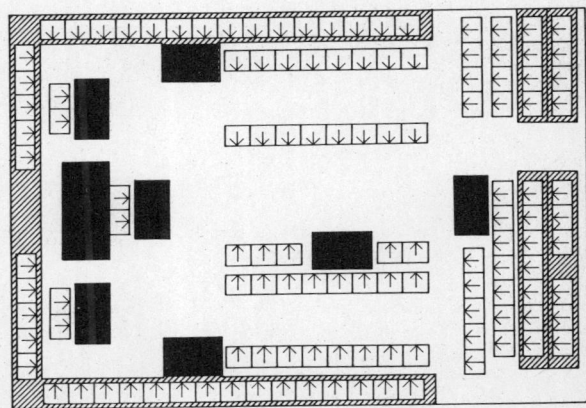

4: Kaspar (Torgeir Wethal) wird als Totem inthronisiert.

Kaspariana (1967–1968)

Nach einem Szenarium von Ole Sarvig

Schauspieler: Jan Erik Bergström, Anne Trine Grimnes, Lars Göran Kjellstedt, Else Marie Laukvik, Iben Nagel Rasmussen, Dan Nielsen, Torgeir Wethal
Architekt: Bernt Nyberg
Textberatung: Christian Ludvigsen
Fotos: Roald Pay und Odin Teatret

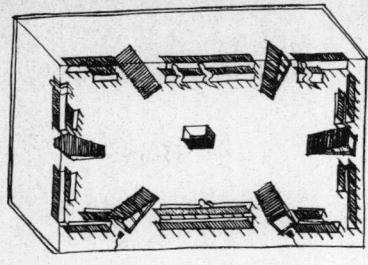 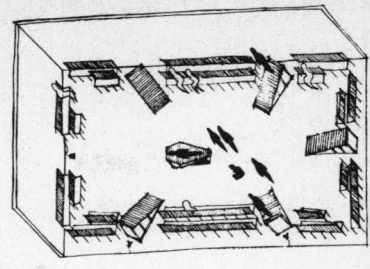
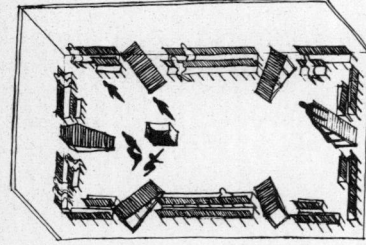 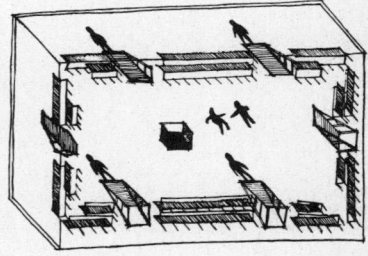

Szenographische Anordnung und Nutzung der Spielfläche in *Kaspariana*. Das Schauspieler-/Zuschauerverhältnis verändert sich mit den verschiedenen Produktionen und den verschiedenen Weisen, den Bühnenraum zu organisieren. In einigen Fällen, wie in *Ornitofilene* oder *Ferai*, kann ein Schauspieler einen Zuschauer ansprechen, ihn berühren oder aktiv einbeziehen. In *Kaspariana* war diese Beziehung ‹mittelalterlich›: Das Publikum sieht ein Mysterienspiel ohne jeden Kontakt zu den Schauspielern. Aber die hölzernen Wohnsitze waren nicht statisch. Sie konnten in Stücke zerlegt, zu verschiedenen Formen zusammengesetzt, hoch aufgestellt oder flach hingelegt werden, sie konnten im Raum bewegt, als Kostüm, Requisit oder Musikinstrument benutzt werden. Was sich anfangs als gesicherte und wohlgeordnete Welt darstellte, offenbarte seine Bestimmung: zerstören und zerstört werden.

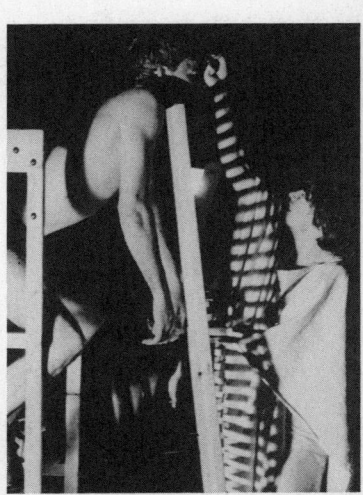

5: Der hölzerne Wohnsitz wird zu einer Rüstung, die die Leute vor Kaspars Zorn schützt (Lars Göran Kjellstedt, Torgeir Wethal).

Biographische Notizen über Kaspar Hauser (1812–1833)

1828 tauchte in Nürnberg plötzlich ein junger Mann auf. Er konnte kaum sprechen, und ein Brief gab Auskunft darüber, wie ein Arbeiter ihn als Kleinkind gefunden und in einem Keller eingesperrt gehalten hatte. Sein Name war Kaspar Hauser.

Viele interessierten sich für den jungen Fremden und versuchten, aus ihm ein brauchbares Mitglied der Gesellschaft zu machen. Kaspar lernte nicht nur schnell sprechen, denken und sich nach den Regeln der Welt zu verhalten, sondern auch zu lügen, zu hassen und zu heucheln.

1829 wurde Kaspar am Kopf verwundet, aber der Täter wurde nie gefunden. Später, 1833, kam er mit einer Wunde in der Brust nach Hause, an der er drei Tage später starb. Sein Mörder wurde nie entdeckt, und das Geheimnis seiner Geburt und seines Todes blieb ungelöst. Sein Grabstein trägt die Inschrift: Hier liegt ein Fremder, von einem Fremden ermordet.

6: Das lebende Wissen, Das Buch der Bücher (Iben Nagel Rasmussen)

Überblick über die Szenen von Kaspariana

(1) Die Schauspieler ziehen ihre Kostüme an und reden über diese Tage und diese Zeiten: Ist es eine Zeit der Gemeinheiten und Trivialitäten, die in der Folge vergessen werden wird, oder werden unsere Nachfolger sich im Gegenteil mit Sehnsucht an sie erinnern? Man spricht über das Ereignis des Tages: eine öffentliche Hinrichtung.

(2) Während die Einzelheiten der Hinrichtung diskutiert werden, wird Essen aufgetragen. Als man hört, daß der Kopf des Opfers gefallen ist, wird der Psalm *Wie schön sind die blauen Himmel* gesungen.

(3) Erstickte Schreie werden gehört. Man findet einen jungen Mann: Kaspar. Die Menge beobachtet seine Versuche, zu stehen und zu sprechen. Sie fallen wie Raubvögel über ihn her, aber nur, um ihn zu besänftigen.

(4) Kaspars soziale Geburt: Er wird angekleidet und erhält einen Namen. Mit dem Psalm: *Bewahre, mein Kind, in Ehrfurcht den wahren Gott,* heißt die Gemeinde ihn in ihrer Mitte willkommen.

(5) Man erzählt Kaspar die Legende von dem König, der seinen geliebten Sohn nur unter seine Untertanen schickt, damit er von ihnen getötet wird.

(6) Mit Hilfe einer jungen Frau, die in seinem unsicheren Gang die ersten Schritte auf dem Weg zu seiner Zerstörung sieht, lernt Kaspar zu laufen.

(7) Kaspar bekommt Wissen (ein Chor, der Hebräisch, Sanskrit und Griechisch vermischt) vermittelt. Er wird mit Worten vergewaltigt: Ein Gebet, ein falscher Schluß (Juden sind schlecht, Christen sind gut, wir sind Christen, also sind wir gut), ein kategorischer Imperativ, der einen zu nichts verpflichtet (aufrichtig sich selbst und anderen gegenüber sein) und ein Zitat aus der Literatur («Sein oder Nichtsein»).

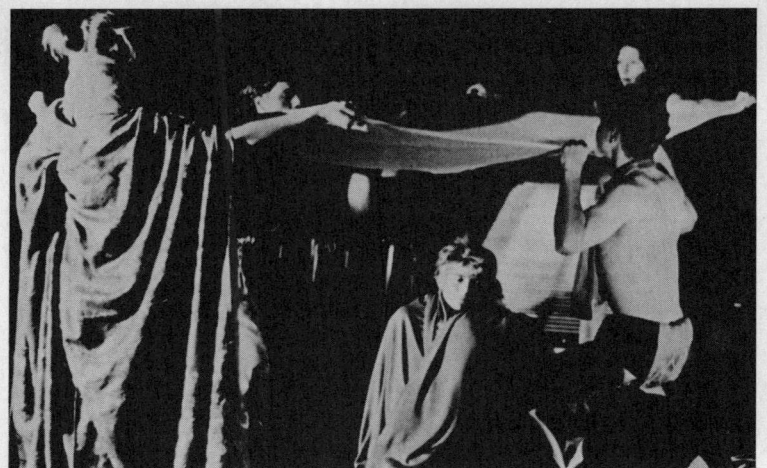

7: Kaspars soziale Geburt. Er wird angekleidet und erhält einen Namen (im Zentrum: Else Marie Laukvik und Torgeir Wethal).

(8) Das Auftreten einer Frau läßt die würdevollen Lehrer ihren Schüler vergessen.

(9) Die Aufmerksamkeit richtet sich wieder auf Kaspar. Er wird wie ein Ausstellungsstück, ein Monument, ein Totem, auf den Thron gehoben. Hoffnung richtet sich auf den jungen Mann – unsere Zukunft, unsere Nachwelt –, aber das Ergebnis ist nur Enttäuschung. Kaspar hat alles das, was er gelernt hatte, vergessen. Die Desillusionierung seiner Lehrer wird zu Verzweiflung und Panik. Sie flehen ihn an, sich zu erinnern, bedrohen ihn, sagen ihm vor. Als Kaspar schließlich den falschen Schluß hervorstößt, sind alle glücklich. Das Ereignis muß gefeiert werden.

(10) Ein Ball wird abgehalten, der nur persönliche Verfehlungen enthüllt. Kaspar, der sich bewegungslos auf sein Gestell gepflanzt hat, murmelt wahllos Bruchstücke aus seiner Lektion: «Christen sind gut... sei aufrichtig gegen dich selbst... Sein oder Nichtsein...»

(11) Da Kaspar der Feier fernbleibt, nimmt man an, daß er krank ist. Alle kommen zu der gleichen Diagnose: Er braucht eine Frau.

(12) Die Braut wird gewaschen und eingekleidet. Alle warten gespannt. Aber statt die Frau nur als sexuellen Gegenstand zu benutzen, erfährt Kaspar Liebe. Die anderen töten das Kind, das aus der Vereinigung geboren wird, und trennen die Liebenden, wobei sie wie Schakale heulen, denen man einen Knochen gestohlen hat.

(13) Kaspar sucht in dem Buch der Bücher nach Rat. Aber der Mann aus Nazareth sagt: «*Ich bin nicht gekommen, Frieden zu bringen, sondern das Schwert. Ich bin gekommen, den Vater vom Sohn zu trennen, den Bruder gegen den Bruder zu setzen...*» Die Menge kommt zurück und behauptet, daß Kampf der Ursprung aller Dinge sei. Kaspar wird wie ein mittelalterlicher Ritter als Mann in Waffen geweiht. Er wird allein gelassen, um einem anderen Mann gegenüberzutreten, während das tödliche Messer erhoben wird, um die letzte und äußerste Erfahrung auszuführen.

(14) Die Lichter gehen aus. «*Schön ist die Erde, schön ist Gottes Himmel, schön ist die Pilgerschaft der Seele zu ihrer himmlischen Heimat.*» Dieser Psalm beschließt *Kaspariana*.

Ferai (1969–1970)

Nach einem Stück von Peter Seeberg

Schauspieler: Ulla Alasjärvi, Marisa Gilberti, Juha Häkkänen, Sören Larsson, Else Marie Laukvik, Iben Nagel Rasmussen, Carita Rindell, Torgeir Wethal
Kostüme und Requisiten: Jacob Jensen und Iben Nagel Rasmussen
Textberatung: Christian Ludvigsen
Fotos: Odin Teatret und Ugo Mulas

8: Admetos gewährt dem Volk das Geschenk der Freiheit (Torgeir Wethal, Iben Nagel Rasmussen).

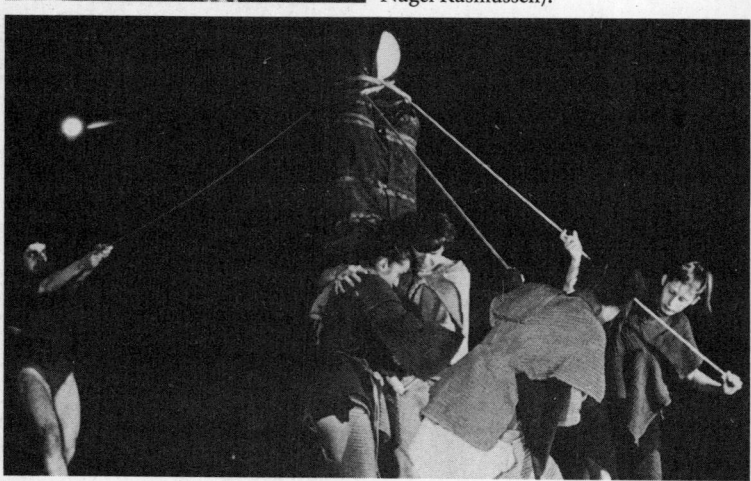

9: Die Bauern tragen die exhumierte Leiche des verstorbenen Königs im Triumphzug.

Ferai (Name einer alten griechischen Stadt und der lateinische Name für die Färöer Inseln, das Königreich Frode Fredegods) verbindet Geschichten von Euripides (480–406 v. Chr.) und des dänischen Geschichtsschreibers Saxo Grammaticus (1150–1221 n. Chr.). Die griechische Legende berichtet von Alkestis, der Tochter des Königs Pelias von Pherai, die nur den Mann heiraten wollte, dem es gelingen würde, einen Löwen und einen wilden Eber vor einen Karren zu spannen. Admetos erfüllt diese Bedingung und erhält Alkestis zur Frau. Aber es war eine Bestimmung, jung zu sterben, wenn nicht ein anderer an seiner Stelle sterben würde. Nur Alkestis war zu diesem Opfer bereit.

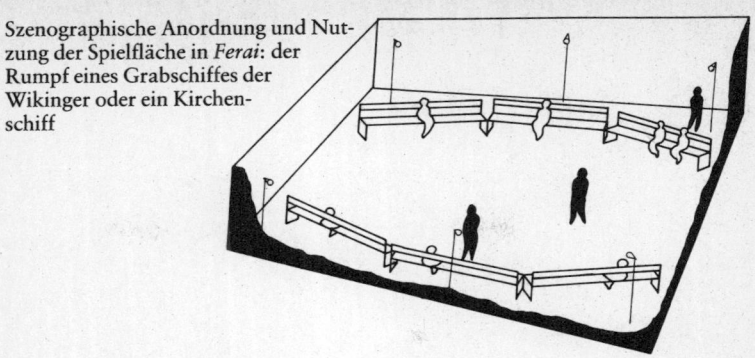

Szenographische Anordnung und Nutzung der Spielfläche in *Ferai*: der Rumpf eines Grabschiffes der Wikinger oder ein Kirchenschiff

In der Legende des dänischen Königs Frode Fredegod beschreibt Saxo dessen Tod so: «Und so starb Frode, der gefeiertste König der ganzen Welt. Nachdem seine Eingeweide herausgenommen und sein Körper eingesalzen war, reisten seine Wachen durch das ganze Königreich und trugen ihn nicht wie einen Körper auf einer Bahre, sondern als alten Schwächling, der auf einem Kriegswagen sitzt. So machten sie auch nach seinem Tod viel Aufhebens von ihm.»

Übersicht über die Szenen von Ferai

(1) Alkestis verkündet den Tod ihres Vaters und präsentiert sein letztes Geschenk an das Volk: eine Auspeitschung. Die Thronbewerber bereiten sich zum Kampf vor.

(2) Admetos ist siegreich. In seiner ersten Rede versichert er seine Leidenschaft für die Freiheit, indem er jeden Kampf untersagt.

(3) Die Leute wenden sich von dem neuen König ab. Er ist weder kriegerisch, noch respektiert er die Tradition. Die Unzufriedenheit gipfelt in einem Angriff auf Admetos, der flüchtet. Er verkündet, daß alle Menschen Brüder sind, und schenkt dem Volk die Freiheit.

(4) Das Volk feiert die Freiheit mit Gewalttätigkeiten. Admetos ist voller Zweifel über die Größe der Menschen, aber er weigert sich aufzugeben. Sobald er sich umdreht, wird er angegriffen. Er zwingt die Leute zum Rückzug.

(5) Gleichzeitig mit dem Thron hatte Admetos Alkestis, die Tochter des Königs, gewonnen. In der Hochzeitsnacht beschreibt Alkestis grausam ihren Kind-

10: Die Bauern betrachten ihren toten König Frode Fredegod.

11–12: Alkestis und Admetos in ihrer Hochzeitsnacht
(Else Marie Laukvik, Torgeir Wethal).

heitstraum von einem bezaubernden Prinz, der sie forttragen würde. Admetos erzählt ihr von seinem verborgensten Traum, daß alle Einwohner seines Königreichs an seinem Glück teilhaben sollten.

(6) Die Bevölkerung bereitet sich auf eine Revolte vor. Des neuen Königs Ideen von Freiheit und Brüderlichkeit erscheinen ihnen kindisch und verantwortungslos.

(7) Admetos deckt die Verschwörung auf und untersagt alle Konflikte. Er legt den Titel eines Königs ab und bittet das Volk, ihn mit seinem Namen zu rufen.

(8) Admetos schafft die Todesstrafe ab. Die Bevölkerung fleht ihn an, sie nicht dieser öffentlichen Unterhaltung zu berauben. Admetos schmeißt die Henker raus, ihr Gehalt soll für öffentliche Konzerte verwendet werden. Konzerte? Die Bevölkerung wundert sich über dieses seltsame Wort. Sie bedrängt den König: «*Peinige uns, so wie andere Könige es tun. Wer am meisten liebt, straft am meisten.*»

(9) Admetos begnadigt alle Gefangenen. Während er ihre Füße wäscht, kündigt er die Entwaffnung der Armee an.

(10) Admetos und die Königin reisen durch ihr Königreich.

(11) Während die Herrscher abwesend sind, exhumieren die Bewohner die Leiche von König Frode Fredegod und tragen sie im Triumphzug herum.

(12) Admetos ist überrascht, daß niemand sie begrüßt. Alkestis erinnert ihn an die Menschenmenge, die immer ihren Vater begrüßte. In jenen Tagen konnte man ohne Angst vor Dieben das Gold auf der Straße liegen lassen. Sie bittet ihn dringend, zu den Tagen strenger Gesetze zurückzukehren.

(13) Alkestis sinnt in Einsamkeit vor sich hin und denkt an ihren Vater.

(14) Die Bauern nähern sich der Königin: «*Dein Vater, der König, ist hier. Er ist zurückgekehrt, um seine Macht zu beanspruchen und seinen Reichtum zu erneuern.*»

 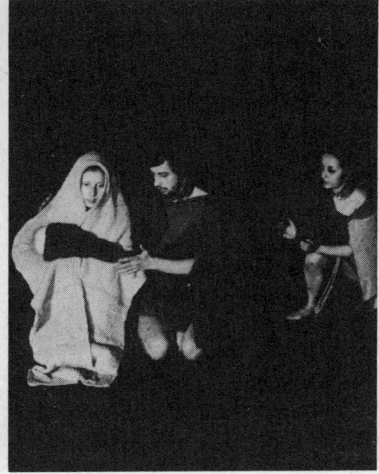

13: Admetos zeigt, daß die Lebenden Macht über die Toten besitzen, indem er in die Leiche von König Frode sticht (Torgeir Wethal, Else Marie Laukvik).

14: Die Bauern, die den Körper des toten Königs in den Armen halten (Iben Nagel Rasmussen, Juha Häkkänen, Marisa Gilberti).

(15) Alkestis Freude ist von kurzer Dauer: Ihr Vater ist eine Leiche. Sie will sie zurückweisen, gibt aber auf und nimmt sie in ihre Arme.

(16) Admetos kommt und weist darauf hin, daß der König eine Leiche ist: Die Menschen wollen zum Narren gehalten werden. Er spricht von seiner Vision von einem neuen Volk, das wie mächtige Bäume wächst, ohne sich gegenseitig in den Schatten zu stellen. Die Bauern murmeln, daß seine Freizügigkeit nichts weiter sei als Kumpanei mit den Verbrechern.

(17) Admetos sticht sein Messer in den Körper des toten Königs: Die Lebenden haben Gewalt über die Toten. Die Bauern rächen sich, indem sie einen aus ihren Reihen zum König krönen.

(18) «*Das Volk will Opfer, Qualen und Kämpfe.*» Alkestis stimmt Admetos' Worten zu. Aber sie weigert sich, seinem Rückzug zu folgen: Der König muß seine Pflicht tun, darf nicht seinen eigenen Wünschen nachgehen. Admetos versichert ihr, daß er sich für ein Volk geopfert hat, das lieber in Unwissenheit lebt. Alkestis antwortet: «*Wer am meisten opfert, bindet am meisten.*»

(19) Alkestis sammelt ihren Mut für den Akt, den sie aufführen will. Sie gibt dem König ihren letzten Rat: seine besten Freunde zu erhängen, seine Eltern meuchlings zu ermorden, seine Kinder zu vergiften. «*Wie keimt der Samen? Er stirbt, und im Tod weiß er, daß er lebt.*»

(20) Nach Alkestis' Selbstmord klagt Admetos über ihrem Körper. Er nähert sich dem Volk und ...

Min Fars Hus

(Das Haus meines Vaters, 1972–1974)

Nach einem Szenarium von Eugenio Barba

Schauspieler: Jens Christensen, Ragnar Christiansen, Tage Larsen, Else Marie Laukvik, Iben Nagel Rasmussen, Ulrik Skeel, Torgeir Wethal
Fotos: Tony D'Urso

Im April 1971 hatten die Schauspieler und ich beschlossen, daß die Grundlage für unser nächstes Stück das Leben Fjodor Dostojewskis sein sollte, das uns unter mehreren Gesichtspunkten faszinierte: seine Beziehung zu seinem Vater, der von zwei Leibeigenen ermordet wurde, weil er ihre jungen Töchter zu seinem Vorteil benutzt hatte; sein Zusammentreffen mit der Intelligenz von Petersburg; der literarische Salon Petrashevskys mit den illegalen Mittwochsdiskussionen; sein Aufenthalt im ‹Haus der Toten› in Sibirien; seine Leidenschaft für das Spiel; sein turbulentes Liebesleben. Im Laufe der Arbeit begann dieses biographische Zeugnis sich mit Dostojewskis eigenen Erfahrungen zu überschneiden, die er in seinen Erzählungen herausdestilliert hatte: seine Epilepsie in der Epilepsie des Fürsten Mischkin und Smerdiakows; seine Feindseligkeit gegenüber seinem Vater in der Beichte der Gebrüder Karamasow; sein Liebesleben in der ständigen Entscheidungsqual seiner Hauptfiguren: eine Frau zwischen zwei Männern, ein Mann zwischen zwei Frauen. Das schriftliche biographische Material führte uns zu Ketten von Assoziationen, plötzlichen

15: Eine Frau (Iben Nagel Rasmussen) wird vor einer Ikone
von zwei Männern ermordet, die sie geliebt hatten.

Szenographische Anordnung und Nutzung des Raums in *Das Haus meines Vaters*. Eine einfache Lichtgirlande und einige wenige bescheidene Bänke umrahmen den Tanz von Eros und Tanatos.

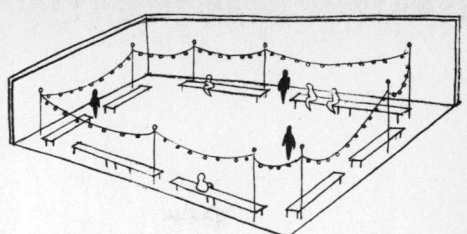

Veränderungen in Gedankengängen, persönlichen Fragen, der Entdeckung von Dostojewskismen in uns selbst, der Vision eines kosmischen Rußland, das auch von Charakteren von Leskov, Gogol und Gontcharow bewohnt wurde. Das Stück war das Ergebnis eines Treffens zwischen Dostojewski und uns: Man findet Spuren und Situationen aus seinem Leben und seiner Arbeit, aber gefiltert durch unsere eigenen Wahrheiten, Erfahrungen und Sehnsüchte. Wir zogen durch «Das Haus meines Vaters», wir erkannten uns selbst.

16–17: Alle szenischen Gegenstände sind ‹lebendig›, und der Beweis ihres ‹Lebens› verändert nicht nur die szenischen Elemente selbst, sondern auch ihre Beziehung zu den Schauspielern. Requisiten, Kostüme, Musikinstrumente und szenographische Gegenstände sind nicht statisch, haben nicht nur eine Funktion, sondern legen eine Vielzahl von Funktionen, Bedeutungen und Assoziationen frei, indem sie ihre Form, ihren Ort und ihre Beziehung verändern.

In *Das Haus meines Vaters* verändert das große schwarze Tuch nicht nur ständig die Wahrnehmung des Raums; es wird manchmal auch zur unsicheren Oberfläche, die von den Schauspielern bewegt wird, eine konkrete Visualisierung der wirklichen Bedingungen, die individuelle Ausbrüche und emotionale Reaktionen eingrenzen.

18–19: Diener (Ulrik Skeel, Jens Christensen) schauen ihren Herren (Tage Larsen, Ragnar Christiansen) dabei zu, wie sie sich einem Gelage hingeben.

20: Der Schriftsteller fragt, und die Frau, die tanzen kann, antwortet:
   «Was ist ein großer Gedanke?»
   «Steine zu Brot machen, das ist ein großer Gedanke.»
   «Ist es der größte?»
   «Er ist groß, aber nicht der größte. Wenn ein Mensch nicht mehr hungrig ist, dann fragt er: Was soll ich jetzt machen?» (Torgeir Wethal, Else Marie Laukvik).

Fremde im Theater

Dieses Interview mit Eugenio Barba wurde 1968 von Bent Hagested aufgenommen und erstmals in *The Drama Review* (New York 1969/45) unter dem Titel «Ein sektiererisches Theater» veröffentlicht.

Herr Barba, wie wird ein Italiener dänischer Theaterleiter?

1954, im Alter von 17 Jahren, kam ich nach Skandinavien. Ich bekam einen Sommerjob als Schweißer in Norwegen und blieb ein Jahr lang. Dann arbeitete ich zwei Jahre als Seemann auf norwegischen Schiffen. Während ich meine Arbeit als Schweißer fortsetzte, schrieb ich mich später an der Universität von Oslo ein. Ich schloß das Studium ab in Norwegisch, Französisch und Religionsgeschichte. 1960 beschloß ich, mich dem Theater zu widmen, und über die Unesco erhielt ich ein Stipendium, um in Polen zu studieren. Dort blieb ich vier Jahre.

Meine Theaterausbildung begann mit einem Jahr an der Theaterschule in Warschau. Die folgenden drei Jahre verbrachte ich bei Grotowski in Opole.

1969 ging ich nach Norwegen zurück und versuchte, in die Theaterwelt einzusteigen – jedoch ohne Erfolg; alle Türen waren mir verschlossen. Meine einzige Möglichkeit war, mich selbständig zu machen. Da es äußerst schwierig war, professionelle Schauspieler dazu zu bringen, mit mir zu arbeiten, trat ich mit jungen Leuten in Kontakt, die leidenschaftlich gern Theater machen wollten, die aber in der gleichen Lage waren wie ich: Ihnen war die Zulassung an der staatlichen Theaterschule verweigert worden. Wir waren elf, als wir anfingen. Von diesen elf kamen zwei mit mir nach Holstebro, und sie sind jetzt meine engsten Mitarbeiter: Else Marie Laukvik und Torgeir Wethal.

Man sagt, daß Sie mit Grotowski gebrochen haben.

Theaterleute versuchen immer, ihre eigene Originalität herauszustellen, sie verleugnen immer ihre Lehrer. Nichts liegt meiner Denkweise ferner. Wenn es irgendjemanden gibt, den ich meinen Lehrer nennen kann, meinen Meister, dann ist es Grotowski. Er hat mich mein Handwerk gelehrt, und ich habe den größten Respekt vor seiner Arbeit. Seine grundlegenden Theorien, sein Arbeitsprozeß und seine professionelle Einstellung sind immer noch eine Herausforderung für mich.

Man ist so lange Schüler, wie der Lehrer noch dazu anregt, die eigene Persönlichkeit und Unabhängigkeit wachsen zu lassen. In diesem

Sinn bin ich immer noch Schüler von Grotowski, und ich werde es noch lange Zeit bleiben.

Man sagt, daß Ihre Form von Theater sektiererisch sei.

Wir leben in einer Gesellschaft, die sich gern liberal gibt, in der man in Unparteilichkeit und Objektivität ein Alibi für seine Untätigkeit sucht, in der es ständig heißt: Auf der einen Seite ... ja, aber auf der anderen Seite ... Die Leute weigern sich, fest zu stehen, ihren Standpunkt zu verteidigen, und das nennen sie Unparteilichkeit. Im Theater haben wir die Möglichkeit, uns in Beziehung zu anderen zu bestimmen, und es ist von größter Wichtigkeit, einen präzisen Ausgangspunkt zu haben. Wir wissen nicht, auf welches Ergebnis wir hinarbeiten. Deshalb müssen wir mit einem festgefügten, strikten Rahmen anfangen, damit wir nicht im Sumpf von Kompromissen versinken, damit wir auf unserem Weg als Subjekt vorankommen.

Wenn man sich dem Theater widmet, muß man etwas anbieten. Man darf nicht konsumieren, zum Parasit werden, man muß etwas kreieren. Wir wählen unsere Schauspieler nicht nach ihrem Talent aus, sondern nach ihrer Charakterstärke, ihrem Großmut und ihrer Ausdauer. In der Wahl unseres Repertoires und unserer künstlerischen Ziele sind wir beständig. Wir versuchen, ein Theater zu schaffen, in dem die Leute nicht wie Schachfiguren von einem nie anwesenden Regisseur herumgeschoben werden, so wie das in der Kulturindustrie der Fall ist. Jedes Mitglied unserer Gruppe muß seinen Platz in dieser kleinen Gesellschaft genau kennen und für seinen Anteil an allen Arbeiten, die zu tun sind, verantwortlich sein: der praktischen, der technischen, der Verwaltungsarbeit genauso wie der künstlerischen Arbeit. Wenn Sie sektiererisch als zusammenhängende Handlungsweise definieren – je offener und freier sie ist, desto disziplinierter –, dann sind wir sektiererisch.

Viele sagen, daß Ihre Form von Theater keine Möglichkeit für Entwicklungen enthält, daß man alle Stücke gesehen hat, wenn man eines von Barbas Stücken gesehen habe.

Wenn Sie das als Kriterium wählen, dann brauchen Sie nicht mehr als einen James Joyce oder Dostojewski lesen oder mehr als einen Cézanne sehen. Ich denke, daß diese ‹Grenze› in der Form künstlerischer Darstellung selbst liegt. Es gibt einige wenige Themen, die einem lebendig und wesentlich erscheinen wie Wunden, Leidenschaften, zu denen wir beständig zurückkehren und die wir vertiefen. Das ist es, was einer Arbeit, den gesamten Werken eines Künstlers einen organischen Zusammenhang gibt. Es ist offensichtlich, daß die Fragen, die man immer wieder von verschiedenen Gesichtspunkten her und mit verschiedenen Methoden und Formen zu lösen versucht, eine Resonanz finden und ein wirkliches Bedürfnis bei bestimmten Leuten ansprechen. Aber vielleicht nicht bei denen, von denen Sie gerade gesprochen haben. Die haben andere Leidenschaften als ich.

Europäisches Theater hat sich aus religiösen Ritualen entwickelt. Versuchen Sie mit Ihrem Theater eine neue Religion zu schaffen?

Sie halten mich für Gottes Sohn.

Aber die, die Ihre Vorstellungen öfters gesehen haben, sprechen von Mystizismus und Religion.

Die, die unsere Vorstellungen sehen und darüber sprechen, sprechen in Wirklichkeit über sich selbst. Wenn für einige in unseren Aufführungen etwas Religiöses mitschwingt, dann vielleicht deshalb, weil tief in ihnen ein unterdrücktes religiöses Bedürfnis steckt, das sie auf den Rochard-Test stellen, als der unsere Aufführung dient. Diese Form der Interpretation ist mehr eine Reflexion über sie selbst als über uns. Es reicht, daß so viele Leute uns eine materialistische Interpretation für unser Theater anbieten, daß sie darin eine dialektische Einstellung sehen, auf daß wir uns mit unserem ‹Mystizismus› wohler fühlen können.

Sie sprachen vorher von religiösen Ritualen. Über diesen Begriff, der ursprünglich der Geschichte der Religion zugehört, gibt es viele Unklarheiten. Das Ritual ist eine Technik, die mit einem religiösen Bekenntnis verbunden ist. Diese Übung wird benutzt, um eine übernatürliche Kraft zu beeinflussen. Die katholische Messe zum Beispiel ist eine Wiederholung des Opfers Christi. Sie hat eine genaue Bedeutung und Funktion: Erlösung für die, die daran teilnehmen. Ein Ritual bildet sich immer um die Wiederholung einer Handlung, die ursprünglich von einem Gott oder einem übernatürlichen Helden begangen wurde. In dem Augenblick, in dem wir diese Übung von ihrem Bekenntnis trennen, bleiben wir mit nichts als einer leeren Hülse, einer Formel zurück, die Kritiker Erscheinungen des Theaters anhängen, die sie nicht anders einordnen können.

Aber das, was in unserem Theater an Rituale erinnern könnte, würde ich Verhaltensmuster nennen. Sie haben nichts mit Religion zu tun. Sie sind eine Art biologisch bedingter Reaktion, die unter bestimmten extremen Bedingungen auftritt. In Augenblicken von Angst, ungebundener Freude, Schrecken oder Begeisterung reagieren wir in einer Weise, die von unserem Alltagsverhalten verschieden ist. Unser körperliches Verhalten und unsere Stimme verändern sich.

In unserer Arbeit versuchen wir, solche Reaktionen zu entwickeln und zu üben, um Stereotypen sozialen Verhaltens zu durchbrechen, die das übliche theatralische Muster abgeben. Wir versuchen, über unsere gesellschaftlich konditionierten Reflexe hinauszugehen, unseren lebendigen zugrunde liegenden Kern zu erreichen und diesen Prozeß durch Symbole und Situationen zu steuern. Wir können nichts daran ändern, wenn das alles manchmal an die hieratischen Gesten in religiösen Ritualen oder an bestimmte ritualisierte Formen orientalischen Theaters erinnert. Vielleicht ist das ‹natürliche› Verhalten des Mannes auf der Straße letztendlich gar nicht so natürlich. Vielleicht ist dieser Mann, wenn er, hervorgerufen durch eine starke Empfindung, instinktiv eine ‹seltsame› oder ‹hieratische› Haltung annimmt, näher daran, natürlich zu sein, als wenn er seine Füße auf den Tisch legt. Unsere Suche ist psycho-physiologischer Natur. Und die wissenschaftliche Haltung, die unsere Arbeit begleitet, erlaubt es nicht, unsere Ergebnisse zu verstecken, auch dann nicht, wenn sie uns an Rituale erinnert.

Ich habe den Eindruck, daß Sie, wie alle Künstler, die versuchen, etwas Neues zu schaffen, von einer Reihe von Leuten und Gedanken beeinflußt sind: Kabuki-Drama, No-Theater, Brecht, Stanislawski, Jung. Ich habe Sie nach Ritualen gefragt; denn ich glaube mich zu erinnern, daß Jung irgendwo gesagt hat, daß das Heil der Menschheit in der Suche nach neuen Ritualen liegt. Ist das ein Gedanke, der Sie in Ihrer Arbeit inspiriert hat?

Theater kann die Gesellschaft nicht retten. Das ist noch nie vorgekommen. Theater erfüllt eine wichtige kollektive Funktion, wenn es integrierter Bestandteil einer festgefügten strukturierten Gesellschaft ist. In Griechenland war es Bestandteil des religiösen Bewußtseins und förderte die Integration des Individuums in die Polis. Die gleichen Umstände gab es im Mittelalter und in anderen Kulturen wie in Japan und Indien. Aber in unserem zerrissenen Zeitalter wäre es lächerlich anzunehmen, daß unser kleines Odin Teatret mit Platz für siebzig Zuschauer am Abend Dänemark und die Welt retten könnte. Wir wollen niemanden retten. Nichts liegt unserem Verständnis von Theater ferner, als Missionare zu sein. Als ob wir wüßten, was richtig oder falsch ist, was gut wäre oder schlecht. In dieser Zeit kann niemand sagen: Das ist die ganze und absolute Wahrheit. Wir können nur versuchen, unsere persönliche Wahrheit zu analysieren und mit unseren täglichen Erfahrungen und Eindrücken zu konfrontieren. Die Konfrontation nährt die

Veränderung; wir sind ständig auf der Reise, immer mit neuem Gepäck. Vielleicht schaffen wir neue Rituale, ohne uns dessen bewußt zu sein.

Unser Bezugspunkt? Wir konzentrieren uns auf die psycho-physischen Möglichkeiten des Schauspielers: die Stimme, den Körper, die Art, wie er zum Zuschauer Kontakt herstellt, und zwar von einem anderen Gesichtspunkt her als dem der sogenannten Avantgarde oder des traditionellen Theaters. Wir wollen eine neue Sprache entstehen lassen, die uns zu einer neuen Form von Kontakt führt, die unsere Möglichkeiten, andere Individuen zu erreichen, erweitert. Eine Sprache, die uns mit der gleichen unmittelbaren Kraft treffen kann wie der Anblick einer Mutter, die ihr Kind beschützt, oder eines Mannes, der kaltblütig einen anderen auf der Straße tötet. Auch wenn wir noch keine ähnlichen Erfahrungen gemacht haben oder wenn wir in keiner Weise darauf vorbereitet sind, es zu interpretieren, werden wir doch in direkter körperlicher Weise berührt sein. Das ist ein präziser, realistischer Ausgangspunkt. Wir haben keine Theorien oder Rezepte, die uns im voraus garantieren, daß das, was wir tun, richtig ist oder falsch. Wir sind Anfänger in unserem Handwerk. Wir haben nicht mehr als vier Jahre Erfahrung hinter uns, und das ist nichts. Nach zwanzig Jahren können wir vielleicht anfangen zu sagen: «Das wenigstens sollte vermieden werden.» Ein solches Urteil baut sich auf die persönlichen Erfahrungen auf, auf die Fehler, die man gemacht hat.

Meine Kenntnisse über das Odin Teatret und seine Arbeit sind auf die beiden Stücke beschränkt, die Sie öffentlich aufgeführt haben: Björneboes ‹Ornitofilene› und ‹Kaspariana› von Ole Sarvig, das Stück, das auch auf der Biennale in Venedig gezeigt wurde. In diesen Stücken scheint eine kritische Haltung gegenüber allgemeinen Problemen wie Liebe und Vertrauen vorzuherrschen, eine Kritik an unserer Gesellschaft, an der christlichen Religion. Ich kann das nicht mit Ihrer Behauptung in Einklang bringen, daß Sie ein Mann sind, der mit den Möglichkeiten des Theaters rein wissenschaftlich arbeitet. Vielleicht sind Ihre Produktionen kein Versuch, die Welt zu retten; aber sie scheinen für den Zuschauer eine enorme Provokation darzustellen.

Ein Anthropologe, der nach Brasilien reist, um Forschungen unter den Eingeborenen anzustellen, kann sich für objektiv halten. Trotzdem ist er kein Stück Film, sondern ein Mensch, belastet mit tausenden Jahren von Geschichte, konfrontiert mit anderen Menschen, die aus einer anderen Geschichte stammen. In diesem Fall wird das Objektivitätsprinzip zu einem der Sympathie, die aus einer großzügigen Offenheit gegenüber anderen erwächst, aus dem Versuch, Vorurteile abzulegen. Aber schließlich ist Objektivität das Ergebnis einer langen Geschichte innerhalb der spezifischen europäischen Kultur, und sie beweist nichts anderes, als daß der Anthropologe von der Gesellschaft geformt ist, aus der er stammt.

Ich habe nicht den Anspruch erhoben, objektiver zu sein als ein Anthropologe. Jedesmal, wenn Wissenschaftler versucht haben, Objektivität von einer ethischen Verpflichtung zu trennen – in den Konzentrationslagern zum Beispiel –, sind Menschen zu bloßen Objekten füreinander herabgewürdigt worden, und das Ergebnis war kollektiver Mord. Wenn man das Theater mit der wissenschaftlichen Forschung vergleicht – zum Beispiel mit der Psycho-Physiologie oder der Akustik – und wenn es Forschungsbereiche der Sozialwissenschaften aufgreift wie Anthropologie, Psychiatrie oder Soziologie, dann ist es trotzdem subjektiver und hat eine stärkere ethische Verpflichtung als diese anderen Gebiete. Mit der Wissenschaft kann sich das Theater nicht mehr identifizieren als mit der Religion.

Sie haben das Wort Provokation gebraucht. Lassen Sie uns unsere Begriffe noch einmal klären. Wir sind nicht so unerträglich anmaßend, die ‹anderen› demaskieren zu wollen. Das ist meist nur ein bequemer Vorwand, sich nicht selbst zu demaskieren. Selbstdarstellung ist das einzige Recht, das wir beanspruchen. Den anderen, die Zeuge sind, steht es frei, das anzunehmen oder nicht. Wenn das Provokation ist, dann in einem radikal anderen Sinn als dem, der normalerweise darunter verstanden wird. Wenn wir an einem Stück arbeiten, dann nehmen wir uns nicht vor, jetzt die bürgerliche Gesellschaft zu demaskieren. Wir versuchen, uns darzustellen und als Teil dieser Gesellschaft zu entdecken. Wir entdecken in uns Besessenheiten, Träume, Sehnsüchte, die von Naivität bis zum Wahnsinn reichen. Wir wollen in einer Welt ohne Unterdrückung leben, in der Gerechtigkeit nicht nur ein Paragraph in einem Buch, sondern zweite Natur ist, in einer Welt, in der niemand an Hunger stirbt und wo jeder in Menschenwürde lebt. Diese Sehnsucht, diese utopischen Träume kollidieren mit unseren Erfahrungen, die uns lehren, vorsichtig und pragmatisch zu sein, uns auf eine Gesellschaft und auf eine Zeit einzustellen, in der wissenschaftliches Denken und Nicht-Denken, das sich als Wissenschaftlichkeit tarnt, zusammen mit Haß, Ungerechtigkeit und Grausamkeit herrschen. Wenn wir unseren Träumen freien Lauf lassen, werden wir nur unseren Beitrag zu Verwirrung und Elend leisten. Es wird nicht lange dauern, bis sie uns in eine Heilanstalt einliefern, weil wir nicht in der Lage sind, uns der ‹normalen› Gesellschaft anzupassen.

Dieser innere Schrei, dieses utopische Gefühl ist es, was wir in unseren Aufführungen wachzurufen versuchen, aber immer im Gegensatz zu Sprachlosigkeit, Feigheit und Anpassung in unserem Alltagsverhalten. Sie haben recht, wenn Sie in unseren Stücken eine kritische Haltung sehen. Aber sie ist auf unseren eigenen Pragmatismus und Zynismus gerichtet, auf unseren Mangel an Mut, auf unsere Paralyse, die uns davon zurückhält, uns zu ändern und damit zu beginnen, die Welt zu verändern in der wir leben. In unseren Aufführungen enthüllt sich diese Spannung durch ein Gewebe von Kontrapunkten, Brüchen, Asymetrie und Kontrast, in einer unmittelbaren Verkörperung unseres Bedürfnisses nach Aufrichtigkeit und der großen Schwierigkeit, die wir damit haben, aufrichtig zu sein.

Laboratorium:
Lernen zu lernen

Noch heute, im Alter von mehr als sechzig Jahren, betreibe ich Akrobatik, und ich meistere noch die anstrengenden Positionen der «Kriegerin» in Stükken wie *Die Betrunkene Schöne* oder *Die Bergfestung*.
    Mein Lehrer ließ mich im Winter auf kurzen Stelzen auf dem Eis üben und tanzen. Anfangs fiel ich ständig hin. Aber nachdem ich mich daran gewöhnt hatte, mit den Stelzen auf dem Eis zu gehen, fiel es mir viel leichter, die gleichen Bewegungen ohne Stelzen auf der Bühne zu machen. Als ich mit den Stelzen übte, waren meine Füße voller Blasen, und ich litt große Schmerzen. Ich meinte, daß ein Lehrer ein zehnjähriges Kind nicht einer solchen Feuerprobe aussetzen sollte. Er hätte vielmehr Mitleid zeigen sollen.
                            Mei Lan-Fang: Autobiographie

Körpertraining / Stimmtraining

Diese Texte schrieb Eugenio Barba für zwei Filme, die in Zusammenarbeit zwischen dem Odin Teatret und dem italienischen Fernsehen über das Training des Odin Teatrets hergestellt wurden. Torgeir Wethal führte die Regie.

Seit 1971 arbeitete das Odin Teatret mit Mario Raimondo zusammen, der die experimentelle Abteilung des italienischen Fernsehens leitete. Diese Zusammenarbeit schloß auch die Produktion von Dokumentarfilmen über Theater ein, die sich nicht mit der Aufführung, sondern mit der Arbeit des Schauspielers beschäftigten. Die sechs didaktischen Filme, die dabei entstanden, wurden immer wieder von Theatergruppen, von Schulen und Universitäten benutzt. Außer zwei Filmen über das Training des Odin Teatrets gibt es zwei Filme über das Training von Ryszard Cieslak vom «Teatr Laboratorium» in Wroclaw und zwei Filme über «Corporal Mime», der Methode von Etienne Decroux, vorgeführt von Yves Lebreton. Alle Filme wurden von Torgeir Wethal gemacht.

Die beiden Filme über das Training des Odin Teatrets wurden im Dezember 1972 produziert.

Körpertraining

Während des achtjährigen Bestehens des Odin Teatret haben seine Schauspieler regelmäßig trainiert. Unsere Vorstellungen über dieses Training, seine Form und seine Ziele haben sich beständig weiterentwickelt, bedingt durch Erfahrung, durch den Beitrag neuer Mitglieder und durch neue Bedürfnisse, die während der Arbeit entstanden sind.

Anfangs war das Training aus einer Reihe von Übungen zusammengesetzt, die der Pantomime, dem Ballett, der Gymnastik und dem Sport entnommen waren – Übungen, die wir kannten oder die wir rekonstruierten. Das Training war kollektiv: Jeder machte die gleichen Übungen mit der gleichen Geschwindigkeit und in der gleichen Weise.

Mit der Zeit wurde uns klar, daß der Rhythmus von Person zu Person verschieden ist. Einige haben einen schnellen vitalen Rhythmus, andere einen langsamen. Wir fingen an, von organischem Rhythmus zu sprechen, und damit meinten wir Variation, ein Pulsieren, das dem Herzschlag vergleichbar ist. Von da an basierte Training auf diesem Rhythmus; es wurde persönlich, individuell.

Langsam entwickelten die Übungen, die wir erarbeitet hatten, obwohl sie die gleichen blieben, ihre Bedeutung. Die Übung ist wie ein Tor in einem Slalom, durch das der Schauspieler seine physische Aktivität leitet und sie dadurch diszipliniert.

In unserem Theater hat Training immer aus einer Begegnung zwischen Disziplin – das ist die festgelegte Form der Übung – und der Überwindung dieser feststehenden Form der Übung bestanden. Die Motivation für diese Überwindung ist individuell und für jeden Schauspieler verschieden. Diese Rechtfertigung ist es, die die Bedeutung des Trainings bestimmt.

Gegenwärtig – im Oktober 1972 – stützt sich das Training auf elementare Aktionen/Übungen, die den gesamten Körper einbeziehen und ihn als ganzen reagieren lassen. Der gesamte Körper muß denken und sich beständig jeder Situation anpassen, die entsteht. Das erste Beispiel ist eine Übung, die Genauigkeit erfordert. Man soll die Brust des Partners mit dem Fuß berühren oder schlagen, und zwar an einer ganz bestimmten Stelle oberhalb des Brustknochens, so daß es dem Partner nicht weh tut.

Diese Übung dient dazu, Vertrauen zu den Mitspielern zu entwikkeln. Es klingt paradox, Vertrauen durch eine Aktion zu wecken, die Furcht auslöst und eine defensive Reaktion provoziert. Aber es geht darum, Vertrauen zum Mitspieler zu entwickeln und ihn so zu berühren, daß er in der Lage ist, seinen Abwehr-Reflex zu überwinden. Der ganze Körper muß reagieren, sich anpassen und trotzdem mit Präzision und geschärften Sinnen arbeiten.

Diese Art Übungen, die eine ständige Selbstanpassung verlangen, können variieren; aber sie erfordern immer Präzision und einen kühlen Kopf. Der Schauspieler muß von seiner körperlichen Intelligenz geleitet werden – es ist der gesamte Körper, der denkt, und diese Gedanken sind schon Aktionen, Reaktionen.

Eine andere Übung besteht darin, den Nacken oder die Fußgelenke des Mitspielers mit größter Genauigkeit zu berühren.

Das Gefühl des Vertrauens in deine eigenen Reflexe, in deine körperliche Intelligenz und zu dem Partner manifestiert sich durch körperliche Aktionen. Aber dieses Vertrauen wird weiterentwickelt. In unserem Theater gibt es keine Lehrer. Die Schauspieler haben ihr Training selbst entwickelt. Die, die länger hier waren, stellen ihre Erfahrung denen zur Verfügung, die erst seit kurzem hier sind. Mit Hilfe eines älteren Schauspielers fängt der Jüngere an, sich eine Reihe von Übungen anzueignen. Wenn er sie beherrscht, wird er in der Lage sein, sie zu personalisieren, das heißt, sie seinem eigenen Rhythmus anzupassen und selbständig zu verantworten.

Zuerst wird jede Übung exakt erlernt.

Wenn die einzelnen Übungen aufgenommen und vollständig beherrscht sind, können sie verbunden, zu einer Serie verschmolzen werden wie eine Welle aus zwei, drei oder vier verschiedenen Übungen mit unterschiedlichem Rhythmus.

Die Übungen sind jetzt angeeignet. Wenn sie völlig beherrscht und zu kleinen Wellen aus zwei, drei oder vieren verbunden sind, kann man völlig frei je nach dem eigenen Rhythmus mit ihnen arbeiten.

Diese Serie von Übungen ist ein Beispiel für körperliche Reaktionen, die bis zur extremsten Konsequenz geführt werden. Unser Körper kann wirklich fliegen. Er kann auf dem Boden auftreffen, als wäre er ohne Gewicht, ohne Furcht. Der psychologische Wert dieser Übungen ist sehr groß. Sie scheinen sehr schwierig zu sein, und manch einem, der zum erstenmal mit ihnen konfrontiert ist, mögen sie unmöglich erscheinen. Aber schon nach dem ersten Arbeitstag ist man in der Lage, mit geduldiger Hilfe eines Kollegen ein oder zwei dieser Übungen einigermaßen gut auszuführen. Nach einem Monat täglicher Arbeit ist das neue Mitglied in der Lage, fast alle auszuführen, vielleicht nicht perfekt, aber das macht nichts; es hat ja noch viel Zeit vor sich. Was zählt, ist das Wissen, daß es ihm gelingen kann; was unmöglich erschien, kann er erreichen, wenn er täglich arbeitet.

Darin liegt der wesentliche Wert des Trainings: tägliche Selbstdisziplin, Personalisierung der Arbeit, Stimulierung und Auswirkung auf die Kollegen und die Umgebung.

Training, wie wir es in unserem Theater praktizieren, lehrt nicht, wie man ein Schauspieler wird, wie man z.B. eine Rolle im Stil der Commedia dell'Arte oder eine tragische oder groteske Rolle spielt. Es gibt nicht das Gefühl, man sei in der Lage, etwas zu tun, man habe bestimmte Kenntnisse angesammelt. Training ist eine Begegnung mit der Realität, die man gewählt hat: Was immer man auch tut, soll man mit seinem ganzen Selbst tun. Aus diesem Grund sprechen wir von Training und nicht von Lernen oder Lehrzeit. Wenn auch alle Schauspieler hier im Theater ausgebildet werden, so sind wir doch keine Theaterschule im üblichen Sinn, da es hier keine Lehrer und kein Lehrprogramm gibt. Die Schauspieler erfinden ihr Training selbst, und sie sind dafür verantwortlich. Aber um diesen Grad von Freiheit zu erlangen, ist Selbstdisziplin notwendig. Deshalb ist Training eine Notwendigkeit für jeden, ganz gleich, wie lange er im Theater gearbeitet hat.

Was du auch immer tust, tu es mit deinem ganzen persönlichen Einsatz. Es klingt wie – und es ist – eine einfache rhetorische Phrase. Jeder kann das sagen. Aber wir haben nur eine Möglichkeit: Es zu leben, es in unserem täglichen Handeln auszutragen. Und das Training erinnert uns daran.

Stimmtraining

Die Stimme ist sowohl als Klangkörper als auch unter einem semantisch-logischen Aspekt eine materielle Kraft, die etwas bewegt, leitet, formt und anhält. Tatsächlich kann man von Handlungen der Stimme sprechen, die eine unmittelbare Reaktion hervorrufen. Jetzt werden wir die Stimme als handelnde Kraft demonstrieren.

Iben führt zwei ihrer Kollegen und versucht, sie dazu zu bringen, das zu tun, was sie will. Sie benutzt dabei eine Sprache, die sie erfunden hat und die sie dabei improvisiert. Ihre Stimme handelt die ganze Zeit; sie versucht zu überreden, zu bitten, ihre Kollegen zu zwingen, das zu tun, was sie wünscht, während ihre Stimme gleichzeitig reagiert, d. h. sich darauf einstellt, was ihre Kollegen tun. Sie haben ihren Rücken zu ihr gekehrt, so daß sie sie nicht sehen können. Sie tun nichts, reagieren nur und antworten mit ihrem ganzen Körper auf den Stimulus von Ibens Stimme.

Die Stimme nimmt als körperlicher Prozeß den gesamten Organismus in Anspruch und projiziert ihn in den Raum. Die Stimme ist eine Verlängerung des Körpers und gibt uns die Möglichkeit, auch auf Entfernung konkret einzugreifen. Wie eine unsichtbare Hand breitet sich unsere Stimme vom Körper her aus und handelt, und unser ganzer Körper lebt und nimmt an der Handlung teil. Der Körper ist der sichtbare Teil der Stimme, und man kann sehen, wie und wo die Impulse entstehen, die zu einem Ton und zur Sprache werden. Die Stimme ist Körper – unsichtbarer Körper –, der im Raum handelt. Es gibt keine Trennung, keine Dualität: Stimme und Körper. Es gibt nur Aktionen und Reaktionen, die unseren Körper in seiner Gesamtheit einbeziehen.

Unsere Arbeit hat nur ein einziges Ziel: die spontanen organischen Reaktionen der Stimme zu bewahren und gleichzeitig die individuelle stimmliche Phantasie jedes Schauspielers zu stimulieren.

In der Arbeitssituation reagieren der Körper und sein unsichtbarer Teil, die Stimme, ständig auf Anreize.

Ich bitte jetzt Jens, meine Hand mit seiner Stimme zu halten und die Sprache aus dem Teil des Körpers kommen zu lassen, der meiner Hand am nächsten ist. Nur das: meine Hand mit seiner Stimme halten und auf die Bewegungen meiner Hand antworten, mit anderen Worten: Reaktion auf ihre Aktion.

In dieser Situation klingt der Anreiz als Reaktion der Stimme wider. Der Körper meines Kollegen, der spricht, ist völlig engagiert. Der ganze Körper spricht, er richtet sich ständig ein, richtet sich nach außen, auf einen sehr bestimmten Bezugspunkt. Die Regel ist: Um genaue Reaktionen zu erhalten, muß der Anreiz sehr genau sein: genau in der Art und genau im Raum plaziert.

Ich müßte nun über den gesprochenen Text reden. Wenn wir im täglichen Leben sprechen, konzentrieren wir uns nicht auf die Worte, wir interpretieren die Worte nicht kalt. Unsere Rede wird von einer Welle getragen, der Atemwelle, die lang oder kurz sein kann. Wenn der Prozeß spontan ist, denken wir nicht über die Worte nach. Nichts hemmt oder blockiert uns, wenn wir das Gefühl der Sicherheit haben. Mit anderen Worten: wenn wir uns nicht fürchten, wenn uns nichts erschreckt, wenn wir nicht vorsichtig mit dem sein müssen, was wir sagen, wenn wir nicht in einer fremden Sprache sprechen, in der wir uns nicht alle zu Hause fühlen. Dieses Gefühl der Sicherheit muß in der künstlichen Situation, der Theatersituation, wiederhergestellt werden. Wir müssen deshalb die objektiven Schranken des Textes beseitigen, die auftreten können, wenn man sich ständig zwingen muß, ihn zu erinnern. Der Text muß so perfekt auswendig gelernt werden, daß er ohne geringste Schwierigkeit herausfließt, als wäre es ein spontaner Prozeß. So wird es dem Schauspieler möglich, durch seine Handlung in den Raum hinauszureichen, ohne an die Worte zu denken, die er gelernt hat. Tatsächlich erhalten die Worte, selbst wenn sie von jemand anders geschrieben sind oder, wie in meinem Fall hier, wo ich Worte benutze, die nicht meine eigenen sind, wo die Worte nicht von mir erfunden, sondern von einer Kultur oder Tradition vorgegeben sind – selbst dann können diese Worte Leben und Gegenwärtigkeit durch mein ganzes Sein in meinen persönlichen Reaktionen erhalten.

Was wir Anreiz nennen, ist der Ausgangspunkt, der es dem Schauspieler erlaubt, allein weiterzugehen. Von diesem Ausgangspunkt her sucht und entwickelt der Schauspieler selbst seine eigenen Bilder, seine eigenen Anreize, auf die er reagiert. Das ist die zweite Phase des Arbeitsprozesses.

Was wir Stimulus nennen, ist ein konkretes, genaues, aber suggestives Bild, das sich an die Phantasie des Schauspielers richtet. Es ist ein Ausgangspunkt, der es dem Schauspieler erlaubt, das ursprüngliche Bild zu nehmen und es in seine eigene Phantasie zu verpflanzen, sein eigenes inneres Universum, um dadurch seine eigenen Bilder und Vorstellungen zu entwickeln, die stimmliche Reaktionen sind.

So wird – obwohl der Ausgangspunkt, das auslösende Bild, von außen gegeben, von einem anderen entschieden wird – der ganze Prozeß personalisiert und zu einem individuellen Ausdruck des Schauspielers und seines Universums.

Auf präzise Anreize hin gibt es auch präzise Reaktionen, vorausgesetzt, daß keine Blockierungen sie behindern. Es kann objektive Blockierungen geben, zum Beispiel die Anstrengung, den Text zu erinnern, oder psychologische Blockierungen, die aus einem Gefühl von Furcht oder fehlender Sicherheit kommen. Für den ganzen Prozeß ist es wesentlich, daß derjenige, der arbeitet, das Gefühl hat, beschützt zu sein. Die Ergebnisse hängen davon ab.

Wie ich vorher sagte: Wenn es präzise Anreize gibt, gibt es auch präzise Reaktionen. Dann wird eine klangliche Logik offenbar werden, die durch den Rhythmus entsteht, d. h. durch Wechsel und Variation des Tons, Pausen, Intensität und Wechsel des Volumens, Betonungen auf bestimmten Teilen des Satzes, Mikropausen vor bestimmten Wörtern und vor dem Atmen, durch die wir, statt Löcher in unsere Rede zu reißen, ihr Gefühl und ihre Nerven schärfen.

Dieser Rhythmus, dieses körperliche und stimmliche Pulsieren zeigt, daß der ganze Körper lebendig ist. Unser Körper ist ein pulsierendes Gewebe aus Tönen und Lauten, die in den Raum projiziert werden.

Während des ganzen Arbeitsprozesses muß man der Versuchung wiederstehen, originelle Ergebnisse erzielen zu wollen, seltsame Laute auszustoßen, unartikulierte Schreie, die unsere stimmlichen Reaktionen in ein klangliches Magma verwandeln, das dramatisch klingen mag, aber falsch und künstlich ist. Man muß seine eigene Stimme vergessen, nicht auf sie hören, sie nicht beurteilen. Vergiß deine eigene Stimme und strecke dich mit deinem ganzen Körper dem Anreiz entgegen und reagiere auf ihn.

Dann lebt der Körper, die Stimme lebt, zuckt, vibriert wie eine Flamme, wie ein Sonnenstrahl, der von unserem Körper ausgeht und den Raum erleuchtet und wärmt. Von diesem bescheidenen Ausgangspunkt aus und durch jahrelange Arbeit kann eine eigene Stimm-Flora entstehen, deren Wurzeln in unserem Körper leben, unser Körper sind mit seiner Erfahrung und dem, wonach er strebt.

Worte oder Präsenz

Erstveröffentlichung in *Drama Review* (New York 1972/53), einer Ausgabe, die neuen Wegen der Schauspielkunst gewidmet ist.

Im *Training* lernt man nicht, wie man gut Theater spielt, es macht nicht kreativ. Training ist ein Prozeß der Selbstbestimmung, ein Prozeß der Selbstdisziplin, der sich unmittelbar in körperlichen Reaktionen manifestiert. Was zählt, ist nicht die Übung selbst – zum Beispiel Kniebeugen oder Purzelbäume –, sondern die Rechtfertigung des einzelnen für seine Arbeit; eine Rechtfertigung, die körperlich wahrnehmbar ist und dem Zuschauer offensichtlich wird, obwohl sie vielleicht banal oder schwer in Worten zu erklären ist. Die Herangehensweise entscheidet über die Bedeutung des Trainings, über das Besondere der einzelnen Übungen, die in Wirklichkeit nur stereotype Gymnastikübungen sind.

Die innere Notwendigkeit bestimmt die Qualität der *Energie*, die es erlaubt, pausenlos zu arbeiten, ohne müde zu werden, und auch dann noch weiterzumachen, ohne sich dabei aufzugeben. Das ist die Selbstdisziplin, von der ich gesprochen habe.

Damit wir uns richtig verstehen: Man wird nicht kreativ, indem man sich durch Erschöpfung tötet. Man kann sich nicht auf Befehl oder mit Gewalt anderen öffnen. Training ist keine Form persönlicher Askese, feindseliger Härte gegen sich selbst, keine Schikanierung des Körpers. Training stellt die eigenen Absichten auf die Probe: Wieweit ist man bereit, für sie mit der eigenen Person einzustehen? Es ist die Möglichkeit, die Kluft zwischen Absicht und Verwirklichung zu überbrücken. Diese tägliche Aufgabe, die man hartnäckig, geduldig, oft mit Unsicherheit verfolgt und an deren Sinn man bisweilen zweifelt, verändert den Schauspieler als Person und als Mitglied einer Gruppe. Diese allmähliche Veränderung der eigenen Wahrnehmung, der Einstellung zu eigenen und fremden Existenzproblemen, dieses Aussieben der eigenen Vorurteile und Zweifel – nicht durch Gesten und großsprecherische Phrasen, sondern durch ruhige, tägliche Aktivität – schlägt sich in der eigenen Arbeit nieder, die neue Rechtfertigungen und neue Einstellungen erhält: So versetzt man seinen Nordpol.

Anfangs hatten wir ein Programm von Übungen, das für alle verbindlich war. Es waren Übungen aller Art: aus dem Ballett, der ‹Mime›, der Gymnastik, der Hartha Yoga und der Akrobatik. Wir arbeiteten eine ganze Serie körperlicher Aktionen aus und benannten das mit dem Meyerholdschen Begriff ‹*Biomechanik*›. Wir definierten Biomechanik als eine dynamische Reaktion auf einen äußeren Anreiz. Es waren akrobatische Übungen, und sie waren sehr hart; aber sie wurden von uns so verändert, wie wir uns das Training der asiatischen Schauspieler vorstellten. Davon ausgehend wollten wir einen Arbeitsrhythmus erreichen, der intensiv war, aber doch die gleiche Präzision, die gleiche Sparsamkeit der Bewegung, die gleiche Suggestivität und Kraft hatte, die wir dem asiatischen Schauspieler zuschrieben. Für uns bedeutete Biomechanik keine historisch und technisch präzise Rekonstruktion der von Meyerhold entwickelten Übungen. Meyerhold hatte ein besonderes Ziel im Auge, nämlich eine soziale ‹Beschäftigung› für den Schauspieler. Wir benutzten diesen Begriff, um unsere Vorstellung zu mobilisieren, uns zu stimulieren. Wie könnte diese Biomechanik aussehen? – Wir versuchten, sie neu zu erfinden, sie mit unseren Körpern wieder zu entdecken; dabei verließen wir uns nur auf unser eigenes Urteil. Individuell oder gemeinsam entwarfen die Schauspieler die Karte dieses Gebiets. Sie enthielt auch ‹Schlachten›, Kämpfe, Übungen für Reflexe, in denen der Schauspieler sich unmittelbar auf eine Situation einstellen, mit seinem ganzen Körper denken und reagieren mußte.

Ich habe nie direkt aus meinen Erfahrungen mit dem orientalischen Theater, besonders mit dem indischen Kathakali, geschöpft. Ich regte meine Schauspieler dazu an, sich dieses Theater aus Farben und Exotik, Akrobatik und Religiosität vorzustellen, und nahm dabei ihre Subjektivität und Phantasie in Anspruch.

Wie jedes andere Theater kann man auch Kathakali nicht übertragen oder kopieren. Der Schauspieler im orientalischen Theater steht in Verbindung mit einer Tradition, die völlig respektiert werden muß. Er führt lediglich eine Rolle aus, deren winzigstes Detail in mehr oder weniger entfernter Vergangenheit von einem Meister wie in einer Partitur erarbeitet wurde. Wie bei einem Pianisten oder einem Tänzer gehört auch zu seiner Entwicklung ein hohes Maß an Virtuosität. Im westlichen Theater dagegen ist der Schauspieler ‹kreativ› – oder er sollte es sein. Seine Auseinandersetzung mit dem Text, mit seiner eigenen Sensibilität und seiner eigenen historischen Erfahrung öffnet seinem Zuschauer ein besonderes, individuelles Ganzes.

Dieser wesentliche Unterschied bestimmt auch den jeweiligen Zugang zum Beruf, zur Vorbereitung, dem, was jetzt gewöhnlich Training genannt wird. Auch heute beginnt der Kathakali – oder Kabuki-Schauspieler sein Training im gleichen Alter wie ein europäisches Kind, das sich dem Ballett widmen möchte. Die psychologischen und physiologischen Folgen liegen auf der Hand. Es ist sinnlos, nach Japan oder Indien zu gehen und aus dem Kathakali oder dem Kabuki Übungen zu entnehmen, um sie passiv der europäischen pädagogischen Tradition anzupassen, in der Hoffnung, daß unsere Schauspieler ‹Virtuosen› werden wie ihre orientalischen Kollegen. Ich möchte wiederholen: Nicht die Übungen sind entscheidend, sondern die persönliche Haltung. Und das mit einer Logik, die es nicht erlaubt, sich in der Wahl des Berufs durch Worte irreführen zu lassen.

Diese Haltung bestimmt das Entstehen von Normen, die für den Schauspieler nahezu zu einem künstlerischen oder ethischen Über-Ich werden. Ähnliches findet man auch in Theaterformen, die auf einer rein technischen Lehrzeit basieren. Die historischen Verhältnisse und die gesellschaftlichen Bedingungen, unter denen sich die Theaterarbeit entwickelt, beeinflußt die Entstehung dieser Normen, die sich in der Technik manifestieren. Zum Beispiel findet das gesamte Training eines jungen Schauspielers, der sich dem Kabuki widmet, in einer künstlichen Atmosphäre statt, die keine Möglichkeit zum Kontakt mit Schauspielern anderer Theaterformen zuläßt, weder zum No noch zum modernen Theater. Es vollzieht sich in einer in Familiendynastien erstarrten, strengen professionellen Hierarchie, deren Mentalität auf ein leistungsorientiertes industrielles Bewußtsein trifft, das sich im zeitgenössischen Japan herausschält.

Dasselbe gilt für den Kathakali-Schauspieler. Während der Kabuki-Schauspieler einem großen Vermittlungsunternehmen angehört, das ihn an verschiedene Theater versetzt, arbeitet der Kathakali-Schauspieler auf religiösem Boden, dem Tempelhof. Er weiht seine Arbeit und seine Aufführungen den Gottheiten, lebt sehr bescheiden, ohne Aussicht, jemals ein Star zu werden – ähnlich wie sein japanischer Kollege. Diese sozio-historischen Umstände, zusammen mit der besonderen Berufstradition, die bei denen, die einmal Schauspieler werden möchten, immer noch hohes Ansehen hat, sind entscheidende Faktoren in der Konzeption und in der Erarbeitung einer Ausdruckskraft, die kodifiziert und zu einer Technik verwandelt wird.

Zu Beginn unserer Tätigkeit glaubten wir an den *Mythos der Technik* als etwas, das man erwerben und besitzen konnte und das es dem Schauspieler erlaubte, seinen Körper zu meistern, sich seiner bewußt zu werden. So praktizierten wir in diesem Stadium Übungen, die die Augen weiter öffnen und ihren Ausdruck erhöhen sollten. Diese Übungen hatte ich aus Indien, wo ich das Training der Kathakali-Schauspieler studierte. Die Ausdruckskraft der Augen ist im Kathakali wesentlich, und die Kontrolle ihrer Muskulatur erfordert jahrelang viele Stunden harten täglichen Trainings. Die Nuancen, von denen jede eine festgelegte Bedeutung hat, die Art, in der man mißbilligend dreinschaut, die

Richtung eines Blicks oder der Grad, in dem die Lider geöffnet oder geschlossen sind, all das – durch die Tradition kodifiziert – sind in Wirklichkeit Vorstellungen und Bilder, die dem Zuschauer unmittelbar verständlich sind. Beim europäischen Schauspieler würde eine solche Kontrolle die organischen Reaktionen des Gesichts nur hemmen und es in eine leblose Maske verwandeln.

Wie in einem Schmelztiegel unterschiedliche Metalle verschmolzen werden, so versuchte ich am Anfang, in mir die verschiedensten Einflüsse und Eindrücke, die für mich die fruchtbarsten gewesen waren, zu verbinden: orientalisches Theater, die Experimente der ‹Großen Reform›, meine persönlichen Erfahrungen während meines Aufenthalts in Polen und mit Grotowski. Ich wollte das alles zu meinem Ideal technischer Perfektion zusammenführen. Das versuchte ich sogar in dem Teil der künstlerischen Arbeit, den wir Komposition nannten, ein Begriff, der in unserem Theater über die russische und französische Terminologie und ihrer Interpretation durch Grotowski aufgetaucht war. Ich glaubte, daß Komposition die Fähigkeit des Schauspielers sei, Zeichen zu entwickeln, seinen Körper bewußt zu deformieren, um so an Suggestion und Assoziationskraft zu gewinnen: der Körper des Schauspielers als Stein von Rosette und der Zuschauer in der Rolle des Champollion. Das Ziel bestand darin, auf einer bewußten Ebene, durch kühle Überlegung zu etwas zu kommen, was warm war und uns zwang, mit allen Sinnen zu glauben. Aber oft empfand ich diese Komposition als etwas Aufgesetztes, Äußerliches, das auf einer theatralischen Ebene funktionierte, dem aber die bohrende Kraft fehlte, um die Rinde aller allzu deutlichen Zeichen zu durchdringen. Die Kompositionen konnten reich sein, betroffen machen, den Schauspieler freisetzen; trotzdem waren sie wie ein Schleier, der mir etwas versteckt hielt. Ich empfand dies, aber ich wagte es nicht, mich ihm zu konfrontieren, es mir selbst oder mehr noch es anderen zu enthüllen.

In der ersten Periode machten alle Schauspieler die gleichen Übungen in gemeinsamem kollektivem Rhythmus. Dann merkten wir, daß der Rhythmus für jeden einzelnen verschieden war. Einige haben einen schnelleren vitalen Rhythmus, andere einen langsameren. Wir fingen an, von organischem Rhythmus zu sprechen: Rhythmus nicht als gleichmäßiger Takt, sondern als Variation, als ein Pulsieren wie unser Herzschlag, der auf einem Kardiogramm angezeigt wird. Diese fortwährende winzige Variation offenbarte die Existenz einer Welle organischer Reaktionen, die den gesamten Körper ergreift. Training konnte nur individuell sein.

Unser Glaube an die Technik als einer Art magischer Kraft, die dem Schauspieler Unverwundbarkeit verleihen könnte, leitete uns auch im

Bereich der Stimme. Anfangs folgten wir den Praktiken des orientalischen Theaters: direkte Nachahmung bestimmter Klangfarben der Stimme. Wir benutzten Grotowskis Terminologie und nannten die verschiedenen Tonbereiche der Stimme *Resonatoren*. Im orientalischen Theatertraining lernt der junge Schauspieler mechanisch ganze Rollen mit all ihren stimmlichen Nuancen, Klangfarben, Intonationen und Ausrufen, ein komplettes Gefüge von Tönen, das durch Tradition perfektioniert wurde und das der Schauspieler präzise wiederholen muß, um die Anerkennung des kritischen Publikums zu erlangen. Auch wir fingen damit an, daß wir ganz nüchtern und kalt nach einer Reihe von Klangfarben, Tönen und Intonationen suchten, die wir täglich übten.

Diese Periode kalkulierter Arbeit an reiner Technik schien zu bestätigen, daß die Hypothese vom Schauspieler als Virtuosen richtig war. Die Wirkungen, die erzielt wurden, waren interessant. Aber während der Arbeit gelang es einigen Schauspielern, zum Bereich ihrer eigenen Stimmflora vorzudringen. Diese Flora wurde durch Anreize erschlossen, die in ihrer suggestiven Kraft betroffen machten und die nicht auf Logik oder genauer Überlegung beruhten: Wenn der Geist deines Vaters auftritt, dann schreist du auf, Hamlet, weil du dich fürchtest oder weil du dich freust. Was dabei herauskommt, ist das erstickte, flache, unpersönliche Klischee eines Schreis.

Wir entdeckten so, welchen Wert persönliche Vorstellungen beim Gebrauch der Stimme haben, wenn man zur individuellen Klangwelt jedes einzelnen vordringen will: keine kalkulierten Effekte und keine mechanisch plazierte Stimme mehr, sondern einfache Reaktionen, Antworten auf das Bild, das als Anreiz dient. Wir begannen, von *Stimmhandlungen* zu sprechen. Das, was einmal ein Postulat für uns gewesen war – die Stimme als physiologischer Prozeß –, wurde jetzt greifbare Wirklichkeit, die den gesamten Organismus einbezog und in den Raum projizierte. Die Stimme war eine Verlängerung des Körpers, die im Raum handelte, die schlug, berührte, streichelte, einkreiste, drückte, weit weg oder ganz nah suchte; sie war eine unsichtbare Hand, die sich vom Körper her ausdehnte, um im Raum zu handeln oder Handlungen abzuweisen. Und selbst dieses Abweisen wurde von der unsichtbaren Hand gesprochen. Damit die Stimme handeln konnte, mußte sie aber den Punkt kennen, auf den sie gerichtet war, und sie mußte wissen, warum sie sich an ihn richtete.

Von diesem Augenblick an sprach ich nicht mehr von Resonatoren. Der ganze Körper und der Raum klang wider. Auch in mir klang etwas wider, vorausgesetzt, daß der Schauspieler wirklich den Punkt im Raum ansprach, der für ihn konkret, für all seine Sinne wahrnehmbar, in körperlicher Form gegenwärtig war, obwohl er für meine Augen unsichtbar blieb.

Der ‹Mythos der Technik› nährte sehr lange unsere Arbeit. Dann kamen mir allmählich Zweifel. Ich mußte zugeben, daß die Begründung für die Technik eine Rationalisierung, eine pragmatische Erpressung war – wenn du das tust, dann erreichst du das. Ich hatte sie benutzt, damit die anderen meine Arbeitsweise akzeptierten und damit ich ihr eine nützliche und logische Rechtfertigung verleihen konnte. Undeutlich, schattenhaft spürte ich, daß ich unter dem Vorwand einer Arbeit, die von anderen als Theater definiert wurde, versuchte, den Schauspieler in meinen Gefährten aufzuheben – die Figur von ihnen wegzuwaschen, das Theater in unserer Beziehung zu zerstören, damit wir uns als Gefährten in Waffen einander begegnen könnten, die es nicht nötig haben, damit zu klirren, die durch Zweifel und Illusionen gemeinsam verbrachter Jahre enger verbunden sind als Brüder: nicht der Schauspieler, nicht die Figur, sondern der Gefährte einer langen Periode meines Lebens.

Es ging nicht mehr darum, etwas zu lehren oder zu lernen, eine persönliche Methode zu verfolgen, eine neue Technik zu entdecken, eine originelle Sprache zu finden, sich selbst oder andere nicht zu täuschen. Es ging nur darum, keine Angst voreinander zu haben, den Mut zu haben, sich einander anzunähern, bis man durchscheinend wird und Einblicke in den Brunnen eigener Erfahrungen zuläßt. Daher kam das Prinzip des ‹Pudeur›, wonach die Anwesenheit von Fremden während der Arbeit abgelehnt wurde. Wenn dann die Zeit kommt, in der andere – Zuschauer – anwesend sind, dann sind sie Zeugen einer menschlichen Situation, die wir immer noch Theater nennen. Wir haben keinen anderen Namen für diese neue Grenze, jenseits derer es wenig gibt, was wir in der Sprache des Theaters einander sagen könnten, auch wenn diese Sprache perfekt gesprochen wird. Virtuosität führt nicht zu Situationen neuer menschlicher Beziehungen, die entscheidender Bestandteil einer Neuorientierung sind, eines neuen Weges, sich angesichts anderer zu definieren und die bequeme Selbstzufriedenheit zu überwinden.

Weit entfernt von allen nützlichen Begründungen entwickelte sich so das Training zu einem Prozeß der Selbstdefinition, der von der individuellen Subjektivität geleitet wurde. Über die Bedeutung entscheidet jeder selbst. Noch einmal: Die äußeren Formen der Übungen sind ohne Bedeutung, Selbstdisziplin jedoch bleibt.

Während des Trainingsprozesses droht häufig die Gefahr von Sklerose. Entweder wird sie durch eine unbefangene Haltung hervorgerufen, die einen zu der Annahme verleitet, durch Training könne Kreativität entstehen, oder sie entsteht durch mangelnde persönliche Motivation, die zu einer Wiederholung der Übung als Gymnastik führt. Auch wir sind durch ähnliche Perioden gegangen. Dann erlag ich der Versuchung, Erklärungen abzugeben, mir eine Art Trainingsphilosophie einfallen zu lassen, einen Ariadne-Faden für meine Kollegen zu legen, die im Labyrinth der Unsicherheit verloren waren. Mit großer Loyalität versuchten sich meine Kollegen in ihrer Arbeit durch meine Worte zu motivieren. Aber es klang nicht richtig, und am Ende trat eine Spaltung zwischen dem hervor, was sie taten, und dem, was sie tun wollten oder zu tun glaubten, um mich zufriedenzustellen und mir entgegenzukommen. Als ich das merkte, hörte ich mit allen Erklärungen auf.

Nachdem wir viele Jahre lang viele Stunden täglich zusammen gearbeitet haben, sind es nicht mehr meine Worte, es ist vielleicht nur meine Präsenz, die etwas bedeutet.

Training (1964–1974)

Fotos: Odin Teatret

21: Else Marie Laukvik

22: Iben Nagel Rasmussen

23: Torgeir Wethal

24: Torgeir Wethal, Iben Nagel Rasmussen

Training mit Requisiten im Freien (1974–1979)

Fotos: Tony D'Urso

25: Iben Nagel Rasmussen

26: Tage Larsen

27: Else Marie Laukvik

Training (1980)

Fotos: Massimo Agus

28, 29: Toni Cots

Training (1982–1983)

Foto: Christoph Falke

30: (oben links)
Roberta Carreri,
Julia Varley,
Francis Pardeilhan

31: (oben)
Silvia Ricciardelli,
Roberta Carreri,
Julia Varley

32: Roberta Carreri,
Julia Varley

Das Buch der Tänze (1974–1980)

Schauspieler: Roberta Carreri, Tom Fjordefalk, Tage Larsen, Else Marie Laukvik, Iben Nagel Rasmussen, Torgeir Wethal
Fotos: Tony D'Urso

33: *Das Buch der Tänze* in einem sardischen Dorf.

Das Buch der Tänze war die einzige Produktion des Odin Teatret, die unmittelbar aus dem Training herauswuchs. Von 1974 an wurden verschiedene Übungen zu kleinen Sequenzen strukturiert und als Material für den Tauschhandel öffentlich präsentiert. Es war die Absicht, in den ‹Gegenden ohne Theater› zu zeigen, worin das Handwerk des Schauspielers besteht. Wegen ihrer besonderen Bewegungsform, ihres vitalen Rhythmus und ihrer Energie betrachteten die Leute diese Übungssequenzen als Tänze. Tänze gibt es in den Kulturen von Völkern, die sich weniger durch das geschriebene Wort als durch ihre körperliche Präsenz darstellen: der Geschichtenerzähler, der Sänger, der Tänzer. Eine Gemeinschaft wird durch die Art charakterisiert, in der ihre Mitglieder tanzen. Körper nehmen Leben in sich auf, und man kann in ihnen die Geschichte und die Normen einer Gemeinschaft so lesen, als sei der Tänzer ein lebendiges Buch. Deshalb nannten wir unsere Produktion *Das Buch der Tänze*. In ihrer endgültigen Fassung zeigt sie die internen, beruflichen Auseinandersetzungen in der Gruppe, ihr Hoffen, Sehnen und ihre Ironie, ihre Virtuosität und völlige Hingabe an die Welt persönlicher Träume und Assoziationen.

34–35: *Das Buch der Tänze* in Dörfern in Süditalien 1974
(oben: Iben Nagel Rasmussen, Odd Ström; unten: Torgeir Wethal).

36–37: *Das Buch der Tänze* in einem Elendsviertel von Lima 1978
(oben: Else Marie Laukvik) (unten: Else Marie Laukvik, Tom Fjordefalk).

Johann Sebastian Bach

(erste Version 1974, dritte Version 1979)

Schauspieler: Torben Bjelke, Toni Cots, Francis Pardeilhan, Silvia Ricciardelli, Julia Varley

Eine komische Parade mit einer Show, in der Zirkusclownerie mit Scherzen aus der Commedia dell'Arte und Jahrmarktstheater vermischt wird.
Fotos: Tony D'Urso

38: Francis Pardeilhan

39: Silvia Ricciardelli

40: Toni Cots, Francis Pardeilhan

Fragen zum Training

Dieses Interview wurde von dem Theatersemiologen Franco Ruffini mit Eugenio Barba geführt. Es war Teil eines von einem Team von Theaterwissenschaftlern angefertigten Abschlußberichtes über ein Treffen zum Thema «Drittes Theater», das 1976 in Belgrad stattfand. Das Treffen wurde im Rahmen des Theaters der Nationen von Eugenio Barba organisiert und geleitet und fand unter der Schirmherrschaft der UNESCO sowie des «Internationalen Theater Instituts» statt. Es basierte auf einem Arbeitsaustausch von Theatergruppen aus verschiedenen europäischen und Lateinamerikanischen Ländern.

Angenommen wir müßten ein Lexikon über Gruppentheater zusammenstellen. Würden Sie den Begriff Training in dieses Lexikon aufnehmen?

Ich glaube, das Wort Training ist grundlegend. Im traditionellen Theater gibt es eine Lehrzeit, nach der der Schauspieler in den Beruf eintritt, und die einzige Möglichkeit zur Weiterentwicklung sind die verschiedenen Rollen, die ihm gegeben werden. Demgegenüber ist das Gruppentheater durch ein tägliches Training charakterisiert. Dies ist der versteckte Samen, aus dem später die fruchttragende Pflanze, die Vorstellung, sprießt. Es ist auch ein Mittel, um sich körperliche Kondition und bestimmte Fähigkeiten anzueignen. Aber vor allen Dingen ist es ein Moment von Freiheit, der es dir erlaubt, dich selbst zu manifestieren, ohne daran denken zu müssen, beurteilt zu werden.

Training, Probe, Vorstellung: Welche Beziehung würdest du zwischen den drei Begriffen herstellen?

Training ist nicht das gleiche wie Probe; denn die Probe ist an ein Ergebnis gebunden, das Training nicht. Während es im traditionellen Theater zwei Phasen gibt, Proben und Aufführungen, gibt es im Gruppentheater meist drei Phasen: Training, Proben und Aufführungen. Das Training kann von den Proben vollständig getrennt laufen. Es gibt Gruppen, deren Training nichts mit den Proben für eine Vorstellung zu tun hat. Es gibt zwei parallele Stränge: Einer ist das Training, der andere ist Probe und Aufführung. Diese parallelen Gleise ermöglichen es der Gruppe, voranzukommen und zu wachsen.

Geht es lediglich darum, einen neuen Begriff einzuführen? Im traditionellen Theater gibt es die Proben für die Aufführungen. Im Grup-

pentheater gibt es das Training für die Proben für die Aufführungen. Wäre Training dann eine Art Probe für die Probe?

Probe für die Probe ist eine gute Definition. Aber die Verhältnisse sind von Gruppe zu Gruppe sehr verschieden. Einige benutzen Training als Ausgangspunkt für die Proben und damit für die Vorstellung. Einige Gruppen halten ihr Training ganz separat. Andere neigen dazu, das Training als ‹Mine› zu benutzen, aus der sie Ergebnisse schürfen, die dann auf die Vorstellung übertragen werden. Wieder andere benutzen das Training dazu, einen psycho-physischen Zustand zu erreichen, der in den Proben wiederentdeckt werden muß.

Wenn man die drei Phasen – Training, Probe und Vorstellung – betrachtet, dann scheint es, als wären die Proben der Vorstellung näher als das Training. Trotzdem sehen wir, daß man dazu neigt, das Training öffentlich zu zeigen und es so zu einer Vorstellung zu machen. Wie erklärst du das?

Unter anderem ist Theater der Augenblick, in dem eine Person anfängt, um sich herum eine Energie zu verbreiten, die sich von der alltäglichen unterscheidet. Damit zieht sie automatisch unsere Aufmerksamkeit auf sich, und sie fasziniert uns. Training schließt eine völlige Mobilisierung ein. Das spektakulärste Training läßt den ganzen Körper lebendig werden und ist mehr als nur ein Prozeß intellektueller oder psychologischer Reflexion. ‹Psychologisches› Training wirkt wie ein Schlafmittel. Auf der anderen Seite wird bei den körperlichen Aktivitäten bestimmter anderer Trainingsarten lediglich Energie verpufft. Das Geheimnis ist: Wie kann man Energie ausstrahlen, ohne sie zu verschwenden, wie kann man sie so auf einen Widerstand konzentrieren, daß Geschwindigkeit und Gewicht sich in Kraft verwandeln? Im Training wird dieser Widerstand durch die Übung hergestellt. Die Energie stößt auf ein Hindernis und transformiert sich. Ein dramatischer Augenblick wird geboren.

Ich möchte genau sein. Warum ist ein Beobachter, der eine Probe sieht und der erkennt, daß die Probe der Vorstellung näher kommt als das Training, sich dessen bewußt, daß er keine Vorstellung sieht? Und woran erkennt er, daß Training als Vorstellung benutzt wird?

Während des Trainings ist der Schauspieler so frei wie bei einer Improvisation. Die Probe, die immer ein Ziel hat, ist ein Moment, in dem der Schauspieler versucht, eine Struktur zu bilden, auch wenn er es nicht ausdrücklich will. Er legt der Energie, die im Training frei ausstrahlen kann, ein Korsett an. Die Probe ist dann wie der Kampf mit einem gezähmten Löwen, der in der Vorstellung wieder wild werden muß.

Also erkennt der Beobachter das Training an einem größeren Grad an Freiheit, an der ungezähmten Freisetzung von Energie. Können wir sagen, daß es in der Aufeinanderfolge von Training, Probe und Vorstellung eine Verminderung von Energie gibt?

Energie muß geleitet werden; unter dem Gesichtspunkt des Ausdrucks betrachtet kommt es sonst zum Psychodrama. Es muß einen Damm geben, der die Energie des Schauspielers leitet. Die Probe ist dieser Damm, der den Fluß der Energie reguliert, um das erstrebte Ziel zu erreichen. Deshalb gibt es eine Verminderung der Energie vom Training zur Probe, aber dann muß die Energie in der Vorstellung wieder ansteigen. Wenn es dem Schauspieler trotz dieser Verminderungsphase während der Probe nicht gelingt, die ursprüngliche Energie in der Vorstellung wiederzufinden, dann ist die Vorstellung entweder rein ‹technisch›, kalt, äußerlich, oder sie ist nur das Werk des Regisseurs, der dem Schauspieler eine Reihe von Zeichen auferlegt.

Training und Vorstellung sind die beiden Höhepunkte in der Energiekurve. Aber sprechen wir nur von der gleichen Menge an Energie oder auch von der gleichen Qualität?

Die Aufführung spiegelt das Training wieder. Wenn man ein Training hat, das den Körper zähmt, dann wird das in der Aufführung sichtbar. Training ist in Wirklichkeit ein Mittel, den Körper zu kolonisieren, ihn dazu zu zwingen, eine neue Kultur anzunehmen, die das Hirn als die richtige erwählt hat – auch dann, wenn das Training den Beobachter durch seine technischen und expressiven Ergebnisse beeindruckt. All das wird in der Vorstellung sichtbar. Hat man ein Muskeltraining, dann erhält man eine ‹muskulöse Vorstellung›; hat man ein einschläferndes Training psychologischer Art, dann wird die Vorstellung das zeigen. Die Spannung bleibt dieselbe. Läuft das Training auf 220 Volt, dann wird die Vorstellung auch auf 220 Volt laufen. Läuft das Training auf 6 Volt, dann wird die Vorstellung auf 6 Volt laufen. Die Qualität der Energie, die den Schauspieler im Training antreibt, ist die gleiche wie die, die ihn in der Vorstellung antreibt.

Wenn es im Training und in der Aufführung die gleiche Qualität an Energie gibt, wozu braucht man dann die Aufführung?

Training betrifft nur den Schauspieler, der es ausübt, und seine Kollegen. Es ist der erste Schritt zu einer Sozialisation durch individuelle kreative Arbeit. Die Vorstellung ist ein zweiter Schritt, und sie geht auch die Zuschauer an, die am Training nicht teilnehmen. Die Arbeit im Training isoliert den Schauspieler, auch wenn sie ihn denen näher bringt, die mit ihm zusammenarbeiten. Aber wenn er seinen Kreis erweitern will, dann bedient er sich dazu der Vorstellung. Es ist paradox: Freiheit trennt dich von anderen. Wenn man anfängt, dieser Freiheit Möglichkeiten für Entscheidungen zu geben, die sich in der Vorstellung niederschlagen, dann schafft man automatisch die Möglichkeit, über sich selbst und über die Gruppe hinauszugehen.

Könnten wir dann sagen, daß Training ohne Aufführung eine unvollständige Sozialisation ist?

Ja, es sei denn, man entwickelt das Training zu einer Vorstellung, so wie wir es in unserer Gruppe getan haben. Statt sich abzuschließen, öffnet man sich: *Das Buch der Tänze* (The Book of Dances, eine Vorstellung des Odin Teatret; Anm. d. Übers.) ist dafür ein Beispiel. Der Moment, in dem Training zur Vorstellung wird, entspricht dem Moment, in dem das Training einen sozialen Nutzen erlangt. Durch eine Montage von Trainingsübungen kommt man zu einer Art Vorstellung.

Aber im allgemeinen liegt der Vorstellung ein Thema zugrunde, dem Training dagegen nicht. Im Training hat man eine Form elementarer Dramatik: Der Schauspieler kämpft gegen seine Müdigkeit, gegen seine Neigung, unpräzise zu sein, gegen seine Unfähigkeit, ein Requisit zu beherrschen. Die Dramatik des Trainings kann eine Reihe von Bildern hervorbringen, aber sie bleibt begrenzt. In der Vorstellung bringt das Thema aus seinem geschichtlichen Zusammenhang eine Menge anderer Bilder hervor. Und auf der emotionalen, intellektuellen und sinnlichen Ebene einer Theatererfahrung ergibt das für den Zuschauer einen gewaltigen Unterschied.

Zwei Briefe

Das Training betrifft nicht nur die Technik des Schauspielers. Die Beziehungen, die das Bestehen einer Gruppe regulieren, umfassen nicht nur die Arbeit, sondern das gesamte Leben der Mitglieder. Manchmal offenbart sich die Intensität dieser Beziehung durch Texte (Briefe, Arbeitsvorschläge, Tagebücher), über die die Gruppe normalerweise schweigt. Dieses Schweigen wurde einmal teilweise durchbrochen, als sich das Odin Teatret entschloß in einem Buch auch sein inneres Gesicht zu zeigen (Il Libro dell'Odin. Mailand: Feltrinelli 1975). Das Buch enthält auch diese beiden Briefe, die Eugenio Barba u. a. über das Training schrieb.

4. Februar 1973

An meine Kollegen von *Min Fars Hus*,

während dieser letzten Arbeitstage habe ich oft an Euch gedacht. Wenn aus der Arbeit mit den neuen Schülern etwas Interessantes hervorging, dann sagte ich mir: Wenn Ihr nur hier in Holstebro wäret, um es mit mir teilen zu können! Wenn das Rohmaterial eben nur rohes Material ohne den Schimmer eines Edelsteins bliebe, dann fehlten mir Eure Anwesenheit, Eure Ratschläge und Eure Unterstützung.

Aber beide Reaktionen sind subjektiv und werden weder den neuen Schülern noch Euch gerecht. Man darf nicht außerhalb bleiben, die anderen bei der Arbeit beobachten oder als Stützpfeiler dienen.

Gerechtigkeit: Ihr gebt, und umgekehrt geben wir zurück. Man könnte sich vorstellen, daß Ihr nach Holstebro kämet, um zu sagen: Das ist meine tägliche Arbeit als Schauspieler. Ich tue sie weil ... Und das Ihr es so sagen würdet, wie ein Schauspieler spricht, nämlich mit dem gesamten Körper, mit Handlungen.

Und die neuen Schüler würden antworten: Wir haben uns gedacht, das zu tun, weil ... Und so setzen wir es in die Praxis um.

Während der Arbeit und durch die Arbeit würde Euch Eure Begegnung auf die gleiche Ebene bringen, wo jeder gibt und niemand außerhalb steht, weil dort kein Unterschied zwischen Veteranen und Anfängern besteht. Wenn neues Blut durch die Adern unseres Theaters fließen soll, dann darf das nichts sein, was Euch gleichgültig ist, was Euch noch nicht betrifft.

Schon jetzt solltet Ihr es als etwas empfinden, was unserer Zukunft und unserer gemeinsamen Arbeit neues Leben gibt.

Diejenigen von Euch, die wollen, können kommen, wenn sie Zeit haben.

Wir arbeiten von sieben Uhr morgens bis neun Uhr abends, auch samstags und sonntags.

Kommt, um mit Eurem ganzen Ich aktiv zu sein, um zu zeigen: So trainiere ich, das sind meine Erfahrungen, dagegen kämpfe ich an. Zeigt es durch Eure täglichen Anstrengungen, die wir Training nennen. Die neuen Schüler werden auf die gleiche Art antworten. Vielleicht gibt Euch ihre Antwort schon jetzt etwas.

Liebevolle Grüße an Euch alle.

Eugenio Barba

22. Februar 1973

An I. – Vom Regisseur an die Schauspielerin:

Ich habe am letzten Samstag und Sonntag Deine und J.s Arbeit gesehen. Etwas Warmes kam in den schwarzen Raum. Deine Arbeit verkörperte etwas Lebendiges. Ich habe gesehen, was es bedeutet, wenn Du nicht aufgibst, wenn Du Dich auf Deinem Weg vorwärtstastest und Dich nicht zurückziehst. Wenn Du gegen die solide Mauer aus Trägheit und während der Tournee gegen die objektiven Schwierigkeiten mit Räumen und mit der Zeit, gegen das Gefühl, allein zu sein, kämpfst, wenn Du nicht der Versuchung erliegst, Dich mit der ruhigen Strömung des Tages auf den Wasserfall – die abendliche Vorstellung – zutreiben zu lassen, um anschließend friedlich weiterzufließen.

In den letzten Monaten habe ich gesehen, wie Du in Deinen Bedürfnissen, Deiner Kraft und Deiner Großherzigkeit künstlerisch gereift bist.

Wenn Du sprichst, wenn Du darüber laut nachdenkst, wie die Arbeit der Zukunft sein soll, dann höre ich Dir zu, und ich bin froh. Du bist so unabhängig geworden, daß ich mir vorstelle, es sei mein eigenes Tun.

Eugenio Barba

Stimme, Ton und Musik

Der italienische Theaterkritiker Franco Quadri, der seit der Gründung 1964 die Arbeit des Odin Teatret verfolgte, interessierte sich für die ‹Geräuschwelt› in den Stücken der Gruppe. Eugenio Barba gab ihm folgende Beschreibung, die in *Patalogo*, Mailand: Ubulibri 1980, publiziert wurde.

Von Anfang an hat sich das Odin Teatret besonders damit befaßt, die Klangfülle der Stimme zu entwickeln, um den Tonfall und die Intonation der Alltagssprache nicht zu reproduzieren. In der Stimmarbeit suchten wir nach einer klangvollen, gefühlsmäßig wahrnehmbaren Logik, mit der wir die Kraft dramatischer Situationen vergrößern könnten, da wir auf der Ebene der Bedeutung der Worte, ein großes Handicap hatten: Unsere Schauspieler kamen aus verschiedenen Ländern und sprachen verschiedene Sprachen. Fast acht Jahre lang umschrieben und entdeckten wir dieses Feld sowohl in unserem Stimmtraining als auch in unseren Vorstellungen.

Mit dem Stück *Min Fars Hus* (Das Haus meines Vaters, 1972) kamen zum erstenmal Musikinstrumente in unser Theater, obwohl keiner der Schauspieler ein Instrument beherrschte. Wir versuchten, die Musikinstrumente nicht nach den spezifischen, festgelegten Regeln der musikalischen Sprache zu verwenden, sondern wir verfolgten mit ihnen zwei besondere Absichten.

Die erste: Das Musikinstrument sollte zu einer Stimme werden; es sollte sprechen lernen und eine Rede halten: kontrolliert, lyrisch, pedantisch oder sentimental. Zum Beispiel ist das Instrument die Stimme von Don Juan, der mit wohlgesetzten, suggestiven, weichen, entschiedenen Worten verführt. Oder ein Instrument ist die Stimme Cromwells, dessen Worte prügeln, spotten oder hetzen. In einer der Stimmübungen dieser Periode benutzte ein Schauspieler seine Stimme als Musikinstrument, mit dem er die ‹Worte› und ‹Sätze› begleitete, die mit dem Instrument eines anderen Schauspielers gespielt wurden.

Die zweite: Die Musik sollte theatralisiert werden. Das bedeutete, daß das Musizieren selbst wie auch das musikalische Produkt theatralisiert wurden. Spielen, ein Instrument benutzen, ist für einen Schauspieler keine nur musikalische Angelegenheit. Das Instrument wird zu einem Requisit, zu einem Teil seines Körpers, zum Bestandteil der dargestellten Figur, zu einer Prothese oder einem neuen Körperteil; es wird ein sehr wichtiges theatralisches Element in der Komposition des Stückes.

In *Min Fars Hus* wurden diese beiden Richtungen verfolgt. Die

‹Stimmen› der Flöte und des Akkordeons, die während der Vorstellung von zwei Schauspielern moduliert wurden, kommentierten die Handlung und unterhielten sich miteinander (sie waren die Stimmen zweier Diener, die die Handlungen ihrer Herren beobachteten). In manchen Augenblicken ‹sprachen› sie mit Distanz und kommentierten ironisch die ‹Leidenschaften› der reichen und noblen Leute. Dann waren sie ganz im Gegenteil gehorsame Diener, die arbeiteten, um den Schauplatz für die Handlungen ihrer Herren zu schaffen: den Wind über der sibirischen Tundra, das Schlagen von Pferdehufen, das flackernde Licht vor der Ikone in einem Raum, in dem eine junge Frau getötet wird.

Die beiden Schauspieler, die die Instrumente benutzten, versuchten mit Beschwörungen und verwandten Tönen diese und andere Situationen in Bilder zu übersetzen. Aber die Instrumente halfen den beiden Schauspielern auch, ihre Figur zu entfalten: Die Flöte wurde zu einem großen Auswuchs, der aus dem Gesicht des Schauspielers heraustrat (der Diener in der Rolle des Schnüfflers). Und die Art, in der er die Flöte spielte, verwandelte ihn in einen Ameisenfresser, der herumstöberte, um zu schnorren. Das Akkordeon ließ den Schauspieler als Boyar mit gewichtigem Wanst erscheinen; aber es wurde auch zum Vorhang, zur Wand, hinter der man sich versteckte, um zu spionieren oder nicht gesehen zu werden.

Grundsätzlich wendeten wir auf die Arbeit mit Musikinstrumenten eine der ältesten Grundregeln unserer Arbeit an: All das, was sichtbar ist (einen Körper hat), muß einen Klang erhalten (seine Stimme finden). Und all das, was Klang ist (was eine Stimme hat), muß sichtbar werden (seinen Körper finden). Ich erinnere mich, daß ich in dieser Periode zu meinen Kollegen sagte: In unseren Vorstellungen müssen die Tauben mit ihren Augen hören und die Blinden mit den Ohren sehen.

(...) Als wir 1974 nach Carpignano, einem Dorf in Süditalien, gingen, setzten wir unsere Arbeit mit Musikinstrumenten fort und versuchten, über unsere Grenze, die Tatsache, daß wir nicht gut spielen konnten, hinauszugehen. Wir konzentrierten uns auf das Einfachste: Rhythmus. In dieser Phase gab es bei unserem Training Percussion-Begleitung. In der Arbeit mit Rhythmus wollten wir die Möglichkeiten weiterentwickeln, das Musikinstrument in ein szenisches Requisit zu verwandeln, es zu theatralisieren und zum festen, integralen Bestandteil der dramatischen Handlungen des Schauspielers zu machen. Ein Beispiel dafür ist Ibens Trommel im *Buch der Tänze* (1974), in einem Stück, das sehr deutlich die Spuren dieser Forschung zeigt.

Die Arbeit mit Rhythmus konfrontierte uns mit sehr fruchtbaren

Schwierigkeiten: Wie konnten wir zum Beispiel die Akzente der Musik mit den energetischen Akzenten der Handlungen verbinden? Genau auf diesem Prinzip beruhen alle asiatischen Theaterformen, in denen die Handlungen der Schauspieler eine genaue Beziehung zum Rhythmus der Musik einhalten: Die musikalischen Akzente unterstreichen, verstärken und erweitern die Akzente der Handlungen.

Indem wir den Rhythmus mit den Instrumenten spielten, konnten wir die ‹Stimmen› der Instrumente mit denen der Schauspieler verbinden und das Klanguniversum der Vorstellung durch zahllose Nuancen bereichern. (Genauso, wie man von körperlichen Handlungen spricht, kann man deshalb auch von Klanghandlungen sprechen.) Auf der Ebene des theatralischen und dramatischen Effekts treten die Handlungen der Schauspieler deutlicher hervor, da sie gezwungen sind, ständig mit äußerster rhythmischer Präzision zu arbeiten. So wird der Rhythmus zu Disziplin, Strenge: In seiner gesamten Arbeit muß sich der Schauspieler bewußt auf die Musik beziehen oder absichtlich einen Kontrapunkt dazu setzen, obwohl er gleichzeitig seinem eigenen Weg folgt.

(...) Wir haben beim Odin Teatret immer nach einem individuellen Rhythmus gesucht, sowohl biologisch als auch sozial. Dabei wurde Rhythmus als teils lebhaftes, teils kaum wahrnehmbares Pulsieren mit plötzlichem Wechsel der Geschwindigkeit, der Ausdauer und der Intensität verstanden, vergleichbar dem Atem oder dem Herzschlag, die während einer Handlung variieren. Für uns bedeutet individueller Rhythmus die jedes Individuum charakterisierende individuelle Faszination seines Pulsschlages. Die Entwicklung und die verfeinerte Montage des individuellen Rhythmus gibt den Handlungen der Odin-Schauspieler ihre Farbe fast so wie bei einem Tanz ohne Musik: einfache Trainingsübungen oder komplexe Handlungssequenzen und Reaktionen in einer Vorstellung. Als wir zu dem individuellen Rhythmus der Schauspieler den musikalischen Rhythmus hinzunahmen, hatten die Zuschauer den Eindruck, als folgten die Schauspieler der Musik. Die Einführung musikalischer Rhythmen am Odin Teatret ermöglichte eine Dialektik zwischen beiden Rhythmen, zwischen beiden Arten körperlicher Präsenz – derjenigen, die durch eigene Bilder, und derjenigen, die durch musikalische Signale stimuliert wird.

(...) In *Come! And the Day Will Be Ours* (Titel eines Stücks des Odin Teatret, Erstaufführung 1976; Anm. d. Übers.) kamen alle uns interessierenden Aspekte der Musik zusammen: Theatralisierung des Instruments, Gebrauch der ‹Stimme›, Klang als Kontrapunkt, Parallelismus,

Vermischung mit der Stimme und den Klängen der Schauspieler. Aber jetzt beherrschten die Schauspieler auch ihr Instrument und die Harmonielehre. Zum erstenmal erhielt die Beherrschung bestimmter Instrumente eine historische Bedeutung für die Vorstellung selbst. Das Treffen/Aufeinandertreffen zweier Kulturen wurde sowohl auf der sichtbaren als auch auf der musikalischen Ebene mit den Musikinstrumenten unterstrichen. Die ‹Stimme› der einen Kultur wird durch ein Lied, durch den gefühlsmäßigen Gebrauch der Stimme sowie durch Rhythmus der Trommel des Schamanen, der seinen eigenen Rhythmus mit dem der Natur zusammenfließen läßt, charakterisiert. Auf der anderen Seite gab es die Stimme einer Kultur die ‹sprechen› und komplizierte Instrumente spielen konnte und in der die Stimme nur in den Augenblicken explodierte, in denen die Menschen in einer Krise sind oder die Kontrolle über sich verlieren.

Das neu erworbene musikalische Können ermöglichte uns eine Reihe assoziativer Beziehungen und theatralischer Handlungen, die durch akustische Situationen Gegensätze, Paradoxe und Konflikte enthüllten. Ein Beispiel. Die Szene, in der der Indianer darin einwilligt, die Gitarre musikalisch korrekt und damit Gefühle zu spielen, die ihm nicht gehören, ist ein visuelles und klangliches Bild dafür, wie der erste Schritt zum Verlust der eigenen Kultur, zur Strangulierung der eigenen Stimme getan wird. Er nimmt die Gitarre/das Gewehr in die Hand und drängt den Schamanen zu den Pionieren. Die Seiten der Gitarre klingen hart und kristallin, sie sind wie Todesstöße für den lebendigen Körper der Tradition und für den Schamanen, der jetzt wie ein stotternder alter Mann erscheint, unverstehbar, verrückt und jenseits der Zeit. Diesem Bild entspricht das der Pioniere, die sich leichtherzig ein indianisches Lied angeeignet und es zu geschmackloser Folklore gemacht haben.

Der Gebrauch der Stimme und der Instrumente (unterstreicht in *Come! And the Day Will Be Ours* eine Art, die Welt, soziale Beziehungen, Identität und kulturelle Bindungen begrifflich zu ordnen. Bis hin zum Schluß, wo der Schamane, dem alles außer seiner Erinnerung genommen wurde, sein Lied singt, das voller Erinnerung ist.

(...) *Der Million* (der Titel dieses 1978 entstandenen Stücks kommt aus dem Italienischen. Als «Il Millione» wurde Marco Polo nach seinen aufschneiderischen Erzählungen über seine Chinareise verspottet; Anm. d. Übers.) hat einen Untertitel: musikalische Komödie. Das Stück erzählt von Reiseerfahrungen des Odin Teatret, von Begegnungen und Abschieden, von Landschaften und Völkern, der Musik und den Tänzen verschiedener Kulturen. Wir wollten gern ein Stück machen, in dem sich die Zuschauer wie in einer erstklassigen musikalischen Komödie amüsieren und freuen konnten. Ich habe trotzdem den Eindruck, daß oft ein Odin-Dämon seine Nase hineinsteckt.

In der Vorstellung wird musikalisches Können fast protzig zur Schau gestellt. Die Musik wird von den Schauspielern vorgetragen, die auch singen, tanzen und agieren. Von wenigen Ausnahmen abgesehen, werden die Instrumente nicht theatralisiert. Sie sind da, um eine Landschaft aus Tönen und Melodien zu schaffen, manchmal als Kontrapunkt zu der Handlung, aber meist so, als habe die Musik keine direkte oder versteckte Beziehung zu den Interaktionen der Schauspieler. Wenn ich fremde Kulturen besuche, wenn ich zum Beispiel in Bangkok ankomme, dann berührt es mich immer sehr stark, wie auf Straßen und in Geschäften die Transistorradios amerikanische oder japanische Lieder, durchsetzt mit einheimischen Melodien, plärren. Ob in Lima, in Marrakesch, in Tokio – wo auch immer –, der erste musikalische Eindruck, den man erhält, ist dieses Gebräu, diese weltweite ‹Musikkultur›, die sich wie die Nadel eines wildgewordenen Kompasses in alle Richtungen dreht. Wurde in *Come! And the Day Will Be Ours* die Zersetzung einer Kultur mit den Instrumenten und mit der Musik sichtbar gemacht, dann befinden wir uns in *Der Million* unter musikalischen Ruinen, Trümmern, oberflächlichen und überflüssigen Klischees.

Aber bewußt endet auch *Der Million* mit einem Lied, mit einer bloßen menschlichen Stimme ohne jede musikalische Verbrämung. Alle Stücke des Odin Teatret hören mit einem gemeinsam oder allein gesungenen Lied auf, als verkörpere die menschliche Stimme eine Aufforderung, ein Bedürfnis nach Gegenwart und Beziehungen.

(...) Heute sind viele Leute vom musikalischen Können des Odin Teatret beeindruckt. Die meisten Schauspieler spielen zwei oder drei Instrumente. Dieser Ausbruch von Musik in unserer Gruppe hat rein theatralische Wurzeln. Unsere Schauspieler trainieren regelmäßig. Mit der Zeit meistern sie ihre Übungen bis zu einem solchen Grad, daß sie neue finden, sich mit neuen Schwierigkeiten messen wollen. So kamen die ersten Musikinstrumente als Requisiten in unsere Gruppe. Man mußte ihr ‹Leben›, ihr Nervensystem, ihr Rückgrat entdecken, die Möglichkeiten, wie sie sich bewegen, fliegen, das Gleichgewicht halten, Beziehungen eingehen und in Beziehung zum Menschen treten. Gleichzeitig hatten die Instrumente den Vorteil, daß sie eine Stimme hatten. Sie konnten sprechen und antworten. Ihr Geheimnis war faszinierend: Jenseits und diesseits der theatralischen Dimension hatten sie noch eine andere. Sie waren wie im Wald eingeschlafene Prinzessinnen: Sie konnten in eine andere Wirklichkeit, zu ihrer Bestimmung, ein autonomes, klangliches, unbegrenztes Universum zu schaffen, erweckt werden.

Um ein Instrument zu erlernen, muß man sich bestimmten objektiven Gesetzen fügen. Man muß sich jemandem anvertrauen, der diese Gesetze korrekt lehrt, der die Fehler herausfindet und zeigt, wann und warum man schlecht spielt und welche Regeln man nicht respektiert. Es ist eine sehr provokative Lehrzeit, besonders für Schauspieler, die von sich glauben, nur mit ihren Bewegungen und dem, was ihnen gerade durch den Kopf schießt, kreativ zu sein. Einige unserer Schauspieler wollten darüber hinausgehen, das Instrument nur als Requisit zu benutzen und es zu seiner wahren Berufung erwecken: Jazz zu spielen, volkstümliche Balladen, klassische Themen. Dieses Bedürfnis nach Professionalität, Ausdauer und Intuition, ständiger Wiederholung und Personalisierung war vielleicht die größte Herausforderung. Sie erinnerte sehr an die Dialektik in unserem Training und an die Arbeit in unseren Vorstellungen. Unsere Schauspieler konnten in der Musik die Erfahrungen wiederholen, durch die sie in ihrer täglichen Arbeit im Theater schon gegangen waren: lange, fast mechanische Arbeit, die jedoch allmählich zu einer Beherrschung einer Technik und schließlich zu einer Meisterschaft führte, die alle bloße Technik überwindet und eine neue Freiheit eröffnet, die Möglichkeit frei zu wählen, in der Lage zu sein, zu entscheiden, was zu tun ist, und diese Entscheidung mit der ganzen eigenen Entschlußkraft auszuführen, ohne dabei nachdenken zu müssen.

(...) Zur Zeit arbeiten wir an einem neuen Stück, *Brechts Asche*. Darin gibt es viel Text, der deutsch gesprochen und simultan in die Sprache des Landes übersetzt wird, in der die Aufführung stattfindet. Es erinnert an einen musikalischen Kanon. Die semantische Ebene wird von anderen Klangebenen durchbrochen. Wie klangliche Gewitterböen, die in den Raum treten und sich durch ihn hindurchkämpfen, verwirren sich die Echos einer Orgel mit den Ereignissen der Geschichte, während für Brecht die Zeit des Exils unerbittlich weiterfließt.

Auf der einen Seite die Figuren aus *Die Mutter*, mit ihren Liedern, daneben gleichzeitig die Figuren und Melodien aus der *Dreigroschenoper* sowie die Psalmen der Jeanne d'Arc und der Heilsarmee an der Straßenecke. Die Klangsituationen stehen gegeneinander, versuchen, sich zu übertreffen, während sie gleichzeitig von den modernen Blasinstrumenten gestört werden, die auf die Lieder dieser Widerstandsdemonstration treffen. Dieses Gewebe klanglicher Handlungen – die sich ergänzen, in stummem Konflikt miteinander liegen, kontrapunktisch zueinander stehen – ist in ein Netz körperlicher Handlungen, in Situationen verwoben, anhand derer wir, das Odin Teatret, uns mit Brecht konfrontieren: mit seinem Leben im Exil und der Geschichte seiner

Zeit. In *Brechts Asche* wird all unsere Erfahrung mit Klang/Musik zusammengenommen und in die Arena der Vorstellung projiziert, in der wir uns mit dem musikalischen Konzept des großen deutschen Poeten konfrontieren.

(...) Die Schauspieler des Odin Teatret arbeiten jeden Tag an ihren Instrumenten. Wenn wir in Holstebro sind, besuchen sie die städtische Musikschule. Ihre Lehrer sind professionelle Musiker. In der Gruppe gibt es keine Spezialisten, keine Komponisten. Manchmal kommt Peder, ein befreundeter Jazzmusiker aus Kopenhagen, und die Schauspieler spielen eine Woche lang mit ihm zusammen. Unsere Art, an die Musik heranzugehen, an ihr zu arbeiten und sie theatralisch zu nutzen, wird durch unsere Gruppe charakterisiert: Wir sind Autodidakten. Wenn es passiert, daß wir abergläubische und ketzerische Lösungen finden, dann nicht deshalb, weil wir besonders originell sein wollen, sondern weil wir keine Lehrer hatten, die uns beibringen konnten, was der Tradition folgend richtig gewesen wäre.

Der Million – Erste Reise

(Erste Version 1978, vierte Version 1982–1984; ital. «Il millione»,
wie Marco Polo nach seinen Berichten über seine China-Reise genannt wurde)

Der Million – Erste Reise zeigt Begebenheiten aus der Begegnung des Odin Teatret mit Menschen, Landstrichen und Städten: Lateinamerika und Asien, Oslo und Bali, den Amazonas und Holstebro. Übertriebene, exotische, makabre Schauspielererinnerungen.
Schauspieler: Roberta Carreri, Toni Cots, Francis Pardeilhan, Tage Larsen, Else Marie Laukvik, Iben Nagel Rasmussen, Silvia Ricciardelli, Ulrik Skeel, Julia Varley, Torgeir Wethal.
Fotos: Jan Rüsz und Toni D'Urso

41: Aus dem Land, wo noch Geister leben
(Ulrik Skeel, Else Marie Laukvik, Silvia Ricciardelli).

42: Ein sehr männlicher Tango im Tanzsaal des Ortes
(Julia Varley, Tage Larsen, Francis Pardeilhan, Silvia Ricciardelli).

43: Das Dienstmädchen, das Karnevalskönigin geworden war
(Iben Nagel Rasmussen, Roberta Carreri, Francis Pardeilhan).

44: Die Balinesischen Clowns (Toni Cots, Silvia Ricciardelli).

45–46: Zwei Szenen aus dem Karneval: oben der Samba;
unten, zwei Frauen zeigen, wie Männer Frauen jagen
(Torgeir Wethal, Iben Nagel Rasmussen, Roberta Carreri).

Der Lauf der Gegensätze

1979 veranlaßte das Centre National de Recherche Scientifique eine Studie zum Thema «Methoden in der Theaterausbildung», in der sowohl die traditionelle Ausbidlung an den Theaterschulen als auch die Lehrzeit in alternativen Institutionen berücksichtigt werden sollte. Barba wurde darum gebeten, die pädagogischen Visionen seines Theaterlaboratoriums zu diskutieren und die beiden folgenden Fragen zu kommentieren:
1. Was bedeutet es in unserer Zeit, Schauspieler zu sein?
2. Was bedeutet es, Schauspieler auszubilden?

Der Artikel wurde in *Les Voies de la Création Théâtrale*, IX, La Formation du Comédien, Paris: CNRS 1981 veröffentlicht.

Ich hatte einmal die Illusion, theatralisches Wissen sei etwas, das man sich aneignen und dann besitzen könne. Also schaute ich mich um. Zuerst ging ich zu einem, der noch lebte. Drei Jahre lang saß ich da und beobachtete die Arbeit von Jerzy Grotowski. Dann ging ich nach Indien. Später wandte ich mich noch an die Toten, an die Quellenwerke der ‹Lehre› vom Theater: Stanislavskij, Meyerhold, Brecht, die alten Schriften von Zeami und der Natyashastra. Sie standen alle auf meinem Schreibtisch aufgereiht. Eisenstein war auch dabei.

So hatte ich mich vorbereitet, bis an den Tag, an dem ich mit meinen Kollegen vom Odin Teatret die Arbeit aufnahm. Liegt es an diesem Wissen, an dem ich als Zuschauer oder als Leser teilhatte, daß heute einige Menschen mit mir arbeiten möchten und mir Fragen über die Arbeit des Schauspielers stellen? Oder liegt es an den Ergebnissen, die von unseren Schauspielern erreicht wurden? Kann ein Buch den Sinn der Erfahrung von jahrelanger Arbeit vermitteln?

Warum wurde das theatralische Wissen in einigen Kulturen niemals niedergeschrieben oder höchstens – wie bei Zeami und den technischen Schriften der Schauspieler der Commedia dell'Arte –, nachdem es lange Zeit mündlich tradiert worden war?

In Indien hörte ich eines Abends einen Sänger, dessen Stimme Effekte erreichte, die für mich unvorstellbar waren. Ich hatte das Gefühl, einem Geheimnis auf der Spur zu sein. Ich fragte ihn, wie er seine Stimme schule. Er antwortete mir: «Ich habe dreißig Jahre gebraucht, um so singen zu können, wie ich jetzt singe; und du fragst, wie ich es mache?»

Die soziale Bedeutung des Schauspielers

Ich weiß nicht, welche Bedeutung wir, meine Kollegen und ich, für unsere Epoche und in unserer Gesellschaft haben. Können wir denn vielleicht über die Bedeutung, die wir haben oder haben werden, entscheiden? Die Bedeutungen der Worte werden vom Kontext diktiert. Ein Wort kann nur genau (engl.: precise; Anm. d. Übers.) sein. Präzis, das heißt vom Ursprung des Wortes her: so genau unterschieden, so genau abgegrenzt, daß es durch nichts anderes ersetzt werden kann.

Man könnte sagen, daß Schauspieler sein soviel bedeutet wie ‹sich befreien›. Es gibt viele historische Beispiele, die zeigen, wie sich Schauspieler durch ihren Beruf in einem ganz konkreten sozialen und ökonomischen Sinn befreit haben – Freiheit nicht im vagen, psychologischen Sinn, sondern im Sinn von ‹Freiraum›, ‹Freihafen›, vielleicht auch im Sinn von ‹freier Rede›.

Ein Philosoph könnte vielleicht sagen, daß Schauspieler (oder bestimmte Schauspieler) durch ihre tägliche Arbeit das Unbehagen, ja sogar den Ekel davor bezeugen, die Realität ihrer Zeit anzuerkennen. Mehr als ihre Aufführungen beweist schon ihre Berufswahl, die Unfähigkeit, ihre Bedürfnisse im ‹realen Leben› zu befriedigen, und ihren Wunsch, sich nicht in die ‹Nützlichkeit der Zeit› einzugliedern. Nur in Zukunft wird man entziffern können, was der Freiraum des Schauspielers bedeutete, welche Spuren er hinterlassen hat. Der Schauspieler hat sich für die Ausübung einer Arbeit entschlossen, die mit ihm untergehen wird.

Nach Jahren der Abgeschiedenheit, des ‹Laboratoriums›, erkannten meine Kollegen und ich fast unvermittelt, daß wir etwas bedeuten, das für viele wichtig war. Wer sind diese ‹Vielen›? Einige tausend Menschen über verschiedene Länder verstreut. Um sie herum ist eine Streuzone, von der unserer Arbeit Beachtung, ein vages Interesse, ein wenig Neugier entgegengebracht wird. Die Grenze dieser Zone stellen diejenigen dar, die sich an unseren Namen erinnern, wenn sie ihn hören. Von diesen kleinen Zirkeln, die wir kennen, ist es unmöglich, zu jenem umfassenden Kreis vorzustoßen, der ‹Epoche› oder ‹Gesellschaft› genannt werden kann. Um diesen Sprung zu machen, müßte man das Terrain der Erfahrung verlassen und vom Schauspieler im allgemeinen sprechen, also von einer Abstraktion, die alle und niemanden meint. Auf diese Weise würde von der Erfahrung keine Theorie abgeleitet, sondern der Erfahrung Gewalt angetan.

Nach fünfzehn Jahren Theaterarbeit staune ich noch manchmal über meine Kollegen. Ich wundere mich immer wieder über ihr unaufhörliches Suchen, ihre Ausdauer, ihren Mut, von früh bis in die Nacht hinein zu arbeiten, wobei es oft scheint, als brächte solche Anstrengung kein Ergebnis. Wenn manchmal einer von uns vor einer unüberwindlich erscheinenden Schwierigkeit kapituliert, dann schütteln die anderen mit dem Kopf und sind irritiert. Als ob es für uns einfach normal oder zu unserer zweiten Natur geworden sei, sich stundenlang in eine Geste zu verbeißen, in ein Fragment, jahrelang den größten Teil unserer Zeit in einem Raum zu verbringen, der nicht größer ist als ein Theater, in einer ‹Gesellschaft›, die aus fünfzehn Personen besteht.

Der Philosoph könnte sagen, daß all dies weder Sinn noch Nutzen hat. Er könnte nachweisen, daß es sich um Verschwendung handelt, und die Worte eines bekannten Politikers nachsprechen: «pas trop de zèle» (nicht zuviel Hingabe). Er könnte sagen: «Ja, diese Schauspieler arbeiten nicht nur so viel, wie der Markt von ihnen verlangt, sie bilden eine Miniaturgesellschaft aus wenigen Personen, die durch so tiefe und komplexe Bindungen miteinander verbunden sind, daß es ihr ganzes Leben in Anspruch nimmt.» Aber er würde hinzufügen, daß gerade darin die Gefahr liegt, daß sie die Verbindungen zur Außenwelt abbrechen, die Verbindung zu ihrer Zeit und zu der Gesellschaft, in der sie leben.

Der Philosoph könnte aber auch etwas anderes sagen: Was diese Gruppe tut, unterscheidet sich kaum von dem, was niemand einem Schriftsteller vorwerfen würde, der sich isoliert und gerade durch die Kraft seiner Ergebnisse später wieder auf die Umwelt einwirkt.

Er könnte zum Beispiel daran erinnern, daß Brecht sich in sein Haus in Dänemark zurückzog, um Stunden und Stunden an seinem Schreibtisch zu verbringen. Er schrieb Gedichte, die wegen des Exils nur wenige lesen konnten, und Stücke, die auf Jahre hinaus niemand aufführen würde. Dabei war er sich dessen bewußt, daß «jedesmal, wenn Hitler einen neuen Sieg verkündet, meine Bedeutung als Schriftsteller geringer wird». Und dennoch war er am Schreibtisch wie festgenagelt.

Handeln in einem sehr eng begrenzten Raum, würde der Philosoph sagen, hat dann wirklich einen Sinn, wenn es so sehr in die Tiefe dringt, daß dadurch seine geringe Ausbreitung gerechtfertigt wird.

Über die Ausbildung der Schauspieler

Was heißt es für mich, Schauspieler auszubilden?

Diese Frage wurde nicht an einen Schauspieler, sondern an jemanden gerichtet, der Schauspieler ‹ausbildet›. Der Ausbilder scheint imstande zu sein, das Schweigen zu brechen, das für den Zuschauer das ‹Geheimnis› des Schauspielers verhüllt.

Die Zone des Schweigens kann nicht aufgehoben werden. Sie ist die notwendige Hürde, die es gestattet, die Schwelle zu überschreiten. Genau dazu dienen nämlich die Schriften über den Schauspieler, und nicht dazu, Erfahrungen weiterzugeben. Die Schriften vergröbern das Schweigen, versteinern es zu einer Mauer aus Regeln und Theorien, auf die man sich stützen kann, um aus eigenen Kräften über sie hinwegzuspringen.

Ich glaube nicht, daß es richtig ist zu sagen, ich ‹bilde› Schauspieler aus. Mit den Jahren hat man mir die Kompetenz zuerkannt, Theaterstücke zu ‹bilden›, und ich habe Erfahrungen gewonnen, die es mir erlauben, so zusammen mit meinen Kollegen zu arbeiten, daß sie sich ‹ausbilden› können und in den Augen anderer als Schauspieler erscheinen. Wenn ich gezwungen wäre, einen Schauspieler zu ‹formen›, dann hätte ich, zumindest für den Moment, bei ihm mein Ziel verfehlt.

In unserer Gesellschaft bezeichnet Theater etwas so Weites und Unbestimmtes, daß unter diesem Namen die unterschiedlichsten Dinge verstanden werden. Zuweilen reicht es schon, wenn jemand etwas sagt und sich dabei bewegt.

Wir wissen, worauf im allgemeinen ein junger Mensch, der Schauspieler werden will, gefaßt sein muß: Er besucht eine Schauspielschule, wo ihm theatralische Übungen, nach Fächern gegliedert, abverlangt werden. Es wird für ihn schwierig sein, längere Zeit mit jemandem zu arbeiten, der ihm seine eigenen persönlichen Erfahrungen weitergibt, der sowohl die Fähigkeit als auch die Zeit hat, ihm nicht nur eine Technik, ein know-how beizubringen, sondern ihn zu einer persönlichen Entwicklung zu stimulieren, die er im Laufe seiner beruflichen Entwicklung vertiefen kann.

Der Schauspielkandidat wird auf Grund der sogenannten ‹natürlichen Anlagen› in die Schule aufgenommen. Diese ‹Anlagen› werden auch später als hauptsächliche Quelle für die Arbeit genutzt. Es ist eine Erziehung zu einem Leben ‹auf Rente›.

Er wird die Schule mit kleinem Gepäck verlassen, dessen er sich bedienen kann. Er wird vielleicht Fortschritte machen, aber in einem eng begrenzten Aktionsrahmen. Er ist extrem spezialisiert, ein Ausdruck, der im allgemeinen große Kompetenz bedeutet. Aber ein spezialisierter Schauspieler hängt vom Publikum eines bestimmten Theatertyps ab und ist unfähig, als Schauspieler in anderen Situationen zu leben als denen, für die er trainiert wurde. Er hat eine Dressur hinter sich, keine Disziplin für sich gefunden. Seine Spezialisierung eröffnet ihm nur zwei Wege: ein Proletarier oder ein Priviligierter der Schauspielindustrie zu werden.

Die Seele, die Psyche, die soziale Funktion des Schauspielers werden in unserer Kultur von einer ganzen Mythologie umhüllt. Aber weder seine Psyche noch seine soziale Funktion werden von den Zuschauern betrachtet. Die Sterilität der theatralischen Tradition zwingt heute jeden Schauspieler, jedesmal von neuem zu beginnen. Man benutzt dabei das Alibi, daß auf diese Weise jedem die Freiheit zu einer persönlichen Entwicklung gegeben sei. Es ist, als beschneide man die Flügel eines Vogels, auf daß er frei sei, in die Richtung zu fliegen, in die er gerade will.

Es ist ganz wesentlich, den anderen die eigenen Erfahrungen zu vermitteln, auch wenn das Risiko besteht, daß man Epigonen schafft, die aus übertriebener Ehrfurcht nur das wiederholen, was sie gelernt haben. Es ist natürlich, daß man mit der Nachahmung von etwas beginnt, das einem nicht selbst gehört, das weder aus der eigenen Geschichte stammt noch der eigenen Suche entspringt. Diese Nachahmung ist der Ausgangspunkt, der es gestattet, auf die eigene Reise zu gehen.

Boulez hat einmal geschrieben: «Es ist das Verhältnis von schlechten Vätern zu schlechten Söhnen, das eine kulturelle und ästhetische Entwicklung ermöglicht. Das Risiko, das man dabei eingeht, ist, ein guter Vater oder ein respektvoller Sohn zu sein.»

Das schlimmste ist, wenn keine Beziehung zwischen Vater und Sohn besteht. Nach der gängigen Meinung ist es schlecht, den Schüler zu beeinflussen. Anzeichen von Einfluß deuten ein ungesundes Verhältnis an. Aber solche Überlegungen führen zu nichts: Wir sind alle von irgend jemandem beeinflußt. Das Problem ist vielmehr, welche Energie in einer solchen Beziehung freigesetzt wird: ob der Einfluß so stark ist, daß er einen weiten Weg ermöglicht, oder so schwach, daß er als Antwort nur eine Veränderung oder ein Auf-der-Stelle-Treten bewirkt.

Unbewußt beurteilen wir die Anzeichen von Einfluß immer als negative Symptome. Dieser Reflex stammt aus dem Vorurteil, daß nur ein pädagogisches Modell möglich ist, das unserer Schulen. Kinder sind bis zu einem bestimmten Alter *gezwungen*, zur Schule zu gehen. Auch später wählen sie nicht ihre Lehrer noch die Lehrer ihre Schüler.

Dieser gegenseitige Mangel an Freiheit schafft eine Situation, in der die Beziehung dann am gerechtesten zu sein scheint, wenn sie möglichst neutral und frei ist, wenn sie jeder Person so weit wie möglich erlaubt, das zu tun, was sie will, und wenn die Vermittlung von Wissen unpersönlich und für alle überall gleich ist.

Aber wenn die Beziehung frei ist und auf gegenseitiger Wahl beruht, dann wird die garantierte Gerechtigkeit um so größer sein, je mehr gegenseitige Verpflichtungen die beiden Parteien eingehen. Die gegenseitige Wahl verlangt eine besondere pädagogische Beziehung, die auf Austausch und auf einer so tiefen Beeinflussung basiert, daß nicht mehr zu erkennen ist, wer der Lehrer und wer der Schüler ist. Dieses Verhältnis ermöglicht eine rigorose Disziplin, die nicht zum Zwang wird.

Dazu bedarf es einer lebendigen Tradition, einer lebendigen Überlieferung von Erfahrungen, etwas, das über die Prinzipienlehren, die Theorien und die technischen Gemeinplätze der Professoren mit ihren Büchern und Programmen hinausgeht. Es bedarf einer vollständigen Beziehung zwischen den Individuen.

Dann kommt ein Moment, wo Umstände, das Alter, die von außen herangetragenen Fragen danach verlangen, den Kreis dieser Vermittlung zu erweitern und von der frei gewählten Präsenz mittels des geschriebenen Wortes zu einer anonymen Beziehung überzugehen.

Aus den Erfahrungen werden dadurch Vorschläge und Behauptungen allgemeiner Art, sie werden entpersönlicht und verlieren ihren genauen Adressaten. Ein konkreter Geschichte und konkreten Personen verbundener Entwicklungsprozeß läuft damit Gefahr, zu einem weiteren Handbuch zu werden.

Ich habe natürlich Beobachtungen gemacht, die von der Erfahrung bestätigt werden. Aber die Art der Formulierung dieser Aussagen ist immer persönlich und in der Gefahr, dem Leser vage zu erscheinen. Das hat viel mit unserer Arbeitssprache zu tun, einer Art exklusivem Jargon, den meine Kollegen und ich im Laufe jahrelanger Arbeit entwickelt haben.

Manchmal dachte ich, wenn sich im Laufe der Arbeit eine neue Perspektive eröffnete: «Aha! Das also haben Meyerhold (oder Stanislawski, oder Zeami) gemeint, als sie sagten ...»

Die Art, wie wir die Ergebnisse unserer Forschungen formulieren, ähnelt eher einem Netz, das gleichsam zufällig zum Verständnis des Lesers führt, als einer präzisen Arbeitsanleitung.

Worauf es ankommt, ist, das zu *verstehen*, was hinter den Ergebnissen steht, und erlaubt, nicht bei ihnen stehenzubleiben, sondern weiterzugehen, darüber hinaus zu gehen. Ein Schauspieler, der eine bestimmte Anzahl Übungen ausführen und eine Reihe guter Effekte erzielen kann, mag trotzdem ein Schauspieler ohne jede Perspektive sein wie jemand, der zwanzig oder hundert Sätze einer Sprache auswendig kennt, die ihm aber ansonsten fremd ist.

Wissen ist nicht Verstehen. Die Kontrolle über einen Arbeitsprozeß kann unter bestimmten Arbeitsbeziehungen, unter bestimmten Bedingungen und nach langer Zeit erlangt werden. Erst wenn man diesen Prozeß in sich aufgenommen hat, wenn man ihn *verstanden* hat, versteht man das, was man weiß.

Jemandem, der Schauspieler werden und sich ans Odin Teatret anschließen wollte und fragte, was er ungefähr von dieser Beziehung zu erwarten habe, dem würde ich wahrscheinlich die folgenden Bezugspunkte geben. Ich werde vielleicht präzise Äußerungen von mir geben. Der Leser weiß jedoch schon, daß es sich nicht um ästhetische Definitionen der Schauspielkunst handelt, um Regeln, die für alle gelten sollten, die ich überall angewendet sehen wollte von allen Schauspielern aller Theater. Sie sind Ausdruck von Entscheidungen, die ich und meine Kollegen getroffen haben, dessen, was sich mir und uns daraus ergibt.

Jemanden, der Schauspieler werden möchte, frage ich immer, welche Motive ihn zu seinem Beruf drängen. Auf diese Fragen erhalte ich im allgemeinen sehr vage Antworten, die existentielle Bedürfnisse durchscheinen lassen und oft versteckte Fallen enthalten. Sie können einen Kompaß darstellen, aber einen so primitiven, daß er schnell verrückt zu spielen beginnt und die Reise gefährden kann.

Oft antwortet der angehende Schauspieler: Ich möchte Schauspieler werden, um mich auszudrücken, um mich zu entdecken, mich zu befreien, um spontan zu werden, um zu kommunizieren, um kreativ sein zu können.

Spontaneität

Pinocchio, die Puppe aus Holz, die sprechen und gehen konnte, machte sich auf die Suche nach sich selbst: Sie suchte alle Teile des Baums, von dem sie abstammte, mit anderen Worten, sie suchte sich selbst in ihrem ‹natürlichen› Zustand. Sie fand auch einiges. Die anderen Teile ihrer Natur waren der Schaft eines Gewehrs, die Tür eines Tabernakels, der Tisch in der Küche eines Bordells, Teil eines Rettungsbootes...

Sich selbst wiederfinden zu wollen ist sinnlos. Wie jeder von uns, so hatte auch Pinocchio nur eine einzige Möglichkeit: sich selbst zu akzeptieren, das heißt das, was er geworden war; nicht umzukehren aus Nostalgie nach einer verlorenen ‹Einheit›, das, was er an sich negativ empfand, nicht zu unterdrücken, sondern zu versuchen, es zu beherrschen, es zu einer Stärke werden zu lassen.

Es ist, als seien unsere Energien ambivalent: Wir können sie beherrschen oder uns von ihnen beherrschen lassen. Die Umgebung entscheidet über ihren Wert. Was zum Beispiel unserem aufgeklärten Jahrhundert als hysterische Krise erscheint, ist in anderen sozialen und kulturellen Umkreisen Anzeichen für die hervorragende Fähigkeit, mit einer anderen Realität in Berührung zu kommen.

Der Mythos der Spontaneität kommt daher, daß man sich selbst nicht anerkennt. So entwerfen wir ein anderes Bild von uns selbst, ein Bild, das in der Wirklichkeit schwer realisiert werden kann. Daraus folgt Gewalt gegen das, was wir sind und nicht sein wollen. Auf der Suche nach diesem Bild lassen wir uns von dem leiten, was unsere Gesellschaft und Kultur charakterisiert: Gewalt als Voraussetzung für das Erreichen von Ergebnissen. Diese Mentalität – die uns dazu bringt, Veränderungen als Bruch, als Riß und nicht als einen natürlichen und organischen Prozeß zu verstehen – führt den Schauspieler zu einer chaotischen Entfesselung und dazu, seinen Körper künstlich anzuspannen und anzustrengen.

Unsere Vorstellung von Spontaneität konkretisiert sich oft an Personen anderer Kulturen, die sich freier zu bewegen und leichter zu tanzen scheinen als wir, die in stärkerem Maße mit ihrem ganzen Ich gegenwärtig zu sein scheinen. In Wahrheit werden auch ihnen von den Regeln der Kultur, die sie geformt hat, von den Konditionierungen, die sie gebildet haben, Zügel angelegt.

Was wir für Spontaneität halten und wonach wir uns orientieren, ist lediglich etwas, das uns durch sein Anderssein beeindruckt. Unser tägliches Verhalten ist ‹vernünftig›, von Funktionalität bestimmt und von Kindheit an auf eine Leistung beschränkt, die uns nie unsere maximalen physischen, geistigen und seelischen Fähigkeiten abfordert und sie uns so nicht kennenlernen läßt: eine *aurea mediocritas*, die nie von großen physischen oder emotionalen Ladungen durchfahren wird. Daher halten wir eine Explosion fälschlicherweise für Spontaneität und versuchen, die Glasglocke der täglichen Verhaltensnormen zu zerbrechen. Das Ergebnis ist aber eben nichts anderes als Scherben.

In der Wurzel des Wortes ‹Spontaneität› ist jedoch der Begriff der freien Wahl mitenthalten. An der Spontaneität sind Freiheit und Sicherheit die problematischen Punkte: die Freiheit, aus einer Fülle von Alternativen wählen zu können, ohne durch äußeren Zwang zu einer Wahl gezwungen zu werden; die Sicherheit, das, was man gewählt hat, auch durchführen zu können ohne psychische Blockaden und ohne Hindernisse in Form fehlender technischer Kenntnisse oder Angst vor dem, was die anderen über uns sagen werden.

Spontaneität steht nicht im Gegensatz zur ‹Virtuosität›, sondern sie kommt erst hernach. Nur wenn ein Pianist mehr ist als ein Virtuose, kann er durch sein Spielen etwas Persönliches ausdrücken. Das heißt, er kann sich ausdrücken – wörtlich, ausdrücken, aus sich herausdrücken – durch den Widerstand, den ihm der genau bestimmte musikalische Bereich seines Instruments und die Regeln, die er sich auferlegt hat, entgegensetzen.

Spontaneität, die auf Selbstentäußerung zurückgeführt werden kann, ist kein Selbstzweck. Es ist der Schatten eines ganz bestimmten, deutlichen Vorgangs, der von genauen Regeln kontrolliert wird und bei dem man sich sicher fühlt. Ähnlich ist es, wenn man schreibt oder spricht. Man kann nicht jedes Zeichen oder jeden Laut verwenden, sondern sie sind durch Regeln und Worte einer Sprache vorgegeben. Man kann Neologismen erfinden, aber im Rahmen der Logik, die von den vorgegebenen linguistischen Wurzeln auferlegt wird.

Widerstand macht es möglich, Freiheit auszuüben. Das ist ein Gemeinplatz; aber der Schauspieler läuft Gefahr, so zu handeln, als ob er ihn vergessen hätte. Es scheint, als gäbe es in unserer Kultur für ihn keine Regeln. Und er verkümmert.

Der Schauspieler ähnelt jener Taube, von der Kant in einem berühmten Beispiel spricht: Der Luftwiderstand macht das Fliegen anstrengend, aber ohne Luft würde der Vogel wie ein Stück Blei zu Boden fallen.

Der Schauspieler arbeitet so, indem er gegen eine Mauer drückt, um sie zu zerstören und damit die Barriere und die Zwänge, die ihn von den anderen und dem Bild, das er von sich haben möchte, trennen. Die Art und Weise in der der Schauspieler all seine Energien einsetzt, um das Hindernis zu überwinden, ‹zeigt› den Schauspieler. wenn er aber die Mauer zerstört, dann findet er sich allein im Nichts, er findet keinen Widerstand mehr und verstummt. Der Versuch, die Widerstände niederzuringen, muß unter einem anderen Gesichtspunkt angegangen werden: Wir müssen versuchen, sie uns anzueignen, sie in eine andere Umgebung einzufügen und ihnen durch unsere Art, die Welt zu sehen, einen Sinn zu verleihen.

Der Schauspieler erlangt *bios*, Leben, in seinem Beruf und als soziales Wesen mittels Handlungen und Reaktionen, die einer bestimmten Logik folgen; er handelt nicht jedesmal willkürlich, sondern bildet Regeln aus, die genauso präzise sind wie die Regeln der gesprochenen Sprache, die uns unseren persönlichen Sprachduktus ermöglichen.

Der Schauspieler selbst entscheidet, welcher Logik seine Regeln zu folgen haben. Wenn er sie aber einmal gewählt hat, dann muß er sie streng befolgen. Ein Beispiel: Ein Schauspieler entscheidet sich dafür, über das Fliegen zu arbeiten. Es ist klar, daß er nicht fliegen kann. Er wird also versuchen, so hoch wie möglich hinaus zu kommen, eine besondere Leichtigkeit zu gewinnen. Ausgehend von dieser persönlichen Entscheidung schafft er eine Arbeitssituation, die ihm präzise Regeln für seine Handlungen vorschreibt: So wird er etwa auf den Zehenspitzen gehen, und nicht mit der Ferse aufzutreten. Die Fersen wird er nie aufsetzen, aber nicht wegen des Effekts für die Zuschauer, sondern zuerst einmal für sich selbst; denn das ist für ihn zu einer Regel geworden, mit der er kämpft. Mit anderen Worten: Er drückt sich aus. Wenn der Schauspieler alle Regeln, die er sich auferlegt, beherrscht und wenn er durch sie hindurchgeht, ohne an sie zu denken, indem er sie dem Rhythmus seiner Arbeit entsprechend aufbaut und variiert, dann erreicht er eine Art Sicherheit und Freiheit, die dem Zuschauer als ‹Spontaneität› erscheint.

Was aber steckt hinter dem Wort? Eine vom Schauspieler frei gewählte Konditionierung, die der Zuschauer nicht als künstlich und gezwungen ansieht. Das menschliche Verhalten folgt immer einer physischen, emotionalen oder intellektuellen Logik. Nur im Theater gibt es Menschen, die Gesten und Handlungsfragmente ohne Zusammenhang vorzeigen und sich einbilden, ein chaotisches und ausdrucksloses Verhalten könnte Freiheit darstellen.

Manchmal fühlt sich ein Schauspieler, der sich so verhält, frei. (Er empfindet etwas, das er ‹Freiheit› nennt.) Der Zuschauer aber bleibt in einer Flut von Gesten befangen, deren Logik er nicht erkennen kann. Wenn es eine gibt, dann ist die Logik des Schauspielers deutlich sichtbar. Damit ist nicht nur die Logik einer Rede gemeint. Es kann sehr wohl sein, daß der Zuschauer in der Darstellung des Schauspielers keine Rede oder keine Geschichte erkennen kann. Er erkennt darin jedoch die Dynamik von Aktion und Reaktion, etwas Lebendiges, das sich entwickelt und sich in einem dialektischen Prozeß, der die physische Präsenz des Schauspielers regelt, differenziert und nichts gemein hat mit dem trägen Fluß eines emotionalen Magmas.

Ein anderes Bild kann uns in unserer Suche nach dem Begriff Spontaneität leiten: Spontan ist das Verhalten eines Menschen, wenn er mit einem Menschen zusammen ist, den er liebt, bei dem er sich sicher und von dem er sich anerkannt fühlt. All seine Handlungen formen da die Glut der Energie auf präzise Weise, wenn die Hand erhoben wird, um zu streicheln oder an den Haaren zu ziehen, dann weiß er genau, wie weit er gehen kann und wo er haltmachen muß, ab welchem Punkt es schmerzt, wo er den Kontakt zum anderen verlieren und sich in eine Art Selbstgenuß zurückziehen würde. Nichts in seinem Verhalten ist zufällig. Ein ‹logischer› Rhythmus reguliert die Abfolge der zärtlichen Momente und die starken Wellen an Vitalität, die von außen betrachtet auch als gewalttätige Handlungen und als Reaktionen auf Schmerz oder Leiden erscheinen könnten.

Daraus kann man leicht ersehen, daß der Schauspieler lügt: Verhält er sich auch so, wenn er frei und spontan ist, wenn er mit jemandem zusammen ist, der ihn akzeptiert?

Im täglichen Leben findet man unter vielen Leuten fast nie eine solche Sicherheit. Deshalb ist Theater Fiktion. Aber Fiktion bedeutet nicht

Lüge. Der Schauspieler lügt jedoch dann, wenn er etwas, das er als ‹authentisch› ansieht, undialektisch in einen *künstlichen* Kontext einbringt: den Kreis der Fiktion des Theaters.

Kommunikation

An der Wurzel des Wortes ‹Fiktion› finden wir die Bedeutung von ‹tun›, ‹Form geben›. Wahrscheinlich bezeichnet das Wort ursprünglich die Tätigkeit des Töpfers, der den Ton formt. Auf dieselbe Weise formen Mund und Kehlkopf die Laute, wenn der Mensch spricht.

Der Schauspieler formt sich und formt seine Nachricht mittels der ‹Fiktion›, indem er seine Energie formt. Andernfalls ist er bloß eine Anzeigetafel, der Kleiderbügel für die Kommunikation anderer.

Im Moment, in dem sie geformt wird, wird die Energie des Schauspielers mittelbar und somit öffentlich ähnlich dem Lehm, der, nachdem er geformt und zu einer Vase geworden ist, als Tausch- oder Kommunikationsobjekt dienen kann.

Die Energie (griech.: en-ergein, wörtlich: ins Werk eintreten) ist die Mobilisierung unserer physischen, psychischen und intellektuellen Kräfte zur Bewältigung einer Aufgabe, eines Problems oder zur Überwindung eines Hindernisses. Es ist die Fähigkeit des Individuums, auf seine Umgebung einzuwirken, sich ihr anzupassen und sie sich anzupassen. Nur in Beziehung auf etwas Bestimmtes formt sich die individuelle Energie zu einer genauen Aktion.

Die zahlreichen und komplexen Regeln, die die Schauspieler und Tänzer Indiens, Balis, Chinas und Japans in einen Panzer aus vorgegebenen Zeichen einzuzwängen scheinen, sind in Wahrheit Mittel, die Energie zu formen und in Kommunikation zu verwandeln. Es ist so, als ob einige allgemeine Regeln, die in ihrer Einfachheit nie genannt werden, hinter einem dichten Netz von stilistischen Normen versteckt wären. Ähnlich war es bei den Schauspielern der Commedia dell'Arte, bei den mittelalterlichen Gauklern, den Jongleuren und (spanischen) Joglars sowie bei den griechischen Schauspielern, sofern man das nach den überlieferten Bildern beurteilen kann.

Es gibt in diesen Theaterformen eine Logik, die es gestattet, die Energie zu formen. Aber es ist sinnlos, wenn man sie als Schauspieler ergründen und verwerten will, wenn man sich einem physischen Training unterwirft, das von theatralischen Formen anderer Kulturen stammt, das den Körper des Schauspielers so bildet, daß er schließlich mit den Modellen übereinstimmt, die eine Gesellschaft in einem langen kulturellen Prozeß geschaffen hat.

Wir können jedoch von einer grundsätzlichen Opposition ausgehen, die unser biologisches Dasein bestimmt: die Opposition zwischen unserem Gewicht, das uns nach unten zieht, und der Wirbelsäule, die uns aufrecht hält.

In dieser Opposition steckt der erste dramatische Keim. Wenn ein Schauspieler eine ‹sichere› Position sucht, die es ihm gestattet einfach das Gleichgewicht zu behalten, ‹natürlich zu sein›, dann läßt er in Wirklichkeit diese dramatische Qualität, diese Energie zu einer Trägheitskraft verfallen, zu einem Zustand der Entropie.

Sobald er jedoch sein Gleichgewicht zu verschieben beginnt und es labil werden läßt, entsteht eine Reihe anderer gegensätzlicher Spannungen aus der Opposition von Gewicht und Rückgrad: Die verschiedenen gegensätzlichen Spannungen zwischen verschiedenen Teilen des Körpers verwandeln seine Masse in Energie und geben seinem Körper Leben.

Wo Opposition besteht, existiert Leben – eine physische Dialektik, die der Zuschauer auch dann wahrnimmt, wenn er nicht imstande ist, hinter den Spannungen, die die Energie des Schauspielers formen, eine Intention zu entdecken.

Es gibt nämlich eine erste Ebene der Dramatik des Schauspielers, die nichts mit intellektuellen Kategorien gemein hat und die nur die Art und Weise betrifft, in der der Schauspieler seine Energie einsetzt. Durch die Art, wie der Schauspieler die Beziehung zwischen Gewicht und Gleichgewicht ausnutzt und die Gegensätzlichkeit in den Bewegungen, die Dauer und den Rhythmus komponiert, ermöglicht sie nicht nur eine unterschiedliche visuelle Erfahrung des Körpers, sondern auch unterschiedliche Erfahrungen von Zeit und Raum. Es ist keine ‹Zeit im Raum›, sondern ‹Raum-Zeit›.

Indem er die materielle Opposition zwischen Gewicht und Rückgrad beherrscht, erhält der Schauspieler ein Maß, mit dem er in seiner Arbeit alle übrigen physischen, psychologischen und sozialen Oppositionen angehen kann, die für die Situationen typisch sind, welche er in seinem kreativen Prozeß analysiert und artikuliert.

Der Prozeß, der zur Beherrschung der eigenen Energie führt, dauert extrem lang, er beinhaltet eine echte neue Konditionierung. Zu Beginn ist der Schauspieler wie ein kleines Kind, das gehen und sich bewegen lernt, das auch die einfachsten Gesten unzählige Male wiederholen muß, um sie aus Bewegungen der Trägheit in Aktionen zu verwandeln.

Der soziale Gebrauch unseres Körpers ist notwendigerweise das Ergebnis einer Kultur. Unser Körper hat eine Kultur übernommen, er wurde kolonisiert. Er kennt nur die Bräuche und die Perspektiven, zu denen er erzogen wurde. Um andere zu finden, muß er sich von seinen Modellen entfernen. Er muß sich fatalerweise einer neuen Form von Kultur zuwenden, um von dieser ‹kolonisiert› zu werden. Aber gerade dieser Übergang läßt den Schauspieler sein eigenes Leben entdecken, seine eigene Unabhängigkeit und seine physische Aussagekraft.

Die Übungen des Trainings sind diese ‹zweite Kolonisierung›. Sie sind keine Flügel für den Schauspieler, sondern die Gitter, an denen er sich festhalten kann und mit Hilfe derer er sich darin übt, die eigene Kraft beherrschen zu lernen. Der Schauspieler legt sich dabei immer eine Einschränkung auf. Zum Beispiel verzichtet er auf den Gebrauch der Hände, um einen Impuls in der Achsel, in der Brust und in den Hüften zu ‹entdecken›. Oder er gebraucht die Beine und Füße so, wie man Arme und Hände einsetzt; er beschränkt eine Aktion, die sich in einem großen Raum abspielte, auf wenige Quadratzentimeter, oder er führt sie im Sitzen durch und versucht dabei, dieselbe Ladung an Energie zu bewahren. Diese freiwilligen Formen der Freiheitsbeschränkung ähneln derjenigen, in der sich ein kleines Kind befindet, wenn es sich zum erstenmal in einem neuen Element bewegt, im Wasser, wo es von einer Rettungsweste gehalten wird.

Dieser Rückschritt in die kindliche Hilflosigkeit erniedrigt oft den Schauspieler. Er fühlt sich, wenn er mit seinem Körper zu tun hat, plötzlich behindert und ungenau, plump und lächerlich – und das, obwohl er erwachsen ist, trotz seiner Intelligenz und der Mühe, mit der er so wie jeder andere seine anerkannte öffentliche Figur geschaffen hat. Diese Periode der Erniedrigung ist notwendig und dauert viel länger als ähnliche Momente, die derjenige durchläuft, der etwa eine Fremdsprache oder Skilaufen lernt. Für den Schauspieler der westlichen Kultur stellen sie ein besonderes Hindernis dar, da er sie nicht in der Kindheit durchläuft wie der Schauspieler des Orients.

Viele ziehen es deshalb vor, sich in Sicherheit zu bringen unter den Schutzschirm der natürlichen Fähigkeiten, die sie zu besitzen glauben. Hinter der echten oder eingebildeten Nettigkeit oder Wirklichkeitsnähe, mit der sie eine Geste vorbringen oder Sätze vortragen, steckt nichts anderes als ein Streicheln des Zuschauers, aus dem dieser nichts Neues lernen kann.

Andere wieder, die sich nicht zufriedengeben, lehnen die ‹Banalität› der Aufgabe ab, einfach noch einmal zu lernen, sich zu bewegen. Sie möchten die ‹Geheimnisse› des Körpers ergründen, die Zonen der Kraft und die Zentren der Energie, wie sie von verschiedenen westlichen und östlichen Lehren dargestellt worden sind. Sie folgen also Prinzipien, Theorien oder einer Mythologie, statt sich an die eigenen Erfahrungen zu halten. Sie glauben, daß sie für ihre Existenz als Schauspieler auf die wertvollen Reservoire des Yoga oder anderer Systeme zurückgreifen können. Sie verleugnen ihr eigenes Leben als Schauspieler und glauben, nicht auf die Zeit, auf die Mühe der persönlichen, monotonen und banalen Arbeit angewiesen zu sein.

Die Übungen des Trainings sind kein Erfahrungsschatz, sind keine Geheimnisse, die man ausdrücken kann oder die sich zu erkennen geben: Sie sind *Arbeit*.

Eine Übung ist eine Handlung, die man lernt und die man wiederholt, nachdem man sie mit einer bestimmten Absicht ausgewählt hat.

Ein Beispiel: Wenn sich ein Schauspieler mit beiden Beinen gleichzeitig niederknien will, so verliert er während der Bewegung auf den Boden an einem bestimmten Punkt die Kontrolle. Das Gewicht nimmt überhand, und er schlägt mit den Knien auf den Boden auf. Das Problem besteht nun darin, einen Gegenimpuls zu finden, der es gestattet, rasch den Boden zu erreichen, ohne daß dabei die Knie aufschlagen und sich verletzen können. Um dieses Problem zu lösen, findet man eine Übung, die man dann wiederholt.

Eine andere Übung kann aus der Frage entstehen, wie man sein Gleichgewicht nach vorn verlagern kann bis zu dem Moment, wo man das Gewicht des eigenen Körpers nicht mehr unter Kontrolle hat, so daß der Körper, nunmehr vom Gesetz der Schwerkraft geleitet, wie ein toter Körper niederfällt. Während des Falls muß man nun einen Gegenimpuls finden, der verhindert, daß man mit dem Gesicht auf den Boden fällt, und bewirkt, daß man seitlich auffällt, so daß der Aufprall Stück für Stück von der Seite des Körpers aufgefangen werden kann.

Der Sinn einer Übung besteht letztlich darin, eine präzise Handlung auszuführen, die die gesamte Energie in eine bestimmte Richtung lenkt, und – mitten in diesem Prozeß – einen anderen Impuls zu geben, eine andere Entladung an Energie, die bewirkt, daß die Bewegung aus ihrer Bahn abweicht, um sodann auf ebenso präzise Weise zu Ende zu gehen.

Auf diese Weise wird eine Serie von Übungen konstruiert, die man lernen und üben kann wie die Vokabeln einer Sprache. Zu Beginn wird man sie mechanisch wiederholen wie die Vokabeln einer Fremdsprache, die man lernen will. Später werden sie absorbiert und kommen dann ‹von allein›. An diesem Punkt kann der Schauspieler wählen. Schon mit wenigen Übungen kann er ein langes Training gestalten. Die Übungen können ja nicht nur in verschiedener Reihenfolge wiederholt werden, sondern auch mit verschiedenem Rhythmus, in verschiedene Richtungen, introvertiert und extrovertiert ausgeführt werden, wobei die Betonung bald auf eine, bald auf eine andere Phase der Übung fallen kann. Um den Vergleich noch einmal heranzuziehen: Es ist wie bei der gesprochenen Sprache, wo die Bedeutung eines Satzes sich nicht nur aus der syntaktischen Struktur ergibt, sondern auch aus der Betonung, aus dem Akzent, der in einem Satz bestimmte Wörter hervorhebt.

Auch beim Training sind es die Akzente, die die unterschiedliche Logik ein und derselben Reihe von Übungen ausmacht, so daß man ein und dieselbe Übung auf viele Weisen ausführen kann.

Worin besteht nun die Bedeutung der Übung, wenn der Schauspieler sie beherrscht? Sie braucht nicht mehr wiederholt zu werden, weil kein Widerstand mehr zu überwinden ist. Hier wird nun die zweite Bedeutung des Wortes ‹Übung› wichtig: ausprobieren, auf die Probe stellen. Die eigene Energie wird auf die Probe gestellt. Während des Trainings kann der Schauspieler seine Energie bilden und messen, kann sie zur Explosion bringen und wieder kontrollieren, er kann sie gehen lassen und mit ihr spielen wie mit Glut, die er jedoch mit kalter Präzision zu behandeln weiß. Mit Hilfe der Übungen des Trainings stellt der Schauspieler seine Fähigkeit auf die Probe, jene totale physische Präsenz zu erreichen, die er später im kreativen Moment der Improvisation und der Aufführung wiederfinden muß.

Diese ‹totale physische Präsenz› hat nichts mit Gewalt oder Druck zu tun oder mit der Suche nach Schnelligkeit um jeden Preis. Der Schauspieler kann äußerst konzentriert und dabei beinahe bewegungslos sein und in dieser seiner Unbeweglichkeit alle seine Energien bereit halten wie einen angespannten Bogen.

Die gesammelte Energie, als Ausgangspunkt für eine Handlung, der Moment, in dem wir alle unsere Kräfte konzentrieren, bevor wir sie in eine Handlung lenken, nenne ich mit einem skandinavischen Wort: *sats*.

Bei jeder Handlung entspricht der *sats* in mikroskopischer Dimension der Startposition eines Läufers. Der *sats* ist durch eine Energieladung charakterisiert, die in die Gegenrichtung der Bewegung geht, welche man auszuführen hat, so wie man das eigene Gewicht nach unten lenkt, bevor man in die Höhe springt oder Kraft sammelt, indem man den Arm leicht rückwärts führt, bevor man einen Schlag nach vorn führt.

Genauer betrachtet unterstreichen die außergewöhnlichen Gleichgewichtspositionen im orientalischen Theater genau den *sats,* wobei sie ihn schwieriger und dramatischer gestalten und die Ladung an Energie betonen, die in jeder Bewegung steckt.

Das Essentielle ist für den Schauspieler nicht, eine Übung auszuführen, sondern – weil er eine Übung ausführen will – den Moment des *sats* zu finden, jene fundamentale Opposition, die bei jeder Handlung die Dialektitk des *bios*, des lebenden Organismus, charakterisiert.

Wenn sie die Gesetze, die Dialektik des Lebens, respektiert, dann ist jede Übung gleich viel wert. Die Übung ist in diesem Fall auf allen Niveaus in ihrer Funktion realisiert: Sie führt den Schauspieler zu physischen Fähigkeiten; sie ermöglicht es dem Schauspieler, seine Energien auf die Probe zu stellen und sie zu beherrschen; vor allem aber gestatten sie ihm, mit einer Art physischer Intelligenz die Logik begreifen zu lernen, die seine Handlungen bestimmt.

Genau dieses Verhältnis wird ihn dann bei seiner kreativen Arbeit, bei der Improvisation, leiten.

Für sich genommen hat eine Übung keinen Wert; sie ist wie eine Vokabel, die nichts sagt und nichts nutzt, wenn sie nicht in einem Satz vorkommt.

Die Art, wie wir über das Leben unseres Körpers denken, läßt sich oft von einem banalen Bild aus dem Bereich der Medizin leiten: Für jedes Ergebnis, das man erreichen will, für jede Krankheit, die man heilen will, für jede Verteidigung oder Verstärkung eines hilfebedürftigen Organs gibt es ein bestimmtes Heilmittel. Die Beziehung zwischen Heilmittel und Ergebnis scheint unmittelbar und fest determiniert zu sein, unabhängig vom Leben des Individuums in seiner Gesamtheit.

Auch die Übungen des Trainings stellen sich viele als Heilmittel oder Diät oder Rezept vor, das ein bestimmtes Ergebnis bewirkt.

Tatsächlich von Bedeutung ist der Rhythmus, die Verknüpfung der Übungen miteinander, die Art und Weise, wie der Schauspieler diese Verknüpfung beherrscht. Der Rhythmus ist dem des Sprechens vergleichbar, wo man nicht Wort für Wort ausspricht, sondern das Ende des einen mit dem Anfang des folgenden Wortes zusammenfallen läßt. So wird das Sprechen zu einer Serie von Wellen, die mit langsamen, aber auch starken und gespannten Momenten und mit Pausen unseren emotionalen und rationalen Rhythmus wiederspiegelt. Der Schauspieler, der die verschiedenen Übungen des Trainings isoliert oder in immer gleichem Rhythmus ausführt, ist wie jemand, der verschiedene Medikamente, eines nach dem anderen, einnimmt, die ihm in Wahrheit überhaupt nicht helfen.

Training wie eine Medizin zu nutzen ist Unsinn: Der Schauspieler ist derart weiter denn je davon entfernt, seinen eigenen organischen Rhythmus zu finden, jene Art von Tanz, bei dem der Körper nach seiner eigenen emotionalen Logik reagiert wie die Stimme eines Sängers.

Das Training hat keinen Nutzwert. Es verstärkt das Leben unseres Körpers. Was dieses Leben charakterisiert, ist, daß es bestimmten Wellen folgt. Die Präzision ist Zeichen dafür, daß die Energie auf organische Art einer Bestimmung zugeführt wird: Wenn wir unsere Handlungen unter einem Mikroskop betrachten könnten, so könnte man sehr genau den Beginn und das Ende einer jeden Handlung unterscheiden, so wie ein Sprecher im Fluß der Rede genau die eindeutigen und klaren Begrenzungen der einzelnen Wörter kennt.

Im Grunde geht es um das, was schon Meyerhold gesagt hat: Der Schauspieler muß bei jeder seiner Handlungen genau den Moment der Vorbereitung, die verschiedenen Phasen und das Ende kennen.

Daß die Übungen nur Vorwand, nur Mittel sind und unwirksam, wenn sie isoliert werden, zeigt sich besonders deutlich bei den akrobatischen Übungen.

Die akrobatischen Übungen sind im Odin Teatret das Beispiel schlechthin für etwas, das für die Arbeit des Schauspielers *notwendig*, jedoch für sich genommen ohne jeden Wert ist.

Für den Schauspieler, der am Anfang seiner Arbeit steht, sind sie vor allem der schlagende Beweis dafür, daß er Ergebnisse erzielen kann, die ihm kurz zuvor weit entfernt und beinahe unerreichbar erschienen. Sie sind eine Art Versicherung. Auch wenn man dem Schauspieler sagt, daß es nicht die Ergebnisse sind, die zählen, sondern der Prozeß, so ist es in der Praxis immer schwierig, auf einem Feld zu arbeiten, in dem man die ersten Ergebnisse erst nach zwei oder drei Jahren sieht. Bei den akrobatischen Übungen ist es hingegen schon nach kurzer Zeit möglich, zu spektakulären Ergebnissen zu gelangen. Das gibt dem Schauspieler das Gefühl, daß ihm etwas gelingt. Sie sind so etwas wie psychologische Krücken.

An den akrobatischen Übungen kann man außerdem handfest zeigen, was es heißt, die Energien in die Hand zu nehmen, sie zum Ausbruch zu bringen, um sie schließlich wieder in der Hand zu haben.

Zu Beginn scheint das Problem nur darin zu bestehen, die Furcht und das Gefühl der Unfähigkeit zu überwinden. Später gelingt es einem dann, die Übungen auszuführen, wobei sich der Schauspieler darauf konzentriert, die ‹akrobatische› Schwierigkeit zu meistern und sich nicht darum zu kümmern, wie er auf dem Boden aufkommt. Das wichtigste ist dann: eine Übung so zu beenden, daß ihr Ende bereits zum *sats*, zum Beginn der nachfolgenden wird. Das Geheimnis der akrobatischen Übung besteht hier darin, daß man sich auf ihr Ende konzentrieren muß.

Es ist klar, daß man den Fall nicht aufhalten kann; an einem bestimmten Punkt muß der Körper auf den Boden zurückkommen. Man braucht daher eine weitere Ladung an Energie, einen Gegenimpuls, der gegen die Schwerkraft wirkt, so daß der Moment des Niederfallens bereits den Impuls für den Flug in die Höhe in sich birgt.

All das gestattet es, das zu erkennen und zu üben, was vielleicht am schwierigsten ist: den Moment für einen neuen *sats* zu finden, während man die Übung ausführt, wenn man noch in der Luft ist und keinen Kontakt zum Boden hat.

Die akrobatischen Übungen sind wie das Training im allgemeinen keine Sammlung von Materialien für die Aufführung; es ist der Übergang von einer physischen Kultur zu einer anderen.

Auch wenn diese neue physische Kultur von anderen entwickelt wurde, kann man sie beherrschen lernen, sie in sich aufnehmen und sie in eigene Energie umwandeln.

Alle körperlichen Übungen sind eigentlich geistige Übungen; sie betreffen die Entwicklung des Menschen in seiner Gesamtheit, die Art, wie er seine psychischen und geistigen Energien hervorbringt und kontrolliert, und zwar sowohl diejenigen, die wir aus der Erfahrung kennen, über die wir sprechen können, als auch diejenigen, über die wir nicht sprechen können. Das Training ist so eine Übung in Kommunikation. Man wird befähigt, Beziehungen zur Außenwelt herzustellen, wobei man in Freiheit arbeitet, in einer Situation, in der man sich nicht zwischen Absicht und Ausführung gespalten fühlt. Es ist ein Prozeß, der Kanäle für neue Kommunikationen ausgräbt, ein Geduldspiel, mit dessen Hilfe man seine eigene Sprache und die eigene Logik entdeckt.

Diese ‹physische Intelligenz› führt den Schauspieler zur persönlichen Autonomie, zu einer Handlungsfreiheit, die über den kreativen Prozeß einer Aufführung zur sozialen und öffentlichen Handlung wird.

Kreativität

Der kreative Prozeß des Schauspielers kann ganz distanziert vollzogen werden. Er kann seinen Körper in verschiedene Teile zerlegen und wieder zusammensetzen und erreicht dadurch dramatische Effekte, eine Konfliktsituation oder Introversion und Extroversion, indem er verschiedene Teile seines Körpers zueinander sprechen läßt. Mittels einer physischen Dialektik schafft er ein theatralisches Bild, das die emotionalen, begrifflichen und psychologischen Spannungen sichtbar macht.

In diesen Fällen bildet der Schauspieler seine ‹Person›, ‹Figur›, indem er seine Fähigkeit nutzt, seiner Energie Form zu geben – wie ein versteckter Puppenspieler ein eindrucksvolleres und kennzeichnenderes Bild vermittelt, als die Bilder des Alltags es sind. In diesem Fall ist die Kunst des Schauspielers, ist sein kreativer Prozeß dem ähnlich, was früher den kreativen Prozeß des Schriftstellers oder des Malers charakterisierte , dessen Kunst darin bestand, die Spannung zwischen technischer Disziplin (den Kompositionsregeln) und dem Variieren und Erneuern (der Kreativität im engeren Sinn) zu beherrschen.

Wenn aber heute ein Schauspieler von ‹Kreativität› spricht, versteht er darunter meistens etwas ganz anderes. Er meint damit eine Art unmittelbaren Schaffens, das ihn ganz persönlich betrifft und dem er oft den Namen Improvisation gibt. Diese Art von Improvisation ist ein ‹irgend etwas tun›, um dadurch die ‹versteckten Seiten zu enthüllen›, ‹sich selbst zu befreien› mittels eines Prozesses, der objektiv (das heißt von außen) betrachtet nichts als träge Energien in zufälligen Bewegungen unartikulierte Töne und versteinerte Bewegungsmuster zeigt. Das hat nichts gemein mit der für die Schauspielkunst der Vergangenheit, besonders der Commedia dell'Arte typischen Improvisationen, die viel eher dem ähnelt, was wir heute Komposition (Collage) nennen. Ein Stück setzte sich zusammen aus langen Zitaten ‹aus Klassikern, aus Wortspielen›, aus szenischen ‹Situationen und Einfällen›, aus Gedichten und Gags, die gelernt und geübt wurden, bevor man sie je nach Bedarf und nach den Umständen in die Aufführung einbaute.

Dem Begriff Improvisation kann man noch eine dritte Bedeutung geben. Weder improvisierte Collage von fertigen Materialien noch unmittelbare, individuelle Kreation, sondern ein Prozeß, durch den Rohmaterialien zum Vorschein gebracht werden, aus denen die Blöcke gebrochen werden, die einer Aufführung als Grundlage dienen.

Improvisation in diesem Sinn ist ein kreativer Prozeß im Rohzustand, bei dem der Schauspieler seine Technik (das Gebiet des Trainings) verläßt, bevor er den Sprung in jenen Bereich macht, der der eigentliche seiner Kunst und seines sozialen Handelns ist.

Improvisation ist eine ethische Situation, die durch eine bestimmte Qualität der Gruppenbeziehung, bestimmte Arbeitsbedingungen (viel Zeit, Konzentration und Sicherheit), über die man schwer sprechen kann, charakterisiert wird. Es ist schwierig zu beschreiben, wie unter bestimmten Bedingungen sich die Phantasie einer Gruppe nach einem eigenen organischen Rhythmus in Bewegung setzen kann, wie sie steigt und fällt, lange Perioden der Monotonie durchmacht und sich plötzlich am zähen Arbeiten an einer Einzelheit, an der Erfindung von etwas Neuem entzündet. Alles, was geschieht, geschieht innerhalb dieser begrenzten Anzahl von Personen in einer Situation zeitweiliger Isolation. Die Außenwelt scheint keinen Einfluß auf sie zu haben. Selbst die Wahrnehmung der Zeit und unserer Gegenwart ändert sich, man fühlt sich wie die Teilnehmer einer hochalpinen Expedition mit ihrer abgeschlossenen Existenz im spärlichen Alltag eines Basislagers.

Die beste oder die getreueste Spur dieser Situation findet man nicht, wenn man darüber etwas zu erzählen versucht, sondern man findet sie, wenn man beobachtet, wie sie sich direkt auf die Kommunikation während der Arbeit auswirkt – dann nämlich, wenn das Material für die Improvisation nicht körperliches, sondern sprachliches Material ist.

Normalerweise ist es der ‹Regisseur›, der mit Worten eingreift. Was er macht, ist der Substanz nach nicht verschieden von dem, was der Schauspieler macht. Er sagt nicht, was der Schauspieler machen muß, sondern er stellt eher eine sprachliche Analogie zu den Improvisationen des Schauspielers her.

Ich lasse hier zwei Tagebuchfragmente folgen, zwei Überbleibsel gleichsam, die zwei Arbeitssitzungen vor einigen Jahren zum Inhalt haben.

Das Verhältnis ist umgekehrt; nicht ich registriere, was die Schauspieler tun, sondern die Schauspieler registrieren, was ich sage.

Der Gesichtspunkt verschiebt sich in diesem Fall vom Regisseur auf die Schauspielerin Iben Nagel Rasmussen, eine Gefährtin vieler Arbeitsjahre.

Aus dem Tagebuch von Iben Nagel Rasmussen

3. Mai 1974

Wir beginnen die Arbeit am neuen Theaterstück mit den ersten Improvisationen. In einigen Tagen fahren wir nach Süditalien, wir werden in Carpignano leben.

Eugenio gibt uns das Thema für die Improvisation – diesmal jedoch nicht wie sonst in einem kurzen Satz. Eugenio erzählt uns eine lange Geschichte. Manchmal unterbricht er die Erzählung, sucht mit den Augen den Saal umher, es ist, als ob er etwas sähe, und dann ändert die Erzählung ihre Richtung.

Manchmal scheint das, was er sagt, ganz zufällig zu sein; dann findet er plötzlich seinen Faden.

Eugenio: Ich habe geträumt, ich hätte mich sehr elegant angezogen und hätte auch meine Söhne sehr elegant gekleidet. Und ich kehrte in mein Heimatdorf zurück. Ich bin schon lange nicht mehr dort gewesen, und es war das erste Mal, daß ich meine Kinder mitnahm. Ich hatte ihnen sogar die langen Haare geschnitten.

Ich ging durch die Straßen. Auf der Hauptstraße des Dorfes traf ich viele Menschen, die ich wiedererkannte, obwohl ich lange Zeit nicht mehr dort war. Sie schienen mich nicht zu erkennen. Sie gingen an mir vorbei, einer nach dem anderen. Ich hielt einen von ihnen an, ich war sicher, daß er mich erkannt hatte, auch wenn er mich nicht gegrüßt hatte.

Ich fragte ihn: «Warum grüßt ihr mich nicht? Warum grüßt ihr meine Kinder nicht?»

«Es sind nicht deine Söhne», antwortete er.

«Was heißt das, es sind nicht meine Söhne? Natürlich sind das meine Söhne!»

«Nein», antwortete er, «wir haben hier Fotos von deinen Söhnen gesehen. Sie sind ganz anders. Deine Söhne haben langes Haar.» Er entfernte sich. Auch ich ging weiter und entfernte mich von dem Mann, dem ich im Traum begegnet war, und ich sah, daß ich weinte. Da kam der Mann zu mir zurück und fragte mich: «Warum weinst du?»

Ich zeigte auf meine Kinder und sagte: «Selbst ich weiß nicht, ob es meine Kinder sind.»

(Lange Pause)

Zwanzig Jahre können lang sein. Vierzig Jahre sind fast ein Menschenleben. Ein Mann oder eine Frau kehrt in das Heimatdorf zurück. Vielleicht trägt er schönere Kleider. Vielleicht hat er denjenigen, die ihn begleiten, die Haare geschnitten. Er geht ins Dorf, und dort sind zwei, nein drei Dinge, die er genau sieht. Eines ist der winzige See, wie ein kleiner finnischer See, ungefähr so...

(Er deutet auf eine Stelle des Fußbodens.)

Das ist ein See. Er oder sie kam oft ans Ufer dieses Sees und badete dort... Wenn er an diesen Ort zurückkehrt, wecken seine Sinne in ihm die Erinnerung daran, daß dieser See sich niemals seinem Willen gefügt hatte.

Was war sein oder ihr Wille? Wenn er in den See tauchte, war es, als ob er den ganzen See in sich aufnehmen wollte, um ihn zu bewahren, ihn einzuschließen, um das Wasser zu fangen und die Farben im Wasser, und er, der...

(Er lacht.)

Und vor allem der *Moment*. Wenn er zum See zurückkehrt, scheint dieser seinen vergeblichen Kampf wiederzuspiegeln, den er gekämpft hatte, um den einzufangen, um ihn in sich abzuschließen. Er sieht sein Spiegelbild im Wasser, und er sieht einen gealterten, ergrauten Menschen, dessen Gesicht voller Falten ist. Was macht er? Was macht dieser Mann oder diese Frau?

(Lange Pause.)

Er kommt zu einem Haus. Eigentlich stammt dieser Mann oder diese Frau aus Kanaa, hatte einmal dort gelebt; aber mit der Zeit ist die Erinnerung daran verlorengegangen. Er oder sie ist nicht mehr imstande, sich zu erinnern, ob er aus Kanaa stammt oder aus einem anderen Dorf. Aber er oder sie akzeptiert das, weiß, daß es nicht das wichtigste ist. Nein, er geht nicht ins Haus, er hört eine Melodie. Es ist ihm nicht klar, ob er diese Melodie hört, weil sie jemand singt oder weil ihm der Ort unfreiwillig diese Melodie ins Gedächtnis zurückruft. Es ist «Die junge Aslau», ihr wißt schon, die norwegische Ballade. Dann legt er sich unter einen Baum. Nein: Er entdeckt etwas Seltsames in der Mitte des Platzes – einen Tisch. Dieser Tisch muß schon seit langer Zeit dort stehen.

Er oder sie fragt: «Was ist mit diesem Tisch?»

Jemand antwortet: «Man sagt, es sei vor langer Zeit geschehen, aber die Leute haben immer noch starke Zweifel, ob es stimmt. Einer sagt, man habe dort ein großes Hochzeitsmahl gehalten. Es waren so viele Gäste, daß man sie nicht alle ins Haus einladen konnte. Man mußte also den Tisch hinausstellen, auf die Straße oder auf den Platz, und dann – verstehst du? – ist in einem bestimmten Moment während dieses Hochzeitsmahls *etwas* geschehen.»

«Was ist geschehen?» fragt er.

«Ja, gerade das ist das Problem; denn die meisten haben versucht, es zu vergessen. Es war etwas so Peinliches für die Ehre des Dorfes, so daß das Beste war, es zu vergessen. Letzten Endes aber hat man bloß vergessen, den Tisch wegzutragen.

Da ... setzt er sich an den Tisch. Und auf diesem Tisch ...

(er zeigt auf ein Holzkiste im Saal)

sind viele Gegenstände, auch eure Masken. Er setzt sich an diesen Tisch und fällt natürlich müde, wie er ist, in Schlaf. Träumt er? Als Alter kommt er ins Dorf zurück. Er geht dorthin, wo das Wasser ist. Eines ist sicher, er spürt, daß das Wasser auf seinen Körper kommt. Ist es, weil ihn das Alter beherrscht? Weil ihn die Leute nicht erkennen und nach altem Brauch den Fremdling begrüßen, indem sie ihm die Füße waschen? Ist es deshalb? Er kommt an, und ein Mädchen oder ein Junge schaut den alten Fremden an und sagt: «Willkommen, Fremder», und er macht zur Begrüßung ein Zeichen, mit dem er zum Ausruhen einlädt. Vielleicht wäscht er ihm die Füße. Aber was ist das? Ein Brunnen, aus dem man Trinkwasser nimmt? Was ist das genau? Die Rückkehr reinigt ihn. Er setzt sich an den Tisch.

In dem Moment, in dem er den Tisch berührt, kehrt das, was während jenes Hochzeitsmahls geschehen war, zurück. Er war auch dabei. Er saß an diesem Tisch, am selben Platz, und während er dort sitzt (träumt er?), ist ihm, als ob ihn jemand am Ärmel zieht und sagt: «Großmutter, Onkel, was ist wirklich geschehen?»

Und er oder sie antwortet: «Siehst du, hier saß ein Dicker, der war so—» und er beschreibt ihn — «er bewegte sich so, er schwenkte das Glas auf diese Weise, er gestikulierte und sang so. Und der Mann oder die Frau macht das alles, während der Erzählung, wird zum Dicken, setzt sich die Maske auf, die auf dem Tisch liegt, und macht hinter der Maske weiter. Dann der nächste. Die nächste war eine tuberkulöse Frau, bleich, die die ganze Zeit hustete und Blut spuckte und die es verheimlichen wollte; sie wollte sich vergnügen, also trank sie die ganze Zeit, um die Hustenanfälle zu verbergen. In Wirklichkeit spuckte sie, statt zu trinken, Blut in den Becher. So wird er oder sie zur Tuberkulösen, setzt sich die Maske auf und macht weiter, der dritte war ... Und der vierte ... Alle Personen. Wie viele saßen an diesem Tisch? Wahrscheinlich viele. Und irgend etwas geschieht an diesem Tisch, und er oder sie sucht gründlich und findet es.

6. Mai 1974

Eugenio: All das ähnelt einem, ja ist ein Stellungskampf, wo sich jemand in Deckung befindet und weiß, daß viel Zeit vergehen wird, bevor die entscheidende Schlacht stattfindet. Aber jedesmal, wenn einer die Deckung aufgibt um zu kämpfen, muß er wissen, daß dieser Kampf sein letzter sein kann.

Das heißt, jede Improvisation muß wie ein letzter Kampf sein. Laßt nicht zu, daß die Improvisation sich in Routine verwandelt, auf die Müdigkeit, Gewohnheit und andere Faktoren Einfluß gewinnen. Natürlich haben diese Faktoren Einfluß. Aber laßt nicht zu, daß sie euch zu einem falschen Kalkül führen, das euch daran hindert, im rechten Moment zu handeln.

Iben: Jeder von uns wählt eine Figur als Reisegefährten. Torgeir wählt den Zwerg aus dem Roman der Lagerkvist, Reidar wählt Odysseus, Odd wählt Peer Gynt, Ragnar Hiob, ich weiß nicht mehr, wen Elsa gewählt hat, Jens wählt Don Juan, ich Nijinski als Wahnsinnigen. Wir machen einige Improvisationen.

Dann kommentiert Eugenio.

Eugenio: In letzter Zeit habe ich schon öfters gesagt: sich gehenlassen und zugleich Kontrolle über sich haben. Ich wiederhole es, weil es sehr wichtig ist, das innere Leben einer Improvisation zu verstehen, ihre Kraft und ihre Entwicklungslinien.

Wenn ich zum Beispiel vor einer Improvisation eine lange Rede halte, dann finden sich dort trotz der Fülle von Worten ganz präzise Informationen. Ich könnte sie in drei Sätzen ausdrücken, das, was man das Thema nennen könnte, von dem die Improvisation ausgeht.

Diese drei Sätze sind aber wie ein Gedicht von Harry Martinson, das er schrieb, als er Seemann war, und in dem er eine Reihe von Ortsnamen aufzählte: Yokohama, Palenbang, Sidney, Singapur und andere weit entfernte Häfen. Es ist die Fahrt eines Schiffes mit ihren genauen Etappen, es ist die Angabe einer ganz bestimmten Route. Aber wie die Reise verläuft, über die Windstillen und die Stürme, was zwischen einem Hafen und dem anderen geschieht, über all das erfahren wir nichts. Ihr selbst müßt diese Lücken ausfüllen, müßt entscheiden.

Aber die Route muß befolgt werden. Noch einmal: Wenn ihr nicht dem Thema, der Route folgt, dann habt ihr auch keine Möglichkeit einzugreifen, dann wißt ihr auch nicht, ob ihr im Hafen angelangt seid.

Was heißt, im Hafen ankommen?

Während der letzten Improvisationen habe ich gesehen, daß einige von euch sich vom Thema haben leiten lassen. Ich konnte sofort erkennen, an welchem Punkt des Themas sie gerade waren. Nicht daß ich verstanden hätte, was sie machten – das interessiert mich gar nicht –, aber ich konnte ihrem Prozeß folgen.

Wenn ich diesem Prozeß nicht folgen kann, dann fühle ich mich verloren, verloren in dem Sinn, daß ich euch nicht helfen kann. Was geschieht in einem solchen Fall? Da ist eine Reihe von zufälligen Vorgängen, die ich zu nichts in Verbindung setzen kann.

Ein Beispiel: Jemand soll Ophelia darstellen. Die Figur Ophelia gibt als Bezugspunkt eine gewisse Sensibilität, ein bestimmtes Verhalten, die Sanftheit einer Schwester, die Unterwürfigkeit als Tochter, den Wahnsinn aus Liebe. Wenn jedoch die Leidenschaft der Ophelia auf ihrem Höhepunkt der Leidenschaft einer anderen Heldin Shakespeares, sagen wir Lady Macbeth, begegnet, so kann die Tochter des Polonius ihre Reaktionen in dem Schatten anderer Reaktionen, denen einer starken, entschiedenen und sicheren Frau, darstellen. Diese Nuancen überraschen uns, denn sie lenken vom vorgegebenen und erkennbaren Bezugspunkt ab und lassen ihn fremd und neu erscheinen.

Wenn aber überhaupt kein Bezugspunkt existiert, dann ist alles möglich, das heißt, nichts ist möglich. Wie wenn man sagt: Das Leben ist Theater, das Theater ist Leben. Wenn wir es gesagt haben, haben wir keinen Schritt vorwärts getan.

Es ist wichtig, genau zu verstehen, was es heißt, einem Thema zu folgen. Es heißt nicht, das Thema zu illustrieren. Es heißt, das Thema immer als Bezugspunkt gegenwärtig zu haben. Es ist der Polarstern, der es uns ermöglicht, uns nach allen Richtungen hin zu orientieren.

Ohne diesen Bezugspunkt riskiert man, Gefangener einer Spielform zu sein, die die Realität nachäfft oder zu einer schlechten Abart des Psychodramas wird. Der professionelle Schauspieler unterscheidet sich vom Darsteller eines Psychodramas durch seine Fähigkeit, alle Improvisationen genau wiederholen zu können. Er kann sie bearbeiten und zu künstlerischem Material im Hinblick auf szenische Situationen machen. Jeder kann improvisieren. Die Schwierigkeit besteht darin, die Improvisation genau zu wiederholen in ihren kleinsten Details, Aktionen und Reaktionen, Rhythmus und Spannung, die auch nach hundert Wiederholungen die gleiche Frische und Kraft haben wie beim erstenmal.

Beim Improvisieren gibt es immer einige Automatismen. Wenn man regelmäßig improvisiert, kommt es immer zu Automatismen, die sich des Schauspielers bemächtigen. Was sind die Folgen dieser Automatismen?

Zunächst eine spezielle ‹Manier›, sich zu bewegen, die immer wieder aufscheint. So kann man zum Beispiel beobachten, daß euer Rhythmus, die Fuß- und Beinstellungen dazu neigen, sich zu wiederholen, daß ihr dazu tendiert, euch auf eine ganz bestimmte Weise zu beugen, zu drehen und zurückzuziehen. Unabhängig davon, welches Thema ihr bearbeitet, wiederholt ihr immer ein und dasselbe Modell; das ist ein Mechanismus, den ihr nicht unter Kontrolle habt, der euch kontrolliert. Woher kommt das?

Von außen betrachtet empfindet man es als den Unterschied zwischen dem Bild, das ihr habt, und der Weise, wie es sich zeigt. Es sind gleichsam zwei Gleise, die in dieselbe Richtung laufen, einander aber nicht begegnen.

Während der letzten Improvisation hatte ich auf einmal das Gefühl zu wissen, was Theater eigentlich ist. Theater ist nicht das, was ich früher gesagt habe, nämlich die Wahrheit zu sagen. Theater ist ein Mangel an Wahrheit, es ist der höchste Grad von Fiktion.

Was ist dieser Mangel an Wahrheit?

Auch wenn ihr eure intimsten, schmerzhaftesten oder erfreulichsten Erfahrungen auswählt, so sind es keine lebendigen Erfahrungen, die ihr in diesem Moment macht, es ist nicht eure gegenwärtige Situation. Es können Erinnerungen sein, die Asche von etwas, das einmal ein Feuer war, oder etwas, das Tagträumen entspricht oder den Vorstellungen eines Jungen oder eines Mädchens im Pubertätsalter.

Aber all das, was nur Schein ist, nicht wirklich, kann sich, ja muß sich verändern und ein anderes werden. Wenn es nichts anderes wird, so bleibt es in einem Stadium der Fiktion, das nichts als Lüge ist.

Konkret gesprochen: Wenn sich ein Schauspieler darauf beschränkt zu gehen, dann sagt er mir nichts außer der Tatsache, daß er geht. In einer Art zu gehen muß etwas sein (dessen sich der Schaupsieler bewußt oder nicht bewußt sein kann), das mich dazu führt, meine Augen auf ihn zu richten, das mich zu bestimmten Bildern und Gedanken führt.

Der Schauspieler manipuliert bewußt diese Situation. Wenn er sie jedoch zu den äußersten Konsequenzen führt, dann kann er nicht umhin, hinter dieser Fiktion auch noch etwas anderes durchscheinen zu lassen.

Wenn einer von uns zu lügen beginnt, dann nähert er sich, je mehr er lügt, einer Wahrheit über sich selbst, die ihn entblößt. Was wir hier ausprobieren, ist der Weg der Gegensätze.

Jemand von euch will unter allen Umständen etwas Entscheidendes, Wichtiges sagen. Vielleicht sagt er es auch. Aber von außen hört niemand etwas. Warum hört man es nicht? Weil etwas fehlt, eine Logik, die sich in der Präzision äußert: Es kommt zu keiner Perzeption, weil die Präzision fehlt.

Eure Improvisationen wirken oft erstickt. Nicht alle. Man hat den Eindruck, daß etwas nicht herauskommt, oder es schwappt unartikuliert über. Hinter euren Improvisationen steckt etwas. Ich weiß, daß für euch ein Sinn dahinter steckt, aber dieser Sinn wird nicht zu genauen Steinblöcken gehauen, einer in Beziehung zu den anderen, und so imstande, den Brückenbogen zu spannen, den Übergang von eurem Ufer zum anderen: zum Zuschauer.

In der ungestalteten Improvisation bleiben beide Ufer hinter der Staubwolke der zusammenstürzenden Brücke verborgen.

Die Kraft einiger eurer Improvisationen ist ganz anderer Art als die des Trainings. Auch beim Training besteht die Tendenz, in Formen des Automatismus zu verfallen, aber manchmal leuchtet ein Funke auf. Bei den Improvisationen hingegen ist es, als ob ihr euch in der Welt des Jungen Werther bewegt, romantisch, übersensibel, leidend ... eine ganz und gar deprimierende Athmosphäre. Ich weiß, daß die Welt deprimierend ist; aber in eurer ‹Depression› fehlt etwas: lebendige Kraft.

Eure Improvisationen haben die Anziehungskraft verloren, die zugleich fasziniert und erschreckt.

Ihr behandelt die Improvisation wie etwas Alltägliches. Sie ist auch etwas Alltägliches. Wir müssen daher schlau sein; denn wenn wir die Improvisation in etwas Alltägliches verwandeln, dann erhalten wir als Resultat auch nur etwas Alltägliches.

Ist es möglich, jemand kennenzulernen, der sowohl wir selbst als auch ein Fremder ist? Der eigene Diamantenkörper, das dritte Auge, der Androgyn, der Homunculus, der Zwerg? Aber in derart realistischer Klarheit, daß man zutiefst erschrickt? All das ist natürlich lächerlich, denn man erschrickt ja nicht wirklich. Wenn man jedoch den Schlüssel nicht findet, der das Tor in jenes Dunkel öffnet, wo jede Begegnung möglich ist, wenn wir diesen Schlüssel nicht finden, dann werden wir für immer im Tageslicht bleiben, wo wir alles erkennen und wo wir alles schon wissen. Bei Tageslicht ist es sinnlos zu tun, als seien wir erschrocken. Wir sind es ja nicht wirklich. Es ist natürlich nicht notwendig, daß hinter jenem Tor, im Dunkel, tatsächlich etwas Schreckliches ist. Schrecklich kann auch der Moment sein, wenn jemand so glücklich ist, daß er sich nicht mehr halten kann, wie eine Violinsaite, die reißt. Schrecklich kann die Erfahrung Gottes oder der Liebe sein, das, was die Mystiker und die Liebenden als Schreckensmoment erleben, wie ein Fluß, den der Ozean in sich aufnimmt, etwas, das Schwindel macht, eine Trunkenheit, ein Gefühl von Verwirklichung und Auflösung.

Wir müssen schlau sein. Wir können uns hier nicht auf Kräfte verlassen, die wir nicht ganz aus uns herauszuholen imstande sind: im Vertrauen auf unsere Fähigkeit, unsere nervlichen Kräfte zu schärfen, das, was man einen fruchtbaren Bewußtseinszustand nennen könnte.

Dazu sind wir in unserer Welt; in unserer Kultur nicht fähig. Wir müssen andere Wege finden, es von einer anderen Seite her angehen. Unsere fruchtbare Quelle ist von der Realität verschieden: Nennen wir sie *Phantasie*.

Das, was wir Phantasie nennen, ist wie eine Lunge, die einige objektive Elemente einatmet: ein Pferd auf der Straße, das geschlagen wird, ein vierzehnjähriges Mädchen mit Augen wie Haselnüsse, die man knacken möchte... gleich was. Diese Lunge ist genau wie unsere natürliche Lunge, die chemische Substanzen einatmet, Sauerstoff und Stickstoff, und sie in etwas schwer zu Definierendes umwandelt, in Leben, das noch kein Wissenschaftler genau erklären konnte. Das ist Phantasie: diese Lunge, die sich mit all diesen objektiven Erscheinungen vollsaugt und sie in etwas anderes umwandelt, das unser inneres Leben ist. Und das ist es, was wir ‹ausnutzen› müssen, was wir unsere Mythologie nennen können, unsere Vorstellungen, unsere persönlichen Bilder.

Aber Achtung, all das kann ebensogut Einbildung sein. Ich kann euch hier ebensogut eine Geschichte erzählen: Wenn ich eine Geschichte erzähle, dann erzähle ich sie normalerweise im Bewußtsein, mit dieser Geschichte auch etwas über mich selbst zu sagen, selbst wenn die Geschichte vollständig erfunden ist. Wenn ich meine Rede fließen lasse, dann weiß ich ganz genau, auch wenn ich versuche, mich hinter den Wörtern zu verstecken und ihnen eine genaue intellektuelle Bedeutung zu geben, daß hinter jedem Wort noch ein anderer, sich heimlich zeigender Kopf steckt. Das heißt: Kunst ist zu wissen, wie Wahrheit mittels der Fiktion konstruiert wird.

Versucht euch mit Hilfe der Improvisation diesen Prozeß klarzumachen. Versucht, die Automatismen zu bekämpfen, die euch dazu führen, immer auf dieselbe Weise zu gehen, euch immer auf dieselbe Weise zu bewegen, einfach, weil gehen immer gehen ist und ein Glas Wasser trinken immer ein Glas Wasser trinken.

Ihr überschreitet die Schwelle der Improvisation. Wie kann man erreichen, daß man sich mit Hilfe der Einbildung gehenläßt und dennoch das Steuer in der Hand behält, auf Details achtet und auf die Logik der Route, die euch gewiesen ist?

Die beiden Tagebuchfragmente, die aufgezeichneten Worte, sind ziemlich weit entfernt, so daß ich sie heute wie Gegenstände kommentieren kann, die mir nicht mehr angehören. Sie können besser als jede Beschreibung verständlich machen, worin der kreative Prozeß des Schauspielers bei der Improvisation besteht.

Die beiden Abschnitte zeigen zwei Momente, die auch bei der Arbeit des Schauspielers vorkommen: einerseits das Sich-gehen-Lassen, ein Gefühl der Freiheit und Sicherheit, auch wenn man die seltsamsten, unmotiviertesten und persönlichsten Dinge sagt oder tut; andererseits eine genaue Analyse, der Blick eines Chirurgen, der alles eiskalt und ohne Gefühl untersucht, ohne Mitleid in dem Sinn, daß er nichts als objektive Daten gelten läßt. In der Balance zwischen Wärme und Kälte, zwischen Einfalt und Ernüchterung, zwischen ‹Religion› und ‹Atheismus› entwickelt sich die schöpferische Arbeit des Schauspielers (des Regisseurs, der Gruppe).

In beiden Textstücken kann man diese beiden Elemente finden. Der erste Text, eine echte sprachliche Improvisation, zeigt jedoch eine gewisse Sorgfalt und Erzähltechnik, eine Art Vorsicht, die man hier und dort spürt, derzufolge der Erzähler seine Worte überwacht und mit Bildern, die den Zuhörer ablenken sollen, die Abzweigungen und Verknüpfungen maskieren, die zu deutlich wären, wo die Erzählung zu eindeutig und zu autobiographisch würde.

Die Erzählung ist aber ‹aufrichtig›, weil sie sich immer gegen die Versuchung wehrt, spontan und ohne Kontrolle zu sein und so in ein persönliches Bekenntnis zu verfallen, das den Sprecher isoliert und es ihm nicht ermöglicht, das andere Ufer zu erreichen.

Der zweite Text scheint sich trotz seines kalten rationalen Tons des öfteren von einer Welt persönlicher, alogischer und willkürlicher Bilder zu nähren. Diese anscheinende Unlogik, diese Willkür ist aber nichts anderes als unsere individuelle Logik. Uns selbst gegenüber können wir sie klar verständlich machen, auch wenn wir wissen, daß es lächerlich wäre, sie den anderen erklären zu wollen. Diese Unlogik muß sich jedoch sogleich in etwas Objektives, in objektive Gründe verwandeln. Auch die Arbeit des Schauspielers kann kühl ausgeführt werden und kann genau definierte und programmierte Ergebnisse anstreben; sie darf sich jedoch nicht in dieser Oberfläche der Ausführung, sei sie auch in höchstem Grad professionell, erschöpfen. Sie muß dahinter, wie einen Schatten, das emotionale, persönliche und unwiederholbare Universum eines persönlich anwesenden Individuums erkennen lassen.

Das persönliche Element darf nie im Vordergrund stehen, nicht einmal, wenn der Schauspieler improvisiert. Was die Handlung des Schauspielers mit Facetten versieht, was seiner Kunst Form gibt – oder ihre Ambiguität –, ist die Dialektik zwischen dem ‹Persönlichen› und dem ‹Öffentlichen›. Worauf es aber vor allem ankommt, ist die Objektivität seines Handelns. Seine Gegenwart ist Schatten und Echo, die dem Körper und der Stimme Leben geben; aber dies ist nichts, wenn es eben nicht Schatten und Echo eines Körpers und einer Stimme ist, die von außen in ihrer ganzen Objektivität wahrgenommen werden können.

Dies ist zu betonen. Die Zuschauer neigen oft dazu, die Individualität des Schauspielers mit seinen Handlungen auf der Bühne gleichzusetzen. Je wirksamer diese sind und je ‹spontaner› sie dem Zuschauer vorkommen, desto eher ist er bereit, das Theater als eine Art von besonders gelungenem Psychodrama zu deuten. Das ist eine Fehleinschätzung, die manchmal vom Zuschauer auf den Schauspieler selbst übergeht, der glaubt, daß seine Kraft als Schauspieler und seine Wirksamkeit davon abhängen, was er an Persönlichem, Wichtigem, an Hinreißendem in den Improvisationen freizusetzen vermag. Die Kraft einer Improvisation hängt jedoch nicht vom Grad ihrer Dramatik ab, sondern von ihrer Präzision. Der Schauspieler kann auf eine extrem einfach vorgestellte Welt reagieren, selbst auf die alltägliche und banale Welt, die ihn letztlich gar nicht interessiert, die er aber rekonstruiert, weil er sie für seine Arbeit braucht. Wenn er diese Welt mit Präzision aufbaut und sich in ihr mit Präzision bewegt, dann erhält das, was er tut, für den Zuschauer Sinn.

Die einzige ‹Regel› für diese Arbeit des Schauspielers und des Regisseurs bei den Improvisationen ist die folgende: ‹Was zählt, ist das objektive Ergebnis, sind die Handlungen, nicht die Absichten›.

Darüber hinaus gibt es keine Regeln, aber auch keine Tabus. Der Schauspieler muß ebenso wie der Regisseur eine vollkommen vorurteilsfreie Haltung gegenüber seiner Kunst einnehmen, eine Art Amoralität, die es ihm gestattet, auf das Wesentliche zu zielen. Es gibt Schauspieler, die im Zustand der Spannung und des emotionalen Engagements, und andere, die ganz kühl in einer Situation bewußter und gewollter Unwahrheit arbeiten. Einige konstruieren sich einen genauen Handlungsablauf, andere gehen zufällig vor und überlassen die Entscheidung gleichsam den Umständen. Das ist alles unwichtig. Wichtig ist, daß der Prozeß seine Logik und diese Logik einen präzisen Ausgangspunkt hat und in präzise physische Handlungen übersetzt wird.

Bei den oben wiedergegebenen sprachlichen Improvisationen war das alles deutlich zu erkennen. Es handelte sich nicht um eine Erzählung, sondern um ein Erzählen, das durch eine Reihe von Verzweigungen, durch Zweifel, Abweichungen, Änderungen des Tons und Gegensätze führte und von irgendeinem Punkt ausgegangen war, der vielleicht nur für den Sprecher Sinn hatte, der jedoch etwas sehr Präzises und Klares darstellte, vergleichbar einem gut konstruierten Bahnhof, von dem aus man eine Reise antreten kann. Die Reise selbst in ihrem Verlauf reproduziert aber nicht das Bild des Ausgangspunktes und gibt auch nicht seine Atmosphäre wieder. Wichtig ist, daß man abreist und weit weg vom Ausgangspunkt ankommt, irgendwo ankommt, wo es für die anderen Sinn hat und von wo die anderen ihrerseits abreisen können.

Diese Dialektik charakterisiert die Beziehung Regisseur–Schauspieler, Schauspieler–Regisseur, Aufführung–Zuschauer. Es ist ein Verhältnis von ständigem Übersetzen und Verraten, wo der eine von dem Punkt ausgeht, an dem der andere angekommen ist. Es ist weder wichtig, daß man ‹sich versteht› noch daß man etwas vermittelt, das für alle gleich ist. Wichtig ist es, die Brücke zu bauen, Beziehungen zu entdecken und neue zu schaffen, in Bewegung zu bringen und Reaktionen ermöglichen.

Der Zuschauer ‹verrät› die Aufführung (die Schauspieler und den Regisseur), wenn er die Bilder in seine eigene Welt der Bilder, des Denkens, des Urteilens und Sehens übersetzt.

Der Schauspieler ‹verrät› den Regisseur, wenn er die Struktur des Stücks mit persönlichem Kolorit versieht, wenn er gegen die Partitur der fest fixierten Aktionen und Reaktionen wie gegen ein Netz ankämpft, das er zu Fall bringen möchte, mit einer Energie, die die Bedeutung jedes Zeichens verändert, die es mehrdeutig werden läßt und die dem Zuschauer als das genaue Gegenteil von dem erscheint, was es ist: die Energie einer improvisierten Aktion, die im Moment entsteht.

Der Regisseur ‹verrät› die Absichten der Schauspieler, wenn er ihre Aktionen und Improvisationen nimmt und sie wie Filmstreifen behandelt, die er schneiden kann. Die ursprünglichen Aktionen oder sogar kleine Fragmente davon werden durch eine Montage ‹objektiviert›, die eher die Visionen des Regisseurs wiederspiegeln, als daß sie die ursprünglichen Intentionen der Schauspieler berücksichtigen.

Ein Mythos der Improvisationen läßt oft glauben, in ihnen seien ‹Bedeutungen› enthalten, mit denen der Regisseur arbeiten kann. In Wahrheit sind die Improvisationen nur das Rohmaterial des Stücks, die Steine und Ziegel, die nicht nach ihrem inneren Wesen, sondern je nach Bedarf der Montage auf die eine oder andere Weise zusammengefügt und für diesen oder jenen Teil des Gebäudes verarbeitet werden.

Dadurch wird die Arbeit der Improvisation nicht entwertet. Von der Qualität der improvisierten Materialien hängt in hohem Maß die Qualität des Stückes ab. Von der Logik sowie von der Strenge, mit der der Schauspieler mit seinen Materialien arbeitet, hängt für ihn die Möglichkeit ab, den eigenen kreativen Prozeß jeden Abend im endgültig fixierten Stück auszuweiten.

Nur wenn der Ziegel, der Stein der Improvisation mit Energie geladen ist, kann er dem Schauspieler noch angehören, auch nachdem sie vom Regisseur verwendet worden sind. Diese Ladung an Leben, an Autonomie, stößt mit der Logik und der Montage des Regisseurs zusammen, durchdringt und verändert sie.

Wieder einmal entscheidet der Lauf der Gegensätze über das Leben eines theatralischen Organismus. Enteignung macht sich nicht bezahlt. Wenn der Schauspieler zuläßt, daß er vom Regisseur seiner Materialien vollständig enteignet wird, dann bleiben dem Schauspieler und dem Regisseur am Ende nur eine handvoll Sand.

Auch Pazifismus und humanitäre Gefühle führen zu nichts: Wenn der Regisseur nicht versucht, sich auf persönliche Weise die Arbeit des Schauspielers anzueignen, dann bleibt jener im molekularen Zustand wie der Sand in einem privaten Beet.

Ein Stück ist in Wahrheit das Ergebnis eines Zusammenstoßes, der sich in einer Situation der gegenseitigen Anerkennung und des gegenseitigen Vertrauens abspielt. Von dieser Dialektik hängt die Tiefe und die Weite ab, in der sich die kreative Arbeit einer Gruppe von Personen entwickeln kann. Man darf nicht glauben, daß man einen Weg, der dazu führt, frei, sicher und kreativ zu handeln (oder zu sprechen), erlernen könnte.

Man kann nur Personen suchen und finden, bei denen man sich frei und sicher fühlt, wenn man handelt, wenn man spricht und wenn man etwas ‹schafft›.

Theater ist die Kunst, sehen zu können

Sehen ist keine passive Tätigkeit, es ist Handeln, Arbeit.

Zur Arbeit des Schauspielers gehört die Arbeit des Zuschauers. Es gibt tatsächlich den passiven Zuschauer, dessen Blick sich verliert wie bei der Betrachtung eines träge fließenden Stroms, wie bei einem Film, den man schon sehr genau kennt und den man faul vor Augen ablaufen lassen kann. Es ist ein amorpher Blick ohne Energie, der der amorphen, formlosen, nicht modellierten Geste des Schauspielers entspricht. Es ist der Anblick des Theaters der Redundanz oder der Bewegung anstelle der Handlung.

Sehen wird zum Handeln, wenn es Anstrengung ist, etwas, das man kennt, aber nicht wiedererkennt, zu verstehen und zu unterscheiden, das Wesentliche und die Beziehung zwischen den verschiedenen Bewegungen, die einem unter die Augen kommen, zu erkennen.

Theater darf kein leichtes Sehen fördern, und der Zuschauer sollte es nicht akzeptieren. Es bedeutet für ihn Verzicht auf sein Vorrecht als Geschichte und Bewußtsein schaffendes Individuum. Das heißt, sich mit der Oberfläche der Realität zu begnügen, ohne unter die Schale vorzudringen, ohne etwas zu verstehen.

Sowohl das Zeigen als auch das Sehen setzt eigentlich eine Übung in Dialektik voraus; der einzigen Disziplin, die wir in der Schule nicht lernen, die jedoch die Grundlage für das Verständnis der Kräfte ist, die unser körperliches, biologisches und soziales Leben bestimmen.

Wie kann man im Theater, in einer künstlichen Situation, die Komplexität und die Kraft, die das Leben eines Individuums wie einer Gesellschaft charakterisiert, wiedergeben?

Ist es möglich, das wiederzugeben, was in der Realität so stark ist, daß es, sobald man es darzustellen versucht, zu einer Parodie, zu einem stummen Gespenst wird?

Ist es möglich, im Theater all die Schrecken, die Größe, die Tiefe und alles Gleichzeitige in der Existenz des Menschen wiederzugeben, seine individuelle und soziale Geschichte, ohne sie zu verflachen und ohne sie wie unter einem Mikroskop zu vergrößern, und die Dynamik an Kräften, die – oft ohne wahrgenommen zu werden – jedes Fragment der Realität durchläuft, in den Vordergrund zu stellen?

Es ist, als ob man die ästhetischen Kategorien vergessen und sich an die Wissenschaft des *bios*, des Lebens, wenden müßte.

Zwischen der Arbeit des Schauspielers, der seine körperlichen Energien zu beherrschen und zu bilden versucht, und dem Moment, in dem sein ganzer kreativer Prozeß in etwas Objektives, Soziales, in eine Aufführung mündet, zwischen diesen beiden Momenten gibt es keinen Bruch.

Die Gegensätze, die den lebendigen Prozeß regulieren, charakterisieren nicht nur den Organismus des Schauspielers, betreffen nicht nur die Spannung zwischen seinem Gewicht und seinem Rückgrat, zwischen Impuls und Gegenimpuls. Wir finden diese fundamentalen Gegensätze auch auf höheren Ebenen, auf persönlicher wie auf sozialer Ebene.

So wie das Training die hinter den Bewegungen versteckten Spannungen enthüllen kann, kann die Aufführung die Darstellung nicht der

‹Realität› der Oberfläche und der Farben der Geschichte sein, sondern ihrer Muskeln, ihrer Nerven und ihres Skeletts, dessen, was man nur in einer entfleischten Geschichte sieht: die Machtverhältnisse, die zentrifugalen Kräfte, die Spannungen zwischen Freiheit und Organisation, zwischen Absicht und Handlung, zwischen Gleichheit und Macht.

Was das Theater mit Worten sagt, ist eigentlich nicht von großer Bedeutung. Das, was im Theater zählt, ist das Aufzeigen von Beziehungen, das Zeigen der Oberfläche einer Handlung zusammen mit ihrem Inneren, der Organe, die an der Arbeit sind, der entgegengesetzten Kräfte, der Weise, in der sich die Handlung teilt und in untereinander zusammenhängende Fragmente aufteilt, der Art, wie sie ausgeführt und wie sie erlitten wird.

In diesem Sinn ist das Theater wie die anatomischen Tafeln der alten Werke über den menschlichen Körper. Für Kunstfreunde und -händler sind sie Kunstwerke; für den Arzt sind sie wertvolle Erkenntnismittel; für den Philosophen sind sie oft klare und wirksame Allegorien des Gegensatzes von Schein und Wirklichkeit, von Geist und Materie des Menschen, von Leben und Tod.

Das Bild des Todes scheint aus dem Inneren des lebenden Organismus aufzutauchen.

Für den Graveur jedoch, der sie schuf, waren die anatomischen Tafeln ein Werk der Präzision, des Zerlegens und des Wiederzusammenfügens der Realität, so wie sie ihm unter der Hülle der Kleider und der glatten Oberfläche der Haut erschien: von Wellen und Senkungen durchzogen, von Bändern, Hebeln, Gegengewichten und Gelenken.

In den vergangenen Jahrhunderten gab es Anatomietheater. Auch damals fanden sich in den Bänken hungrige und dürstende Zuschauer sowie neugierige und oberflächliche, finster blickende Philosophen und junge Gläubige, die vom faszinierenden und schrecklichen Geheimnis des geöffneten Menschen angezogen wurden.

Unten aber verhüllten der Chirurg und der geöffnete Mensch hinter der Zurschaustellung der Organe und der Präzision der Ausführungen ihr Geheimnis: ‹Wie ist er hierher gekommen?› fragte man sich vom einen und ‹Warum tut er es?› vom anderen.

Die Gegenwart des Schauspielers und sein Geheimnis sind sowohl dem einen wie dem anderen ähnlich – dem geöffneten Körper wie dem fähigen und häretischen Chirurgen, der ihn öffnet. Unser Anatomietheater betrifft nicht nur den Körper des Menschen, es betrifft seine Handlungen und seine Beziehungen im sozialen Geschehen sowie in den historischen Konfliken: die Spannungen und Gegensätze, die unterirdischen Regelmäßigkeiten der verschiedenen Realitäten.

Anatomisches Theater bedeutet: Vision dessen, was sich unter der Haut verbirgt.

Dem *Theatrum anatomicum* ähnlich ist das Theater, an das wir denken, ein Mittelding zwischen Schauspiel und Wissenschaft, zwischen Didaktik und Transgression, zwischen Schrecken und Bewunderung.

Theateranthropologie: Erste Hypothese

In den Jahren 1974 bis 1979 führte das Odin Teatret zahlreiche Versuche durch, in denen es meist darum ging, Theater in Regionen zu bringen, in denen es kein Theater gab. Das Ergebnis war ein ‹Tauschhandel›. Stimuliert wurde diese Aktivität auch durch die Begegnung des Odin Teatret mit dem Dritten Theater und durch die Vorstellung von ‹schwimmenden Inseln›, kleine Gemeinschaften, die ihre eigene Kultur entwickelten. (Der Begriff Drittes Theater wurde von Eugenio Barba geprägt. Er bezeichnet die in den siebziger Jahren entstandenen Theatergruppen, die weder zum traditionellen noch zum Avantgarde-Theater gehören; Anm. des Übers.)

In der Zeit nach 1979 konzentrierte sich Barba wieder auf pädagogische Probleme, insbesondere darauf, wie Erfahrung weitervermittelt werden kann. Er entwickelte das Konzept der Theateranthropologie und gründete die ISTA, die Internationale Schule für Theateranthropologie. Die öffentlichen Sessionen der ISTA dauern acht bis zehn Wochen und finden an den Orten statt, die von den nationalen oder internationalen Institutionen ausgesucht werden, welche sie finanzieren. Die erste öffentliche Arbeitsphase fand im Oktober 1980 in Bonn statt. Sie wurde vom Kulturamt der Stadt Bonn finanziert, dessen Leiter, Dr. Hans Jürgen Nagel, Barba mit einem Vorschlag dazu angeregt hatte, ein internationales pädagogisches Treffen für Theatergruppen durchzuführen.

Der Ausgangspunkt für die Forschungen der ISTA war das Studium grundlegender Gesetze über den Zustand des menschlichen Körpers in Situationen der Darstellung. Aber bei diesem Studium ging es nicht um eine Aneignung technischen Könnens, sondern darum, Lernen zu lernen. Es ging darum, die Gesetze zu verstehen, die unseren Organismus regieren und ihn lebendig werden lassen.

Die Anwesenheit orientalischer Schauspieler war nach Meinung Barbas bei dieser ‹Lehrzeit in Sachen Verstehen› aus zwei Gründen wichtig:

1. Kennzeichnend für orientalisches Theater ist die Tatsache, daß bestimmte Gesetze, nach denen die organischen Spannungen im Organismus des Schauspielers ablaufen, kodifiziert sind (das Verhältnis Gewicht–Balance, die ständige Beanspruchung der Wirbelsäule, der Wechsel von Introversion und Extro-

version in verschiedenen Körperteilen). Das Studium dieser Gesetze, die jenseits der Konventionen liegen, die dem europäischen Schauspieler aus seiner eigenen Theatertradition bekannt sind, eröffnen ihm einen leichteren Zugang zur Wahrnehmung der eigenen Energieprozesse. Es erlaubt ihm, seine Energien auf seinen persönlichen künstlerischen Ausdruck zu richten.

2. Versteht man Pädagogik als die Weitergabe von ‹Wissen› von einer Generation zur folgenden, dann gründet sie sich im europäischen Theater in erster Linie auf die Weitergabe von Ergebnissen, von Techniken, die von den zukünftigen Schauspielern benutzt werden können.

Ein solches Vorgehen wird durch die Anwesenheit orientalischer Schauspieler nahezu unmöglich gemacht. Die westlichen Schauspieler hätten wenig davon, sich die orientalischen Techniken anzueignen, die sie nie unmittelbar in ihrer Theatertradition verwenden könnten. Wenn die orientalischen Schauspieler ihre Techniken zeigen, ihre besondere Art, ihren Körper zu benutzen, dann veranschaulichen sie Gesetze, die ihre Präsenz als Schauspieler definieren und beleben. So werden die Teilnehmer mit einer pädagogischen Situation konfrontiert, die sich nicht auf Nachahmung und Wiederholung gründet, sondern die persönliche Beobachtung und Verstehen verlangt und die dazu herausfordert, analoge Gesetze in den eigenen ‹westlichen› Körpern zu finden und zu entwikkeln.

Theateranthropologie: Erste Hypothese ist die Niederschrift eines Vortrags, den Eugenio Barba im Mai 1980 in Warschau hielt. Erstveröffentlichung in *Dialog*, Warschau, April 1981.

Ursprünglich verstand man unter dem Wort Anthropologie das Studium menschlichen Verhaltens nicht nur in bezug auf eine sozio-kulturelle, sondern auch auf eine biologische Ebene. Was ist nun Theateranthropologie? Sie ist das Studium menschlichen Verhaltens auf biologischer und sozio-kultureller Ebene in einem Zustand der ‹Darstellung›.

Meine Forschungen begannen auf Grund meines Interesses am orientalischen Theater. Ich konnte nicht begreifen, warum orientalische Schauspieler selbst dann, wenn sie nur eine technische Demonstration zeigten, trotzdem diese sehr eindrucksvolle Qualität der Präsenz bewahrten, die unweigerlich unsere Aufmerksamkeit auf sich zieht. In solch einer Situation interpretiert der Schauspieler nichts, noch drückt er irgend etwas aus. Dennoch scheint er in sich einen Energiekern zu bergen, der von ihm ausstrahlt, den wir wahrnehmen, der uns berührt, unsere Aufmerksamkeit und unsere Sinne fesselt. Jahrelang glaubte ich, daß es eine Frage der Technik sei. Indem ich jedoch versuchte, diese Definition zu erweitern, wurde mir bewußt, daß das, was wir Technik nennen, im Grunde nichts anders ist als eine spezifische Nutzung des Körpers.

Wir benutzen unseren Körper im täglichen Leben auf eine grundsätzlich andere Weise als in Situationen der ‹Darstellung›. Im täglichen Leben benutzen wir eine Körpertechnik, die bedingt ist durch unsere Kultur, unseren sozialen Status und unseren Beruf. Aber im Zustand der ‹Darstellung› ist der Gebrauch unseres Körpers völlig anders. Daher können wir eine alltägliche von einer nicht-alltäglichen Technik unterscheiden.

Diese Unterscheidung erscheint deutlich in allen kodifizierten Formen des Theaters, besonders in denen des Orients. Im abendländischen Theater ist diese Unterscheidung weniger offenkundig, weil hier, wie Brecht versichert, eine Schauspielkunst nicht existiert: Es gibt Moden und Konventionen, doch ist jede Willkür unter der Herrschaft der Subjektivität, des Individualismus möglich durch das Fehlen einer technischen Nomenklatur und präziser Beurteilungskriterien. Die einzige Ausnahme ist das klassische Ballett, dessen Regeln, Nomenklatur und Kodifizierung der erzielten Ergebnisse es einem Kind von acht Jahren erlauben, die ganze ‹Wissenschaft› des Balletts und die Erfahrung von dutzenden Generationen vor ihm zu lernen und mit seinem Körper zu memorieren.

Die wissenschaftliche Methode der Untersuchung besteht darin, sich ein Gebiet zu wählen, wo die Wiederholung bestimmter Phänomene die Erschließung bestimmter Konstanten oder ‹Gesetze› zuläßt. Wenn wir das orientalische Theater als unser Untersuchungsgebiet wählen und analysieren, wie der orientalische Schauspieler seinen Körper nutzt, so entdecken wir bald drei ‹Gesetze›.

Das Erste ist das Gesetz der Veränderung des Gleichgewichts.

Im japanischen No-Theater geht der Schauspieler, indem er seine Füße über den Boden gleiten läßt, ohne sie anzuheben. Wenn man das versucht, entdeckt man, daß sich der eigene Schwerpunkt und somit das Gleichgewicht verändert. Wenn man gehen will wie ein No-Schauspieler, so müssen die Knie leicht gebeugt sein. Dies impliziert einen geringen nach unten gerichteten Druck von der Wirbelsäule und damit vom ganzen Körper. Genau diese Position nimmt man ein, wenn man zum Sprung in jede beliebige Richtung bereit sein will.

Im ebenfalls japanischen Kabuki-Theater unterscheidet man zwei Stile, *aragoto* und *wagoto*. Im *aragoto*, dem ‹übertriebenen Stil›, gibt es das Gesetz der Diagonalen: Der Kopf des Schauspielers muß immer das eine Ende einer exakten Diagonalen markieren, deren anderes Ende ein Fuß ist. Der ganze Körper befindet sich in einem wechselnden und dynamischen Gleichgewicht und wird von einem Bein gestützt. Diese Position ist genau gegensätzlich zu der des abendländischen Schauspielers, der versucht, seine Energien zu sparen, indem er ein statisches

Gleichgewicht einnimmt, das möglichst geringe Anstrengung erfordert.

Der *Wagoto*-Stil ist der sogenannte realistische Stil im Kabuki. Hier bewegt sich der Schauspieler in einer Art, die dem *tribhangi* des klassischen indischen Tanzes ähnelt. *Tribhangi* heißt «drei Bogen».

Im indischen Orissi ist der Körper des Tänzers so geformt, als ob der Buschstabe ‹S› durch seine Hüften, die Schultern und den Kopf liefe. In allen klassisch-indischen Statuen erscheint die Windung des *Tribhangi* deutlich. Im *Wagoto*-Stil des Kabuki bewegt der Schauspieler sich in einer seitlichen Wellenbewegung. Diese Bewegung impliziert den dauernden Einsatz der Wirbelsäule, die unaufhörlich das Gleichgewicht und damit die Beziehung zwischen dem Körpergewicht und seiner Grundlage, den Füßen, verändert.

Im balinesischen Theater stützt sich der Tänzer-Schauspieler auf die Fußsohlen, indem er gleichzeitig die Zehen anhebt, was seinen Bodenkontakt um fast die Hälfte verringert. Um nicht hinzufallen, muß er seine Beine spreizen und die Knie beugen. Der indische Kathakali-Schauspieler stützt sich auf die Seite seiner Füße, aber die Konsequenzen sind die gleichen. Diese neue Basis hat ebenfalls eine tiefgreifende Veränderung des Gleichgewichts zur Folge, bei der der Schauspieler mit gespreizten Beinen und gebeugten Knien steht.

Die Regeln für die einzige europäische Form kodifizierten Theaters, das klassische Ballett, scheinen den Tänzer absichtlich zu zwingen, sich im Rahmen eines prekären Gleichgewichts zu bewegen. Das fängt schon mit den grundlegenden Positionen an und dem gesamten Schema von Bewegungen wie *Arabesken* und *Attituden*, wo das ganze Körpergewicht von einem Bein, ja sogar von den Zehenspitzen eines Fußes gestützt wird. Eine der wichtigsten Bewegungen, das *Plié*, besteht darin, mit gebeugten Knien zu tanzen – der beste Ausgangspunkt für eine Pirouette oder einen Sprung.

Warum enthalten nun alle kodifizierten Formen der Darstellung im Osten und im Westen diese Konstante, dieses ‹Gesetz›: die Deformation der alltäglichen Technik des Gehens, des Sich-Bewegens im Raum und der Ruhestellung des Körpers? Diese Deformation der alltäglichen Körpertechnik, diese nichtalltägliche Technik beruht im wesentlichen auf einer Veränderung des Gleichgewichts. Indem der orientalische Schauspieler das ‹natürliche Gleichgewicht› ablehnt, beeindruckt er seine Umgebung mittels eines ‹De-Luxe Gleichgewichts›, unnütz komplex, scheinbar überflüssig und mit übermäßigem Energieaufwand verbunden.

Man könnte sagen, daß dieses ‹De-Luxe Gleichgewicht› auf Stilisierung und ästhetische Wirkung abzielt. Diese Phrase wird in der Regel akzeptiert, ohne daß man sich über die Motive Gedanken macht, die zur Wahl einer körperlichen Position geführt haben; Positionen, die unser ‹natürliches Sein› zerstören, die Art und Weise, in der wir unseren Körper im alltäglichen Leben benutzen.

Was geschieht hier?

Wir können sagen, daß das Gleichgewicht – die menschliche Fähigkeit, sich aufrecht zu halten und im Raum zu bewegen – das Ergebnis einer Reihe von Beziehungen und Spannungen der Muskeln unseres Organismus ist. Je komplexer unsere Bewegungen werden – indem wir größere Schritte als gewöhnlich machen oder den Kopf mehr nach vorn oder hinten halten –, desto mehr wird unser Gleichgewicht bedroht. Eine ganze Serie von Spannungen muß in Aktion gebracht werden, nur um einen Sturz zu verhindern. Eine Tradition in der europäischen Pantomime nutzt gerade dieses ‹Ungleichgewicht›, nicht als Mittel des Ausdrucks, sondern als Mittel zur Intensivierung bestimmter organischer Prozesse und Aspekte im Leben des Körpers. Eine Veränderung des Gleichgewichts hat eine Reihe von organischen Spannungen zur Folge, die die körperliche Präsenz akzentuieren, aber in einem Stadium, das einem beabsichtigten individuellen Ausdruck vorausgeht.

Im No- und Kabuki-Theater sagt man von einem Schauspieler, er habe *koshi*, um auszudrücken, daß er Präsenz habe, eine besondere Art von Energie. Das japanische Wort *koshi* heißt «Hüften». Wenn wir normal gehen, folgen die Hüften der Bewegung der Beine. Doch wenn wir die Bewegung unserer Hüften reduzieren wollen – das bedeutet, daß wir eine feststehende Achse in unserem Körper bilden –, dann müssen wir unsere Knie beugen und unseren Rumpf ganzheitlich bewegen. Indem wir unsere Hüften blockieren und sie daran hindern, den Beinen zu folgen, bilden sich zwei verschiedene Spannungsebenen in unserem Körper: im unteren Teil (in den Beinen, die sich bewegen müssen) und im oberen Teil (dem Rumpf und der Wirbelsäule, die damit beschäftigt ist, auf die Hüften zu drücken). Diese Herstellung von zwei entgegengesetzten Spannungsebenen im Körper zwingt uns, eine besondere Haltung des Gleichgewichts einzunehmen, an der der Kopf und die Muskeln des Nackens, des Rumpfes, des Beckens und der Beine beteiligt sind. Der gesamte Muskeltonus des Schauspielers ist verändert. Er gebraucht viel mehr Energie und muß sich einer größeren Anstrengung unterziehen, als wenn er sich gemäß seiner alltäglichen Technik fortbewegen würde.

Das Wort Energie ist eine Falle. Gemeinhin assoziiert man den Begriff mit einem Übermaß an Vitalität, die sich als Bewegung, als muskuläre Aktivität im Raum zeigt. – Aber gerade eben habe ich zum Beispiel darüber nachgedacht, wie ich am besten dem Problem begegne, was ich erklären möchte. Das war eine Form von Energie: mentaler Energie. Mein ganzer Körper war sichtlich engagiert, obwohl ich mich nicht bewegt habe. Es ist wichtig zu verstehen, daß das Wort Energie nicht einzig und allein einer Aktion und Bewegung im Raum entspricht. Energie besteht in einem Unterschied verschiedener Spannungen die alle verschiedenen Ebenen unseres Organismus erreichen, von der einzelnen Zelle bis zum Organismus in seiner Gesamtheit.

Diese spezifische Qualität der Energie der verschiedenen Ebenen unseres Organismus ist im japanischen Theater vollkommen verstanden worden. Im No-Theater spricht man von ‹Energie im Raum› und von ‹Energie in der Zeit›.

Ich kann meine Energie im Raum folgendermaßen ausrichten: Ich bewege meinen Arm, und meine Hand ergreift die Flasche, die vor mir auf dem Tisch steht. Doch ich kann dies auch tun, indem ich meine Energie in der Zeit anstatt im Raum benutze. Mein ganzer Körper ist beteiligt, ich bin bereit, bin vorbereitet, auf eine präzise Art zu handeln: die Flasche zu ergreifen. Meine Haltungsmuskeln sind aktiviert, mein Körper ist leicht versetzt, obgleich kaum wahrnehmbar, und er mobilisiert die gleichen Energien, die für die wirkliche Handlung nötig wären. Ich führe die Handlung aus, doch nicht im Raum, sondern in der Zeit. Das heißt, daß ich nur meine Haltungsmuskeln einsetze, nicht aber die Bewegungsmuskeln, die meinen Arm beugen würden, noch die Greifmuskeln, die es meinen Fingern erlauben, die Flasche zu ergreifen.

Im No-Theater gibt es eine Regel, die besagt, daß drei Zehntel jeder Aktion im Raum und sieben Zehntel in der Zeit stattfinden sollten. Normalerweise, wenn ich diese Flasche nehmen will, setze ich gerade soviel Energie ein, wie zur Ausführung dieser Handlung nötig ist. Aber im No setzt man sieben Teile zusätzlich ein, nicht um die Handlung im Raum auszuführen, sondern damit der Schauspieler sie bei sich bewahrt (Energie in der Zeit). Das bedeutet, daß der No-Schauspieler doppelt soviel Energie benutzt, als es für die Handlung im Raum allein nötig ist. Einerseits projiziert der Schauspieler eine bestimmte Menge Energie in den Raum, andererseits hält er die doppelte Menge in sich.

Dies führt uns zu dem zweiten ‹Gesetz›, dem des Gegensatzes. Wenn wir verstehen wollen, was Dialektik auf der materiellen Ebene des Theaters ist, müssen wir die orientalischen Schauspieler studieren. Das Prinzip des Gegensatzes ist der Grundstein, auf dem der Schauspieler seine Handlungen aufbaut und entwickelt.

Noch einmal will ich die Flasche vom Tisch nehmen. Ich setze meine Energie im Raum ein, indem ich meinen Arm bewege und meine Finger gebrauche, um die Flasche zu ergreifen. Aber indem ich das Prinzip der Energie in der Zeit anwende und Energie in mir zurückhalte, schaffe ich einen Gegensatz: Auf der einen Seite schiebe ich meinen Arm vorwärts, auf der anderen Seite halte ich meinen Arm zurück.

Normalerweise, wenn ich meine Streckmuskeln bewege, bleiben die Beugemuskeln passiv und umgekehrt. Jedwede Art der Muskelbewegung führt eine bio-elektrische Entladung mit sich. Bei einer Handlung im Raum – beispielsweise bei der Bewegung meines Arms und meiner Hand auf die Flasche zu – entspricht die bio-elektrische Entladung der, die einzig von den Streckmuskeln ausgeht. Doch wenn ich gleichzeitig auch meine Beugemuskeln einsetze, um diese Bewegung zurückzuhalten und somit die Energie in der Zeit nutze, dann verdopple ich die bio-elektrische Entladung.

Grotowski ist Anfang der sechziger Jahre nach China gefahren. Als er zurückkam, erzählte er mir, daß der chinesische Schauspieler, ehe er eine Handlung ausführt, immer mit dem Gegenteil beginnt. Um zum Beispiel eine Person anzuschauen, die rechts neben einem sitzt, würde ein abendländischer Schauspieler eine direkte lineare Bewegung seines Nackens ausführen. Aber der chinesische Schauspieler wie die meisten anderen orientalischen Schauspieler würde beginnen, als wolle er in die entgegengesetzte Richtung schauen, um dann plötzlich die Richtung zu ändern und auf die gewählte Person zu schauen.

Der orientalische Schauspieler beginnt seine Handlung immer in entgegengesetzter Richtung zu dem eigentlichen Ziel. Wenn man diesem Prinzip entsprechend nach links gehen will, geht man erst nach rechts, um nach einer plötzlichen Wendung nach links zu gehen. Wenn man in die Hocke gehen will, erhebt man sich erst auf die Zehenspitzen, um sich dann zu hocken.

Als Grotowski mir das erzählte, glaubte ich zunächst, es handele sich um eine Frage szenischer Konvention, die es dem chinesischen Schauspieler ermöglicht, seine Handlung auszuweiten und zu verbreitern, sie wahrnehmbarer vorzutragen, indem er gleichzeitig einen Überraschungseffekt schafft. Das ist zweifellos richtig. Doch heute weiß ich, daß es sich nicht nur um eine chinesische Theaterkonvention handelt, sondern um eine Regel, die man überall im Orient finden kann. Im orientalischen Theater existiert keine gerade Linie, oder sie wird, wie zum Beispiel im No, auf eine sehr eigentümliche Weise benutzt. Wenn wir einen balinesischen Tänzer, einen No-Schauspieler (selbst bei jener simplen Bewegung, wenn er den Fächer vor sein Gesicht hält), einen Kabuki-Schauspieler im *Aragoto*- oder *Wagoto*-Stil, einen klassischen indischen oder Thai-Khon-Tänzer beobachten, so bemerken wir, daß die Bewegungen niemals in geraden Linien, sondern immer in runden oder wellenförmigen Linien ablaufen. Der Rumpf, die Arme und die Hände unterstreichen diese Rundheit.

Im Westen tanzt man mit den Beinen und im Orient mit den Armen. Man könnte wieder von szenischen Konventionen und ästhetischen Regeln sprechen. Aber was verbirgt sich hinter solchen Begriffen?
Kommen wir noch einmal auf die biologische Struktur des Menschen zurück. Jede muskuläre Aktivität mit seinen begleitenden bioelektrischen Entladungen wird durch die Gelenke bewirkt. Wenn ich also auf eine Person zu meiner Linken zeigen will, strecke ich meinen Arm aus und richte meinen Zeigefinger auf ihn. Ich führe eine Bewegung aus, bei der der Ellbogen das einzige sich bewegende Gelenk ist. Ein orientalischer Schauspieler würde sich niemals in dieser Art bewegen. Seine Hand beginnt mit dem Beschreiben einer runden Linie in die entgegengesetzte Richtung, wobei er drei Gelenke gebraucht: das Handgelenk, den Ellbogen und die Schulter. Mit einer plötzlichen Umkehrung, die ein präzises und unterschiedliches Arbeiten aller drei Gelenke verlangt, beendet er seine Bewegung, indem er auf die Person zu seiner Linken zeigt.
Der Gegensatz ist also das zweite ‹Gesetz›. Das erste war das Gesetz von der Änderung des Gleichgewichts.
Das dritte ‹Gesetz› könnte als das Gesetz der ‹zusammenhängenden Zusammenhanglosigkeit› definiert werden.
Für den orientalischen Schauspieler oder den europäischen, klassischen Balletttänzer ist es vom Standpunkt der Handlung, seinen Zielen und seiner Ökonomie-Haushaltung her völlig ohne Zusammenhang, eine Position einzunehmen, die sowohl seine Bewegungsfreiheit einschränkt als ihn auch von seiner täglichen Körpertechnik entfernt, um an ihrer Stelle eine Technik zu benutzen, die sich durch eine mühevolle Künstlichkeit und Energieverschwendung auszeichnet. Aber es ist gerade diese nicht alltägliche Technik, die es ihm ermöglicht, zu einem anderen Energiezustand zu gelangen. Zusätzlich kann der Schauspieler diese Zusammenhanglosigkeit in eine neue Körperkultur verwandeln, durch Praxis und Training und durch den Prozeß der Innervation und Entwicklung der neuen nerven-muskulären Reflexe. Die nicht alltägliche Technik kann so einen Zusammenhang gewinnen.
Einer der überraschendsten Effekte eines No-Schauspielers erscheint, wenn er in seiner charakteristischen Gleitbewegung geht und plötzlich zu rennen beginnt, immer noch mit gleitenden Füßen. Es ist wie ein eindrucksvoller Blitz, wie eine Schlange, wie ein Pfeil, der in einer Kurve durch die Luft schießt. Selbst wenn der Schauspieler einen Ausgangspunkt wählt, der in keinem Zusammenhang mit seiner täglichen Körpertechnik zu stehen scheint, so kann er doch durch langes Training eine solche Vortrefflichkeit in dieser nicht alltäglichen Technik erreichen, daß sie uns als spontan erscheint.

Diese drei Gesetze erklären, wie der Schauspieler mit Hilfe biologischer Mechanismen ein anderes Energiepotential erreichen kann. Ihre Anwendung führt zu einer Verstärkung der physischen Präsenz auf einer prä-expressiven Ebene, also bevor die Absicht des Schauspielers einsetzt, eine persönliche Reaktion auszudrücken.

Die Rolle biologischer Prozesse in der Freisetzung verschiedener Qualitäten der Energie zeigt sich auch unter anderen Aspekten, zum Beispiel der Art des Schauens. Normalerweise schauen wir geradeaus nach vorn und etwa 30 Grad nach unten. Wenn wir unseren Blick um 30 Grad anheben, bleibt der Kopf zwar in der gleichen Richtung; jedoch ergibt sich dabei eine Spannung der Nackenmuskeln und des Rumpfes, die sich auf das Gleichgewicht auswirkt und es verlagert.

Der Kathakali-Schauspieler folgt den Mudras seiner Hände mit den Augen leicht oberhalb seines normalen Blickfelds. Der balinesische Schauspieler richtet seinen Blick nach oben. In allen *shan-toeng*, den Positionen der Akteure der Peking-Oper, sind die Augen nach oben gerichtet. Die No-Schauspieler berichten, wie sie jegliches Raumgefühl verlieren und Schwierigkeiten haben, ihren Körper im Gleichgewicht zu halten, weil die Augenschlitze ihrer Masken so klein sind. Daher stammt ihre Erklärung für ihren besonderen gleitenden Gang, bei dem sie die Füße nicht vom Boden abheben, etwa so, wie ein blinder Mann gleitet, um sich zu orientieren, aber jederzeit bereit, vor einem unvorhergesehenen Hindernis anzuhalten.

Alle diese Schauspieler verändern ihr Blickfeld gegenüber der Sehweise im täglichen Leben. Ihre gesamte Körperhaltung ist verändert: der Muskeltonus des Rumpfes, das Körpergleichgewicht und der Druck auf die Füße. Ein Wechsel in der normalen Sehweise bringt einen qualitativen Wechsel der Energie mit sich. Durch eine simple Veränderung in der täglichen Technik des Schauens sind die Schauspieler in der Lage, einer völlig neuen Ebene der Energie Anstoß zu geben, zu der wir im biologischen Sinne alle Zugang haben.

Aber unsere abendländische Zivilisation scheint jede Abweichung vom ‹Normalen› zu vernachlässigen, sie oft vorsätzlich zu verhindern und abwehrend darauf zu reagieren, als ob diese neuen Energien eine Bedrohung für unsere behaglich etablierten Beziehungen werden könnte. Andere Kulturen haben die verschiedenen biologischen Möglichkeiten, die jedem Individuum angeboren sind, verstanden und sie sozialisiert.

Diese außerordentlichen, nicht alltäglichen Körpertechniken kommen nur in Situationen der Darstellung, sondern auch in anderen Verhaltenssituationen vor: zum Beispiel bei den Kriegskünsten.

Diese Kriegskünste sind keine Technik zum Kämpfen; das ist eine falsche Interpretation, die ihnen heute gegeben und von vielen Filmen und Publikationen genährt wird. Der Ursprung und die Entwicklung der Kriegskünste sind mit buddhistischer Spiritualität verbunden. Nach der Überlieferung hat Bodhidarma, als er im sechsten Jahrhundert vor Christi im Shaolin Tempel in China war, bemerkt, daß seine Mönche häufig in Schlaf fielen, während sie zu meditieren versuchten. Sie waren nicht in der Lage, dieses besondere Stadium der Energie, das für diesen Bewußtseinszustand nötig ist und sich von Schlaf und Wachsein unterscheidet, aufrechtzuerhalten. Sie fielen in ihr Alltagsbewußtsein zurück und damit in tiefen Schlaf. Bodhidarma schuf eine Reihe von Übungen, deren körperliche Aktionen so entworfen waren, daß sie die Automatismen des Alltags brechen und eine besondere Energie stimulieren sollten, die der Energie in der Meditation ähnelt.

Alles das sind sehr konkrete physikalische Prozesse, auch wenn man sie oft abwehrt und zu Mystizismen erklärt. Nicht nur, daß wir diese Prozesse messen und mit Hilfe der Naturwissenschaften erklären können, wir können auch beginnen, sie in einer neuen, pädagogischen Praxis zu verwenden. Diese Praxis muß verstehen lernen, welches die Vorgänge in unserem Organismus sind, und uns durch dieses Verstehen ermöglichen, jene Prozesse in Gang zu setzen, sie zu disziplinieren und auf eine gegebene Situation zu richten. Dies kann im Rahmen des Theaters, der Schule oder einer beliebigen sozialen Aktivität geschehen.

Welches sind diese objektiven Gesetze, die es dem Menschen ermöglichen, seine Energien organisch auf den verschiedenen Ebenen seines Organismus einzusetzen? Können wir die Methoden und Ergebnisse der Naturwissenschaften heranziehen, um das Verstehen dieser Prozesse, in denen der Schauspieler arbeitet, zu erweitern? Dies sind einige der Fragen, die ich mir stellte, als ich begann, über Theateranthropologie zu arbeiten.

Dieses Interesse führte schließlich zur Gründung der ISTA – der Internationalen Schule für Theateranthropologie – deren erste Arbeitsphase in Bonn im Oktober 1980 eine Gruppe von Wissenschaftlern verschiedener Disziplinen und Schauspieler aus verschiedenen Kulturen zusammenbringen wird. Gleichzeitig ist die ISTA eine pädagogische Schule, in der sich 50 Schauspieler und Regisseure aus verschiedenen Ländern treffen und mit einer pädagogischen Praxis konfrontiert werden, die sich von der herkömmlichen unterscheidet. Das Ziel ist, «Lernen zu lernen», und genau dabei sind die orientalischen Schauspieler, die an der ISTA mitarbeiten, die richtigen Lehrmeister, die gebraucht werden. Sie können wenig lehren; denn es würde keinen Sinn ergeben, einem abendländischem Schauspieler die Kabuki-Stile oder den Orissi-Tanz beizubringen. Aber diese orientalischen Schauspieler können uns helfen zu verstehen, wie die Gesetze, von denen ich sprach, im orientalischen Theater angewendet werden und wie sie die Qualität der Energie in unseren Handlungen und unseren Gedanken bestimmen. Die Herausforderung, die den Leuten des abendländischen Theaters verbleibt, ist für jeden zu lernen, wie er diese Gesetze im Rahmen seiner eigenen szenischen Tradition und seines kreativen Imperativs anwenden kann.

Mein Interesse an Theateranthropologie hat zwei Aspekte. Auf der einen Seite möchte ich diejenigen entlarven, die den Begriff nur als Namen für etwas Geheimnisvolles benutzen und so tun, als seien jene Gesetze noch unentdeckt. Auf der anderen Seite ist es ein Bedürfnis, das mit meiner eigenen Lebensgeschichte zu tun hat.

Während meiner Lehrjahre bei Grotowski saß ich auf einem Stuhl, wenn ich seiner Arbeit zuschaute. Ich versuchte, auf der intellektuellen Ebene zu verstehen und schrieb sogar ein Buch, das die schöpferischen Prozesse des Theater-Laboratorium ‹erklärt›. Als ich das Odin Teatret gründete, hatte ich keinerlei praktische Erfahrung. Dazu kommt, daß alle meine Kollegen junge Schauspieler waren, denen man den Zutritt zu der Staatlichen Theater Schule in Oslo verweigert hatte. Wir mußten unsere eigene Pädagogik herausbilden, teilweise aus der Arbeit, die ich bei Grotowski beobachtet hatte, teilweise aus dem, was meine Kameraden mit sich brachten, und in Amateurtheatern, Pantomimekursen, Ballett und modernem Tanz gelernt hatten.

Unsere eigentliche Inspiration bezogen wir aus Büchern. Alle vom Odin fühlen sich sehr verbunden mit bestimmten Meistern: einem lebenden – Grotowski – und anderen, die tot sind, nämlich Reformatoren des Theaters unseres Jahrhunderts, aus deren Schriften wir eine Reihe von Assoziationen und Andeutungen erhalten haben, die wir umzusetzen versuchten. Wir sind den Meistern in ihrer Arbeit jahrelang gefolgt, dabei immer von einem Minderwertigkeitskomplex getrieben: Wir waren keine Professionellen, waren nicht in einer Schule ausgebildet worden, und wir hatten das Gefühl, nicht zu wissen, was gewußt werden *muß*. Das Wichtigste für uns war, professionell zu werden.

Eines Tages begannen zu unserer Überraschung Leute zu sagen, daß unsere Arbeit bestimmte Verdienste und Werte habe. Wir stellten mit Erstaunen fest, daß andere Gruppen von uns inspiriert wurden. Aber unser Weg ist von einer ganz besonderen Art gewesen, bedingt durch spezifische Umstände und Schwierigkeiten, durch präzise technische Ideale und ethische Normen. Deshalb sind unsere artistischen und technischen Ergebnisse streng an die Geschichte der Gruppe und die Lebensgeschichte eines jeden Mitglieds gebunden.

Wir haben versucht, andere Gruppen daran zu hindern, sich träge durch unsere Ergebnisse faszinieren zu lassen. Diese Gruppen, auf die ich mich als Drittes Theater beziehe, bestehen zu hunderten überall auf dieser Welt. Ihre Schauspieler haben niemals ein professionelles Training in der traditionellen Lehrzeit offizeller Theaterschulen gehabt. Sie sind Autodidakten, die versuchen, ihren eigenen technischen und artistischen Weg zu finden und auszubauen.

Wie können wir sie stimulieren? Wie können wir ihnen ein Verstehen bestimmter, wesentlicher Dinge vermitteln, ohne sie mit unseren eigenen Resultaten zu blenden und ohne sie zu verführen, einfach zu wiederholen, was wir gezwungen waren auszuführen?

Es hat mich viele Jahre gekostet, dieses Problem zu lösen, und eines der Motive für mein Interesse an Theateranthropologie war mein Bedürfnis, möglichst einen neuen Weg zu finden und zu gewähren, um meine Erfahrungen zu vermitteln. ISTA ist die Verwirklichung des Traums von einer anderen Form der Pädagogik. Auf der einen Seite steht die Herausforderung, die Instrumente der Naturwissenschaften für die Theaterarbeit nutzbar zu machen, auf der anderen Seite steht die Herausforderung, eine neue pädagogische Praxis anzuwenden, speziell für die Gruppen des Dritten Theaters. Die Zukunft wird zeigen, ob Theateranthropologie nur ein Traum und eine suggestive Hypothese gewesen ist.

ISTA

International School of Theatre Antropology

Fotos: Nicola Savarese

47 (links oben): Das Emblem der ISTA, das einer Zeichnung der Hopi-Kultur entstammt (Ohio, 300 v. Chr.–300 n. Chr.), zeigt die Natur-Kultur-Dialektik. Der Schnitt zeigt eine realistische und eine künstlerische Wiedergabe einer menschlichen Hand. Das Original der Zeichnung wurde in ein Stück Schiefer geschnitten.

48 (rechts oben): Positionen ‹unsicheren Gleichgewichts› bei Schauspielern verschiedener Kulturen: von links ein Zanni (Hanswurst; Anm. d. Übers.) der Commedia dell'Arte, eine indische Orissi-Tänzerin und ein japanischer Kabuki-Schauspieler. In allen drei Fällen wurde die funktionale, alltägliche Position der Beine in eben der Art, wie die Füße die Erde berühren, verändert, indem die Basis der Stütze verkleinert wurde. Der ganze Körper biegt sich wie eine S-Linie (Kopf, Schulter und Hüfte). In Indien wird diese Position *tribhangi* (‹drei Bögen›) genannt.

49–51: Diese drei Aufnahmen von Jas, einer 12 Jahre alten balinesischen Tänzerin, sind ein deutliches Beispiel für eine nicht alltägliche Gehtechnik: Die Beine werden nicht vor, sondern neben den Körper plaziert, die Hüften werden steif gehalten, und die Knie sind gebeugt. Selbst in Bewegungslosigkeit wird das Gewicht des Körpers deutlich von nur einem Bein getragen.

52–53: Der japanische Schauspieler Kosuke Nomura zeigt eine Grundposition aus dem Kyogen mit und ohne Kostüm. Was normalerweise von der reichen Architektur des Kostüms verdeckt wird, ist jetzt sichtbar: Die Veränderung des Gleichgewichts hat neue Spannungen geschaffen, die nicht nur die Bewegung, sondern auch die Bewegungslosigkeit beeinflussen. Die Hüften sind steif, der Rumpf preßt als festes Ganzes nach unten, die Knie sind leicht gebeugt. Ein starker Gegensatz zwischen dem oberen und unteren Teil des Körpers (der Leib drückt nach unten, die Beine nach oben) zwingt den Schauspieler dazu, ein neues Gleichgewicht zu finden. Aus diesem Gegensatz entsteht ein besonderer Gang: Die Füße gleiten dahin, ohne sich jemals vom Boden zu lösen, so, als gingen wir vorsichtig durch absolute Dunkelheit, immer bereit und wachsam, um jedem plötzlich auftauchenden Hindernis ausweichen zu können.

54–55: Putri und Sanjukta Panigrahi: Grundpositionen im *legong* (Bali) und im Orissi-Tanz (Indien). Alle Grundpositionen der orientalischen Schauspieler/Tänzer entstehen durch eine Veränderung des Gleichgewichts, das die alltägliche Technik des Körpers charakterisiert. Es wird nach einem neuen Gleichgewicht gesucht, das größere Anstrengung verlangt und neue Spannungen nutzt, um den Körper aufrecht zu halten.

56–59: Ingemar Lindh: Beispiele zum Spiel der Spannungen und des *Déséquilibre* (Ungleichgewicht) in der *Mime* Decrouxs'.

In dieser Fotoreihe bleibt die Position des Rumpfes unverändert, das ausgestreckte Bein ist Spielbein, und das ganze Gewicht ruht auf dem vorderen Bein, das leicht gebeugt ist. Wenn man im wirklichen Leben gegen etwas drückt, dann wird das Gewicht des Körpers von dem ausgestreckten hinteren Bein gehalten und von den Händen, die nach vorn drücken. In der Decroux-*Mime* wird die gleiche Arbeit aufgewendet, aber auf einen anderen Teil des Körpers verlagert. In diesem Fall geht die Kraft in das vordere Bein, das auch das Gewicht hält. Ein weiterer grundlegender Gesichtspunkt wird deutlich. Der Rumpf als stabiler Kern der Handlung verändert seine Position nicht, während die Arme ganz verschiedene Haltungen einnehmen. Aus den Armen wird die Anekdote, die ‹Literatur›, sie erzählen die Geschichte. Aber die Haltung *lebt* durch die gegensätzlichen Spannungen im Rumpf.

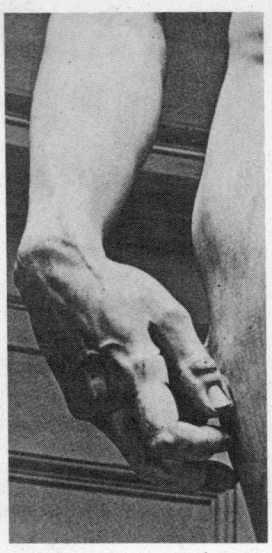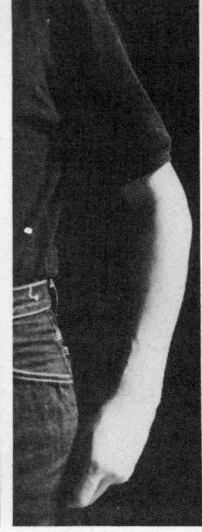

60–61 links: *David* von Michelangelo, Hand und Arm. Rechts: Grundposition der Arme und Hände eines Kyogen-Schauspielers.

Wenn man im täglichen Leben irgendeine Hand betrachtet, dann wird man sofort feststellen, daß jeder einzelne Finger durch eine eigene Spannung lebendig wird. In ihrer kodifizierten Art, den Ellbogen, das Handgelenk und die Finger zu halten, haben die orientalischen Schauspieler ein Äquivalent zu der Vielzahl verschiedener Spannungen im täglichen Leben geschaffen. Der Weg aller großen Künstler führte darüber, die Kunst nicht als Reproduktion, sondern als Äquivalent der Natur zu betrachten. Die verschiedenen Spannungen in dem Handgelenk und in den Fingern des *David* von Michelangelo beseelt die steinerne Statue mit der ständig wechselnden Energie des Lebens.

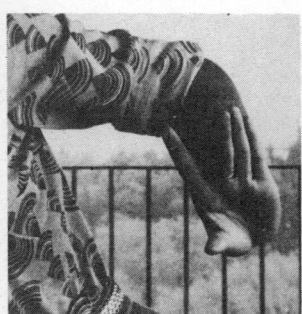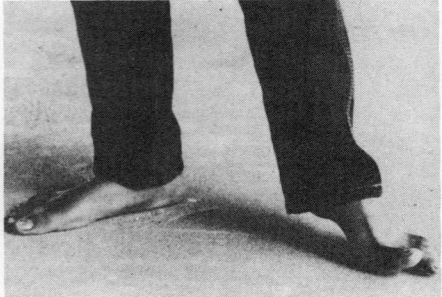

62–63: Jeder Körperteil eines balinesischen Schauspielers/Tänzers nimmt einen der beiden Spannungszustände an: *kras* oder *manis*. *kras* bedeutet: stark, kraftvoll, *manis* bedeutet: fein, weich. Bei der Hand ist der Zeigefinger *kras*, die übrigen Finger sind *manis*. Am Fuß ist der große Zeh *kras*. Durch die peinlich genaue Trennung zwischen *kras* und *manis* wird der Körper des Schauspielers durch eine Welle wechselnder, aber sehr präziser Spannungen durchflossen. Der Fluß der Spannungen macht den szenischen *bios* des Schauspielers aus, sein ‹Leben›, seine Präsenz, seine Energie. Sogar Finger und Augen wurden zum Gegenstand genauer Kodifizierung mit dem Ziel, ein Äquivalent zum beständigen Wechsel der Spannungen und zur Dynamik des wirklichen Lebens neu zu schaffen.

64–65: Schon allein durch die Veränderung der Spannung der Augen verändert sich die Natur des *Legong* von Jas: von *manis* (oben) zu *kras* (unten).

66–73: ISTA 1981, Sanjukta Panigrahi und Dario Fo.
Energie in der Zeit: Augenblicke von Bewegungslosigkeit, die mit einem Höchstmaß an Spannung aufgeladen sind. Die Qualität der Energie eines orientalischen oder eines großen westlichen Schauspielers hängt nicht unbedingt von einer exzes-

siven Vitalität noch von der Bewegung des Körpers im Raum (Energie im Raum) ab. Jenseits von Kultur, Geschichte und Stil trifft sich der Osten mit dem Westen, wenn Meisterakteure die Gesetze des *bios*, die Dialektik des Lebens, verkörpern.
(Sanjukta Panigrahi, *Fotos:* Massimo Agus)

74–75: ISTA 1981, Übermittlung von Erfahrung, Japan. Ein japanischer Meister (Katsuko Azuma) lehrt seinen Schüler (Mari Azuma) verschiedene Weisen, ‹seinen Rhythmus zu töten›. Indem Widerstand hergestellt wird, entstehen neue Spannungen, die es dem Schüler erlauben, sich nach dem Prinzip des *jo-ha-kyu* zu bewegen.

Oben: Die Meisterin hält die Schülerin von hinten bei den Hüften. Die Schülerin muß hart arbeiten, um die ersten Schritte zu tun (wobei sie gehalten wird); sie beugt die Knie, preßt die Sohlen ihrer Füße auf den Boden, beugt leicht ihren Rumpf. Dann wird sie von ihrer Lehrerin losgelassen und kommt schnell bis zu der bestimmten Grenze der Bewegung voran.

Unten: ähnlich, aber von vorn. Die Lehrerin stellt den Widerstand her, indem sie gegen den Schirm drückt. Dann läßt sie den Widerstand immer weniger werden, was der Schülerin erlaubt, rasch voranzukommen bis zu dem Punkt, an dem sie plötzlich von der Meisterin angehalten wird, die erneut einen Widerstand herstellt, indem sie gegen den Schirm drückt.

76: Katsuko Azuma: Die Architektur der Spannungen, von den Augen über die Finger bis hin zu den Füßen, transformiert Bewegungslosigkeit in Handlung.

77: ISTA 1981, Übermittlung von Erfahrung, Bali. I Made Pasek Tempo unterrichtet seine Tochter Jas im *Topeng*. Von hinten geführt, die Arme miteinander verschlungen, stößt der Vater sie mit seinen Füßen und bestimmt ihren Schritt. Die Schülerin ererbt die Erfahrung ihres Meisters körperlich. Der Kontakt ist wörtlich genommen; das ‹Leben› des Schauspielers wird in Form präziser Muskelimpulse, Spannungsqualitäten, Intensität der Haltung und besonderer Dynamiken von einer Generation an die nächste übermittelt, und das ‹natürliche Verhalten› wird so verändert. Die japanische Schauspielerin, die im Hintergrund kniet, schaut aufmerksam zu. Trotz äußerlicher Unterschiede in Form und Stil erkennt sie das pädagogische Prinzip wieder: Der Meister stellt einen Widerstand her, der den natürlichen Rhythmus des Schülers ‹tötet› und ihn veranlaßt, ein neues, künstliches Verhalten anzunehmen.
(*Foto*: Massimo Agus)

78: Das Ergebnis: die Frische und Wachsamkeit einer genauen spontanen Reaktion. Der Eindruck, den die ‹Stärke› des Schauspielers hinterläßt, macht uns blind für den langen Prozeß der Dekomposition und Rekomposition, dem sich der ganze Körper unterziehen mußte. Sie steht auf den Fußballen, der Rücken ist verformt, der Nacken verschwindet, weil die Ellbogen über die Schultern angehoben werden. Der Körper geht in drei verschiedene Richtungen: Füße und unterer Teil des Körpers nach links, Rumpf nach vorn, Kopf und Augen nach rechts. Fast wie in einem kubistischen Gemälde: Vorderansicht und Profil zugleich. Eine Spirale von Spannungen, die beständig ihre Richtungen wechseln, geben dem Schauspieler Leben und Präsenz nach vor-expressiven Regeln. Keine fiktive Persönlichkeit als Ergebnis eines psychologischen Prozesses, sondern ein fiktiver Körper auf der Grundlage nicht-alltäglicher Techniken, die mechanisch aufgenommen werden wie eine Partitur in der Musik.

ISTA geht von der westlichen Theatertradition aus, nicht um sich der orientalischen Tradition zuzuwenden, sondern um sich von dem abzuwenden, was seit fast zwei Jahrhunderten Gegenstand aller Überlegungen und ‹wissenschaftlicher› Forschungen über den Schauspieler gewesen ist: der Psychologie. Wenn man die Arbeit des Schauspielers auf eine Psycho-Technik gründet, dann bedeutet dies, daß man ihn zu dem ‹Wunsch auszudrücken› hin führt, und damit geht man dem grundlegenden Problem, der vor-expressiven Grundlage der Kunst des Schauspielers, aus dem Weg.

Der Ausdruck des Schauspielers entspringt – fast *trotz seiner selbst* – aus seinen Handlungen, aus dem Gebrauch seiner körperlichen Präsenz. Die Prinzipien, die ihn bei diesen Handlungen führen, machen die vor-expressive Grundlage seines Ausdrucks aus. Es ist nicht *der Wunsch auszudrücken*, der über die Handlungen entscheidet; der Wunsch auszudrücken entscheidet nicht darüber, was getan wird. Es ist der Wunsch zum Handeln, der über den Ausdruck entscheidet.

79–80: ISTA 1980, Tsao Chun Lin und Lin Chun Hui. Beispiele für *lian shan*-Positionen, die die Schauspieler der Peking-Oper einnehmen, wenn sie plötzlich im Augenblick der höchsten Spannung ihre Handlung anhalten und in der Bewegungslosigkeit, die eher dynamisch als statisch ist, die Spannung bewahren. Ein Schauspieler der Peking-Oper sagte: «Die Bewegung stoppt, innerlich gibt es keinen Stopp.» Der Tanz der Gegensätze wird *im Körper*, nicht mit dem Körper getanzt.

Theateranthropologie

1981 fand in Volterra, Italien, das zweite öffentliche Treffen der *Internationalen Schule für Theateranthropologie* (ISTA) statt. Dieses zehn Wochen dauernde Treffen wurde von Roberto Bacci und seinem «Centro per la Sperimentazione e la Ricerca Teatrale di Pontedera» organisiert (Zentrum für experimentelles Theater und Theaterforschung; Anm. d. Übers.) Zum festen Mitarbeiterstamm gehörten die meisten orientalischen Schauspieler der vorhergehenden ISTA: Sanjukta Panigrahi, begleitet von Ragunath Panigrahi und einer indischen Musikgruppe (Orissi Tanz), Katsuko Azuma und ihre Musiker (Buyo Kabuki), I Made Pasek Tempo und seine Familie, Tänzer und Musiker aus Bali. Zusätzlich nahmen an dieser zweiten ISTA teil: Kosuke Nomura, Kyogenschauspieler aus Japan, Ingemar Lindh vom Institut für Bühnenkunst aus Schweden, Keith Johnstone, Dario Fo und Jerzy Grotowski.

Das Programm dieser zweiten ISTA wurde in jeder Hinsicht und besonders auf wissenschaftlichem Gebiet wesentlich erweitert. Forschungsgruppen aus Japan, Südamerika, Kanada und Europa führten während des zehnwöchigen Programms folgende Studien durch:

1. Eine neurophysiologische Untersuchung über die ‹Präsenz› des Schauspielers, geleitet von Peter Elsass, Neurophysiologie an der Kopenhagener Universitätsklinik, Dänemark.

2. Eine komperative Studie über die Stimmfärbungen bei Schauspielern in ‹normalen›, ‹Improvisations-› bzw. Aufführungssituationen, geleitet von Jean Pradier, Professor an der Universität Paris VI.

3. Eine interkulturelle Untersuchung körperlich-emotionalen Ausdrucks und nonverbaler Kommunikation, geleitet von Ilsa Höfer, Universität Gießen, Westdeutschland.

4. Untersuchungen verschiedener Improvisationstechniken bildeten das Hauptforschungsfeld. Hier nahmen mehr als zwanzig Experten aus verschiedenen Disziplinen und Ländern an Seminaren, Vorträgen, Demonstrationen und Studientreffen teil und analysierten die unterschiedlichen Ansätze.

Die Resultate dieser Untersuchungen sind inzwischen in Fachblättern und Zeitschriften veröffentlicht worden.

Theateranthropologie, Eugenio Barbas Artikel, der die Erfahrungen der beiden ISTA zusammenfaßt, erschien zuerst in Dégrés, Revue de Synthèse Sémiologique, n. 29, Brüssel 1982.

Theateranthropologie

Wo kann ein westlicher Schauspieler herausfinden, wie er die körperlichen Grundlagen seiner Kunst entwickeln kann? Diese Frage versucht die Theateranthropologie zu beantworten. Sie geht konsequent weder auf das Bedürfnis nach einer wissenschaftlichen Analyse der ‹Sprache› des Schauspielers ein, noch beantwortet sie die Frage: Wie wird man ein guter Schauspieler?

Die Theateranthropologie sucht keine universell *wahren* Prinzipien, sondern eher nach *brauchbaren* Richtungen. Sie hat nicht die Bescheidenheit einer Wissenschaft, eher die Ambition, Wissen aufzudecken, das für die Arbeit des Schauspielers nützlich sein kann. Sie versucht nicht, ‹Gesetze› zu entdecken, sondern die Regeln des Verhaltens zu studieren.

Ursprünglich wurde der Begriff Anthropologie nicht nur als Studium menschlichen Verhaltens auf der sozio-kulturellen, sondern auch auf der physiologischen Ebene verstanden. Folglich untersucht die Theateranthropologie das sozio-kulturelle und physiologische Verhalten des Menschen in der Situation der Darstellung.

Ähnliche Prinzipien
Unterschiedliche Aufführungen

Unterschiedliche Schauspieler haben an unterschiedlichen Orten und zu unterschiedlichen Zeiten trotz der ihrer Tradition spezifischen stilistischen Formen bestimmte Prinzipien benutzt, die sie mit Schauspielern anderer Traditionen gemeinsam haben. Diese ‹sich wiederholenden Prinzipien› aufzuspüren ist die erste Aufgabe der Theateranthropologie. ‹Sich wiederholende Prinzipien› sind kein Beweis für die Existenz einer Wissenschaft des Theaters, sie sind im einzelnen gute ‹Ratschläge›, die sehr wahrscheinlich nützlich für die theatralische Praxis sind. Spricht man von ‹guten Ratschlägen›, so scheint dies im Kontrast zu einem Ausdruck wie ‹Theateranthropologie› etwas von sehr geringem Wert anzuzeigen. Aber ganze Studiengebiete – beispielsweise Rethorik oder Ethik – sind ebenfalls Sammlungen von ‹guten Ratschlägen›.

‹Gute Ratschläge› sind etwas Eigentümliches: Sie können befolgt oder ignoriert werden, sie sind nicht so unverletzlich, wie es Gesetze sind. Eher – und das ist vielleicht der beste Weg, sie zu benutzen – respektiert man sie so, daß man in der Lage ist, sie zu brechen und zu überwinden.

Der zeitgenössische westliche Schauspieler hat kein organisches Repertoire an Ratschlägen, das ihn unterstützen und mit dessen Hilfe er sich orientieren kann. Generell hat er als Ausgangspunkt einen Text oder die Anweisungen eines Regisseurs. Ihm fehlen Handlungsregeln, die ihm, ohne ihn in seiner künstlerischen Freiheit zu beschränken, bei seinen verschiedenen Aufgaben helfen. Anders der orientalische Schauspieler, der sich auf einen organischen, wohlerprobten Apparat ‹absoluter Ratschläge› stützt. Das sind Regeln einer Kunst, die den Gesetzen eines Kodex ähneln. Sie kodifizieren einen in sich geschlossenen Handlungsstil, dem sich alle Schauspieler eines bestimmten Genre unterwerfen müssen.

Es erübrigt sich zu sagen, daß ein Schauspieler, der in einem Netz kodifizierter Regeln arbeitet, eine größere Freiheit hat als einer, der wie der westliche Schauspieler von Willkür und dem Mangel an Regeln gefangen gehalten wird. Der orientalische Schauspieler bezahlt jedoch für seine größere Freiheit mit einer Spezialisierung, die es ihm kaum erlaubt, über das Vertraute hinauszugehen. Eine Sammlung präziser, nützlicher und anwendbarer Ratschläge für den Schauspieler kann scheinbar nur absolut und für den Einfluß anderer Traditionen verschlossen existieren. Fast alle Meister des orientalischen Theaters schärfen ihren Schülern ein, sich nicht mit Aufführungen anderer Genres zu beschäftigen. Manchmal fordern sie sie sogar auf, keine anderen Formen von Theater oder Tanz anzusehen. Sie behaupten, daß so die stilistische Reinheit des Schauspielers oder Tänzers bewahrt bleibt, und er sich vollständig der eigenen Kunst widmen kann.

Dieser Verteidigungsmechanismus hat zumindest den Vorzug, die pathologische Tendenz zu vermeiden, die das Bewußtsein der Relativität von Regeln mit sich bringt: ein Fehlen jeglicher Regeln überhaupt und ein Abfallen in Willkürlichkeit. In der selben Weise, wie ein Kabuki-Schauspieler die ‹besten Geheimnisse› des No ignorieren kann, ist es symptomatisch, daß Etienne Decroux, der vielleicht einzige europäische Meister, der ein orientalischer Tradition vergleichbares Regelsystem entwickelt hat, versucht, seinen Schülern die gleiche rigorose Abgeschlossenheit gegenüber anderen Theaterformen zu vermitteln. Im Fall Decrouxs, wie in dem der orientalischen Meister ist dies keine Frage von Engstirnigkeit oder Intoleranz. Es bedeutet hier vielmehr, daß die Grundlagen der Arbeit des Schauspielers selbst um den Preis der Isolation strikt verteidigt werden müssen, weil sie sonst durch einen Synkretismus vergiftet würden. (Et. Decroux entwickelte die Mime, ein geschlossenes System körperlicher Handlungen für den Schauspieler, vergleichbar dem, was das klassische Ballett für den Tänzer ist: nicht zu verwechseln mit Pantomime. Der bekannteste Schüler Decrouxs ist Jean Luis Barrault, als Schauspieler u. a. in dem Film «Die Kinder des Olymp» zu sehen (Anm. d. Übers.).

Die Gefahr der Isolation besteht darin, daß man die Reinheit mit Sterilität bezahlt. Jene Meister, die ihre Schüler, um sie stark zu machen, in einer Festung von Regeln isolieren, scheinen ihre eigene Relativität und damit auch die Nützlichkeit des Vergleichs zu ignorieren. Sicher bewahren sie so die Qualität der eigenen Kunst; aber sie gefährden auch deren Zukunft.

Ein Theater kann sich jedoch den Erfahrungen anderer Theater öffnen, nicht um verschiedene Aufführungsarten zu vermischen, sondern um die Grundprinzipien, die es mit anderen Theatern gemeinsam hat, herauszufinden und diese Prinzipien durch seine eigenen Sachkenntnisse zu vermitteln. In diesem Fall bedeutet eine Öffnung gegenüber der Vielfalt nicht notwendigerweise Synkretismus oder Sprachverwirrung. Sie vermeidet einerseits die Gefahr steriler Isolation, andererseits ein Sich-öffnen-um-jeden-Preis, das zur Promiskuität führt.

Die Möglichkeit, eine gemeinsame pädagogische Grundlage auf einer abstrakten und theoretischen Ebene zu erörtern, bedeutet noch nicht, de facto eine gemeinsame Art des Theatermachens zu erwägen. «Die Künste», schrieb Decroux, «ähneln einander in ihren Prinzipien, nicht in ihren Arbeiten.» Wir könnten hinzufügen: Ebenso ist es mit den Theatern, auch sie ähneln sich in ihren Prinzipien und nicht in ihren Aufführungen.

Theateranthropologie versucht, diese Prinzipien zu untersuchen, nicht die tiefen und hypothetischen Gründe, die vielleicht erklären können, warum sie einander ähneln, sondern ihren möglichen Gebrauch. Indem sie dies tut, wird sie beiden einen Dienst erweisen, den westlichen wie orientalischen Theaterleuten, denen, die eine Tradition haben, wie denen, die an ihrem Fehler leiden.

Lokadharmi und Natyadharmi

«Wir haben zwei Worte», sagte mir die Orissi-Tänzerin Sanjukta Panigrahi, «um das menschliche Verhalten zu beschreiben. *Lokadharmi* steht für das Verhalten eines Menschen im täglichen Leben *(loka)*; das andere, *natyadharmi*, steht für sein Verhalten im Tanz *(natya).*»

Im Laufe der letzten Jahre habe ich zahlreiche Meister verschiedener Theater besucht und mit einigen intensiv zusammengearbeitet. Die Absicht meiner Forschung war nicht, die Charakteristiken der verschiedenen Traditionen oder das, was ihre Künste einzigartig macht, zu untersuchen, sondern das, was sie mit anderen Formen okzidentalen oder orientalischen Theaters gemeinsam haben, zu studieren. Was als meine eigene fast isolierte Nachforschung begann, ist langsam zur Forschung einer Gruppe geworden, die aus Wissenschaftlern, Kennern europäischen und asiatischen Theaters und aus Künstlern besteht, die verschiedenen Traditionen angehören. Letzteren gehört mein besonderer Dank. Ihre Zusammenarbeit offenbarte eine Großzügigkeit, die die Grenzen der Zurückhaltung durchbrochen hat. Die ‹Geheimnisse› und beinahe die Intimität ihrer Berufe traten zutage: Es ist eine Großzügigkeit, die manchmal zu einer Form kalkulierter Unbesonnenheit geworden ist, wenn diese Künstler sich selbst Arbeitssituationen ausgesetzt haben, die sie zwangen, nach etwas Neuem zu suchen, und die eine unerwartete Experimentierfreude in denen verriet, die doch gläubige Priester einer unwandelbaren Tradition zu sein schienen. (Siehe hierzu die Anmerkungen auf Seite 173 f).

Orientalische Schauspieler sind in einer Weise präsent, die den Zuschauer direkt berührt und seine Aufmerksamkeit anregt, selbst wenn sie lediglich eine technische Demonstration vorführen. Lange Zeit glaubte ich, dies käme von einer besonderen Technik des Schauspielers, die in langen Jahren der Erfahrung und Arbeit erlangt worden wäre. Aber was wir eine Technik nennen, ist de facto eine besondere Benutzung des Körpers.

Die Art, in der wir unsere Körper im täglichen Leben benutzen, ist wesentlich anders, als die Art, in der wir sie in einer Situation der Darstellung benutzen. Diese ‹alltäglichen› Techniken sind uns nicht bewußt. Wir bewegen uns, wir sitzen, wir tragen Dinge, wir küssen, wir bejahen und verneinen, indem wir Gesten benutzen, die wir für ‹natürlich› halten, die aber kulturell determiniert sind. Verschiedene Kulturen vermitteln verschiedene Körpertechniken je nach dem, ob die Menschen mit oder ohne Schuhe laufen, ob sie Dinge auf dem Kopf oder in den Händen tragen, ob sie mit den Lippen oder mit der Nase küssen. Der erste Schritt zur Entdeckung der Prinzipien, die das szenische *Bios* des Schauspielers, sein ‹Leben› bestimmen, wird mit der Einsicht gewonnen, daß den ‹alltäglichen› Körpertechniken ‹nicht-alltägliche› gegenüberstehen, d. h. Techniken, welche die gewohnten Konditionierungen des Körpers nicht respektieren. Diejenigen, die sich selbst in eine Aufführungssituation begeben, nehmen Zuflucht zu diesen ‹nicht-alltäglichen› Techniken.

Der Unterschied, der die beiden Körpertechniken trennt und der das Verhalten eines Menschen im Theater bestimmt, wird im Okzident oft weder bewußt noch deutlich erwogen. Anders in Indien, wo dieser Unterschied offensichtlich ist und sogar durch die Nomenklatur bestätigt wird: *lokadharmi* und *natyadharmi*. Die alltäglichen Techniken folgen generell dem Prinzip der geringsten Anstrengung; man versucht, ein maximales Resultat mit einer minimalen Aufwendung von Energie zu erreichen. Demgegenüber suggerieren die nicht-alltäglichen Körpertechniken manchmal sogar ein spiegelbildliches Prinzip maximaler Energieentfaltung für ein minimales Resultat. Als ich mit dem Odin Teatret in Japan war, fragte ich mich nach der Bedeutung eines Ausdrucks, mit dem die Zuschauer am Ende einer Aufführung den Schauspielern dankten: *otsukaresama*. Die genaue Bedeutung dieses Ausdrucks, der besonders für Schauspieler gedacht ist, lautet: «Du bist müde.» Der Schauspieler, der den Zuschauer interssiert und berührt hat, ist müde, weil er nicht mit seiner Energie gespart hat, und dafür dankt man ihm.

Aber eine Verschwendung, ein Exzeß der Energie reicht nicht völlig aus, die Kraft zu erklären, die in der ‹Lebendigkeit› eines Schauspielers, in seinem *Bios* wahrgenommen wird. Der Unterschied zwischen diesem schauspielerischen Leben und der Vitalität eines Akrobaten ist offensichtlich. Er wird in bestimmten Momenten großer Virtuosität in der Pekingoper und anderen Tanz- und Theaterformen deutlich erkennbar. In diesen letzten Fällen zeigen uns die Akrobaten und Tänzer einen ‹anderen Körper›, einen, der Techniken benutzt, die von den alltäglichen so verschieden sind, daß sie offenbar jeden Kontakt mit ihnen verlieren. Hier geht es nicht mehr um die Frage nicht-alltäglicher Techniken, sondern einfach um ‹andere Techniken›. Hier gibt es keine spannungsvolle Distanz und keine dialektische Beziehung mehr, sondern nur noch Distanz und schließlich die Unnahbarkeit des Körpers eines Virtuosen.

Die ‹alltäglichen› Körpertechniken haben Kommunikation zum Ziel, die Techniken der Virtuosität Verblüffung und eine völlige Verwandlung des Körpers. Im Unterschied hierzu ist das Ziel der nicht-alltäglichen Körpertechniken Information; buchstäblich geben sie dem Körper eine Form, und hier liegt der wesentliche Unterschied, der nicht-alltägliche Körpertechniken von jenen trennt, die den Körper bloß verwandeln.

Das Gleichgewicht in Aktion

Die Beobachtung einer besonderen Qualität der Präsenz, die orientalische Schauspieler oft besitzen, hat uns zur Unterscheidung alltäglicher, virtuoser und nicht-alltäglicher Körpertechniken geführt. Die letzten betreffen das Leben des Schauspielers. Sie sind Charakteristika dieses ‹Lebens›, noch bevor es irgend etwas darstellt oder ausdrückt.

Die vorausgehende Annahme ist für den westlichen Menschen nicht leicht zu akzeptieren. Wie ist es möglich, daß eine Ebene der Schauspielkunst existiert, auf welcher der Schauspieler lebendig und präsent ist, ohne etwas darzustellen oder eine Bedeutung zu haben?

Vielleicht können nur diejenigen, die das japanische Theater gut kennen, den Wert dieser Aussage akzeptieren. Dieser Zustand der spannungsvollen Präsenz, ohne etwas darzustellen, ist für den Schauspieler ein *Oxymoron*, ein widersprüchlicher Begriff. Die einfache Tatsache, daß ein Schauspieler vor dem Publikum steht, setzt voraus, daß er irgend etwas oder irgend jemand darstellen muß. Der japanische Professor Moriaki Watanabe definiert das Oxymoron der bloßen Präsenz des Schauspielers als eine Situation, in der er seine eigene Abwesenheit darstellt. Dies scheint nichts anderes als ein Wortspiel zu sein, beschreibt aber tatsächlich eine fundamentale Rolle im japanischen Theater.

Watanabe führt aus, daß es im No, Kabuki und Kyogen eine vermittelnde Rolle gibt, die zwischen den beiden Möglichkeiten liegt, die der westliche und der moderne japanische Schauspieler haben: nämlich entweder die eigene reale oder eine fiktive Identität darzustellen. Diesen Zwischencharakter findet der Zuschauer im *waki*, dem Nebenschauspieler des No, der oft sein eigenes Nichtsein darstellt. Er nimmt eine komplexe, nicht-alltägliche Körpertechnik in Anspruch, die er nicht benutzt, um sich auszudrücken, die aber «Aufmerksamkeit auf seine Fähigkeit, nicht auszudrücken» zieht. Diese Negation findet sich auch am Ende einer No-Aufführung, wenn der Hauptschauspieler, der *Shite*, die Bühne verlassen muß. Dieser Schauspieler, der dann seiner Rolle entkleidet ist, wird dennoch nicht auf seine alltägliche Identität reduziert, er zieht sich vom Publikum zurück, ohne irgend etwas ausdrücken zu wollen, aber mit derselben Energie, die er in seinen expressiven Augenblicken hatte. Auch die *kokken*, die schwarzgekleideten Männer, die im No und Kabuki den Hauptschauspielern assistieren, haben die Aufgabe, «Abwesenheit aufzuführen». Ihre Präsenz, die weder irgend etwas ausdrückt noch darstellt, leitet sich so direkt von den Quellen der schauspielerischen Energie und des schauspielerischen Lebens ab, daß Kenner behaupten, es sei schwieriger, ein *kokken* zu sein als ein Schauspieler.

Die Beispiele, die Watanabe in seiner Studie über den «fiktiven Körper», *kyoko shintai*, analysiert hat, zeigen, daß es ein Niveau gibt, auf dem die nicht-alltäglichen Körpertechniken die Energie des Schauspielers in einer reinen Form und auf einer prä-expressiven Ebene in Anspruch nehmen. Im klassischen japanischen Theater wird diese Ebene manchmal offen, manchmal verborgen entfaltet. Sie ist jedoch immer in jedem Schauspieler gegenwärtig und ist allein die Grundlage des schauspielerischen Lebens.

Von der Energie des Schauspielers zu sprechen bedeutet, ein Bild zu benutzen, das von selbst zu tausend Mißverständnissen führt. Wir geben dem Wort Energie viele konkrete Bedeutungen. Etymologisch heißt es «an/bei der Arbeit zu sein». Wie kann es dann geschehen, daß der Körper des Schauspielers auf einer prä-expressiven Ebene die Arbeit aufnimmt? Welcher andere Begriff könnte unser Wort «Energie» ersetzen?

Übersetzt man die Prinzipien des orientalischen Schauspielers in eine europäische Sprache, tauchen Worte auf wie «Energie», «Leben»,

«Kraft», «Geist», um folgende Begriffe wiederzugeben: japanisch *ki-ai*, *kokoro*, *io-in*, *koshi*, balinesisch *taksu*, *virasa*, *chikara*, chinesisch *shun toeng* und sanskrit *prana* und *shakti*. Die praktischen Bedeutungen der Prinzipien des schauspielerischen Lebens werden von gewichtigen Worten und ungenauen Übersetzungen verdunkelt.

Ich habe versucht voranzukommen, indem ich rückwärts ging. Ich fragte Meister des orientalischen Theaters, ob es in der Sprache, die sie für ihre Arbeit benutzen, Begriffe gibt, die unseren Ausdruck Energie übersetzen könnten? «Wir sagen, daß ein Schauspieler entweder *koshi* hat oder nicht, um darauf hinzuweisen, ob er die richtige Energie bei der Arbeit benutze oder nicht», antwortete mir der Kabuki-Schauspieler Sawamura Sojuro. *Koshi* ist nun in Japan kein abstraktes Konzept, sondern ein sehr bestimmter Körperteil, nämlich die Hüfte. Man sagt: «Er hat *koshi*, er hat kein *koshi*», dann bedeutet das: «Er hat Hüften, er hat keine Hüften.» Aber was bedeutet es, keine Hüften zu haben?

Wenn wir entsprechend der alltäglichen Körpertechnik gehen, dann folgen die Bewegungen der Hüften denen der Beine. Anders bei den Kabuki- und No-Schauspielern, in deren nicht-alltäglichen Körpertechniken die Hüften unbeweglich bleiben. Um die Hüften beim Gehen zu blockieren, ist es notwendig, die Knie leicht zu beugen und die Wirbelsäule in Anspruch zu nehmen, um den Rumpf, der dann nach unten drückt, als eine geschlossene Einheit zu bewegen. Auf diese Weise werden zwei verschiedene Spannungen im oberen und unteren Teil des Körpers geschaffen, und diese zwingen den Körper, einen neuen Schwerpunkt zu finden. Das ist kein stilistisches Problem, sondern eine Methode, um das Leben des Schauspielers zu wecken. Und erst zweitrangig wird es dann zu einer besonderen stilistischen Charakteristik.

Tatsächlich beruht das Leben des Schauspielers auf einem Wechsel des Gleichgewichts. Sobald wir uns aufrecht halten, können wir nie unbeweglich sein. Und selbst wenn wir so erscheinen, benutzen wir viele winzige Bewegungen, um unser Gewicht zu verlagern. Es gibt immer eine kontinuierliche Reihe von Berichtigungen unseres Gewichts: zuerst in den Zehen, dann in den Hacken, auf der linken Seite des Fußes, auf der rechten. Selbst in der größten Unbeweglichkeit sind diese Mikrobewegungen vorhanden, manchmal konzentriert, manchmal vergrößert, manchmal mehr oder weniger kontrolliert, entsprechend unserer physiologischen Konstitution, unseres Alters und unseres Berufes. Es gibt wissenschaftliche Institute, die sich auf die Messung des Gleichgewichts spezialisiert haben und die verschiedene Arten des Drucks, den die Füße auf den Boden ausüben, untersuchen. Das Resultat ist ein Diagramm, auf dem man die vielen komplizierten und schwierigen Bewegungen sehen kann, die nötig sind, um den Körper stillzuhalten. Es hat Experimente mit professionellen Schauspielern gegeben. Man hat sie aufgefordert, sich beispielsweise beim Laufen, Klettern oder Fallen vorzustellen, sie würden schwere Gegenstände tragen, und hat herausgefunden, daß allein diese Vorstellung sofort Modifikationen ihres Gleichgewichts hervorgerufen hat, während die jedoch bei Nichtschauspielern, für welche die Vorstellung fast ausschließlich eine geistige Übung bleibt, keinerlei Spuren im Gleichgewicht hinterlassen hat.

Dies alles sagt viel über das Gleichgewicht und die Beziehung zwischen mentalen Prozessen und muskulären Spannungen aus, jedoch nichts Neues über den Schauspieler. Wenn man sagt, ein Schauspieler sei es gewohnt, seine eigene körperliche Präsenz zu kontrollieren und mentale Bilder in physische Impulse umzusetzen, sagt man tatsächlich nichts anderes, als daß ein Schauspieler eben Schauspieler ist. Aber die in den wissenschaftlichen Labors entdeckten Serien von Mikrobewegungen führen uns auf eine andere Spur. Sie bilden eine Art Kern, der in den Tiefen der alltäglichen Körpertechniken verborgen liegt und der geformt und verstärkt werden kann, um die Kraft der schauspielerischen Präsenz zu vergrößern. Er wird so zur Basis der nicht-alltäglichen Techniken.

Jeder, der einmal eine Aufführung Marcel Marceaus gesehen hat, wird sich sicherlich über das seltsame Los des Pantomimen gewundert haben, der zwischen zwei Nummern Marceaus für einige Sekunden allein auf der Bühne erscheint und ein Schild hochhält, auf dem der Titel des nächsten Stücks angekündigt wird. «Ich verstehe», kann man sagen, «Pantomime ist eine stumme Kunst, und um die Stille nicht zu brechen, müssen selbst die Ankündigungen stumm sein.» – Aber warum benutzt man einen Pantomimen, einen Schauspieler als Ankündigungstafel? Heißt das nicht, daß er in einer unglücklichen Situation gefangen ist, in der er buchstäblich nichts tun kann?» Pierre Verry, der lange Zeit die Schilder mit den Tafeln von Marceaus Vignetten gezeigt hat, berichtete eines Tages, wie er versuchte, den höchsten Grad szenischer Präsenz in dem kurzen Moment zu erreichen, in dem er auf der Bühne war, ohne etwas tun zu dürfen. Er erklärte, daß der einzig mögliche Weg, dies zu erreichen, war, die Position, in der er die Tafel hielt, so stark und lebendig wie möglich zu gestalten. Um in den wenigen Sekunden seines Auftretens zu diesem Ergebnis zu kommen, mußte er sich lange auf den Aufbau eines «prekären Gleichgewichts» konzentrieren. Dadurch wurde seine Unbeweglichkeit nicht statisch, sondern dynamisch. Weil alles andere wegfiel, war Pierre Verry gezwungen, sich auf das Wesentliche zu konzentrieren, und er entdeckte das Wesentliche in der Wechselfolge des Gleichgewichts.

Auch die Grundkörperhaltungen in den verschiedenen orientalischen Tanztheaterformen sind Beispiele für eine bewußte und kontrollierte Verzerrung der Balance. Das gleiche kann von den Grundhaltungen des klassischen europäischen Balletts und von der Mime Decrouxs gesagt werden. Die alltäglichen Gleichgewichtstechniken werden aufgegeben, und es wird ein ‹Luxusgleichgewicht› hergestellt, das die Spannungen verstärkt, mit denen der Körper sich selbst aufrecht hält. Hierzu verformen die Schauspieler verschiedener orientalischer Traditionen die Position ihrer Beine und Knie, die Stellung der Füße auf dem Boden, oder sie verringern den normalen Abstand der Füße zueinander, reduzieren so die Standfläche des Körpers und machen ihr Gleichgewicht prekär.

Sanjukta Panigrahi spricht über den Orissi-Tanz, deutet aber auf ein Prinzip von generellem Nutzen für das Leben des Schauspielers. «Die ganze Technik des Tanzes basiert auf einer Teilung des Körpers in zwei gleiche Hälften entlang einer vertikalen Linie mit asymmetrischer Verteilung des Gleichgewichts erst mehr auf der einen Hälfte, dann mehr auf der anderen.» Das heißt, der Tanz vergrößert die winzigen, kontinuierlichen Gewichtsverlagerungen, mit Hilfe derer wir stehen bleiben, als ob er sie unter ein Mikroskop legte. Diesen *Tanz des Gleichgewichts* zeigen die Schauspieler in den fundamentalen Prinzipien aller Theaterformen.

Der Tanz der Gegensätze

Der Leser sollte nicht überrascht sein, wenn ich die Worte Schauspieler und Tänzer unterschiedslos benutze und mit einer gewissen Leichtigkeit vom Orient zum Okzident und zurück wechsle. Die Lebensprinzipien, nach denen wir auf der Suche sind, werden nicht durch die Unterscheidung dessen begrenzt, was wir als «Theater», «Tanz» oder «Pantomime» bezeichnen, die für uns fließende Grenzen haben. Gordon Craig, der die verdrehten Bilder verspottete, mit denen Kritiker den besonderen Gang des englischen Schauspielers Henry Irving kennzeichneten, bemerkte einfach: «Irving ging nicht auf der Bühne, er tanzte auf ihr.»

Der gleiche Übergang vom Theater zum Tanz wurde, diesmal in einem negativen Sinn, benutzt, um Meyerholds Forschungen zu verurteilen. Einige Kritiker schrieben, nachdem sie seinen *Don Juan* gesehen hatten, was er produziert hätte, wäre kein richtiges Theater, sondern Ballett. Die strenge Unterscheidung zwischen Theater und Tanz, die für unsere Kultur charakteristisch ist, offenbart eine tiefe Wunde, eine Traditionslosigkeit, die permanent Gefahr läuft, den Schauspieler in Richtung eines stummen Körpers und den Tänzer in Richtung Virtuosität zu lenken. Diese Unterscheidung erschiene einem orientalischen Künstler ebenso absurd, wie sie einem europäischen Künstler einer anderen historischen Epoche absurd erschienen wäre, beispielsweise einem Komödianten oder Narren des 15. Jahrhunderts. Wir können einen No- oder Kabuki-Schauspieler fragen, wie er das Wort ‹Energie› in die Sprache seiner Arbeit übersetzen würde; aber er würde verwundert seinen Kopf schütteln, fragten wir ihn nach dem Unterschied zwischen Theater und Tanz.

Der Kabuki-Schauspieler Sawamura Sojuro sagte, daß «Energie» durch das Wort *koshi* übersetzt werden könne.

Hierzu meint der No-Schauspieler Hideo Kanze: «Mein Vater hat niemals zu mir gesagt: Benutze mehr *koshi*, aber er lehrte mich, worauf es ankam, indem er mich aufforderte zu gehen, während er mich gleichzeitig an den Hüften festhielt.» Um den Griff seines Vaters zu überwinden, war er gezwungen, den Torso leicht vorzuneigen, die Knie zu beugen, die Füße auf den Boden zu pressen und eher vorwärts zu gleiten als einen normalen Schritt zu machen. Das Resultat war der grundlegende Gang des No. Energie wie im *koshi* wird nicht als das Resultat eines einfachen und mechanischen Balancewechsels offenbart, sondern als die Konsequenz der Spannung, die zwischen gegensätzlichen Kräften besteht.

Der Kyogen-Schauspieler Mannojo Nomura erinnerte sich, daß die No-Schauspieler der Kita-Schule sagten: «Der Schauspieler muß sich vorstellen, über ihm hinge ein Eisenring, der ihn hochzieht und gegen den er kämpfen muß, um die Füße am Boden zu behalten.» Der japanische Begriff, der diese entgegengesetzten Spannungen beschreibt, lautet *hippari-hai*, was heißt: etwas oder jemanden zu sich hinziehen, während dieses Gegenüber zur selben Zeit das gleiche versucht. *Hippari-hai* tritt zwischen oberem und unterem, zwischen vorderem und hinterem Teil des Körpers auf. Es gibt auch ein *hippari-hai* zwischen dem Schauspieler und dem Orchester, die tatsächlich nicht unisono fortschreiten, sondern versuchen, sich voneinander wegzubewegen, indem sie sich gegenseitig überraschen, einander das Tempo brechen, ohne daß sie jedoch soweit gingen, den Kontakt zueinander, das eigentümliche Band zu verlieren, das sie zueinander in Opposition stellt.

Indem wir dieses Konzept ausdehnen, können wir sagen, daß die nicht-alltäglichen Körpertechniken eine Beziehung des *hippari-hai* oder einer gegensätzlichen Zugkraft zu den Körpertechniken des täglichen Gebrauchs haben. Wir haben gesehen, daß die nicht-alltäglichen Körpertechniken sich von den alltäglichen entfernen; sie erhalten jedoch eine Spannung zu ihnen, ohne sich von ihnen zu trennen oder zu entfremden.

So liegt eines der Prinzipien, durch die der Körper des Schauspielers sein Leben dem Zuschauer offenbart, in einer Spannung zwischen widersprüchlichen Kräften; das ist das Prinzip des Gegensatzes. Um dieses Prinzip, das offensichtlich auch zu der Erfahrung des Schauspielers gehört, haben die kodifizierten Traditionen des Orients verschiedene Kompositionssysteme gebildet.

In der Peking Oper ist das gesamte kodifizierte Bewegungssystem des Schauspielers um ein Prinzip gebaut, nach dem jede Bewegung in die entgegengesetzte Richtung von der beginnen muß, in die sie schließlich ausgeführt wird. Alle Formen des balinesischen Tanzes werden durch die Komposition einer Serie von Gegensätzen zwischen *kras* und *manis* konstruiert. *Kras* heißt soviel wie stark, hart, impulsiv, und *manis* sanft, weich, zart. *Kras* und *manis* kann auf verschiedene Bewegungen angewendet werden; auf die Haltung verschiedener Körperteile in einem Tanz und auf aufeinanderfolgende Bewegungen innerhalb desselben Tanzes. Wenn man eine Grundhaltung des balinesischen Tanzes untersucht, wird man diese Beziehung beobachten, die dem westlichen Auge bizzar und extrem stilisiert erscheinen mag und die das Resultat eines konsequenten Abwechselns einzelner Körperteile zwischen *kras*- und *manis*-Haltungen ist.

Der Tanz der Gegensätze charakterisiert das Leben des Schauspielers auf vielen verschiedenen Ebenen. Aber der Schauspieler hat, allgemein gesprochen, auf der Suche nach diesem Tanz einen Kompaß, mit dem er sich orientieren kann, das Unwohlsein. «Le mime est à l'aise dans la malaise» (‹Der Mime fühlt sich wohl im Unwohlsein›), sagt Decroux, und seine Maxime wird von den Theatermeistern aller Traditionen wiederholt. Die Lehrerin Katsuko Azumas erklärte mir, daß sie herausfinden könne, ob eine Körperhaltung richtig eingenommen sei, wenn sie in ihr Schmerzen empfinde. Aber sie fügte lächelnd hinzu: «Doch wenn sie schmerzt, heißt das nicht notwendigerweise, daß sie richtig ist.» Sanjukta Panigrahi, die Meister der Peking Oper, des klassischen Balletts und des balinesischen Tanzes wiederholen dieselbe Idee. Unwohlsein wird so zu einem Kontrollsystem, zu einer Art inneren Radars, das dem Schauspieler erlaubt, sich beim Spielen selbst zu beobachten – allerdings nicht sich mit den Augen zu beobachten, sondern mit Hilfe einer Reihe von körperlichen Wahrnehmungen, die ihm versichern, daß nicht-alltägliche, nicht gewohnheitsmäßige Spannungen in seinem Körper arbeiten.

Als ich den balenesischen Schauspieler I Made Pasek Tempo fragte, was seiner Meinung nach die Grundeigenschaft eines Schauspielers oder Tänzers sei, antwortete er mir: *tahan*, die Fähigkeit zu widerstehen und ausdauernd zu sein. Das gleiche Bewußsein findet sich in der Arbeitsterminologie des chinesischen Theaters. Um anzudeuten, daß ein Schauspieler die Meisterschaft besitze, sagt man, er habe *kung-fu*, was wörtlich «die Fähigkeit an etwas festzuhalten, zu wiederstehen» heißt. All dies führt uns zu dem was in einer westlichen Sprache mit dem Wort ‹Energie› gemeint sein kann: die Fähigkeit, auf der Arbeit zu beharren und nicht nachzugeben. Wieder einmal ist dieses Wort in Gefahr, für uns zu einer Falle zu werden.

Wenn ein westlicher Schauspieler energisch sein will, wenn er seine gesamte Energie einsetzen will, beginnt er, sich mit einer ungeheuren Vitalität im Raum zu bewegen. Er entwickelt mit großer Geschwindigkeit und viel Muskelkraft riesige Bewegungen. Und man verbindet das mit dem Bild ‹großer Erschöpfung› und ‹harter Arbeit›. Ein orientalischer Schauspieler oder ein großer westlicher Schauspieler kann, fast ohne sich zu bewegen, viel müder werden. Seine Müdigkeit wird nicht von exzessiver Vitalität und von großen Bewegungen, sondern vom Spiel der Gegensätze bestimmt. Der Tanz der Gegensätze wird *im* Körper getanzt, bevor er *mit* dem Körper getanzt wird. Energie hat nicht notwendigerweise etwas mit Bewegung im Raum zu tun.

Es ist wichtig, dieses Prinzip schauspielerischen Lebens zu verstehen. Im *lokadharmi*, in den verschiedenen alltäglichen Körpertechniken arbeiten die Kräfte, die der Handlung einen Arm, ein Bein oder einen Finger auszustrecken und wieder einzuziehen, Leben verleihen, eine nach der anderen. Im *natyadharmi*, in den nicht-alltäglichen Körpertechniken sind die beiden gegensätzlichen Kräfte (des Ausstreckens und des Einziehens) gleichzeitig in Aktion oder anders: Die Arme, Beine, Finger, das Rückgrat, der Nacken strecken sich wie im Widerstand gegen eine Kraft, die sie dann zwingt, sich zu beugen und umgekehrt. Katsuko Azuma erklärt, welche Kräfte in einer Bewegung arbeiten, die sowohl für den Buyo-Tanz wie für das No-Theater typisch ist und in welcher sich der Torso leicht neigt und die Arme sich in einer sanften Linie ausbreiten. Sie spricht über die Kräfte, die in entgegengesetzter Richtung zu dem, was man beobachtet, arbeiten. «Die Arme», sagt sie, «breiten sich nicht aus, um die Kurvenbewegung zu vollziehen, eher als wollten sie ein große quadratische Kiste gegen die Brust pressen.» So drücken die Arme, während sie sich augenscheinlich vom Körper wegbewegen, tatsächlich gegen ihn, ebenso wie sich der nach innen gedrückte Torso einem Widerstand entgegenstellt und vorbeugt.

Die Tugend der Unterlassung

Der Grundsatz, der durch den Tanz der Gegensätze im Körper entdeckt wird, entwickelt sich trotz allen Anscheins aus Unterlassungen. Aktionen werden von ihrem Kontext gelöst und dadurch offenbar. Tänze, die scheinbar viel komplexere als alltägliche Bewegungen miteinander verknüpfen, sind eigentlich das Resultat einer Vereinfachung: Sie komponieren Bewegungen, in denen Gegensätze auf einfachster Ebene zutage treten, und zwar weil eine klar begrenzte Anzahl von Kräften in ihrer Gegensätzlichkeit verstärkt und neu montiert werden kann.

Noch einmal: Dies ist eine unökonomische Nutzung des Körpers: denn die alltäglichen Techniken neigen dazu, verschiedene Prozesse zu überlagern und so Zeit und Energie zu sparen.

Decroux schreibt, daß Mime ein vom Körper komponiertes «Portrait der Arbeit» ist, und das kann auch von anderen Traditionen angenommen werden. Das körperliche ‹Portrait der Arbeit› ist einer der Grundsätze, die die Lebendigkeit derer bestimmen, welche dann genau diesen Sachverhalt verbergen. Es ist beispielsweise die Regel bei einem klassischen Balletttänzer, sein Gewicht und seine Anstrengungen hinter einem angenehmen und leichten Bild zu verbergen.

Die Regel der Gegensätze ist, weil diese das Wesentliche der Energie sind, mit dem Prinzip der Vereinfachung verbunden. Vereinfachung meint hier das Auslassen bestimmter Elemente, um andere als wesentlich hervortreten zu lassen.

Dieselben Grundsätze, die das Leben eines Tänzers tragen, dessen Bewegungen offensichtlich weit von alltäglichen Bewegungen entfernt sind, können auch das Leben eines Schauspielers tragen, dessen Bewegungen den alltäglichen scheinbar näher sind. Der Schauspieler kann nicht nur die Komplexität der alltäglichen Körpernutzung übergehen, er kann auch, um dem *Bios* eine Manifestation zu erlauben, die räumliche Ausdehnung der Aktionen unterlassen. Dario Fo erklärt, das die Kraft einer schauspielerischen Bewegung immer das Resultat einer Synthese ist: entweder die Konzentration einer Handlung auf kleinem Raum oder die Wiedergabe nur der Elemente, die für eine Aktion notwendig sind, in dem man die als überflüssig erachteten Elemente eliminiert. Decroux betrachtet den Körper – ähnlich wie der indische Schauspieler – im wesentlichen auf den Rumpf beschränkt. Er hält Arm- und Beinbewegungen für zusätzliche, ‹anekdotenhafte› Bewegungen, die nur wirklich zum Körper gehören, wenn sie ihren Ursprung im Rumpf haben.

Man kann von diesem Prozeß, bei dem die Ausführung von Bewegungen räumlich begrenzt wird, als von einer Energieaufnahme sprechen. Der Vorgang der Energieaufnahme wird aus der Verstärkung von Gegensätzen entwickelt. Er zeigt uns einen anderen und neuen Weg, mit dessen Hilfe wir eine der ‹wiederkehrenden Prinzipien›, die für die theatralische Praxis nützlich sein können, darstellen können. Der Gegensatz zwischen einer Kraft, die auf eine Handlung drängt, und einer anderen, die sie zurückhält, wird entsprechend der Arbeitsterminologie von Kabuki- und No-Schauspielern in einer Reihe von Regeln gebracht, die einer räumlich eingesetzten Energie eine andere, zeitlich eingesetzte gegenüberstellen. Entsprechend einer dieser Regeln sollte der Schauspieler sieben Zehntel seiner Energie in der Zeit und nur drei Zehntel seiner Energie im Raum benutzen. Die Schauspieler sagen weiter, dies sei so, als ob die Aktion nicht wirklich dort aufhöre, wo die Geste endet, sondern viel weiter fortgeführt würde.

Im Kabuki und No gibt es den Ausdruck *tameru*, der von einem chinesischen Schriftzeichen repräsentiert werden kann und dann ‹aufladen› bedeutet oder von einem japanischen Schriftzeichen in der Bedeutung «etwas beugen, das wie ein Bambusrohr gleichzeitig flexibel und widerstandsfähig ist». *Tameru* definiert die Tätigkeit des Zurückhaltens, des Bewahrens. Hiervon leitet sich *tame* ab, die Fähigkeit, Energie zurückzuhalten, d. h. in eine räumlich begrenzte Aktion die Energiemenge aufzunehmen, die nötig wäre, um eine viel größere Aktion auszuführen. Diese Fähigkeit wird zu einem allgemeinen Kriterium, das Talent eines Schauspielers zu beschreiben. Um auszudrükken, ob ein Schüler die ausreichende szenische Präsenz, die notwendige Kraft hat, sagt ihm der Meister, ob er *tame* hat oder nicht.

Dies mag als Resultat einer komplizierten und ausschweifenden Kodifizierung der Schauspielkunst erscheinen. In Wirklichkeit leitet es sich von einer den Schauspielern verschiedener Traditionen gemeinsamen Praxis ab: Sie komprimieren die gleiche Menge körperlicher Energie in einer räumlich begrenzten Bewegung, die normalerweise mobilisiert würde, um eine viel ausgedehntere und komplexere Bewegung zu ermöglichen. Beispielsweise kann man eine Zigarette anzünden, indem man den gesamten Körper einsetzt, als wolle man nicht ein kleines Streichholz, sondern eine schwere Kiste heben; man kann bei halboffenem Mund das Kinn mit derselben Kraft auf- und abbewegen, die man benötigen würde, um sich auf jemanden zu stürzen und ihn zu beißen. So zeigt sich eine Energiequalität, die den gesamten Körper des Schauspielers selbst in der Bewegungslosigkeit lebendig macht.

Einige Schauspieler entwickelten berühmte Szenen, wenn sie gezwungen waren, nicht zu spielen, als sie im Abseits stehen mußten; während andere Schauspieler den Gang der Handlung entwickelten, konnten sie in fast nicht wahrnehmbaren Bewegungen die Energie von Aktionen ansammeln, die sie nicht ausführen durften. Und genau dann trat ihr *Bios* mit einer eigentümlichen Kraft hervor und hinterließ seine Spuren im Gedächtnis der Zuschauer. Dieser Kunstgriff gehört nicht nur zur okzidentalen Tradition. Im 17. und 18. Jahrhundert schrieb der Kabuki-Schauspieler Kameko Kichiwaemon eine Abhandlung über die Schauspielkunst mit dem Titel *Staub in den Ohren*. Er erzählt, daß in einem bestimmten Moment einer Aufführung, in dem nur ein Schauspieler tanzt, die anderen dem Publikum den Rücken zudrehen und sich entspannen. «Ich entspanne mich nicht», schreibt Kichiwaemo, «sondern führe den gesamten Tanz in meiner Vorstellung aus. Wenn ich dies nicht täte, wäre der Anblick meines Rückens so uninteressant, daß er den Zuschauer stören würde.»

Die theatralische Tugend der Unterlassung besteht nicht darin, sich in einer undefinierten Handlungslosigkeit gehenzulassen. Im Theater und für den Schauspieler bedeutet Unterlassung eher Zurückhaltung, sich nicht in exzessiver Expressivität und Vitalität zu versprühen. Die Unterlassung zeichnet wirkliches szenisches Leben aus. Die Schönheit der Unterlassung ist die Schönheit der indirekten Aktion, des Lebens, das sich mit maximaler Intensität in minimalen Aktionen offenbart. Und wieder geht es um das Spiel der Gegensätze, aber diesmal auf einer Ebene, die noch über die prä-expressive Ebene der Schauspielkunst hinausgeht, die wir selbst am Beginn dieses Artikels vorgeschlagen haben.

Intermezzo

An diesem Punkt könnte man sich fragen, ob die Grundsätze der Schauspielkunst, denen wir bis jetzt begegnet sind, uns nicht zu weit von dem Theater wegführen, das wir in Europa kennen und praktizieren. Wir könnten uns hier fragen, ob diese Prinzipien auch wirklich ‹gute Ratschläge› und brauchbar für die Theaterpraxis sind oder ob sie statt dessen bloße Fata Morgana sind. Wir können weiterhin fragen, ob das Lenken der Aufmerksamkeit auf die prä-expressiven Ebenen der Schauspielkunst uns nicht zu weit von den wirklichen Problemen europäischer Schauspieler entfernt. Ist vielleicht die prä-expressive Ebene nur in hochkodifizierten Theaterkulturen nachweisbar? Ist die europäische Tradition nicht vielleicht durch das Fehlen der Kodifikation und durch eine Suche nach individueller Ausdruckskraft charakterisiert? Unzweifelhaft sind das bindende Fragen, und anstatt eine unmittelbare Antwort zu verlangen, laden sie uns vielmehr ein, einen Moment anzuhalten und auszuruhen. Sprechen wir also über Blumen.

Wenn wir Blumen in eine Vase stellen, dann um zu zeigen, wie schön sie sind, und um uns an ihnen zu erfreuen. Wir können ihnen auch weitere Bedeutungen geben: kindliche oder religiöse Pietät, Liebe, Anerkennung, Respekt. Aber so schön, wie sie auch sein mögen, Blumen haben einen Fehler; werden sie aus ihrem Zusammenhang genommen, stellen sie dennoch weiterhin nur sich selbst dar. Sie sind wie der Schauspieler, von dem Decroux sagt: ein Mensch, der dazu verurteilt ist, nur einem Menschen zu ähneln, ein Körper, der einen anderen Körper imitiert. Dies kann sehr angenehm sein; um aber als Kunst betrachtet zu werden, reicht es nicht aus, angenehm zu sein. Damit Kunst entstehen kann, fügt Decroux hinzu, muß die Idee einer Sache durch eine andere Sache dargestellt werden. Blumen in einer Vase sind Blumen in einer Vase; zuweilen Thema von Kunstwerken, sind sie jedoch selbst nie Kunstwerke.

Aber stellen wir uns vor, wir benutzen die Blumen, um etwas anderes darzustellen: den Kampf der Pflanze zu wachsen, sich von der Erde wegzubewegen, in der ihre Wurzeln tiefer stecken, als es ihr gelingt, sich zum Himmel hochzuringen. Stellen wir uns vor, wir wollten den Verlauf der Zeit repräsentieren: wie die Pflanze wächst, blüht, sich entwickelt und stirbt. Wenn wir mit unserer Absicht Erfolg haben, werden die Blumen etwas anderes darstellen als Blumen und werden ein Kunstwerk bilden, das heißt, wir haben ein *Ikebana* gemacht.

Ikebana bedeutet, wenn man dem Sinn des Schriftzeichens folgt, «Blumen lebendig zu machen». Das Leben der Blume kann, weil es unterbrochen und blockiert worden ist, dargestellt werden. Der Vorgang ist einleuchtend: Etwas ist plötzlich aus seinen normalen Lebensbedingungen gerissen worden. (Das ist der Zustand der Blumen, wenn wir sie einfach in einer Vase arrangieren.) Und die Regeln, die diese normalen Bedingungen beherrschen, sind durch andere Regeln ersetzt und analog nachgebildet worden. Blumen können beispielsweise nicht in der Zeit handeln, sie können nicht mit zeitlichen Bedingungen ihr Blühen und Welken darstellen, aber der Ablauf der Zeit kann durch eine Analogie im Raum angedeutet werden. Man kann eine knospende Blume mit einer anderen, voll erblühten zusammenbringen, das heißt vergleichen. Mit zwei Zweigen, von denen der eine nach oben und der andere nach unten drängt, kann man die Richtung, in der sich die Pflanze entwickelt, hervorheben. Ein dritter Zweig, der sich entlang einer geneigten Linie ausstreckt, kann die gemeinsame Kraft, die aus den beiden entgegengesetzten Spannungen resultiert, verdeutlichen. So ist eine Komposition, die von einem verfeinerten ästhetischen Geschmack herzurühren scheint, das Resultat von Analyse und Sektion eines Phänomens und der Umsetzung in der Zeit handelnder Energien zu sich im Raum ausdehnenden Linien (das Prinzip des Gleichgewichts).

Diese Umsetzung öffnet die Komposition für neue, von den ursprünglichen verschiedene Bedeutungen. Der aufwärtsführende Zweig kann mit dem Himmel in Verbindung gebracht werden, der abwärtsreichende mit der Erde und der in der Mitte mit dem Denker dieser zwei Seinsformen, mit dem Menschen. Das Ergebnis einer schematischen Analyse der Realität und seine Umsetzung gemäß Prinzipien, die es darstellen, ohne es zu reproduzieren, werden das Objekt einer philosophischen Kontemplation.

«Das Denken hat Schwierigkeiten, etwa den Begriff einer Knospe festzuhalten, da das damit bezeichnete Ding in solch ungestümen Aufbruch begriffen ist, unter dem Denken weg einen solchen Drang zeigt, keine Knospe, sondern eine Blüte zu sein.» Diese Worte schreibt Brecht Hü-jeh zu, der fortfährt: «So ist dem Denkenden der Begriff der Knospe schon der Begriff von etwas, was sich bestrebt, nicht das zu sein, was es ist.» (Me-Ti; Anm. d. Übers.) Die ‹Schwierigkeit› in unserem Denken ist genau das, was von Ikebana angeregt wird: ein Hinweis auf die Vergangenheit und ein Andeutung der Zukunft, eine Darstellung der fortlaufenden Bewegung, mit der sich Positives in Negatives und zurück wandelt durch Unbeweglichkeit.

Das Beispiel *Ikebana* zeigt uns, wie abstrakte Bedeutungen aus der präzisen Analyse und Umsetzung eines physikalischen Phänomens geboren werden. Begänne man mit den abstrakten Bedeutungen, würde man nie die Konkretion und Präzision des Ikebana erreichen. Das gilt auch für den Schauspieler, der oft versucht vom Abstrakten zum Konkreten vorzugehen. Er glaubt, daß der Ausgangspunkt aus dem geschaffen werden kann, was man ausdrücken will, was stillschweigend den Gebrauch einer Technik voraussetzt, die zu dem paßt, was man ausdrücken will. Ein Symptom dieses absurden Glaubens wird von der Schüchternheit geliefert, die man gegenüber den kodifizierten Theaterformen und den Grundregeln des schauspielerischen Lebens, die diese enthalten, zeigt. Diese Regeln sind de facto keine ästhetischen Vorschläge, wie man den Körper des Schauspielers mit Schönheit *ausstatten* kann. Sie sind Mittel, durch die man tägliche Automatismen vom Körper abstreifen kann, um ihn davor zu bewahren, nicht mehr als ein menschlicher Körper zu sein, dazu verurteilt, sich selbst zu gleichen und nur sich selbst zu zeigen und darzustellen. Wenn bestimmte Grundsätze regelmäßig in verschiedenen Gegenden und Traditionen wiederkehren, kann man annehmen, daß sie ebensogut in unserem Fall ‹funktionieren›.

Das Beispiel *Ikebana* zeigt uns, wie bestimmte Kräfte, die sich in der

Zeit entwickeln, eine Analogie in räumlichen Ausdrücken finden können. Ein Ersetzen der Kräfte, die den alltäglichen Gebrauch des Körpers charakterisieren, durch analoge Kräfte ist die Grundlage von Decrouxs System der Mime. Er zeigt beispielsweise die Aktion, etwas zu drücken, nicht, indem er die Brust nach vorn wölbt und das hintere Bein auf den Boden preßt – wie es in der wirklichen Handlung erscheint –, sondern indem er das Rückgrat konkav wölbt, als ob er anstatt zu drücken gedrückt würde und die Arme vor die Brust bringt, während er das vordere Bein nach unten preßt. Diese entsprechend dem Erscheinungsbild der realen Handlung völlige Umkehrung der Kräfte stellt die Arbeit – oder Anstrengung – wieder her, die in der realen Aktion beteiligt ist. Es ist, als ob der Körper des Schauspielers auseinandergenommen und dann nach bestimmten Regeln wieder zusammengesetzt worden wäre, die nicht länger den Regeln des täglichen Lebens gehorchen. Am Ende dieser Rekomposition gleicht der Körper nicht mehr sich selbst. Wie im japanischen Ikebana, wie die Blumen in unserer Vase, werden Schauspieler und Tänzer aus ihren ‹natürlichen› Kontext geschnitten, werden von den Bereichen getrennt, in denen die alltäglichen Körpertechniken dominieren. Wie Blumen und Zweige im Ikebana kann der Schauspieler, um theatralisch lebendig zu sein, nicht das darstellen was er *ist*. Er muß das, was er zeigen will, durch äquivalente Kräfte und Geschehnisse repräsentieren, solche, die gleichen Wert und Ergiebigkeit haben. Mit anderen Worten: Er muß seine Automatismen aufgeben.

Die verschiedenen Kodifikationen der Schauspielkunst sind vor allem Methoden, die Automatismen des täglichen Lebens zu brechen.

Natürlich ist dieser Bruch noch kein Ausdruck, aber ohne diesen Bruch gibt es keinen Ausdruck. «Töte die Atmung! Töte den Rhythmus!» sagte ihre Lehrerin zu Katsuko Azuma, wenn sie arbeitete. Atmung und Rhythmus zu betäuben bedeutet, sich der Tendenz bewußt zu sein, mit der man automatisch die Gesten dem Rhythmus von Atmung und Musik verbindet und dann diese Verbindung zu brechen. In der japanischen Theaterkultur wurde der Bruch mit den Automatismen des täglichen Lebens vielleicht am bewußtesten und radikalsten vollzogen.

Die Anweisungen, die in der Arbeitsterminologie von Katsuko Azumas Meisterin das Töten des Rhythmus (*otoo koroso*), und der Atmung verlangen, zeigen, wie die Suche nach Gegensätzen, mit dem Bruch der Automatismen der alltäglichen Körpertechniken abgeschlossen werden kann. Den Rhythmus zu töten setzt voraus, daß man Spannungen schafft, um das zeitliche Zusammenfallen der Tanzbewegungen mit den Musikkadenzen zu verhindern. Die Atmung zu töten verlangt, selbst beim Ausatmen – einem Moment der Entspannung – den Atem zurückzuhalten und dem Einatmen einen Widerstand entgegenzustellen. Katsuko Azuma sagt, daß es wirklich schmerzhaft für sie war, einen Tänzer zu sehen, der dem Rhythmus der Musik folgt, wie es in allen Kulturen außer der japanischen der Fall ist. Es ist anhand der Lösungen ihrer eigenen Kultur leicht zu verstehen, warum ihr ein Tanz, der dem Rhytmus der Musik folgt, Unbehagen bereitet. Er zeigt ein Handeln, das von außen von der Musik oder den Automatismen alltäglichen Verhaltens entschieden worden ist.

Die Lösungen, die die japanische Kultur für dieses Problem gefunden hat, gehören allein zu ihr. Aber das Problem, das dabei offensichtlich wird, betrifft den Schauspieler im allgemeinen sowie in seiner Fähigkeit, die eigenen Automatismen zu überwinden, lebendig zu sein, indem er nicht-alltägliche Entsprechungen findet, die sein szenisches *Bios* stärken.

Ein entschiedener Körper

In vielen europäischen Sprachen existiert ein Ausdruck, der benutzt werden kann, um zusammenzufassen, was für das Leben des Schauspielers wesentlich ist. Es ist ein grammatikalisch paradoxer Ausdruck, in dem eine passive Form eine aktive Bedeutung annimmt und in der der Hinweis auf die Verfügbarkeit für eine Handlung in eine passive Form gebettet ist. Es ist kein mehrdeutiger, sondern ein hermaphroditischer Begriff, in dem sich Aktion und Passion verbinden; und trotz seiner Fremdheit ist er ein Ausdruck, der im allgemeinen Sprachgebrauch vorkommt. Man sagt tatsächlich «essere deciso», «etre décidé», «to be decided», «entschieden sein». Er bedeutet nicht, daß jemand oder etwas *uns* entscheidet oder daß *wir* eine Entscheidung treffen noch daß wir das Objekt einer Entscheidung sind. Es bedeutet nicht einmal, daß wir entscheiden, oder daß *wir* die Handlung des Entscheidens durchführen.

Zwischen diesen gegensätzlichen Bedingungen fließt etwas Lebendiges, das die Sprache anscheinend nicht darstellen kann und um das sie mit Bildern herumtanzt. Keine Erklärung, sondern nur direkte Erfahrung zeigt, was es heißt, entschieden zu sein. Um jemanden zu erklären, was das bedeutet, müssen wir zu zahlreichen Assoziationen, Beispielen und Konstruktionen künstlicher Gegebenheiten greifen. Trotzdem glauben wir alle sehr gut zu wissen, was dieser Ausdruck bedeutet. Alle komplexen Bilder, die ganze Skala abstruser Regeln, die sich um den Schauspieler drehen, die Ausarbeitung künstlerischer Anweisungen, die das Resultat verfeinerter Ästhetiken zu sein scheinen und sind, stellen nichts anderes dar als Drehungen und Wendungen des Wunsches, eine Erfahrung zu übertragen, die in ihren wirklichen Sinn nicht übertragen werden kann, die nicht von einer Hand zur anderen weitergegeben werden kann, die ausschließlich gelebt werden kann. Man müßte mit einer komplizierten Strategie die Bedingungen, unter denen diese Erfahrung wiederholt werden kann, künstlich schaffen, wenn man versuchte zu erklären, was die Erfahrung eines Schauspielers ist.

Stellen wir uns noch einmal vor, daß wir in die Arbeitsintimität, die zwischen Katsuko Azuma und ihrer Meisterin, die ebenfalls Azuma heißt, eindringen könnten. Sobald die Meisterin sieht, daß sie erfolgreich ihre Erfahrung vermittelt hat, gibt sie auch ihren Namen an die Schülerin weiter. Azuma sagt dann zur jüngeren Azuma: «Finde dein *ma*.» *Ma* bedeutet Dimension im Sinne des Raums, aber gleichzeitig auch Dauer im Sinne der Zeit. «Um dein *ma* zu finden, mußt du deinen Rhythmus töten. Finde dein *jo-ha-kyu*.» Der Ausdruck *jo-ha-kyu* stellt drei Phasen dar, in die alle Aktionen des Schauspielers unterteilt werden können. Die erste Phase wird vom Gegensatz einer anwachsenden und einer zurückhaltenden Kraft bestimmt (*jo* = zurückhalten); die zweite Phase (*ha* = brechen) setzt in dem Moment ein, in dem der Schauspieler von dieser Kraft befreit wird, bis er zur dritten Phase (*kyu* = Schnelligkeit) kommt, in der die Aktion ihren Höhepunkt erreicht und ihre ganze Kraft benutzt, um plötzlich wie angesichts eines neuen Hindernisses, eines neuen Widerstands zu stoppen.

Um Azuma zu lehren, sich entsprechend des *jo-ha-kyu* zu bewegen, wird ihre Meisterin sie bei der Hüfte halten und auffordern zu gehen, um sie dann plötzlich loszulassen. Azuma wird, während sie gehalten wird, sich sehr anstrengen müssen, um die ersten Schritte zu machen. Sie wird die Knie beugen, die Füße auf den Boden pressen und den Rumpf leicht vorneigen. Dann, von ihrer Lehrerin befreit, wird sie schnell bis zur spezifischen Grenze der Bewegung fortschreiten, um an einem bestimmten Punkt plötzlich zu stoppen, als ob sich eine tiefe Schlucht vor ihren Füßen öffnen würde. Mit anderen Worten, sie wird eine Bewegung ausführen, die jeder, der japanisches Theater gesehen hat, als typisch erkennt. Sobald ein Schauspieler diese künstliche Art, sich zu bewegen, wie eine zweite Natur beherrscht, erscheint er wie von der alltäglichen Raum-Zeitbeziehung abgeschnitten, ‹lebendig›; er ist *entschieden*. «Entschieden sein» hat seinen etymologischen Stamm in «schneiden, trennen». Die Wendung «entschieden sein» gewinnt so eine andere Bedeutung, als ob sie andeuten würde, daß die Fähigkeit, etwas zu schaffen, ein sich Abtrennen von alltäglichen Praktiken bedeute.

Die drei Phasen des *jo-ha-kyu* durchdringen die Kerne, die Zellen, den ganzen Organismus japanischer Aufführungen. Sie gelten für jede

Handlung eines Schauspielers, für jede Geste, für die Atmung, für jede theatralische Szene, für jedes Stück, für die Komposition eines ganzen No-Tages wie ein Lebenskode, der alle Ebenen der Organisation des Theaters durchläuft.

René Sieffert behauptet, daß die *jo-ha-kyu*-Regel eine «Konstante im ästhetischen Empfinden der Menschheit» ist. In gewissem Sinne stimmt das, selbst wenn sich eine Regel in etwas Unbedeutendes auflöst, sobald sie schließlich auf alles anwendbar wird. Von unserem Standpunkt aus erscheint eine andere Äußerung Siefferts bedeutender: Wie Zeami erklärt, erlaubt das *jo-ha-kyu* dem Schauspieler scheinbar, die Regel zu brechen, um einen Kontakt mit dem Publikum herzustellen. Hier besteht vielleicht eine Konstante im Leben des Schauspielers: Das Schaffen künstlicher Regeln geht Hand in Hand mit ihrer Übertretung. Ein Schauspieler, der nichts als Regeln hat, besitzt nicht das Theater, sondern eine Liturgie. Ein Schauspieler, der keine Regeln hat, ist ebenfalls nicht im Besitz des Theaters; er hat nur das *lokadharmi*, das alltägliche Verhalten mit seiner Langenweile und der Notwendigkeit direkter Provokation, um die Aufmerksamkeit des Zuschauers wachzuhalten.

Alle Lehren, die Azuma, die Meisterin, an Azuma, die Schülerin, weitergab, sind auf das Entdecken eines Energiezentrums gerichtet. Die Methoden dieser Suche sind gewissenhaft kodifiziert, sie sind Früchte von den Erfahrungen vieler Generationen, und ihr Ergebnis ist unbestimmt, nicht mit Sicherheit festzulegen und von Person zu Person verschieden.

Azuma sagt heute, daß der Grund ihrer Lebendigkeit, ihrer Energie als Schauspielerin und Tänzerin als ein Schwerpunktzentrum beschrieben werden kann, das auf dem Mittelpunkt einer Linie zwischen Nabel und Coccyx liegt. Jedesmal wenn sie tanzt, versucht sie, ihr Gleichgewicht um dieses Zentrum herum zu finden. Noch heute ist sie trotz aller Erfahrung, trotz der Tatsache, daß sie Schülerin einer der größten Meisterinnen war und nun selbst eine Meisterin ist, nicht immer in der Lage, dieses Zentrum zu finden. Sie stellt sich vor (möglicherweise handelt es sich auch um Bilder, die ihre Meisterin ihr zu vermitteln versuchte), daß ihr Energiezentrum ein stählerner Ball ist, den irgendwo auf der Linie zwischen Nabel und Coccyx oder in der Mitte eines Dreiecks, das zwischen Nabel und Coccyx gedacht wird, zu finden ist und das dieser Ball von vielen Lagen Stoff umgeben ist. I Made Pasek Tempo, der balinesische Schauspieler, stimmt ihr zu: «Alles, was Azuma tut, ist *kras*, verdeckt von *manis*, von Sanftheit verdeckte Stärke.»

In der westlichen Tradition hat sich der Schauspieler immer an einem Netz von Fiktionen, von ‹magischen Als-obs› orientiert, die sich mit der

Psychologie, dem Verhalten und der Geschichte seiner Person und seiner Rolle beschäftigt haben. Die prä-expressiven Grundsätze des schauspielerischen Lebens sind keine kalten Rezepte, die nur die Physiologie und Mechanik des Körpers betreffen; sie sind ebenfalls auf ein Netz von Fiktionen gegründet, aber von Fiktionen und ‹magischen Alsobs›, die sich mit den physikalischen Kräften des Körpers beschäftigen. Hier sucht der Schauspieler nach einem *fiktiven Körper*, nicht nach einer fiktiven Persönlichkeit. In den orientalischen Traditionen, im Ballett, in der Mime Decrouxs wird jede körperliche Aktion dramatisiert, um die alltäglichen Automatismen zu brechen, indem man sich vorstellt, man würde Objekte von bestimmter Beschaffenheit drücken, heben, berühren. Es ist eine wirkliche Psychotechnik, mit der man versucht, das physische und nicht das psychische Befinden des Schauspielers zu beeinflussen. Und es hat so mit der Sprache zu tun, die der Schauspieler sagt. Diese Sprache erhebt nicht den Anspruch, für den Zuschauer von irgendeiner Bedeutung zu sein.

Der Schauspieler studiert nicht Psychologie, um die nicht-alltäglichen Körpertechniken zu finden; aber er bildet um sich herum ein Netz äußerer Stimuli, auf die er mit körperlichen Aktionen reagiert.

In der indischen Tradition ist unter den zehn Eigenschaften des Schauspielers eine, die sich mit dem Sehen beschäftigt, mit der Art, die Augen im Raum zu richten, was ein Zeichen dafür ist, daß der Schauspieler auf etwas Bestimmtes reagiert. Wir können einem Schauspieler zusehen, der eine Reihe seiner Trainingsübungen auf eine ungewöhnliche Weise ausführt, dessen Art zu Schauen jedoch nicht präzise gerichtet ist: Seine Aktionen haben keine Kraft. Andererseits kann der Körper entspannt sein. Sind jedoch seine Augen aktiv, d. h. sehen sie, um zu beobachten, dann wird der Körper des Schauspielers lebendig. In diesem Sinn kann man sagen, daß die Augen des Schauspielers wie eine zweite Wirbelsäule sind. Alle orientalischen Traditionen kodifizieren die Bewegungen der Augen, die Richtungen, denen sie folgen müssen. Dies berührt nicht nur das, was der Zuschauer sieht, sondern auch den Schauspieler selbst, die Art, wie er den leeren Raum mit Kraftlinien belebt, mit Stimuli, auf die reagiert wird. Am Ende seines Tagebuchs schrieb der Kabuki-Schauspieler Sadochima Dampachi, der 1712 starb, daß es einen Ausdruck gebe, nach dem man mit den Augen tanzt, dabei stillschweigend voraussetzend, daß der aufgeführte Tanz mit dem Körper verglichen werden kann und die Augen mit der Seele. Er fügte hinzu, daß ein Tanz, in dem die Augen keine Rolle spielen, ein toter Tanz ist, während an einem lebendigen Tanz die Bewegungen von Körper und Augen gemeinsam beteiligt sind. Auch in der europäischen Tradition sind die Augen ‹Spiegel der Seele›. Und die Augen des Schauspielers werden als die halbe Wegstrecke zwischen den nicht-alltäglichen Techniken seines körperlichen Verhaltens und seinen nicht-alltäglichen Psychotechniken angesehen. Seine Augen zeigen uns, daß er entschieden ist und was ihn *entschieden sein* läßt.

Der große dänische Physiker Nils Bohr war ein glühender Westernfan, und er wunderte sich, warum in allen Schußduellen der Held schneller schoß, obwohl es normalerweise sein Gegner war, der zuerst zur Waffe griff. Bohr fragte sich, ob irgendeine physische Tatsache hinter dieser Konvention stecke. Er kam zu dem Schluß, daß eine solche in der Tat existiere: Der erste der zieht, ist der Langsamere beim Schießen, weil er *sich entscheiden* muß, um zu schießen; er stirbt. Der Zweite lebt, weil er schneller ist, und er ist schneller, weil er sich nicht entscheiden muß; denn er *ist entschieden*.

Eine Million Kerzen

«Wahrer Ausdruck», sagte Jerzy Grotowski kürzlich in einem Interview, «ist wie der eines Baumes.» Und er erklärte: «Wenn ein Schauspieler den Willen hat, etwas auszudrücken, dann ist er geteilt; es gibt einen Teil in ihm, der das Wollen besorgt, und einen anderen Teil, der den Ausdruck besorgt, einen Teil der kommandiert, und einen anderen, der die Kommandos ausführt.»

Indem wir der Spur der schauspielerischen Energie gefolgt sind, haben wir einen Punkt erreicht, an dem wir ihren Kern erkennen können:

(a) in Verstärkung und Einsatz der Kräfte, die im Gleichgewicht arbeiten;

(b) in Gegensätzen, welche die Dynamiken der Bewegungen bestimmen;

(c) in einem Reduktions- und Substitutionsvorgang, der das den Aktionen Wesentliche hervorhebt und den Körper von den alltäglichen Techniken wegführt, indem er eine Spannung, eine Potentialdifferenz schafft, durch welche die Energie fließen kann.

Die nicht-alltäglichen Körpertechniken bestehen aus körperlichen Prozessen, die den Anschein haben, in einer jedem vertrauten Realität zu basieren, die aber einer nicht unmittelbar erkennbaren Logik folgen.

In der Terminologie des No kann «Energie» mit *ki-hai* übersetzt werden, was «tiefe Übereinstimmung» *(hai)*, des Geistes *(ki)* mit dem Körper bedeutet. Geist wird hier im Sinne von *Pneuma* (Atem) benutzt. In Indien und Bali existiert das Wort *prana*, ein Äquivalent zu *ki-hai*, das eine weitere Übersetzungsmöglichkeit des Wortes Energie ist. Es sind inspirierende Bilder, aber keine Ratschläge, die in der Lage sind, uns zu leiten. Tatsächlich spielen sie auf etwas an, das über die Einmischung des Meister hinausgeht auf das, was wir Ausdruck nennen, ‹subtile Faszination› oder die Kunst des Schauspielers.

Als Zeami über *yugen*, die «subtile Faszination», schrieb, benutzte er als Beispiel einen Tanz, der den Namen von Shirabioshi trägt, einer Frau, die im Japan des 13. Jahrhunderts als Mann gekleidet mit einem Schwert in der Hand tanzte. Der Grund, aus dem besonders im Orient, aber auch im Westen der Höhepunkt der Schauspielkunst so oft von Männern erreicht wird, die Frauenrollen spielen, und von Frauen, die Männerrollen spielen, liegt darin, daß in diesen Fällen Schauspieler und Schauspielerinnen genau das Gegenteil von dem taten, was Schauspieler, die sich heute wie eine Person des anderen Geschlechts anziehen, tun: Er oder sie verkleidet sich nicht, sondern trennt sich von der Maske des eigenen Geschlechts, um unabhängig von den Schemata, denen Männer und Frauen einer bestimmten Kultur gehorchen müssen, ein sanfteres oder kraftvolleres Temperament sichtbar zu machen.

In den theatralischen Werken verschiedener Zivilisationen werden maskuline und feminine Rollen durch Temperamente dargestellt, welche die verschiedenen Kulturen dem männlichen oder weiblichen Geschlecht als ‹natürlich› zuordnen. Die Darstellung des unterschiedlichen Charakters der Geschlechter ist deshalb in theatralischen Werken den Konventionen am stärksten unterworfen. Hier besteht eine so tiefe Konditionierung, daß es beinahe unmöglich ist, eine Unterscheidung zwischen Geschlecht und Temperament vorzunehmen. Wenn ein Schauspieler eine Person des anderen Geschlechts darstellt, zerbricht die Identifikation mit dem bestimmten Temperament des einen oder anderen Geschlechts. Dies ist vielleicht der Moment, in dem der Gegensatz zwischen *lokadharmi* und *natyadharmi*, zwischen alltäglichem und nichtalltäglichem Verhalten, von der körperlichen auf eine nicht unmittelbar bestimmbare Ebene rutscht. Eine neue körperliche und eine neue geistige Präsenz offenbaren sich durch diesen Bruch in den männlichen und weiblichen Rollen, der im Theater paradoxerweise akzeptiert wird.

Einmal, als ich mit Sanjukta Panigrahi sprach, tauchte eine für den Schauspieler treffende, doch unbrauchbare Übersetzung des Wortes ‹Energie› auf: unbrauchbar, weil sie wohl die Erfahrungen eines Ausgangspunktes und ein großartiges Resultat übersetzt, nicht aber den Prozeß, dieses Resultat zu reichen. Sanjukta Panigrahi sagte, das Energie *shakti* genannt wird. Das ist eine kreative Energie, die weder männlich noch weiblich ist, aber durch das Bild einer Frau dargestellt wird. Aus diesem Grund wird in Indien nur einer Frau der Titel *shakti amsha* («Teil shaktis») zugesprochen. Aber ein Schauspieler ist unabhängig vom eigenen Geschlecht immer *shakti*, erschaffende Energie, wie Sanjukta betont.

Mit dem Ankunftspunkt, dem Endprodukt, dem Moment, in dem der Schauspieler etwas erschafft, können wir uns hier nicht beschäftigen. Aber nachdem wir über den Tanz der Gegensätze, auf dem das schauspielerische Leben basiert, gesprochen haben und nachdem wir die Kontraste erörtert haben, die der Schauspieler freiwillig verstärkt, nachdem wir das Gleichgewicht betrachtet haben, das der Schauspieler selbst ins Spiel bringt und gefährdet, kann das Bild *shaktis* vielleicht zu einem Symbol für das werden, worüber wir nicht gesprochen haben, nämlich über die fundamentale Frage: Wie wird man ein *guter* Schauspieler?

Während einer ihrer Tanzabende zeigt Sanjukta Panigrahi *Ardhanarishwara*, den halb männlichen, halb weiblichen Shiva. Unmittelbar anschließend zeigt Iben Nagel Rasmussen *Mond und Dunkelheit*. Wir sind in Bonn, gegen Ende der «Internationalen Schule für Theateranthropologie», in der Lehrer und Schüler verschiedener Kontinente einen Monat lang gemeinsam an der kalten, technischen präexpressiven Arbeitsgrundlage des Schauspielers gearbeitet haben. Das Lied, das Sanjuktas Tanz begleitet, lautet:

> Ich beuge mich vor dir.
> Du, der du beides bist,
> männlich und weiblich,
> zwei Götter in einem.
>
> Du, deren weibliche Hälfte
> die leuchtende Farbe einer Champaka hat
> und dessen männliche Hälfte
> die bleiche Farbe des Kämpfers hat.
>
> Die weibliche Hälfte klimpert leise
> mit goldenen Armbändern.
> Die männliche Hälfte ist mit
> Schlangenbändern geschmückt.
> Die weibliche Hälfte hat Augen der Liebe.
> Die männliche Hälfte hat Augen der Meditation.
> Die weibliche Hälfte ist
> bekränzt mit Mandelblüten.
> Die männliche Hälfte ist
> mit Schädeln bekränzt.
> In schimmernde Gewänder gekleidet
> ist die weibliche Hälfte,
> die männliche Hälfte ist nackt.
>
> Die weibliche Hälfte ist fähig,
> alles zu erschaffen.

Die männliche Hälfte ist fähig,
alles zu zerstören.

Ich wende mich zu dir,
Gott Shiva,
dein Weib.

Ich wende mich zu dir
Göttin Shiva,
dein Mann.

Iben Nagel Rasmussen singt die Klagelieder des Schamanen von einem zerstörten Volk. Und sie erscheint noch einmal, freudig stammelnd, als eine Minderjährige in einer Welt, die auf der Schwelle zum Krieg steht. Die orientalische Schauspielerin und die westliche Schauspielerin scheinen sich weit voneinander entfernt, tief in ihren eigenen Kulturen zu bewegen. Trotzdem begegnen sie sich. Sie scheinen nicht nur ihre eigenen Persönlichkeiten und ihr eigenes Geschlecht zu übersteigen, sondern auch ihr eigenes künstlerisches Können, indem sie etwas zeigen, was über all dies hinausgeht.

Der Lehrer eines Schauspielers weiß, wie viele Jahre der Arbeit an den Quellen solcher Augenblicke liegen; und doch scheint es ihm, das etwas, das weder gesucht noch ersehnt wurde, spontan erblüht. Da muß nichts gesagt werden, man kann nur zuschauen, wie Virginia Woolf Orlando zuschaute: «Eine Million Kerzen brannten in Orlando, ohne daß er daran gedacht hatte auch nur eine einzige anzuzünden.»

Anmerkungen
Ich möchte gern jedem einzeln danken:
Katsuko Azuma, die ich in einem kleinen Raum mitten in Tokio traf, als sie ihren Buyo-Unterricht leitete; Schülerin der berühmten Tänzerin Azuma, von der sie ihren Namen erhielt; eine kluge und wißbegierige Forscherin.
Moriaki Watanabe, Professor für französische Literatur an der Universität von Tokio, Experte für Racine und Claudel, Leiter eines zeitgenösssischen japanischen Theaters und ein vertrauensvoller Führer, mit dem man in die Geheimnisse des No eindringen kann.
Hisao Kanze, der 1978 starb, und sein Bruder *Hideo Kanze,* ebenfalls No-Schauspieler und Experimentator; wir arbeiteten 1973 in Holstebro und vier Jahre später während eines Kurses der Internationalen Gruppentheaterbegegnung in Bergamo zusammen.
Sawamura Sojuro, Kabuki-Schauspieler und Spezialist für Frauenrollen; war der erste, der mir das Kabuki vorstellte.
Tadashi Suzuki, dessen Produktion der *Troerinnen* des Euripides ich 1979 gesehen habe und der mir die Folgen, welche die Mutation alltäglicher Körpertechniken auf das japanische Theater hatte, erklärte.

Mannojo Nomura, ein großer Meister des Kyogen, den ich 1973 in Holstebro und 1979 in Tokio getroffen habe.

I Made Badem, Tänzer aus Bali und Leiter des balinesischen Instituts für aufführende Künste, mit dem ich 1977 während der Begegnung in Bergamo zusammenarbeitete.

I Made Pasek Tempo aus dem Dorf Tampaksiring auf Bali, der als einer der großen Meister des *Topeng* gilt; er war vier Jahre lang der Lehrer von Toni Cots (Schauspieler des Odin Teatret).

Shanta Rao, die immer noch tanzt und schon jetzt ein Mythos ist, der die Geschichte des traditionellen indischen Tanzes in unserer Zeit verkörpert; sie kam 1977 nach Holstebro, wo sie tanzte und entgegen ihrer Gewohnheit ein Seminar leitete; sie hinterließ in unserem Theater Spuren ihrer Weisheit.

Etienne Decroux und *Dario Fo*, Autodidakten und deshalb wirkliche Meister, mit denen ich auf dem Gebiet der Theaterpädagogik zusammengearbeitet und von denen ich immer gelernt habe.

Chang Chai Chin von der Tapon Oper, die von den Luftstreitkräften der Republik China finanziert wird; für seine künstlerischen Verdienste wurde er zum Sergeant ernannt.

Tsa Chun-Lin, Meister der Foo Hsing Oper aus Taiwan.

Victoria Santa Crux, Meisterin des Tanzes und Rhythmus, der ich 1979 auf dem Gruppentheatertreffen in Ayacucho begegnete, eine schwarze Peruanerin, die Diskriminierung auf persönlicher und beruflicher Ebene erfahren hat; sie repräsentiert heute, was die Peruaner als ihre eigene Tradition verstehen, und leitet das Nationale Folklore Institut.

Ragunath Panigrahi, Meister des indischen Gesangs, und

Sanjukta Panigrahi, Tänzerin und Erneuerin des Orissi Tanzes, dessen unerwartete Schönheit sie 1977 in Holstebro offenbarte; heute gehört sie zu denen, die mit ihrer hervorragenden Erfahrung, Hingabe und Autorität in der Forschung zur Theateranthropologie zusammenarbeiten.

Denen ich vielleicht am meisten danken sollte, sind die Kinder der Kathakalischule in dem indischen Dorf Churuthuruti. 1963, am Beginn meiner theatralischen Lehrzeit, waren sie es, die meine Fragen beantworteten, als ihre Meister nicht gewillt waren, mit mir zu sprechen. Die Kinder erlaubten mir, indischen Tanz und Theater kennenzulernen.

Aber ich hätte nichts vom orientalischen Theater, von seinen Grundsätzen, von seinen tiefen Erfahrungen und von seinen ‹Geheimnissen› verstanden ohne die tägliche Arbeit der Schauspieler des Odin Teatret. Es war ihre kontinuierliche Suche, die mir die Augen gab, theatralische Wirklichkeiten zu erkennen, die sich im allgemeinen zu sehr von unseren unterscheiden, um von uns gefunden zu werden.

Und jetzt, nachdem ich an so viele Meister erinnert habe, kann ich diesen Dank schließen, indem ich an *meinen* Meister erinnere: Jerzy Grotowski. Mit Freude konnte ich mich wieder an seiner Arbeit messen, Anregungen, Übereinstimmungen und Fragen für die Theateranthropologie aus seinen Forschungen zum «Theater der Quellen» ziehen.

Reisen: Tauschhandel

Wenn die Moral der Gesellschaft asozial wird, dann sollte die Kunst ihre eigene (künstlerische) Moral entwickeln und unmoralisch gegenüber allem anderen werden.
Bertolt Brecht: Arbeitsjournal

Zwei Stämme

Der dänische Fernsehjournalist Stig Krabbe Barfoed nahm dieses Interview mit Eugenio Barba im September 1974 in Carpignano für eine Fernsehdokumentation über den Aufenthalt des Odin in Süditalien auf. Das Interview wurde erstmals in *Bibliotheca Teatrale* (Rom 1974/10–11) veröffentlicht.

Ich war eine Woche hier und habe eure Aktivitäten gesehen. Warum seid ihr hier in Italien, warum könnt ihr das nicht in Dänemark tun?

Wir haben dieses abgelegene Dorf im Absatz der italienischen Halbinsel ausgesucht, wo mehr als 800 der 1800 Einwohner emigrieren mußten, um Arbeit zu finden. Wir wollten eine neue Produktion in einer menschlichen, sozialen und geographischen Umgebung entwickeln, die außerhalb unserer gewohnten lag. Unser Aufenthalt hier konfrontierte uns mit völlig ungewohnten Fragen: Warum waren wir hier, und wie sollten wir – fremde Schauspieler – uns gegenüber der Bevölkerung definieren?

Nachdem ich eure Arbeit hier gesehen habe, ist mir immer noch ein Rest Zweifel geblieben. Wieviel davon ist altruistisch, wirklich für die Leute hier, und wieviel ist für euch selbst?

Deine Frage berührt ein zentrales Thema, die Folgen der Arbeit. Nimm zum Beispiel einen Chirurgen, der operiert, weil er die Bezahlung liebt, auf Ruhm hofft oder vor einer langweiligen Frau flüchtet. Was machen seine persönlichen Motive aus, wenn er Leben rettet? Das, was das Odin dazu bewegt, in Carpignano zu arbeiten, ist in gewisser Hinsicht egoistisch. Wir sind hier, weil wir es stimulierend finden, in eine neue Arbeitssituation versetzt zu sein.
 Aber du solltest auf die Konsequenzen achten, auf die Ergebnisse. Wie erfahren die Leute von Carpignano unsere Anwesenheit hier? Stellen wir einen Stimulus dar, einen starken Anstoß, der eine Kette von Prozessen in Gang setzt, der es den Einwohnern erlaubt, ihre kulturellen Bindungen wiederzuentdecken, die ihre Gemeinschaft charakterisieren und sich im Verhältnis zu uns zu definieren? Wenn die Bevölke-

rung hier auf die Initiativen des Odin Teatrets von einem bestimmten kulturellen Hintergrund aus antwortet – mit Tänzen, Liedern, improvisierten Szenen, Geschichten erzählen –, dann sind unsere scheinbar egoistischen Motive zu einem Katalysator geworden, zu einem sozialen Ereignis.

Ja, aber wie sehr seid ihr hier Fremdkörper? Heißt das, das etwas, was hereintritt, einen Abszeß bildet und dann wieder verschwindet?

Fremdkörper ist der beste Ausdruck für unseren Aufenthalt in diesem süditalienischen Dorf. Die Schauspieler des Odin Teatrets und die Bevölkerung sind zwei getrennte Pole. Mit ihrem skandinavischen kulturellen Hintergrund, ihrem Verhalten und ihrer Art zu denken, mit ihrem Vorurteil, angeblich vorurteilsfrei zu sein, sind unsere langhaarigen Schauspieler völlig anders als die enggestrickten Bauernkulturen mit ihren rigiden Normen. Aber gerade dieser Unterschied, dieses ‹Anderssein› ist unser Ausgangspunkt gewesen. Wir wollten nicht irgend etwas ‹lehren› noch die Leute hier über ihre soziale und kulturelle Situation aufklären. Wir glauben nicht, daß wir wissen, was ihnen fehlt. Wir sind nicht hier, um sie zu unterhalten. Auf der anderen Seite werden wir uns nicht den lokalen Normen beugen: wir werden unsere eigenen Erfahrungen, unsere Lebensweise und unseren freieren Umgang mit Gefühlen nicht verleugnen.

Unser Aufenthalt hier ist auf der Idee des ‹Tauschhandels› gegründet. Stell dir zwei verschiedene Stämme vor, jeder auf einer Seite eines Flusses. Jeder Stamm kann für sich selbst leben, über den anderen reden, ihn loben oder verleugnen. Aber jedesmal, wenn einer von ihnen hinüber ans andere Ufer rudert, tut er es, um etwas auszutauschen. Man rudert nicht hinüber, um ethnologische Forschungen zu betreiben, um die Lebensweise der anderen zu beobachten, vielmehr um zu geben und zu nehmen: Eine Handvoll Salz für einen Fetzen Stoff, einen Bogen für ein paar Perlen.

Wir handeln mit kulturellen Gütern. Wir haben mit einfachen Situationen angefangen, in denen wir skandinavische Lieder sangen und wo die lokalen Lieder eine natürliche, organische Antwort waren. Dann erweiterten wir den Austausch mit Teilen aus unserem Training, die aussahen wie Tänze, und die Leute antworteten mit ihren eigenen. Dann kamen unsere Paraden, unser theatralischer Sturm auf den Ort und dessen improvisierte Vergeltung. Manchmal sah es aus wie ein riesiger Dorftanz. In jedem Dorf gab es einige mit einem Beitrag zur Unterhaltung. Das galt nicht nur für Carpignano, sondern für viele Dörfer in der Umgebung. Leute kamen und baten uns zu singen, zu tanzen oder die neu entstandene Clownaufführung zu zeigen. Wir fragten sie, was sie uns dafür geben könnten; sie mußten Leute aus dem Ort finden, keine professionellen, die bereit waren, uns mit Liedern oder Tänzen zu ‹bezahlen›. Unsere eigene Ankunft und Aufführung war lediglich ein Vorwand, ein konkreter Impuls, die Bevölkerung zu versammeln, um sie dann das Fest selbst übernehmen zu lassen, um sie, angetrieben von ihrem eigenen kulturellen Hintergrund, eine Situation entstehen zu lassen, welche die Leute enger zusammenbindet. Jeder kann mitmachen, denn alle kennen die Lieder und Tänze.

Das war der Tauschhandel. Wir haben unsere Güter nicht weggegeben und sie nicht die ihrigen. Beide Teile gingen mit mehr weg, als sie mitgebracht hatten. Und trotz unserer Unterschiedlichkeit konfrontierten wir uns miteinander und bestimmten uns durch unsere eigenen kulturellen Hintergründe.

Ja, aber um hier zu leben, mußtet ihr etwas anderes aufführen als bei euren üblichen Aktivitäten in Dänemark. Ihr habt eine Clownshow entwickelt, eine Art von Aufführung, die ihr vorher nie gemacht habt.

Weil die Situation sowohl sozial als auch kulturell anders war. Wir machen Theaterforschung, und Theater kann vieles sein, sogar in einem einzelnen Land. Es hängt davon ab, wo man ist und unter welchen Leuten. In Dänemark war es unsere Funktion, Projekte durchzuführen, die im allgemeinen für unmöglich gehalten wurden: Theaterseminare, wo die Teilnehmer Theaterpersönlichkeiten aus anderen Ländern treffen konnten und mit anderen Erfahrungen konfrontiert wurden; die Veröffentlichung eines Theatermagazins in einem Land, das eine solche Zeitschrift nicht hatte; Aufführungen einiger der historisch wichtigsten Arbeiten vorzustellen von Dario Fo bis Grotowski, von Ranconi bis zu japanischem oder balinesischem Theater oder in der Tradition der Commedia dell'Arte. All das gehört zur Arbeit des Theaterlaboratoriums in Dänemark. Wir konnten nicht ausschließlich diese Funktion mit uns in ein kleines italienisches Dorf bringen, wo die Leute nie zuvor ein Theaterstück gesehen haben. Wir mußten aufhören, in den üblichen Theaterkategorien zu denken, und uns fragen, was können wir hier tun? Wir wollten die Leute hier nicht mundgerecht mit Theater abspeisen, wo sie jahrhundertelang ganz gut ohne dieses Phänomen leben konnten. Wir wollten sie dazu bringen, uns mit ihrer eigenen Stimme zu antworten, mit ihrer eigenen Sprache, mit dem, was sie – obwohl es langsam zerfällt – immer noch verbindet und stark macht: ihre Kultur, die nicht trennt, sondern verbindet.

Tauschhandel

«Anderssein ist unser Ausgangspunkt. Stell dir zwei Stämme vor, jeder auf seiner Seite eines Flusses. Jeder Stamm kann für sich alleine leben, über den anderen sprechen, ihn loben oder sich über ihn lustig machen. Aber jedesmal wenn einer zum anderen Ufer hinüberrudert, dann will er etwas austauschen. Man rudert nicht hinüber, um zu belehren, Erleuchtung zu bringen oder zu unterhalten, sondern um etwas zu geben und etwas zu nehmen: eine Handvoll Salz für ein Stück Stoff, einen Bogen für ein paar Perlen. Wir tauschen kulturelle Güter aus.»

Fotos: Peter Bysted, Tony D'Urso, Jean-Pierre Kaba, Saul Shapiro

81: Anderssein ist unser Treffpunkt (Iben Nagel Rasmussen)

82: Tauschhandel in einem Dorf in Süditalien (Roberta Carreri)

83: Tauschhandel mit der «Conjunto Nacional de Folklore» in Lima, Peru (Tom Fjordefalk)

84: Tauschhandel in einer psychiatrischen Heilanstalt von Valencia, Spanien (Silvia Ricciardelli)

85: Tauschhandel im Gefängnis von Ayacucho, Peru

86: Tauschhandel mit *burakumin*, Fukuoka, Japan (Francis Pardeilhan)

87: Tauschhandel in Sahel, Obervolta (Roberta Carreri)

88: Tauschhandel auf den Feldern einer Kooperative, Peru

89: Turaewä, der Schamane, führt den Mythos vom Jaguar und der Schildkröte auf.

Tauschhandel mit den Yanomami-Indianern, Amazonas. Im Mai 1976 nahm das Odin Teatret den Vorschlag der «Kurare Film Kooperative» an, einen Tauschhandel mit den Yanomamis, ein Treffen zwischen Ursprüngen (Ritual und Tänzen) und historischer Entwicklung (Theater) durchzuführen. Mitten im *shabono* – dem großen Haus – wechselten sich die Tänze der Yanomami und die Geschichten ihres Schamanen mit den Vorstellungen des Odin Teatret ab: dem *Buch der Tänze* und *Come! And the Day Will Be Ours*, der Geschichte von der Zerstörung eines Schamanen durch die Weißen. Dieser Tauschhandel fand im Kahori *shabono* statt, wo der Anthropologe Jacques Lizot sechs Jahre gelebt hatte. Er stellte das Odin Teatret den Yanomami vor und zeigte ihnen ein anderes Gesicht der *nape*, der weißen Fremden.

90: Begrüßung der Fremden

91: *Das Buch der Tänze* (Tage Larsen)

92: Eine Szene aus *Come! And the Day Will Be Ours*
(Else Marie Laukvik, Iben Nagel Rasmussen)

93: Tauschhandel in einem Dorf in Venezuela (Roberta Carreri)

Ein Brief aus Süditalien

Dieser ‹offene Brief› ist Eugenio Barbas Antwort auf eine Reihe von Fragen, die ihm von der amerikanischen Theaterkritikerin Jennifer Merin im Auftrag von *The Drama Review* gestellt wurden. Zu dieser Zeit war Barba mit dem Odin Teatret in Ollolai, einem Dorf im Zentrum Sardiniens, einer Region, die für ihre Verbundenheit mit der eigenen Tradition und ihren Kampf gegen aufgezwungene kulturelle Integration bekannt wurde, aber auch für ihre veraltete Ökonomie und ihren ‹Banditismo›.

Der «Brief aus Süditalien» wurde zum erstenmal in *The Drama Review* (New York 1975/68) veröffentlicht.

Liebe Jennifer Merin,

Ich will versuchen, deine Fragen über unsere Arbeit zu beantworten, über ihre Entwicklung, über die Bedeutung unserer Erfahrungen in Süditalien – nicht Punkt für Punkt, sondern in einer zusammenhängenden Stellungnahme.

In einigen Fällen wird die Antwort impliziert sein; es gibt aber Fragen, die man nicht in Worten beantworten kann, sondern die durch Handeln beantwortet werden müssen.

– Wer seid ihr?
– Schauspieler.

Aber wäre das Wort Schauspieler wirklich eine Antwort, wenn die Frage von einer alten, in schwarz gekleideten Frau käme, die nur Dialekt spricht, aus einem Dorf in Süditalien? Oder wenn sie von einem Bauern oder Schäfer käme?

Für sie bedeutet Schauspieler ‹Kino›. Es bedeutet ‹Fernsehen›. Aber was bedeutet es wirklich, wenn wir das Wort nicht auf die institutionalisierte Unterhaltung beziehen wollen, das Fernsehen, das jeder sieht, das anerkannte Theater, das die Leute aus der Entfernung als etwas klar bestimmtes, Schwieriges ansehen, das nur von einigen Enthusiasten geliebt und studiert wird?

Wo sind wir wirklich Schauspieler? In Holstebro vielleicht und an all den Orten, wo wir vor einem Publikum auftraten, das wußte, warum es zu uns kam. Diese ‹Region› des Theaters gibt es überall. Sie besteht aus ein paar tausend Personen in jeder größeren Stadt.

Aber wenn wir diese Region verlassen, wer sind wir dann? Wozu sind wir in einem isolierten Dorf in Apulien oder in Sardinien geworden? Was mußten wir werden, um uns immer noch in diesem Wort ‹Schauspieler› zu erkennen, als wir uns anderen Leuten gegenübersahen, die wir in dem Wort ‹Zuschauer› nicht mehr erkannten?

Man kann jahrelang an einem geachteten Ort hinter einer Tür arbeiten, auf der ‹Theater› geschrieben steht. Alles, was man tut, erhält einen Sinn nicht nur für den, der es tut, sondern auch für die draußen. Und es gibt nicht nur einen Sinn in dem, was getan wird, sondern auch in dem, was nicht getan wird, was abgelehnt wird. Auf dieser Ebene scheint deine Arbeit begründet und vertretbar. Aber sie ist es nur, solange sie Theater genannt wird und solange sie als Theater wahrgenommen wird.

Was passiert, wenn die Tür und das Schild eingeschlagen werden? Es kann sein, daß das, was vorher ‹einfach›, ‹banal›, ‹alt›, ‹wenig interessant› war, dir in Gegenden ohne Theater seltsam wesentlich erscheint. Die Entscheidungen und die Ablehnungen, die dich bis jetzt im Licht und unter dem Schutz des Theaters in deutlichen Umrissen bestimmt haben, verschwinden. Wenn du versuchst, dich in denen wiederzusehen, die um dich herum sind und dich beobachten, wird dir bewußt, daß der Spiegel etwas Nebelhaftes zurückwirft, dein Verhalten und deine Züge scheinen im Nebel zu verschwimmen.

Dann muß man wieder von vorn anfangen.
 – Wer seid ihr?
 – Schauspieler.
 – Aber wer seid ihr?

Es war eine Herausforderung: Wenn wir Schauspieler sind, wenn wir die Bedingungen von Schauspielern gewählt haben, wie können wir es zeigen? Und nochmals, wozu werden unsere Bedingungen in diesem neuen Territorium? Werden wir zu Marktschreiern, die unterhalten? Zu Propagandisten? Zu Missionaren? Wie können wir die Tatsache rechtfertigen, da zu sein, fremd und andersartig, und das zu tun, was wir tun?

Eines Abends, nach ungefähr einem Monat unseres Aufenthalts in Carpignano (bis dahin hatten wir in fast vollkommener Abgeschlossenheit gelebt und uns auf unsere Arbeit konzentriert), entschlossen wir uns, einige Freunde von der Universität in Lecce zu besuchen, die gekommen waren, weil sie für einige Zeit in einem Dorf leben wollten. Wir nahmen unsere Musikinstrumente und verließen unsere Unterkunft.

Es war das erste Mal, daß wir in dem Dorf als geschlossene Gruppe auftraten, mit unseren Musikinstrumenten und mit den bunten Kleidern, die wir im Training benutzten. Es war auch das erste Mal in so vielen Jahren Theaterarbeit, daß wir uns Leuten auf der Straße gegenübersahen. Vorher waren wir immer allein in unseren Arbeitsräumen gewesen oder mit wenigen aufmerksamen, interessierten Personen in unseren Seminaren.

Sofort folgten die Leute uns und baten uns zu spielen. Wir kamen am Haus unserer Freunde an, aber sie waren nicht da. Ohne daß wir es beabsichtigt hatten, fanden wir uns draußen im Freien, auf einem öffentlichen Platz umgeben von vielen Leuten, die darauf warteten, daß wir etwas machten. Wir standen mit dem Rücken zur Wand, und so fingen wir an zu spielen: Skandinavische Volkslieder, vermischt mit Stimmimprovisationen, wie die Schauspieler in unserem Theater sie in ihrem Training benutzen.

Wir sangen und spielten fast eine Stunde lang. Und was uns am meisten überraschte: Am Ende gab es keinen langen Beifall von den Leuten (Was war aus den Odin-Schauspielern geworden, irgendeine zufällige Gruppe von Musikanten?), sondern einige sagten: «Jetzt müßt ihr unsere Lieder hören.» Die, die um uns herum standen, fingen an zu singen, Arbeitslieder, Lieder mit dem besonderen Rhythmus, der die Bewegungen bei der Tabak- und Olivenernte begleitet, und auch Lieder von unglücklicher Liebe und Tod. In dieser improvisierten Situation wurde unsere Idee des ‹Tauschhandels› geboren.

Was in Carpignano geschah, erinnerte an eine ähnliche Situation in den Bergen von Sardinien, wo wir ungefähr fünf Monate vorher unsere neueste Produktion *Min Fars Hus* gezeigt hatten.

In diesen abgelegenen Orten, wo Theater nie in Erscheinung getreten war, reagierten die Zuschauer, Schäfer und Bauern, mit verwirrenden Verhaltensweisen. Aber wir hatten den Grund schnell erfaßt: Es war die Art, wie sich die Leute in den kleinen Städten Italiens im Kino verhalten, wo sie das, was sie auf der Leinwand sehen, kommentieren. Als Antwort auf den Film tauschen die Zuschauer Reaktionen und ironische oder ernsthafte Kommentare aus, während die Bilder auf der Leinwand unerschütterlich abrollen. So waren auch die Reaktionen unserer Zuschauer. Ihre Unsicherheit gegenüber dem neuen theatralischen Ereignis wurde in Kommentaren gezeigt, lautstarken Ausrufen, laut herausbrechendem Lachen und manchmal mit tiefem Schweigen.

Aber trotz des Lärms, der uns anfangs verblüffte und der so weit entfernt war von der Ruhe und dem Verhalten der Zuschauer, die an Konventionen des Theaters gewöhnt sind, gab es am Ende immer Applaus und dann das große Bedürfnis, uns Fragen zu stellen: Sie empfanden, daß sie ‹nicht verstanden hatten› weil, so behaupteten sie, sie zuwenig ‹Kultur› hätten, und sie baten uns um Erklärungen. Aber oft schienen die Leute nach dem Theater auch von dem Bedürfnis erfüllt, sich uns darzustellen, etwas zu tun, was dem Gesehenen entsprach. Sie antworteten mit Liedern und Tänzen, typischen Formen einer volkstümlichen Kultur, die nicht auf verbale Sprache beschränkt ist, die in ihrer ganzen körperlichen Präsenz Geschichte und Visionen einer Gemeinschaft freilegen. Was in Sardinien mit *Min Fars Hus* geschehen war, geschah in Carpignano aufs neue mit unseren Liedern und ihren Liedern als Antwort.

Als sich Gerüchte über eine ausländische Theatergruppe in anderen Orten um Carpignano herum verbreiteten, kamen junge Leute und baten uns, zu ihnen zu kommen. Wir antworteten ihnen aufrichtig, daß wir keine Philantropen seien, daß keiner für nichts arbeiten mag, daß wir eine Vergütung, aber kein Geld wollten. Wir wollten, daß sie sich uns mit ihren Liedern und Tänzen darstellen, genau so, wie wir uns ihnen darstellen. Diese jungen Leute antworteten uns oft, daß sie nicht wüßten, wie man singt und nicht die Lieder ihrer Gegend kannten. Manchmal sagten sie, daß es in ihrem Ort keine Tradition gebe. Dann baten wir sie, die alten Leute ausfindig zu machen, schlugen vor, daß sie in die Tavernen gehen sollten, wo sich die alten Leute treffen, um von ihnen Lieder zu lernen, oder die alten Leute selber auf den Dorfplatz zum Singen einzuladen.

Wenn man im Sommer in Süditalien in ein Dorf kommt, wo am Abend jeder draußen ist, dann scheint es zwei Welten zu geben: die der Alten und die der Jungen. Jede Gruppe verhält und kleidet sich anders und trifft sich an anderen Stellen. Man erkennt, daß der Spalt nicht nur tief ist, sondern von beiden Gruppen als Wunde empfunden wird. Die Alten fühlen die Leere hinter sich. Sie leben in einem Ort, der einmal war, aber nicht mehr wirklich ist. Die Jungen leben da als Fremde, manchmal intolerant, manchmal in nostalgischer Suche nach einer verlorenen Lebensweise, die sie als ein Gegengift gegen die ‹Werte› der großen Städte ansehen, nach einer Vergangenheit, die ihnen unersetzlich erscheint. So leben eine Unmenge unterschiedlicher Erfahrungen, nahezu zwei Zeitalter, zwei Welten, wenige Meter voneinander entfernt, aber parallel, ohne sich zu treffen, sich zu vergleichen, sich zu konfrontieren. Eltern und Kinder begegnen sich nur im beschränkten Raum des Zuhause, in den erstickenden Familienverhältnissen. In den Orten, in die wir eingeladen waren, traten, nachdem wir gesungen hatten, ältere Männer und Frauen auf, von denen wir geglaubt hatten, daß sie in ihrer Distanz und ihrer unzugänglichen Reserviertheit verschlossen seien, und sie sangen und tanzten.

Aber wenn die Leute von Süditalien sich uns mit ihren Tänzen darstellten, wie würden wir, wenn wir tanzen müßten, uns ihnen darstellen?

In unserer Gruppe gibt es Dänen, Norweger, Schweden, Italiener.

Keiner von ihnen kennt Volkstänze, noch sieht er die Notwendigkeit, sie zu lernen.

Als ich die Bauern tanzen sah, wurde mir bewußt, daß ich und meine Mitarbeiter zu einer Kultur gehören, in der gemeinsame Bindungen nicht mehr existieren, in der jeder versucht, sich individuell zu verwirklichen. Hätten wir versucht, unsere Volkstänze zu zeigen, dann hätte es bedeutet, daß wir uns für etwas ausgeben, wovon wir fühlten, daß wir es nicht sind; denn der Tanz ist der unrationalisierte, unkalkulierte Moment, in dem unsere biologische und soziale Erbschaft uns ergreift, uns wegführt, uns von der Erde hebt, uns all unsere Energien freisetzen läßt.

Welches waren die Umstände, von denen die Odin-Schauspieler ergriffen und von der Erde gehoben wurden; in denen sie all ihre Energien freisetzen konnten, von einer Notwendigkeit getrieben, die nicht nur das Verlangen war, präsent zu sein und sich anderen anzuschließen in ihrer Arbeit?

Die Frage, die solange offen blieb (Wer seid ihr? – Schauspieler. Aber wie sollen wir es beweisen, wenn wir keine Aufführung haben?), fand jetzt eine Anwort. Daß wir Schauspieler sind, würden wir durch unsere Trainingsaktivitäten zeigen, in denen der Schauspieler von einer Welle seiner Energie getragen zu sein scheint, wenn sein Gewicht und seine Masse sich zu einer Ausstrahlungskraft zu vereinen scheinen.

So wurden unsere Tänze geboren, in denen jeder Schauspieler, ausgehend von dem Antrieb und den Bedürfnissen, die seine individuelle Arbeit kennzeichnen, der Macht der Schwerkraft zu trotzen scheint. Aber unsere Schauspieler fingen nicht unter der Voraussetzung an, daß sie tanzen wollten oder müßten. Es war ein unfreiwilliges Produkt und wurde von anderen als Tanz angesehen. Wir brachten auch Clownshows heraus, ‹Paraden›, in denen wir unseren Weg durch die Dorfstraßen improvisierten.

Unsere Auftritte unterschieden sich jetzt sehr von unseren früheren Aufführungen, die das Ergebnis eines langen Prozesses waren, in dem eine Gruppe von jungen Leuten versuchte, die Wahrheit über sich selbst herauszufinden; die Schale aufzubrechen, in der unser lebendiger Körper sich bewegt und sich in Wirklichkeit versteckt; sie zu durchstoßen, aufzubrechen und Fleisch und Blut ans Licht kommen zu lassen. Jetzt, in den Straßen dieser Dörfer, hatten wir eine neue Haut angezogen. Jemandem, der uns von unseren früheren Produktionen her kannte und uns hier gesehen hätte, wäre es schwergefallen, uns wiederzuerkennen.

Man liest in alten Chroniken, was die Schauspieler vor drei oder vier Jahrhunderten getan haben, liest die Beschreibungen ihrer Aufführungen vor aristokratischem Publikum oder auf öffentlichen Plätzen, wo das Publikum ‹das Volk› genannt wurde. Man liest die Beschreibungen ihrer Tänze, ihrer Akrobatik, ihrer geräuschvollen farbenfrohen Einmärsche in die Stadt, in die sie gingen, um die letzten gesparten Münzen der Einwohner zu ergattern. Die Beschreibungen sind lebendig und ausführlich. Wir können die Musik nahezu hören und sehen, wie die Schauspielerin sich gleichzeitig provokativ und bescheiden gibt, wie dieser verführerisch auftritt und ein anderer die Zuschauer beständig in Bewegung hält oder sie mit seinen Fratzen zum Lachen bringt. Aber diese Schauspieler scheinen keine Substanz zu haben. Sie sind zweidimensionale Gestalten mit einem angemalten Gesicht vorn; aber was liegt dahinter?

Der Chronist war nur daran interessiert, das Theater zu porträtieren, nicht die, die es machten. Zu diesen Zeiten war es dem Schauspieler nicht erlaubt, über sich als Künstler nachzudenken, und was er tat, nannte niemand ‹Kultur›. Warum machten sie dieses nutzlose Zeug, ‹Theater›? Wir wissen es: um Geld zu verdienen, um zu überleben. Aber wer waren sie, daß sie sich entschlossen, auf solche Weise zu überleben? Diener, die ihre eigenen Herren werden und nur noch auf den Brettern der Bühne dienen wollten? Junge Leute, die das Abenteuer liebten? Menschen, die an der Illusion hingen, ihre Jugend verlängern zu können, die die Rollen und Gesetze vermeiden wollten, die das Leben derer regiert, die nützliche und anerkannte Arbeit verrichten? Leute, die Furcht und Scham hinter sich ließen? Oder andere, die einfach in die wunderbare und versponnene Welt des Theaters hineingeboren waren? Reife und alte Menschen, die nicht mehr in der Lage waren, außerhalb dieser bewegten Trostlosigkeit zu leben, die andere Theater nennen?

Der Schauspieler vor drei oder vier Jahrhunderten ist eine ferne Gestalt, über die wir jede Antwort geben können, die wir geben wollen. Aber wenn seine Erscheinung auch von unserer weit entfernt ist, dann ist es doch, als brächte seine Zweideutigkeit ihn uns näher.

Wer seid ihr? – Schauspieler. Aber wer seid ihr?

Es ist jetzt fast zehn Jahre her, seit ich einen Artikel schrieb, der *Waiting for the Revolution* hieß. Ich sprach davon, daß nur eine ständige Erneuerung unseres Bewußtseins und unseres persönlichen Verhältnisses zu dem, was um uns herum geschieht, eine neue Haltung gegenüber unserem Handwerk entstehen lassen könnte. Ich sagte, daß es der Prozeß ist, der uns verändert, daß die Notwendigkeit unserer Entscheidung durch unsere tägliche Arbeit auf die Probe gestellt werden muß,

Die Welt des Geistes und des Geldes

DEUTSCHLAND

«So sind die Anfänge aller Schauspielkunst …

... Der rohe Mensch ist zufrieden, wenn er nur etwas vorgehen sieht; der gebildete will empfinden, und Nachdenken ist nur dem ganz gebildeten angenehm.»

Johann Wolfgang von Goethe, «Wilhelm Meisters Lehrjahre»

So ist es auch im Umgang mit dem Geld: Einige Menschen wirtschaften bis zum nächsten Zahltag, andere legen etwas auf die hohe Kante; die «ganz gebildeten» denken darüber nach, wie sie ihre Ersparnisse wirklich profitabel anlegen können.

Pfandbrief und Kommunalobligation

Meistgekaufte deutsche Wertpapiere - hoher Zinsertrag - schon ab 100 DM bei allen Banken und Sparkassen

Verbriefte  Sicherheit

mit so unmenschlichen Forderungen, die nur wenige durchstehen – nur die, die animiert sind von einem unbeugsamen Bedürfnis, die ‹Dämonen› der Arbeit, die die Trägheit überwinden, die sich mit nutzlosen Ergebnissen zufriedenstellt.

Der Artikel endet: «Es ist nicht mehr die Frage, Missionar oder origineller Künstler zu sein. Unser Beruf gibt uns die Möglichkeit, uns zu ändern und dabei die Gesellschaft zu verändern. Man darf nicht fragen: Was bedeutet das Theater für die Leute? Das ist eine demagogische und unfruchtbare Frage. Sondern vielmehr, was bedeutet das Theater für mich? Die Antwort umgesetzt in Handlung, ohne Rücksicht und Kompromisse, wird die Revolution im Theater sein.»

Ich habe meine eigene Schrift zitiert, weil später eine andere Frage folgte. Sie entstand natürlicherweise aus dem Leben unserer Gruppe heraus: die Revolution im Theater. Und danach?

Das Odin Teatret hat oft in Italien gespielt. *Min Fars Hus* haben wir sechzigmal bei Seminaren mit jungen Leuten gezeigt: Studenten oder Mitgliedern kleiner Theatergruppen. Sie bezweifeln oft, ob ein Theaterlaboratorium, daß im dänischen Wohlfahrtsstaat arbeitet, in einer Gesellschaft voll von Widersprüchen wie in Italien funktionieren könne.

Aber was zählt? Eine vorgefaßte Form von Theater oder die Einstellung, die man gegenüber seiner Umgebung gewinnt, die Art, in der man seine Entscheidungen in Handeln umsetzt, wenn man mit dem konfrontiert wird, was man hört oder sieht? Wir entschieden uns, einige Monate in Italien zu leben während einer Periode, in der wir die alte Aufführung *Min Fars Hus* nicht mehr spielten und noch keine neue produziert hatten. Einer Periode, in der wir nur eine Gruppe von Leuten waren, keine Theatergruppe mit einem Stück auf Tournee. Und wir wollten an einen Ort gehen, wo Theater nie existiert und keine Bedeutung erlangt hatte. Das Dorf, in das wir gingen, um dort zu leben, Carpignano, war in einer der ärmsten Gegenden Italiens ausgewählt worden, wo in jeder Familie ein Vater, Bruder oder Sohn in die Schweiz oder nach Deutschland emigriert war. Ein kleines abgelegenes Dorf.

Meine Mitarbeiter und ich hatten uns immer unwohl gefühlt mit jemanden, der so tat, als wäre er mit anderen vertraut, die sich völlig von ihm unterschieden. Das ist so, als wenn ein Erwachsener sich mit kleinen Kindern infantilisiert oder wenn ein Student sich einbildet, genau so zu sein wie ein Arbeiter oder Bauer. Wir empfanden uns als unterschiedlich, und uns fehlte die missionarische Berufung, anderen unsere Wahrheit aufzuzwingen.

Aber unsere Wahrheit konnte nur in der Konfrontation mit der

Wahrheit anderer bestimmt werden. Durch diese Begegnung mit dem anderen wurden wir gezwungen, durch eine Reihe von Reaktionen, deren wir uns anfangs nicht bewußt waren, den Spalt zwischen unseren Absichten und dem, was wir erreichen konnten, freizulegen.

Nachdem wir in diesem kleinen Dorf im Süden Italiens ankamen, vermischten wir uns nicht geradewegs mit den Leuten. Wir lebten drei Wochen in völliger Abgeschlossenheit mitten im Ort und verließen uns auf unseren sichersten Punkt, auf unsere Arbeit. Wir standen um fünf Uhr morgens auf, genau zur gleichen Zeit, zu der die Bauern zum Feld gingen. Unser Training wurde weit weg vom Dorf absolviert, auf Feldern, die verödet waren, wo wir aber gesehen werden konnten. Manchmal sahen wir die gebräunten und teilnahmslosen Gesichter von Männern und Frauen, die unsere Arbeit, unsere Körper und unser Stimmtraining beobachteten. Trotz aller Fragen, die unser unangemessenes Verhalten provozierte, erkannten die Leute eine Logik, eine Folgerichtigkeit und Disziplin, deren Bedeutung ihnen unzugänglich war.

Sie waren anders als die Bauern, diese Schauspieler vom Odin mit ihren langen Haaren, ihrer skandinavischen Kultur, ihren Verhaltensmustern, ihrer Denkweise, ihrem Vorurteil, angeblich frei von Vorurteilen zu sein. Später war es unser Anderssein, das zum Maßstab unserer Begegnungen wurde.

In abgelegenen Orten – selbst dann, wenn sie von Emigranten betroffen, vom Fernsehen, vom Glitter der großen Städte und ihren vorgestellten Vergnügungen erreicht werden – gibt es immer noch tiefgreifende Normen und Tabus, die das Leben der Menschen ordnen. Es ist albern zu glauben, das Theater, eine Theatergruppe könne diese Tabus brechen und befreiende Verhältnisse, neue Möglichkeiten entstehen lassen. Wenn eine Gruppe das versucht, tut sie dem Organismus der Kommune Gewalt an, und dieser reagiert unmittelbar und weist sie zurück. In Italien sind Theatergruppen verfolgt und sogar von Dorfbewohnern mit Steinen beworfen worden, wenn sie in der Illusion, Tabus zu zerstören, versuchten, die Bevölkerung zu provozieren. Eine Theatergruppe sollte nicht so handeln wie jene Ethnologen, die sich zu tarnen versuchen, während sie die Bevölkerung studieren.

Nicht das Dorf sollte Gegenstand des Studiums sein, sondern die Theatergruppe. Bei ihrer Ankunft folgt sie den Regeln ihres Lebens weiter, ihrer Disziplin, dem Training, das für jedes Mitglied der Gruppe wichtig ist. Sie vermeidet jedoch, sich in der Öffentlichkeit so zu verhalten, daß sie die Regeln verletzt oder mit Füßen tritt, die für das Dorf lebenswichtig sind. Dann wird die Theatergruppe für die Bevölkerung zum Gegenstand des Studiums. Es ist nicht mehr das Theater, das das Dorf erobern will, sondern das Dorf, das die Gruppe ‹verführen› will, und dieser Versuch zeigt das Bedürfnis nach Theater, nach etwas, das sie vorher ignorierten und das sie, hätte man es ihnen von außen als eine Art Geschenk angeboten, als etwas Fremdes empfunden hätten, das zu einem anderen Planeten gehört.

Menschen treffen und bestimmen sich gegenseitig in ihrer Unterschiedlichkeit, aber in einer Unterschiedlichkeit, die für die Theatergruppe ein bewußt gewähltes Leben bedeutet, während sie für die Leute von Süditalien eine harte Existenzbedingung ist, aus der sie nicht entfliehen können.

Die Unterschiedlichkeit fasziniert, wir wollen sie entdecken, sie an unserer Erfahrung messen, an dem, was wir wissen, was uns sicher macht. Aber um das zu tun, müssen wir uns stellen, wir müssen uns zeigen, wir müssen uns darstellen. Unser Aufenthalt in Süditalien sollte für uns der Beweis sein, daß es nicht die Aufführung – ein zeitlich begrenztes Resultat – ist, die zählt, sondern die Gruppe mit ihrem Verhalten und ihrer Vision, die sie in einer Arbeit realisiert, die den ganzen Tag ausfüllt.

Während der fünf Monate unseres Aufenthalts in Carpignano belebte der ‹Tauschhandel› die gesamte Region. Wenn wir unsere Lieder, unsere Tänze, unsere Paraden in ein Dorf brachten, dann war es in der Lage, im Austausch etwas Gleichartiges zu geben, oder eine Gruppe kam von dort zu uns nach Carpignano oder ging vielleicht in einen anderen Ort, wo eine andere Gruppe entweder ihr etwas erwidern mußte oder selbst wieder anderswohin ging, wenn sie an der Reihe war.

Die letzten drei Monate waren ein lebendiger ‹Tauschhandel› unter den Bauern, Arbeitern und Studenten, die wechselseitig auf Dorfplätze gingen, um sich mit ihrer eigenen Kultur vorzustellen.

Es gab kein professionelles Theater, aber es gab eine theatralische Situation, einen Zeitpunkt, der es zuließ, sich zu treffen. Es entstanden Situationen, in denen Unbekannte vortraten, etwas vorgaben und andere Leute anzogen.

Eine kleine Gruppe ausländischer Schauspieler, anscheinend nicht sehr bewandert in sozialen und politischen Fragen, hatte das Theater zerstört; aber sie hatte das Erz ans Licht gebracht, das in der Mine verborgen lag.

Aber kann man weitergehen? Kann man den ‹Tauschhandel› als kulturelles Phänomen zu etwas verändern, das Spuren in der politischen und sozialen Situation des Ortes hinterläßt? Nach zahlreichen Erfahrungen erinnerte der Tauschhandel mich an einen Oktopus ohne Tentakel, an einen kleinen pulsierenden Sack, der farbiges Material aussendet, das für Augenblicke die Farbe des Wassers zu verändern scheint, sich dann aber verliert. Wie kann man diesem Sack Tentakel geben, die fähig sind, sich an ein kleines Stück Felsen zu klammern und es herauszubrechen?

So kam es, daß wir im folgenden Jahr, 1975, als wir nach Carpignano zurückkamen und später in die Berge Sardiniens gingen, versuchten, die Tentakel wachsen zu lassen, damit sie Halt finden und nach unserer Abreise bleiben konnten. Wir verlangten nicht nur einen ‹Tauschhandel›, wir fragten die Gruppe, die uns einlud, welches Problem in ihrem Dorf sie am dringlichsten lösen wollten. Es gab viele und unterschiedliche Antworten.

Dann bestanden wir als Bedingung für unser Kommen darauf, mehr zu mobilisieren als Musiker und Sänger. In Monteisasi, nahe bei Taranto im Süden Italiens, hatte eine Gruppe junger Leute auf eigene Kosten einen Raum gemietet und eigene Bücher mitgebracht in der Absicht, eine Bibliothek für alle aufzubauen, die immer gefehlt hatte. Als wir nach Monteisasi gingen, baten wir die Leute, die zu unseren Tänzen kommen wollten, zusätzlich zum Tauschhandel ein Buch mitzubringen. Es war paradox: Warum nicht mit Geld zu bezahlen, statt mit einem Buch zu kommen? Was sollten diese bedruckten Seiten, die den Bauern fremd waren und es ihnen jetzt trotzdem ermöglichten, an der Unterhaltung teilzunehmen? Wir wollten diejenigen unterstützen, die dem Dorf bewußt machen wollten, wie nützlich eine scheinbar nutzlose Bibliothek sein kann. Die Bücher wurden abends in die Bibliothek gebracht. Der kleine Raum prägte sich deutlich im Gedächtnis vieler ein, die daran teilnahmen. Aber als sie das taten, wohin gingen sie da? Und wir, die wir keine Missionare sind, was haben wir tatsächlich im Austausch erhalten? Wie kann Theater etwas außerhalb des Theaters fühlbar beeinflussen? Wie kann es mit Taten, nicht mit Worten, eine Bresche schlagen – in die Wand, die uns frei leben läßt, obwohl sie uns von anderen trennt?

Dazu müssen wir zu anspruchslosem Handwerk Zuflucht nehmen: Bereiche, auf denen wir wirklich unsere Spur hinterlassen können, sind viel kleiner als die, die wir diskutieren. Und dennoch – im ständigen Versuch auszubrechen gehen wir das Risiko ein, unseren Weg zu verlieren.

Ich denke mir das Theater als einen Körper, der ständig Blut verliert. Jedesmal, wenn es in die Straßen geht und auf die Realität trifft, leidet es, verschwendet, verliert Blut aus Wunden, die nicht heilen. Der Körper des Theaters kann nicht von seinem eigenen Blut leben. Seine Bluterkrankheit macht es davon abhängig, sich vom Blut anderer Körper zu ernähren. Es braucht ständig neues Blut; es kann nicht aus sich selbst leben. Es gibt ein bluterkrankes Theater, das seinen Zustand verleugnet: weiß wie eine Larve in ihrem kristallenen Turm, umgeben von Autoritäten und Interpreten, die ihm ewige Dauer verkünden und mit Diagnosen und Theorien Versuche zu seiner ständigen Belebung unternehmen.

Aber es gibt auch ein Theater, das sich seiner Bluterkrankheit bewußt ist, das den schützenden Kreis seiner ‹belesenen Männer› verläßt und in die Realität eintaucht, von der es ignoriert und mißachtet wird und die keinen Gebrauch für ein solches Theater zu haben scheint. Es blutet in der Kollision mit dieser Realität.

Es ist eine Überlebensfrage. Transfusionen versorgen das Gehirn mit einem Blut, das nicht aus dem Körper des Theaters kommt, sondern von anderen, die bisher ignoriert und auf Distanz gehalten, als unzuverlässig und gefährlich abgewiesen wurden.

Ein Bluter, der seine Krankheit behandelt, indem er sich gegen jedes Hindernis stemmt, scheint mit einer neuen Wahrnehmungs- und Reflexionsweise geschlagen zu sein. Er lebt ein schwer erklärbares Leben, und die belesenen Männer und Autoritäten schütteln ihren Kopf, wenn sie ihn beobachten. Es stört sie, wenn ein kranker Mann sich selbst behandelt, statt dem Rezept zu folgen, und dabei doch Ergebnisse erzielt, die denen eines Kräuterheilers vergleichbar sind, den man im Namen der Wissenschaft und des gesunden Menschenverstandes ablehnen sollte.

Du verlierst Blut, und während du dich weigerst, bewegungslos im Bett unter einem Baldachin auf einem Katafalk zu liegen, hast du die Grenze in ein Niemandsland überschritten – hinter dir liegt das Territorium des Theaters, vor dir eine andere Welt. Es ist dir nicht bewußt, in welches Gebiet du hineingleitest. Du rückst vorsichtig, aber hartnäckig vor. Manchmal führen dich deine Schritte zur Grenze des Theaters zurück, und die belesenen Männer und Autoritäten lächeln erleichtert. Manchmal scheinst du fast am Horizont zu verschwinden, und dein Schicksal wird ungreifbar. Wer bist du? – Ein Einzelgänger, der einfach in der Wüste verschwindet, oder einer, der selbst, wenn er verschwindet, eine Spur hinterläßt?

In Gavoi, einem kleinen Ort im Innern Sardiniens, erzählte uns eine Gruppe von jungen Arbeitern und Schäfern, daß es ihnen an Geld fehlte, um Informationen über die Arbeitsbedingungen in einer naheliegenden Fabrik zu veröffentlichen. Wir sagten der Bevölkerung, wir seien zusätzlich zum Tauschhandel daran interssiert, mehr über ihre Lebensbedingungen zu erfahren, und baten die jungen Leute, Material über den Ort zu sammeln. Wir baten die Bevölkerung, ihnen zu helfen, ihre Aufgabe uns gegenüber zu erfüllen. Auf diese Art arbeiteten die Dorfbewohner beim Sammeln dieser Informationen zusammen, die dann unter ihnen verteilt wurden.

An jedem Ort gab es eine andere Form von Entschädigung, je nachdem, was die Leute des Ortes wirklich als ihr Bedürfnis empfanden und auch dann erfüllen würden, wenn das Theater weggezogen war.

So entstehen keine Revolutionen. Scheinbar ändert sich nichts. Aber es ist die einzige Möglichkeit, dem Theater wie dem Leib eines Oktopus eine neue Tentakel wachsen zu lassen, mit der er greifen, im Felsen festen Halt finden und diesen schließlich erschüttern kann.

In Ollolai, einem noch kleineren Ort als Gavoi, wurde der Wunsch geäußert, ein kleines Archiv über die vom Aussterben bedrohten örtlichen Traditionen anzulegen, und alte Musikinstrumente, lokale Legenden und Biographien alter Leute zu sammeln. Also gründeten wir unseren Tauschhandel darauf.

Werden die Schauspieler an diesen unbekannten Orten, unter diesen ungefeierten Leuten ihren Schwung verlieren? Werden sie die unnachgiebige Überzeugung von ihrer Kunst verlieren, die ihnen Haltung zu geben schien und die es ihnen ermöglichte, sich anderen nur auf dem Höhepunkt ihrer Arbeit zu zeigen?

Bei unserer letzten Produktion schien es, als hätten sieben junge Leute ihr Schauspielerdasein preisgegeben wie Krabben, die den Schutz ihrer Schale verloren haben. Dennoch waren sie trotzdem in der Lage, die Angst zu überwinden, zu einem Bündel weißen und roten Fleischs zu werden, den Schmerz auszuhalten, der mit der leisesten Berührung zugefügt werden kann. Ihre fast unnatürliche Nacktheit zog unsere Blicke an und weckte in uns entweder den Wunsch, auf ihnen herumzutreten oder uns von ihnen zurückzuziehen. Sie waren von ihrer Leidenschaft ergriffen, der Erinnerung an eine Sicherheit, die jetzt verloren war, und der Sehnsucht nach einer neuen. Auf ihren Körpern konnte man das kleinste Beben, die feinsten Spannungen erkennen. Der innere Vulkan, der danach sucht, sich seines Feuers zu entledigen, ließ sie erbeben, zittern, schien ihr ungeschütztes Fleisch verbrennen zu wollen. Jedoch trotz der Erregung, ja des Schreckens, den diese Krabben erregten, fühlten wir uns ihnen sehr nah. Paradoxerweise gingen sie, Fremde in dieser unbekannten Landschaft, als Gruppe und trotzdem in tiefer Einsamkeit vorwärts, als würden sie Menschen werden.

Liebe Jennifer Merin: Wenn du jetzt hierher kommen würdest in die Berge von Sardinien, könntest du die Schauspieler des Odin über die Straßen und Plätze laufen sehen wie von einem bizarren Maler geschaffene Gestalten. Sind es Spieler auf Tournee, nur um ihr tägliches Brot und den Applaus der Zuschauer zu verdienen, oder sind es Alvars?

Die hinduistischen Alvars vertreten die Überzeugung, daß es keine Göttlichkeit, keine Hoffnung gibt, daß alles Illusion ist. Auf der Suche nach einer Wahrheit jenseits von alldem tun sie Dinge, die von der Gesellschaft nicht gebilligt werden, durch die sie zum Skandal werden und sich isolieren. Aber sie sind die Narren Gottes und ihrer widersprüchlichen Leidenschaften auf der Suche nach einem gemeinschaftlichen Weg in ein Reich, das die Gesellschaft respektiert: die Religion.

Im Reich des Theaters verwandeln sich Einwohner in umherziehende Spieler, in Seiltänzer, in Spottgestalten, und die Leute lachen und applaudieren. Aber manchmal erfriert ihr Lachen, wenn der Spieler nicht nur seine Virtuosität zeigt, sondern nahezu schamlos die Existenz irgendeiner Göttlichkeit verleugnet, seinen Beruf leugnet und Amok zu laufen scheint, als sei er von einem Drang bestimmt, der sich weigert, im Applaus eines Zuschauerkreises eingezwängt zu werden.

Jetzt Tänze und Paraden: Die Masken sind wie Krusten auf dem Gesicht unserer Schauspieler. Bald, in der neuen Produktion, wird die Schicht, die sie bedeckt, wieder schmelzen. Das verrückte Pferd wird freigelassen werden, zu fliegen und zu fallen, sich seiner Vision zu versichern.

Blätter und Wurzeln

Nach zehnmonatigem Aufenthalt in den ‹Regionen ohne Theater› produzierte des Odin Teatret das Stück mit dem «verrückten Pferd, das fliegen und fallen konnte»: *Come! And the Day Will Be Ours*. Sein Thema ist die Konfrontation zweier Kulturen.

Dieser Artikel wurde im Frühjahr 1976 im Programmheft veröffentlicht.

Come! And the Day Will Be Ours ist unsere fünfte Produktion. Mit der Arbeit wurde im Frühjahr 1974 in Holstebro (Dänemark) und in Carpignano (Süditalien) begonnen. Der Prozeß ihrer Entstehung wurde mehrmals unterbrochen. Zweimal mußten wir ganz von vorne beginnen.

Sechs Schauspieler sind beteiligt: Else Marie Laukvik und Torgeir Wethal waren Mitglieder des Odin seit seiner Gründung 1964. Iben

Nagel Rasmussen schloß sich uns an, unmittelbar nachdem wir von Norwegen nach Dänemark gezogen waren; Tage Larsen hatte bereits Erfahrungen mit unserem vorangegangenen Stück *Min Fars Hus* gesammelt; Roberta Carreri kam zu uns, als wir die Arbeit in Carpignano aufnahmen (im Mai 1974). Bei unserer Rückkehr nach Holstebro, sechs Monate später, wurde die Gruppe von Schauspielern durch Tom Fjordefalk ergänzt.

Wie in *Min Fars Hus* sind wir nicht in der Lage, die Schauspieler mit den Namen bestimmter Rollen in Verbindung zu bringen. Wir haben jeden mit einem Gegenstand identifiziert, einem Instrument oder einer Farbe. So gesehen also: «Die in Weiß», «Der mit dem Buch», «Die mit der Trommel», «Der mit der Geige», «Die mit dem Banjo», «Der mit der Gitarre».

Innerhalb eines von den Zuschauern gebildeten Kreises spielen sechs Leute – drei Männer und drei Frauen: drei, die ‹zivilisiert› sind, und drei, die nicht ‹zivilisiert› sind. Sie treffen sich, suchen, stoßen sich gegenseitig zurück, kämpfen und nehmen sich gegenseitig ihre Requisiten weg.

Was geschieht, ist eine Reise und eine Beschreibung dieser Reise. Es ist die Zusammenfassung einer Reise; denn in einer theatralischen Form destillieren sich die Bilder heraus, etwas, dem wir uns unterzogen, das wir gesehen, getan oder von dem wir gewußt haben: wie eine Kultur ausgelöscht und begraben wird; wie jemand stört, der anders ist, wie er abgelehnt, zum Gegenstand der Unterhaltung gemacht und zerstört wird; wie Verrat mit Niederlage und Furcht und Verzweiflung mit der Gewalttätigkeit des Siegers vermischt ist.

Es ist die Rechenschaft über eine Reise; denn all das wird nicht gezeigt, beschrieben oder erklärt. Die Erfahrungen, die in uns Wurzeln geschlagen haben, wachsen als ein – oft kaltes und distanziertes – Zeugnis.

Das Stück wird so für uns zur Grenze zwischen Darstellung und Zeugnis. Aber wie die Grenzen für Pioniere ist es keine festumrissene Demarkationslinie, an der man sich entscheiden muß, anzuhalten oder sie zu überqueren. Die Grenze ist fließend wie der Kamm einer anschwellenden Welle.

Das Stück ist ein eng gewebtes Netz, durch das wir hindurchbrechen müssen, um in einem unvorhergesehenen Augenblick Bruchstücke unserer Vergangenheit und unserer Erfahrungen freizusetzen.

Jeden Abend kämpfen die Schauspieler mit diesem Netz. Jeden Abend versuchen sie, die strenge, eiserne Struktur aufzulösen, und in der Art wie sie es tun, zeigen sie sich dem Publikum als Schauspieler.

Der Widerstand, den die Aufführung dem Zeugnis entgegenstellt, macht das Spiel zu einem Organismus, der seine Form ändert und die geprobte Geste des Schauspielers bei jeder Aufführung wieder wie bei der ersten Improvisation erscheinen läßt.

Durch das Zusammenfließen dieser entgegengesetzten Kräfte können unsere persönlichen Erfahrungen andere erreichen und in eine soziale Erfahrung verwandelt werden: durch Theater, seinen Schein und seine Künstlichkeit. Gerade aus diesem Grund wollen wir uns nicht völlig dem Theater überlassen, dem Spiel seiner Verstellung und der Freude an seiner Künstlichkeit.

Ich würde das Wesentliche unserer Arbeit verleugnen, wenn ich von dem Stück wie von einem Gegenstand spräche, den wir ein für allemal entwickelt haben und von dem wir alle Geheimnisse und möglichen Richtungen wüßten. Weder die Schauspieler noch der Regisseur sind in der Lage zu sagen, was das Stück bedeutet. Dies zu entscheiden liegt am Zuschauer.

Die Frage, die wir beantworten können, ist eine andere: Woher kommt das Stück?

Ich will versuchen, in wenigen Punkten zu antworten, die mehr in Beziehung zu unserer Geschichte als zu unseren Absichten stehen: als eine Reihe von Bruchstücken für das Gedächtnis.

I

Sommer 1976

Jetzt, wo die Arbeit an der Aufführung beendet ist, fallen die Bilder und Geschichten, die uns Monate und Monate begleitet haben, von uns ab wie vom Wind verlassene Segel: Bilder und Geschichten, die unser Ausgangspunkt waren. Die Aufführung, unser Endpunkt, scheint sie nicht mehr zu enthalten.

Die Blätter, die von den Ästen fallen, vermischen sich mit ihren Wurzeln, werden Erde, aus der eine neue Pflanze zu wachsen beginnt. Wir können sie nur vage erkennen, und fragend wundern wir uns.

Ereignisse aus der Vergangenheit, denen wir uns stellen wollten, reichen bis in unsere Gegenwart: all das, was sich zwischen den europäischen Einwanderern und der eingeborenen Bevölkerung von Amerika ereignete.

Verschiedene Fäden wurden während unserer Arbeit miteinander verwebt. Da gab es die Erfahrungen, die einige von uns während ihrer Reisen in Lateinamerika und im fernen Osten gesammelt hatten. Es gab die zehn Monate, die unsere Gruppe in Süditalien verbracht hatte und unsere persönlichen Arbeitserfahrungen als Gruppe. Für einige von uns bedeutete das Arbeit, die uns Seite an Seite über zwölf Jahre lang von unserer Jugend bis an die Schwelle unserer Reife begleitet hatte. Für andere, die Neulinge, bedeutete es eine Arbeit, die sie mitten in eine Gruppe von ‹Veteranen› versetzt hatte, mit den Problemen der Integration, dem ständigen Risiko, sich durch den Reichtum der Erfahrungen der anderen übergangen und sogar geschwächt zu fühlen.

Es gab auch unser Selbstverständnis als Theatergruppe, die Bindungen eingeht und Leute trifft, mit denen sie etwas auszutauschen hat, die aber trotzdem ständig isoliert lebt, abgesondert von den Normen einer wohlorganisierten Gesellschaft, die jedem aufgezwungen werden, der seinen eigenen Weg gehen will; es gab die Erfahrungen einer Gruppe, die die tolerante Gleichgültigkeit derer erlebt hat, welche dich mit Lässigkeit als gesellschaftlich nutzlos ansehen, dich in einer separaten Einfriedigung ausgrenzen.

Trotzdem haben wir persönliche, sehr individuelle Bedürfnisse, die man auch als asozial bezeichnen könnte. Warum uns selbst täuschen? Warum sollten wir statt unsere ehrlichen persönlichen Motivationen zu berücksichtigen, statt sie herauszustellen und sie bis zur höchst möglichen Glut zu treiben, uns hinter einer Fassade verbergen und uns unserer ‹politischen› und ‹sozialen› Berechtigung rückversichern? Wenn wirklich ein grundlegendes Bedürfnis besteht, hinterläßt es seine Spuren. Es ist ansteckend, es wird zu einer sozialen Handlung.

Es gibt Menschen in unserer Gesellschaft, die das Bedürfnis haben, unmittelbar die Zellen eines neuen sozialen Körpers zu bilden. Diese verschiedenen Zellen erscheinen als kleine oder große Gruppen, kämpfen ums Überleben und verschwinden anonym. Eine Theatergruppe kann eine solche Zelle sein. Dann finden wir uns zusammen, und das Theater wird zur Maske, hinter der sich das nackte Gesicht unserer Träume versteckt. Wir nennen es immer noch Theater. Es wird wie Theater beurteilt. Warum ihm einen anderen Namen geben? Ein Wort ist so gut wie das andere.

Aus Kinderbüchern, aus Büchern für Erwachsene, aus dem Gemeinwissen unserer Zeit entwirren sich andere Stränge von Erinnerungen, andere Bezugspunkte, die für einige naive Bilder sein mögen, für mich persönlich aber mit tausendfachen Bedeutungen beladen sind.

Diese halbnackten Wilden, die mit unmenschlichen Schreien die Unbewaffneten und Ungeschützten schlachten, erschreckten mich in den Büchern, die ich als Kind las, in den Filmen, die ich sah. Dreißig Jahre mußten vergehen, bevor dem Kind jener Tage das bewußt wurde, was vielen jungen Leuten heute selbstverständlich ist: daß die Decken, die den Wilden gegeben wurden, mit Cholerabakterien infiziert waren, daß ihre Frauen in den Bordellen zusammengetrieben wurden, daß die wenigen Schlachten, die von ihnen gewonnen wurden, in der Geschichte als ‹Massaker› verzeichnet wurden.

Auf jeder Seite der Chroniken, Biographien, Historien sind Daten, Orte, Helden und Darsteller von Abenteuergeschichten aufgezeichnet.

1867: Am 27. November, geschützt von der Dunkelheit und vom Schnee, überrascht George Armstrong Custer am Ufer des Washite-Flusses ein schlafendes Cheyenne-Lager und reibt es auf, während die Militärkapelle die Soldaten antreibt.

1876: Am 25. Juni werden bei hellem Tageslicht George Armstrong Custer und seine Soldaten von den Sioux, Cheyenne und Arapahos vernichtet.

Crazy Horse: ein wortkarger Mann mittlerer Größe. Er hatte die Existenz zweier Wirklichkeiten erfahren: eine, die du mit anderen teilst, und eine, die nur dir gehört, in der die Pferde tanzen können, als wären sie verrückt. Im Alter von 35 Jahren wurde er durch einen Bayonettstich in den Rücken getötet.

Little Big Man, sein bester Krieger, ein junger Häuptling, der immer alle Kompromisse mit den Weißen abgelehnt hatte, war neben ihm, aber in der Uniform der weißen Männer, um seine Hände festzuhalten und ihn daran zu hindern, sich zu verteidigen.

In einem Land von Männern, die aktiv und bewußt waren, von Pionieren, die eine neue, sinnvolle Gesellschaft aufbauen wollten, was für einen Sinn konnten da die Indianer haben?

II

Wir reagieren gefühlsmäßig auf das, was in der Welt um uns herum geschieht, und wir verbalisieren unsere Reaktionen. Manchmal reizen uns diese Reaktionen zum Handeln, manchmal bleiben sie in uns und ertrinken in Worten. Wir biegen uns wie Bäume im Wind; aber wir müssen Wurzeln haben, wenn wir nicht niedergedrückt werden wollen.

Anfangs wollten wir einen Schauspieler, der sich seines Körpers, seines Instruments bewußt, Wunder vollbringen konnte. Eine fehlgeleitete Denkweise, denn je mehr wir uns unseres Körpers bewußt werden, desto mehr werden wir blockiert. Freiheit ist, unsere eigene Person zu vergessen, über uns hinauszugehen, um eine andere zu erlangen, in Sicherheit, ohne Angst.

Für uns vom Odin ist Theater dieses wechselseitige Gegenwärtigsein. Es ist die Beziehung, die wir zwischen uns herstellen, nicht Theorien, nicht Methoden – nur diese Beziehung. Eine Beziehung mit und zu anderen, die sich je nach der Wirklichkeit, den Bedingungen und den Leuten, die wir treffen, verändert.

Das ist alles äußerst subjektiv, sagen einige Leute. Das Theater verliert all seine Objektivität. Es wird zu einer Gruppe von Leuten, die sich zusammenfindet: Warum? Um ein gemeinsames Programm auszuführen?

Es ist ein netter Gedanke. Aber meine Erfahrung hat mich gelehrt, keinen Gruppen zu vertrauen, die nach einer all ihren Mitgliedern gemeinsamen Doktrin handeln. Ich glaube an Gruppen, die aus starken Individualisten gebildet werden, Individualisten, die von einem tiefgehenden persönlichen Bedürfnis getrieben werden, das sie beim Versuch, es zu befriedigen, verlassen, um die Bedürfnisse von anderen zu treffen.

Sprenge deinen eigenen Kreis innerhalb des Theaters. Dann sprenge den Kreis des Theaters.

Es ist mehrmals in den letzten Jahren vorgekommen, daß ich von Theater als einem Reservat gesprochen habe. Und nicht alle Reservate sind für Indianer. Außerhalb von Holstebro stehen zwei große moderne Gebäude, quadratisch, mit großen Fenstern, umgeben von grünem Rasen und von einer gepflegten Hecke eingefaßt. Es sind Pflegeheime. Hier leben die alten Leute, die nicht mehr nützlich sind und mit ihren Händen und Köpfen nichts mehr herstellen können. Menschliche Rückstände. Ein winziges friedliches Reservat, gleich vielen anderen, die wir zugelassen haben, wo immer wir leben, die wir, die ich selbst stillschweigend zu erhalten helfe. Orte, wo wir die halten, die zurückgeblieben sind, behindert, geistig krank, neurotisch, psychotisch, unsozial: alle, die nutzlos und als Nutzlose gefährlich sind.

Wie können wir den Kreis des Theaters sprengen, ohne, solange wir eine Theatergruppe sind, unsere Identität zu verlieren? Und ohne uns von unserer Identität gefangenhalten zu lassen?

In einem Dorf in Guatemala – einem von den Dörfern, die oft als ‹von der Welt abgeschieden› bezeichnet werden – ging ich in eine kleine Kirche. Die ganze Gemeinde war da versammelt, Männer, Frauen und Kinder. Der Priester predigte seinen Sermon: «Wir sind alle gleich vor Gott, unserem Vater. Der Reiche ist nicht wertvoller. Der Mensch, der viel weiß, ist nicht wertvoller. Es ist nicht nötig, lesen zu lernen, etwas Besseres zu werden. Jesus war auch ungebildet, so wie du.»

Und die kleinen Quichi-Indianer antworteten ihm mit dem Credo.

Come! And the Day Will Be Ours ist kein entrüsteter Aufschrei gegen die betrügerische Indianerpolitik der Weißen. Es ist kein moralisches Anrennen gegen die Haltung, die viele Weiße verkörpern: «Der einzige gute Indianer ist der tote Indianer.» Das wäre scheinheilig. Warum unsere Entrüstung gegen etwas richten, das man nicht mehr bekämpfen kann, das schon Geschichte ist?

Vielleicht ist es eine widersprüchliche Reflexion über die Art, in der ein Mensch einen anderen im Namen allgemeingültiger Werte zerstört, über unsere Begegnung mit dem wie auch immer anderen. Versteckte und trotzdem gut bekannte Kräfte bestimmen es. Geschichte enthüllt uns die offenherzige Gewalt, die hinter Worten wie Selbstlosigkeit, Fortschritt und Wahrheit verborgen ist.

In Süditalien unter den Leuten von Salento und Barbagia spürten wir in ihrem täglichen Kampf ums Überleben die Überreste einer Kultur, einer Tradition, einer Erbschaft, die langsam zerbröckelt, infiziert von den Werten einer neuen Zeit.

Warum dachte ich an ein Reservat, als ich den alten, unbeweglich in einen Schatten gepflanzten Mann beobachtete, die Frauen, die in Schwarz gekleidet mit ihren Lasten heraneilten, die Jugendlichen, die in freundlichen Farben gekleidet die Straßen des Dorfes auf und ab flanierten wie Tiere in einem Käfig.

Ich spürte, daß es irgendwann in nicht so ferner Vergangenheit am gleichen Ort lebendige Wurzeln gegeben hatte, die vereinigten, nährten und jeder täglichen Handlung eine Bedeutung gaben. Trotzdem wußte ich, daß damals der Hunger größer und die Arbeit ermüdender war, daß mehr Kinder starben und das Ungleichgewicht zwischen den wenigen, die Köpfe verneigen ließen und den vielen, die sie beugen mußten, größer war.

Aber das Wissen um die Folgerichtigkeit dieser Tatsachen konnte eine andere emotionale Folgerichtigkeit nicht zum Schweigen bringen: Heute scheint diesen Dörfern ihr Saft entzogen zu sein, sie scheinen vom Rest der Welt abgetrennt, von seinem Rhythmus und seinen Farben, als ob sie, um voranzukommen, ihre eigene Vergangenheit verleugnen und in einer fremden Zukunft, die von anderen erdacht worden ist, ertrinken müßten. Wie Emigranten mußten sie ihre eigene Vergangenheit verleugnen wie die, die sich integrieren müssen und dabei ihre Identität verlieren. Es waren ‹nutzlose› Dörfer, deren einziger Besitz ihre dürftig industrialisierte Landwirtschaft war, brauchbar nur als Reservoir potentieller Arbeitskräfte für weit entfernte Fabriken.

Ein Reservat, wie ursprünglich von der amerikanischen Regierung beabsichtigt, war ein riesiges Gebiet, das allein den Indianern gehörte und von ihnen ohne Eingriff der Weißen verwaltet wurde. Hunger nach Land verursachte den Bruch aller Verträge, bis das Indianergebiet auf eine Größe schrumpfte, die ‹Reservate› mit Gefangenschaft gleichsetzte. Unterderhand der Versuch zur gewaltsamen Anpassung: Gleicht die Roten den Weißen an.

Aber wer waren die Pioniere, die zu Hunderttausenden die Grenze weiter und weiter westwärts verschoben zu dem verheißenen Land, das sich vor ihren Augen öffnete, grenzenlos, das nur darauf wartete, Früchte zu tragen?

Es waren die Zeiten, in denen in Europa Kinder zwölf Stunden am Tag in Minen und Fabriken arbeiteten, Zeiten, in denen die industrielle Revolution hunderttausende Bauern in die Stadt zog, wo sie gezwungen waren, ihre eigene Arbeitskraft und die ihrer Familien zu verkaufen. Jenseits des Ozeans liegt ein nahezu leerer Kontinent, wo es möglich ist, in Würde und Freiheit von den Früchten der eigenen Arbeit zu leben. Warum sollen wir uns empören, wenn die Freiheit weniger tausend nomadisierender Jäger nicht respektiert wird: von Leuten, die nichts vom Bestellen des Bodens wissen und deren rückständige Art die Chance eines anständigen Lebens für Millionen enterbter Europäer verhindert?

Für viele Indianerstämme war das Bison das Vorbild des Menschen. Die Büffel konnten die Prärie durchstreifen, sie waren stark, bereit zu kämpfen. Sie fürchteten sich vor keinem Hindernis. In der Paarungszeit tanzten sie all ihre Kraft aus, ließen die Erde erzittern, bereit, sich jedem Rivalen zu stellen.

Aber was bedeutet die individuelle Tat eines Kriegers gegenüber viel wichtigeren historischen Plänen und Perspektiven?

Der Pionier ist anders. Er kämpft gegen die Gewalten der Natur, gegen seine eigenen Grenzen mit der Würde und dem Stolz der Menschen, die nicht klein beigeben werden, die bestimmt sind, voranzugehen. Er ist nützlich, effizient, arbeitet unaufhörlich und vermeidet Exzesse. Er geht weit, so weit, daß er durch ein unerbittliches Gesetz der Dialektik jeden Wert in sein Gegenteil verkehrt: Er schließt alle aus, die ihrem Leben nicht die Richtung geben, die seinen eigenen Werten entspricht.

Wir möchten gern klar umrissene, unzweideutige Wahrheiten besitzen, in der Lage sein – vielleicht in einer Aufführung – zu sagen, so sind die Dinge oder so sind sie nicht. Wir werden von den Wahrheiten, die wir suchen, angezogen wie in der Nacht unsere Augen vom Mond ... selbst wenn er nicht mit seinem Licht leuchtet und seine Rückseite vor uns verbirgt.

Ich betrachte unsere letzte Produktion. Ich kann in mir die Stimme des ‹Indianers› hören und die Stimme des ‹Pioniers›. Sie kommen von entgegengesetzten Ufern, vermischen sich, widersprechen sich, geraten in Konflikt, jeder versucht es mit seinen Argumenten. Die Symptome eines neuen Lebens erscheinen mit den Zeichen einer immanenten Katastrophe.

Das verrückte Pferd ist freigelassen, um zu fliegen und zu fallen, indem es seiner eigenen Vision nachgeht.

III

Wenn du dich weigerst zu spielen, wenn du dich weigerst, etwas vorzutäuschen, dann gibt es für dich nichts mehr zu tun als deine Erfahrungen zu spiegeln, mit deinem ganzen Körper über deine eigene Geschichte und über dich in der Geschichte zu reflektieren.

Also welche sind deine Bedingungen als Schauspieler?

Egoismus, der in Handlungen übergeht, Grenzen überschreitet, den Kreis zerbricht, Narben hinterläßt?

Es gibt Augenblicke, wo du mitten in deiner eigenen Verrücktheit, im Strom deiner obskuren Kräfte navigieren kannst, nicht indem du gegen sie kämpfst, sondern indem du sie entfesselst und leitest, sie in die eigene Hand nimmst und sie als eine Furt nutzt, die andere durchqueren können, um dich zu treffen.

Es gibt Augenblicke, wo deine Bedingungen enblößt und auf dein Handwerk reduziert sind.

Aber auf welches Handwerk reduziert?

Auf ein typisches Beispiel von Verschwendung, Potlatch (indianisches Fest, bei dem alle Überschüsse mit Freunden verschwendet werden; Anm. der Übers.). Die Zerstörung von Energien, von Gütern: das Theater ist nutzlos, es produziert nichts, es akkumuliert nicht. Im Gegenteil, es verschwendet eine ungeheure Investition von Energie für geringste Gegenleistungen.

Aber du bist sicher im wohlabgegrenzten und anerkannten Kreis des Theaters, wo unter Kameraden, Kollegen, Freunden, Feinden, Kritikern und Zuschauern sein Wert künstlich hochgetrieben, beschützt und überbewertet wird.

Aber wenn du dein Handwerk in eine Gegend ohne Theater bringst, wird es zur Übung einer Negation, du scheinst alle Heiligkeit, alle Doktrinen, sogar deinen eigenen Beruf zu verwerfen.

Du kannst selbst jetzt oder vielleicht nur jetzt nützlich sein, trotz der Verschwendung oder zum Nutzen unserer Verschwendung.

Einige Leute sagten: «Ja, aber euer Theater ist kein politisches Theater. Ihr könnt die Wirklichkeit der Leute nicht prägen. Ihr habt ein kleines Theater für wenige Leute, das von den Uneingeweihten nicht verstanden werden kann. Ihr hattet keine Funktion außerhalb eures Milieus, hier in Süditalien zum Beispiel.»

Doch sie vergessen, daß Funktion Beziehung bedeutet, etwas Dialektisches, das sich verändert, nichts Statisches.

Viele Motive trugen dazu bei, aufzubrechen und in Süditalien zu arbeiten, unter anderem eine Mißachtung all derer, die viel reden, viel urteilen und wenig handeln.

Wir können in einer Welt leben, in der wir die Regeln kennen. Oder wir können diese Welt verlassen und gehen.

Wen treffen wir dann?

Wir treffen Menschen, die unseren Wert nicht kennen. Das, was anderswo als eine Kunst definiert ist, hältst du in der Hand wie eine altertümliche Kupfermünze: selten, durch die Zeit und durch den Gebrauch von Generationen abgegriffen; von der Erde, die sie versteckt hielt, zerfressen. Die Prägung auf ihren beiden Seiten ist jetzt ein Rätsel. Die Münze ist zu einem Gegenstand geworden, dessen Wert um so größer ist, je weniger sie benutzt wird. Sie zirkulierte auf den Märkten in den Händen derer, die kauften und verkauften. Jetzt steht sie im Regal von Münzensammlern, wohlbehütet in den Glaskästen der Museen.

Du willst sie aus ihrer scheinbar gesicherten Welt herausnehmen. Du holst sie dahin zurück, wo sie ursprünglich geprägt wurde, in die Gegenwart, die ihr Leben gibt, wie um ein Bruchstück der Vergangenheit zu restaurieren. Aber hier erkennt es niemand mehr als etwas, was zu ihm gehört – natürlich, du hättest das wissen müssen. Du kannst zurückgehen und gierig nach deiner Münze greifen, oder du kannst bleiben und entscheidest dich, sie zu benutzen, sie zu tauschen. Aber jetzt weißt du, daß jahrelange Forschung und spezialisierte Kataloge nichts zählen und daß sich ihr Wert mit dem deckt, worauf sie in materiellen Begriffen reduziert werden kann: das Gewicht seines Kupfers.

Der Kreis des Theaters kann durchbrochen werden. Dein Theater kann in einer Wirklichkeit ohne Theater als Tauschobjekt genutzt werden, um es mit Leuten zu konfrontieren, die du treffen möchtest, deren Bedürfnisse andere sind als deine. Vielleicht bist du nicht in der Lage, einen Dialog anzufangen; aber du kannst vielleicht diese sonst so entfernten Bedürfnisse einander annähern.

Aber du mußt eine neue Bescheidenheit wiederentdecken. Sei ein Fremder, der tanzt. Die Leute werden sich um dich versammeln; denn du hast akzeptiert, daß du nicht der Nabel dieses lebendigen Organismus bist, der nicht dein Publikum ist. Trotzdem mußt du die gleiche Stärke haben, die gleiche Prägnanz, den gleichen Mut, die ganze Zeit vorwärtszugehen.

IV

Warum es leugnen?
Ich sehe diese Aufführung mit einem seltsamen Unwohlsein. Wie man vielleicht ein Kind seiner Reifezeit betrachten würde, das zu uns nicht von unserer Zukunft, sondern von unserer Gegenwart spricht.

Noch ein Bild, noch ein Ausgangspunkt für *Come! And the Day Will Be Ours*.

Sitting Bull – der Schamane, der Häuptling, der den Vereinigten Staaten die größte Niederlage ihrer Geschichte beibrachte – war in Buffalo Bills Zirkus. Er spielte die Rolle des schrecklichen Indianers. Danach gab er Autogramme und verkaufte Fotografien von ihm an die Zuschauer.

Buffalo Bill Cody war zufrieden und gab ihm sein eigenes dressiertes Pferd. Am Ende der Amerikatour bat er ihn, mit dem Zirkus nach Europa zu gehen. Aber Sitting Bull lehnte ab; er wollte in das Reservat zurückkehren, einem ungesunden, erdrückend armen Ort, an dem die indianische Nation heruntergekommen war. Die, die einmal Tabak als Zeichen der Brüderlichkeit, als rituelles Zeichen der Kommunikation geraucht hatten, zogen jetzt an Zigarettenstummeln, um die Zeit zu vertreiben, mit der gleichen Geste wie die Weißen; sie waren Alkoholiker geworden, gekleidet in alten, abgelegten Klamotten.

Sitting Bull wurde dank des Mitleids eines weißen Soldaten begraben, nachdem er von der Indianerpolizei im Reservat ermordet worden war. Im Jahr 1890 sollte der Geistertanz die Freiheit und die Wiedererweckung der Toten bringen. Die Indianer aller Reservate tanzten endlos, tanzten und tanzten.

Aber wir erinnern uns an dieses Jahr nicht wegen der Hoffnungsbotschaft des indianischen Weissagers Wowoka. Wir erinnern uns daran wegen eines anderen Massakers an Frauen, Kindern und alten Leuten, das den wohlbekannten Namen Wounded Knee trägt.

Ich stelle mir vor, daß die, die *Come! And the Day Will Be Ours* sehen, in der Aufführung andere Blätter und andere Wurzeln finden werden als diejenigen, die ich hier gesammelt habe. So wie das Wachsen unserer Vorstellung, dieses jungen Baums, davon abhängt, was jeder Schauspieler ihr gibt. Das letzte Wort gehört nicht dem Regisseur.

Nach Monaten und Monaten der Arbeit kommt der Augenblick, wo er zur Seite treten muß, um zu sehen, um zu versuchen, in das Gewebe vor ihm und in die Bedeutung dieser neuen Gegenwart einzudringen.

Was kann ich mehr sagen?

Es gibt dunkle Kräfte, die blenden, und es gibt dunkle Kräfte, die Einsicht geben.

Dunkle Kräfte tragen mich. Ich weiß nicht wohin.

Come! And the Day Will Be Ours

(Komm! Und der Tag wird unser sein) (1976–1980)

Schauspieler: Roberta Carreri, Else Marie Laukvik, Iben Nagel Rasmussen, Tom Fjordefalk, Tage Larsen, Torgeir Wethal

Fotos: Tony D'Urso und Peter Bysted

94: Der Schamane; er hieß Tashunko Witka. Er hatte die doppelte Realität erfahren: eine, die du mit deinen Kameraden teilst, und eine, die nur dir allein gehört, wo Pferde tanzen können, als seien sie irrsinnig (Iben Nagel Rasmussen).

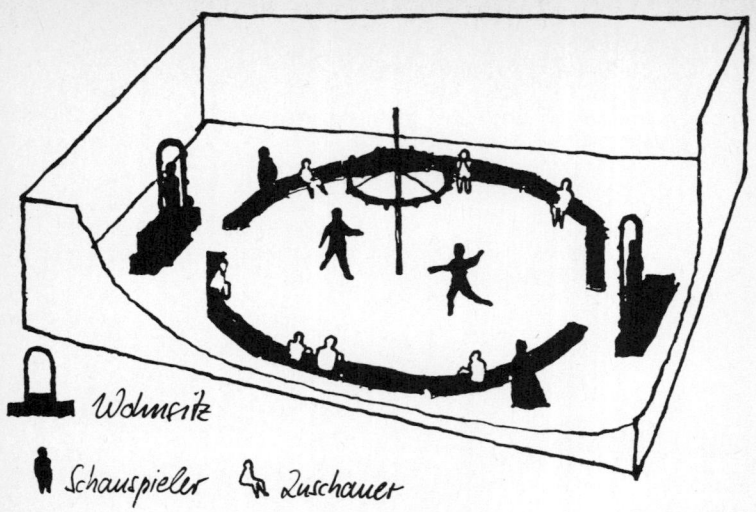

95: Szenographische Anordnung und Nutzung des Raums in *Come! And the Day Will Be Ours*. Die Wild-West-Show Buffalo Bills und ein Sonnentanzkreis mit einem Pfahl in der Mitte. Hier findet das Aufeinandertreffen von europäischen Pionieren und eingeborenen Völkern aus Amerika statt. Der Titel ist ein Zitat aus dem letzten Brief, der von General G. A. Custer geschrieben wurde, bevor er und seine Soldaten am Little Big Horn 1876 von indianischen Kriegern vernichtet wurden.

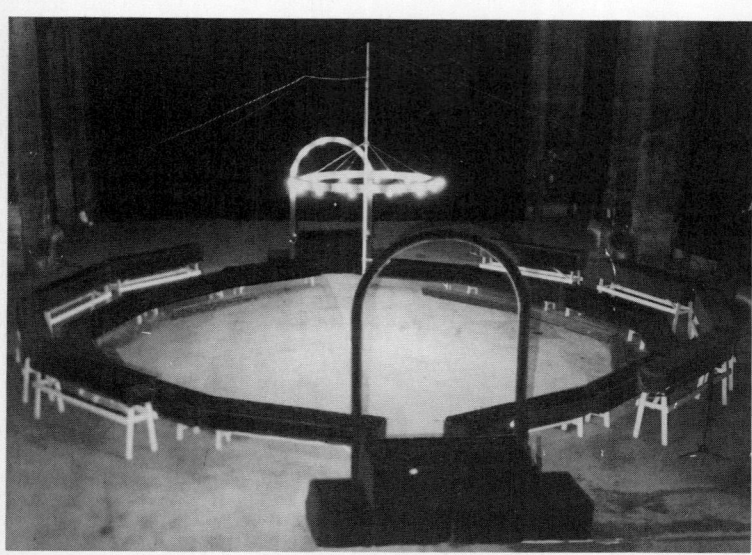

96: Ein Pionier mit einer Geige (Tage Larsen).

97: Die Schlußszene: im Hintergrund die neuzivilisierten Indianer (Tom Fjordefalk, Roberta Carreri), die mit den ‹weißen› Instrumenten Gitarre und Banjo ‹folk songs› spielen, während der Pionier (Tage Larsen) indianische Gewänder als Dekoration trägt und versucht, seine ursprüngliche primitive Seele wiederzufinden.

98: Der Pionier mit dem Buch
(Torgeir Wethal):
«Willkommen sind alle Länder
der Erde.
Willkommen die Länder mit Pinien
und Eichen
Willkommen sind Länder mit Zitronen
und Feigen
Willkommen sind Länder mit Weizen
und Mais
Willkommen die mit Trauben
Willkommen die Baumwolländer
Willkommen die mit weißen
Kartoffeln und süßen Kartoffeln
Willkommen sind Berge, Ebenen,
Sand, Wald und Prärien
Willkommen die Länder, reich wie
die Länder mit Gold
oder Weizen und Obst,
Länder der Minen,
Länder von Kohle, Kupfer, Blei,
Zinn, Zink,
Länder des Eisens –
Länder der Herstellung der Axt.»

99: Der Schamane ergibt sich: «Licht ist ein Ort und dunkel ein Weg»
(Iben Nagel Rasmussen, Else Marie Laukvik).

Das Dritte Theater

Dieser kurze Text von Eugenio Barba, der als ein internes Dokument für die Teilnehmer der Begegnung des «Dritten Theaters» 1976 in Belgrad geschrieben wurde, erlangte schnell die Bedeutung eines ‹Manifestes›. Er wurde als ein Manifest des «Dritten Theaters» in den Zeitungen und Fachblättern fast aller europäischen Länder sowie in Venezuela, Peru, Bolivien, Kolumbien, Argentinien und Japan abgedruckt. *Das Dritte Theater* wurde zuerst in *International Theatre Informations* (Paris, Herbst 1976) veröffentlicht.

Ein theatralischer Archipel hat sich während der letzten Jahre in vielen Ländern gebildet. Er ist fast unbekannt, es wird wenig über ihn nachgedacht, er wird nicht auf den Festivals vorgestellt, und die Kritiker schreiben nicht über ihn.

Er scheint das anonyme Extrem der von der Kulturwelt anerkannten Theaterformen zu bilden: Auf der einen Seite steht das institutionelle Theater wegen der hohen Kulturwerte, die es zu vermitteln scheint, protegiert, als lebhaftes Bild einer kreativen Begegnung von Texten der vergangenen und gegenwärtigen Kultur oder sogar als eine ‹Edel›-Form der Vergnügungsindustrie subventioniert. Auf der anderen Seite steht das Theater der Avantgarde, der Experimente, des Suchens, schwierig oder bilderstürmerisch, ein Theater der Veränderung, der Suche nach immer neuer Originalität, das im Namen der notwendigen Überwindung der Tradition verteidigt wird und allem geöffnet ist, was in der Begegnung der Künste mit der Gesellschaft an Neuem entsteht.

Das Dritte Theater lebt am Rand, oft außerhalb oder an der Peripherie der kulturellen Zentren. Es ist ein Theater, das von Menschen gemacht wird, die sich als Schauspieler, Regisseure, als Theaterleute verstehen, ohne den tradionellen Werdegang und Ausbildungsweg durchlaufen zu haben und die daher nicht einmal als Professionelle anerkannt werden.

Aber sie sind keine Amateure. Der ganze Tag ist für sie von ihrer Theaterarbeit bestimmt: manchmal durch das, was sie Training nennen, oder durch die Vorbereitung von Aufführungen, die sich ihr Publikum erst erkämpfen müssen.

Dem traditionellen Parameter für Theater entsprechend scheint es sich um ein irrelevantes Problem zu handeln; vom soziologischen Gesichtspunkt her ist das Dritte Theater jedoch beachtenswert.

Wie Inseln, die nicht miteinander in Kontakt stehen, treffen sich junge Leute in Europa, Nord- und Südamerika, Australien und Japan; sie bilden Theatergruppen, die entschlossen sind zu überleben.

Aber diese Gruppen können nur unter zwei Bedingungen überleben: Entweder betreten sie den Rahmen des etablierten Theaters, akzeptieren so die Gesetze von Angebot und Nachfrage, den herrschenden Geschmack, geben den Vorlieben politischer und kultureller Ideologen nach und passen sich so den zuletzt beklatschten Erfolgen an; oder es gelingt ihnen, sich durch kontinuierliche Arbeit einen eigenen Bereich zu schaffen. Sie suchen dabei das für sie Wesentliche und versuchen die anderen dazu zu zwingen, diese Verschiedenartigkeit zu akzeptieren.

Vielleicht kann man gerade im Dritten Theater das sehen, was am Theater lebendig ist, eine alte Bedeutung, die dem Theater neue Energien zuführt, und die das Theater trotz allem auch in unserer heutigen Gesellschaft lebendig erhält.

Verschiedene Menschen in verschiedenen Ländern der Welt erfahren Theater als eine – immer gefährdete – Brücke zwischen der Behauptung eigener Bedürfnisse und der Notwendigkeit, mittels dieser Bedürfnisse die sie umgebende Umwelt zu reichen.

Warum wählen sie ausgerechnet das Theater als Mittel der Veränderung, wo wir doch genau wissen, daß die Welt, in der wir leben, von anderen Faktoren bestimmt wird? Ist es eine Frage der Blindheit oder der Selbsttäuschung?

Vielleicht ist das Theater für sie ein Mittel, eine eigene Form der Präsenz zu finden, was Kritiker ‹neue expressive Formen› nennen würden – einen Versuch, menschlichere Beziehungen untereinander herzustellen, indem sie gesellschaftliche Zellen bilden, innerhalb derer Absichten, Hoffnungen und persönliche Bedürfnisse anfangen, in Handlungen umgewandelt zu werden.

Die abstrakten Unterscheidungen, die willkürlich gemacht und von oben aufgezwungen werden, sind hier nutzlos: Schulen, Stile, Tendenzen und andere Etikette, die dem etablierten Theater seine Ordnung geben. Hier zählen weder die Stile noch die Tendenzen der Expressivität. Was das Dritte Theater zu kennzeichnen scheint, was als ein gemeinsamer Nenner so verschiedener Gruppen und Erfahrungen erscheint, ist eine schwer zu bestimmende Spannung. Es ist, als ob die verschiedenen persönlichen Bedürfnisse – Ideale, Ängste, verschiedene Impulse, die andernfalls mehr oder weniger im dunklen blieben – in Arbeit verwandelt werden wollten. Und das geschieht entsprechend einer Haltung, die von außen als ein ethischer Imperativ begründet wird, der nicht nur auf den Beruf beschränkt ist, sondern sich über das ganze tägliche Leben ausdehnt. Schließlich sind sie jedoch die ersten, die den Preis für ihre Entscheidung bezahlen müssen.

Man kann nicht nur von der Zukunft träumen und auf die totale

Veränderung hoffen, die sich mit jedem Schritt, den wir machen, zu entfernen scheint und trotzdem freie Bahn für alle Alibis, misse und die Impotenz des Wartens schafft.

Man will, daß sofort eine neue Zelle gebildet wird, aber ohne ihr zu isolieren.

Als Gruppe in eine Welt der Fiktion eintauchen und dabei den Mut finden, nicht zu heucheln ... solcherart ist das Paradoxon des Dritten Theaters.

Theaterkultur

Dieser Artikel wurde Anfang 1979 für die mexikanische Zeitschrift *Arte Nuevo* geschrieben. In diesem Text nimmt Eugenio Barba seine Gedanken zum Gruppentheater und dem Dritten Theater von 1976 bis 1978 wieder auf.

Gelegentlich fragen sie: «Welchen Nutzen habt ihr? Welchen Nutzen hat euer Theater?»

Eine Antwort zu geben würde bedeuten, die Denkweise zu akzeptieren, daß nur der, der produziert, ein Recht auf Existenz hat, und der, der nicht produziert, wirkungslos ist, isoliert und ausgeschaltet werden muß, weil er ohne gesellschaftliche Aufgabe ist, buchstäblich aufgegeben.

Derjenige, der fragt «Welchen Nutzen habt ihr?», sollte sich vor seiner Einstellung in acht nehmen, die ihn den Wert der Bäume bestreiten läßt, die keine Früchte tragen. Der Baum, der keine Frucht trägt – scheinbar nutzlos –, wird in Städten ohne Sauerstoff lebenswichtig.

Produktion ist nicht nur Produktion von Waren, sondern auch von Beziehungen zwischen Menschen. Das bewahrheitet sich auch im Theater: Es produziert nicht nur Aufführungen, Kulturprodukte, sondern auch Beziehungen.

Wer nur vom ästhetischen Standpunkt aus urteilt, achtet lediglich auf die Theater‹ware›.

Um den sozialen Wert von Theater zu verstehen, ist es notwendig, nicht nur die Waren zu betrachten, die produzierten Vorstellungen, sondern auch die Beziehungen, die bei der Produktion der Stücke hergestellt werden.

Furcht vor dem Getto

Das erste Treffen des Dritten Theaters fand 1976 in Belgrad statt.

Eine bescheidene Subvention für die Organisation von Konferenzen, Gesprächsrunden, Erörterungen mit Kritikern, Experten und Regisseuren ermöglichte es mir, einige Theatergruppen zusammenzubringen, die ich in verschiedenen Ländern Europas und Lateinamerikas getroffen hatte. Diese Theaterleute – nahezu ständig isoliert und anonym – erhielten die Möglichkeit, sich zu treffen, Erfahrungen auszutauschen und zusammenzuarbeiten.

Was verstreut über verschiedene weit abgelegene Orte als ein nebensächliches Phänomen erschien, zeigte sein Profil, jedoch ein unerwartetes Profil, das nicht in unsere Theaterkultur zu passen schien, weder zum sogenannten traditionellen Theater noch zur Avantgarde. Gemeinsame Merkmale waren negiert worden und kaum noch erkennbar. Deshalb das *Dritte Theater*.

Die Schwierigkeit einer genauen Bestimmung auf der begrifflichen Ebene war unbedeutend. Wichtiger war es, über die Unterschiedlichkeit hinaus Charakteristika zu finden, die den Gruppen gemeinsam waren, welche unter diskriminierenden Bedingungen lebten.

Natürlich äußerten viele Leute Zweifel und Vorbehalte gegenüber dem Begriff Drittes Theater. Einigen war diese negative Bestimmung zu vieldeutig, denn sie stelle eine falsche Gemeinsamkeit zwischen unterschiedlichen und widersprüchlichen Phänomenen her.

Andere taten sie als gefährlich und mystifizierend ab. Sie sahen darin den Vorschlag für ein Theater, das, zufrieden mit seinen eigenen Beschränkungen, absichtlich den bescheidenen Platz am Ende der Reihe einnimmt, das um die Krumen des kulturellen Prestiges und der öffentlichen Mittel bettelt, die in einigen Ländern zur Konservierung und Entwicklung von Theaterkunst abgezweigt werden.

Sie sagten mir: «Wenn das Dritte Theater für das Getto steht, in das wir uns einschließen lassen, um uns eine unsichere Existenz zu garantieren, dann sehen wir uns nicht als Teil dieses Archipels Drittes Theater an.»

Drittes Theater ist eine Definition, die sich auf die Wahrnehmung der Wirklichkeit beschränkt, in der eine überaus große Zahl von Theatergruppen lebt. Aber sie ist auch Resultat einer Anzahl von Fragen, die ich mir stellte, um einige meiner Entscheidungen zu rechtfertigen und um Fragen zu beantworten, die andere mir stellen würden; über meine Theaterarbeit, über ihren Sinn und die Richtung, die sie einschlagen würde.

Es war, als könne ich bei den anderen die Symptome einer Krankheit aufzeigen, die ich erkannte, weil sie auch meine eigene war.

Weiter über Drittes Theater zu reden, zu versuchen, auf die Zweifel und Fragen zu antworten, die aus diesem Ausdruck entstanden, bedeutet, daß man sich zu der versteckteren Frage hinführen läßt: Welche Bedeutung hat Theater für mein Leben?

Die einzige Möglichkeit, sich den Zweifeln und Fragen zu stellen, ist die, in der ersten Person zu antworten. Das ist es, was sich hinter meinem Wort ‹Theater› verbirgt: die Begegnungen, die Erfahrungen, Augenblicke von Hellsicht, Wunden, die die unsicheren Wurzeln jedes einzelnen ausmachen. Gewöhnlich sollten sie nicht ins Freie gelangen. Sie sollten verborgen bleiben als Theater.

Der Begriff Drittes Theater verbreitete sich in den Monaten nach dem Belgrader Treffen von 1976 schnell, nicht nur in Polemiken und Diskussionen, sondern auch als Mode. In der Theaterprovinz geht Mode oft mit Aufmerksamkeit für das Problem einher. Aber wenn auch auf Umwegen, so wurde doch ein für viele drängendes Problem herausgeschält, ein immer noch nebelhafter Knoten von Fragen.

Aber dieser Knoten von Fragen läuft Gefahr, zum guten Ton banalisiert zu werden, zu einem optimistischen Bild, in dem Licht die Dunkelheit bezwingt. Als verkörpere das Dritte Theater an sich schon den Samen der Erneuerung und nicht einen mehrdeutigen Bereich, der bei seinem Versuch, Wurzeln zu schlagen und Sprosse zu treiben, auch Stummheit und Machtlosigkeit hervorbringt.

Man darf sich nicht selbst täuschen: Vor allem beschreibt Drittes Theater einen destruktiven Bereich. Es ist, als verwandle sich die dunkle Seite des Theaters noch in Situationen hinein, die uns die üblichen Kriterien zur Beurteilung aus der Hand schlagen.

Hat denn diese dunkle Seite des Theaters mit all ihren Negationen eine soziale Präsenz, obwohl sie an ihrer Berufung zur Verweigerung festhält, trotz der Mode der Geschäftsleute und dem Optimismus der Ideologen?

«Wenn Drittes Theater für das Getto steht, in dem wir uns einschließen lassen, um uns eine unsichere Existenz zu garantieren, dann sehen wir uns nicht als Teil dieses Archipels Drittes Theater an.»

Das Getto verweigern?

Die spanischen *juderias*, die deutschen *Judengassen*, die italienischen *ghetti* entstanden aus der Diskriminierung, der Gewalt der Goyim, der Mehrheit, gegen die jüdische Minderheit. Sie sind das physische Zeichen einer Intoleranz, die noch nicht zur systematischen Vernichtung, zur Endlösung geworden war.

Es waren die Orte, an denen die Juden sich sammelten, manchmal auf zwingenden Befehl hin, manchmal um sich von irgendeinem wohlwollenden Bischof oder Prinzen Vorteile zu verschaffen oder einfach aus dem spontanen Bedürfnis heraus, in der Nähe ihresgleichen zu leben.

Das sind die Ursprünge des Gettos, eines Ortes, der die Einschränkung gewisser elementarer Freiheiten mit sich brachte, der es aber erlaubte, andere zu bewahren: die Freiheit, dem eigenen Kult nachzugehen, die eigene Sprache zu sprechen, nach eigenen Normen zu leben. Das Getto war ein Ort, in dem man seine eigene Identität bewahren, wo man die wesentlichen Werte der eigenen Kultur verteidigen und überliefern konnte.

Das Getto verweigern? Aber unter welchen Bedingungen?

Es ist möglich, das Getto zu verlassen. Man muß nur konvertieren, seine Wurzeln verdecken, sich zur Isolation statt zur Separation verurteilen. Man muß nur die Situation einer ständigen Selbstspaltung akzeptieren, Normen und Lebensweisen, die man nicht als seine eigenen empfindet, und so wird man zum *Marrano*. Man wird akzepiert. Äußerlich unterscheidet den Marrano nichts von den Menschen seiner Umgebung, auch wenn er in sich andere Wünsche, andere Sehnsüchte, andere Überzeugungen verbirgt.

Vielleicht stammt die Verweigerung des Gettos aus der Furcht vor Isolation, vor dem Ersticken in einer Wirklichkeit, die von dem getrennt ist, was in unserer Gesellschaft lebendig und bedeutsam ist.

Dennoch vergißt man, bewußt oder aus Ignoranz, daß das Getto nie von dem losgelöst war, was in der Gesellschaft, in der Stadt, die es umgab, lebendig und wichtig war. Die gesamte Wirtschaft der Stadt lief über die Finanzen des Gettos. Das Getto war die Heimat von Philosophen, die in ständiger Auseinandersetzung mit christlichen und islamischen Philosophen und Theologen lebten. Im Getto arbeiteten die Ärzte, die von Päpsten und Kaisern konsultiert und deren Schulen heimlich von christlichen Studenten besucht wurden. Im Getto wurden Aristoteles und Hippokrates übersetzt, hier entstanden Sprachwissenschaften und die Astronomie, Seekarten wurden gezeichnet, die von Bartholomäus Diaz, Christopher Columbus und Vasco da Gama benutzt wurden. In den Gettos, in den Juderias, in den Judengassen lebte Maimonidas, Juwelier und Philosoph, der größte Arzt seiner Zeit. Von Kalifen und Ministern wurde er in Gold bezahlt, und die Armen behandelte er ohne Bezahlung, ohne sie nach ihrer Religion zu fragen.

Das Getto war der Bezirk, in dem jeder Jude, ungeachtet der Gegend, aus der er kam – dem Orient, den slawischen Ländern, den Inseln, aus Afrika –, sicher sein konnte, daß er empfangen würde. Die Separation des Gettos bedeutete Trennung von den Nachbarn. Es war keine Trennung von der Gesellschaft, von der Geschichte, von den tiefgehendsten Veränderungen des eigenen Zeitalters.

Heute beschwört das Wort Getto nur Assoziationen zu Armut, Überlebenskampf und Pogrom. Das Getto ist auch der Ort, gegen den man die Waffen schmiedet zur Verurteilung und Beleidigung, zur Plünderung und zur Zerstörung eines Feindes, den man für wehrlos hält. Und hinter jeder guten Absicht, alle Formen von Gettos abzuschaffen, lauert höhnisch das Bedürfnis, jede Form von Andersartigkeit, jede Minorität abzuschaffen.

Existieren die Gettos, von denen ich in dieser bildlichen Bedeutung spreche, oder nicht? Wenn sie existieren, was dann? Mit denen im Getto bleiben, mit denen man sich solidarisch fühlt, oder hinausgehen?

Antihistorische Bilder

Es gibt zwei Fragen, die gleich zu sein scheinen, es aber nicht sind.
    Die erste: Welchen sozialen Wert hat das Theater?
    Die zweite: Welche Beziehung stellt Theater mit seinem Publikum her? Welchen Einfluß hat es auf das Publikum, und wie kann es von ihm beeinflußt werden?
    Um Theater als kulturelle und soziale Erscheinung zu bewerten, orientiert man sich automatisch an den Zuschauern. Aber die Beziehungen zwischen Schauspielern und Zuschauern werden erst auf einer zweiten Stufe wichtig. Vor allem sind die Beziehungen wichtig, die zwischen den Theaterleuten herrschen.
    Die erste soziale Phase des Theaters findet intern statt: Sie ist die Art, in der verschiedene Individuen ihre Arbeitsbedingungen regeln und ihre eigenen Bedürfnisse sozialisieren. Der Charakter dieser ersten Sozialisation bestimmt den Ort der Theatergruppe und ihren Einfluß in der Gesellschaft.
    Oft sind die Zuschauer ein Aufgebot von Geistern, gesichtslos, die große Bestie mit dem dunklen Gesicht, wie die Schauspieler früherer Zeiten sie zu nennen pflegten. Die Zuschauer tauchen auf und verschwinden. Die Vorstellung hinterläßt nicht notwendigerweise Spuren bei der Person, die sie sieht, noch hinterläßt die Person, die zuschaut, Spuren bei dem, der aufführt. Die einzigen festgehaltenen Resultate der Begegnung zwischen einer Gruppe von Schauspielern und einer be-

stimmten Anzahl von Zuschauern sind normalerweise die Aufzeichnungen der professionellen Zuschauer, der Kritiker.

Geschriebene Worte sind die einzige überdauernde Spur, und sie lassen das Vorurteil entstehen, daß der soziale Wert des Theaters an dem gemessen werden könne, was sie messen: die Urteile und Reaktionen der Zuschauer auf die Vorstellung.

Was bleibt, scheint darüber zu bestimmen, was das Wichtigste ist. Der Gemeinplatz, daß das Wichtige Bestand habe, wird verkehrt.

Aber geschriebene Worte zeugen oft nicht von Verständnis für das Gesehene. Sie geben lediglich Zeugnis von einer Sichtweise und ihrer Konventionen. Dennoch sind sie etwas Bleibendes, und deshalb bürden sie uns ihr Verständnis auf.

Schauspieler schreiben offensichtlich weder ‹Besprechungen› ihrer Zuschauer, noch hinterlassen sie normalerweise ein geschriebenes Zeugnis von den Beziehungen, die sich innerhalb der Gruppe herstellen, von der sozialen Dimension ihrer Gruppe.

Eine der wichtigsten Erscheinungen in der Geschichte des modernen Theaters, die Commedia del'Arte, entstand aus dem Bedürfnis einiger weniger Leute, zusammenzukommen. Es waren Leute, die immer schlecht angesehenen Geschäften nachgegangen waren: Possenreißer, Marktschreier, Scharlatane, Akrobaten und Zauberer. Oder andere Männer und Frauen, die ein ‹unordentliches› Leben führten, das heißt, die öffentlich mit sozialen Normen brachen.

Diese Individuen, die ersten professionellen Schauspieler der neuen Zeit, wandelten ihre Andersartigkeit, ihre ‹Asozialität› um, indem sie sich zu einer Gruppe zusammenschlossen. Sie sozialisierten ihr Anderssein. Sie ‹erfanden› eine neue Form des Theaters, um sich zu verteidigen. Oder besser: Ihr Weg, sich zu behaupten, ihr Leben auf eine würdevollere Stufe zu heben, moralisch und kulturell geachtet zu werden, hatte eine Form des Theaters zur Folge, die die gebildeten und ungebildeten Zuschauer jener Zeit und später dann die Historiker von einem künstlerischen Standpunkt her als neu und originell ansahen.

Aber es war keine neue Kunst. Es war eine neue Mikrokultur, die aus der kollektiven Arbeit von Leuten geboren worden war, die sich bis dahin selbst, individuell, zur Schau gestellt hatten.

Theaterhistoriker – angefangen im 17. Jahrhundert, als die Commedia del'Arte noch lebendig war – verstellten diesen historischen Prozeß durch das Bild eines Theaters, das eine eigene Theorie: Improvisation und Gestik anstelle des Wortes, gewählt habe.

Vom Standpunkt der literarisch gebildeten Zuschauer aus bestand die Funktion der Commedia del'Arte in der Kultur jener Zeit darin, die

Freiheit der Phantasie, die Freude an einem theatralischen Spiel zu verkörpern, das nicht mehr den eng gefaßten Gesetzen der Wahrscheinlichkeit unterlag.

Vom Standpunkt der Schauspieler aus war es ihre Funktion, die Schranken zu durchbrechen, in denen sie eingeschlossen waren, und jenseits gesellschaftlicher Diskriminierung eine Form der Gemeinschaft zu entdecken, ohne die Normen anerkannter Moral akzeptieren zu müssen.

Eine Vorschrift des alten Theaters verbot es den Schauspielern, den Rücken zum Publikum zu drehen. Soweit es die Zuschauer anging, sollten die Schauspieler keinen Rücken haben. Für die, die Geschichte des Theaters schreiben, lesen und diskutieren, hat Theater kein Rückgrat.

Es ist etwas Zweidimensionales.

Es scheint ganz normal zu sein, aber in Wirklichkeit ist es seltsam zu glauben, daß Theater nur mittels seiner Oberfläche handelt, daß die Aufführungen seine wahre Geschichte ausmachen.

Es ist seltsam, denn modernes Denken zwingt uns dazu, soziale, ökonomische, psychologische und physikalische Realität als etwas von schwer verständlichen Gesetzen Bewegtes zu betrachten, das hinter der Maske von Ursache und Wirkung versteckt und um so betrügerischer ist, je mehr es dem gesunden Menschenverstand als klar und unbestreitbar erscheint. Die Theaterwissenschaft hat sich noch nicht ihrer kopernikanischen Wende unterzogen. Man gewinnt den Eindruck, als kreisten die Individuen um den unbeweglichen Erdball theatralischer Ästhetiken und Ideologien, statt daß diese sich um die Individuen drehen, welche sie entworfen haben.

Um was ziehst du deine Bahn? Um psychologisches Theater oder Biomechanik? Um das Theater der Grausamkeit oder um das epische Theater?

Brecht, Stanislawski, Meyerhold, Artaud: Mit der Begrifflichkeit dieser Männer, die man von ihrem Ursprung abgelöst hat, wird die Arbeit der Nachkommen beurteilt. Durch diesen Vorgang bleibt verborgen, was diese Leute waren: Männer, die isoliert waren oder sich selbst isolieren mußten, um ein Theater entstehen zu lassen, das ihren eigenen Bedürfnissen entsprach und für diejenigen, die im Denken ihrer Zeit verhaftet waren, nicht akzeptabel war.

Von einigen Marxisten wurde Brecht in den dreißiger Jahren beschuldigt, ein dekadenter Schreiber zu sein, dessen ‹Marxismus› eine philosopische und intellektuelle Verblendung sei, die nicht in die Praxis der revolutionären Bewegung eingreife.

Nach seinem Tod hörte man von allen Seiten, Brecht habe das Theater revolutioniert. Aber die Geschichte des Widerspruchs, daß Brecht trotz aller Ehrungen und trotz des Exils – beides Erfahrungen, die ihn zu erdrücken drohten – sich bis zum letzten Tag seines Lebens behaupten konnte, ist eine Geschichte, die immer noch zu schreiben ist.

Ebenso wäre es an der Zeit, die wirkliche Bedeutung des Berliner Ensembles zu erforschen. Die Theoretiker, die Brecht in den fünfziger und sechziger Jahren in Frankreich, Italien, den USA und in Skandinavien zu einer Theologie verdrehten, gehen auch heute noch nach Berlin und besuchen Brechts Theater. Sie sehen seine und die Produktionen seiner Mitarbeiter. Sie sehen die Leichenstarre, die kalte Entschlossenheit, die Unmöglichkeit, offen zu sprechen in den Gesten Galileis. All das ist wie eine Ohrfeige für den Zuschauer. Aber die ‹Theologen des Brechtiannismus› verziehen nur den Mund: All das hat man schon gesehen, sagen sie. Das Berliner Ensemble sei reines Museum, aseptische Technik geworden.

Aber was suchen sie bei Brecht? Die Neuartigkeit des Künstlers oder die Fähigkeit des Menschen, historische Stürme zu überleben, während derer viele Verrat begingen und viele zugrunde gerichtet wurden? Die Fähigkeit zu überleben, seine Identität zu schützen, trotz allem erfolgreich zu sein, zu sprechen, während viele Menschen sich verschlossen oder im Chor mitsangen, viele Länder zu durchqueren, ohne ein Mann vieler Länder zu sein, die eigene Stärke zu bewahren, um in einer rational adäquaten Weise auf jede Situation zu reagieren? Wenn es das war, was sie in Brecht liebten, und nicht die nutzlose ‹Neuartigkeit› des Künstlers, warum verstehen sie dann nicht, daß das, was seine Mitarbeiter in Ost-Berlin uns 1978 mit diesem Galileo zeigten, kein *déjà vu* ist, sondern etwas, was wir aufs neue prüfen müssen?

Stanislawski wurde einerseits als Modell für den Schauspieler des sozialistischen Realismus gepriesen. Auf der anderen Seite wurde er auf das Bild eines Schauspielers des bürgerlichen Individualismus reduziert. Unter dem Vorwand, gesellschaftlichen Werten Aufmerksamkeit zu schenken, werden mythologische Wesen geschaffen und miteinander in Konflikt gebracht. Die wirklichen historischen Konflikte sind verloren und versteckt hinter bloßen Konflikten von Ideen.

Meyerholds Biomechanik ist eine Form der Opposition zu Stanislawskis *Perezhivanye;* so steht es in den Handbüchern. Meyerhold hat nicht gegen Stanislawski opponiert. Er opponierte gegen dessen Nachfolger, die ihn zu einem System erhöht hatten. In der gleichen Weise wurde gegen ihn opponiert, gegen das, was er selbst ‹Meyerholdismus› genannt hatte.

Die Anhänger des Systems waren zahlreich, aber Meyerhold war ein wirklicher Schüler Stanislawskis. Er wurde von ihm geformt, und später entwickelte er diese Erfahrungen seinen eigenen Bedürfnissen entsprechend weiter. Er beeinflußte umgekehrt den Meister und inspirierte in ihm die ‹Methode körperlicher Handlungen›.

Als Meyerhold in Ungnade fiel und seiner Arbeit beraubt wurde – der Anfang vom Ende des ‹formalistischen Künstlers› vor dem Exekutionskommando –, war Stanislawski der einzige, der ihm ein Theater anbot. Er war ein nie mit sich selbst zufriedener Moralist, der im Bereich des Theaters sein Leben lang Antworten auf persönliche, nicht private Fragen suchte.

Persönliche, nicht private Forschung hinterläßt Spuren. Bei der Wahl seiner Mitarbeiter waren für Copeau die menschlichen Werte ausschlaggebend. Er machte sich wenig daraus, wenn sie mittelmäßige Schauspieler waren. So begann das Abenteuer der «Vieux Colombier» und der «Gesellschaft der Copeaus». Ausgezeichnete Schauspieler wurden sie obendrein, und als dieses Abenteuer ausgestanden war, hatten sie – fast nebenbei – das Gesicht des französischen Theaters verändert.

Die Griechen benutzten das gleiche Wort *sema* für Grabstein und Zeichen. In den Sprachen anderer Völker kann man eine ähnliche Gleichsetzung finden.

Doktrinen, Methoden, Poetiken sind die Grabmale und Zeichen der Individuen, die sich in der Vergangenheit auf neue Pfade wagten. Wir können sie als Monumente ansehen, sie bewundern, kommentieren und imitieren. Oder wir können sie betrachten, um durch das Zeichen hindurch die Bedeutung eines Lebens zu entdecken, das seinen eigenen Weg gefunden hat und ihn gegangen ist. Die Totengräber und nicht die Schüler, die Ausbeuter und nicht die Bewunderer, verwandeln diesen persönlichen Weg in komfortable Schnellstraßen – Monumente für den Fortschritt – die jedermann nutzen kann oder soll.

Um seiner Versteinerung zu einem theatralischen Monument zu entgehen, zieht Stanislawski sich in den letzten Jahren seines Lebens in sein Heim zurück und sammelt um sich eine Gruppe junger Menschen, mit denen er eine neue Arbeit beginnt. Er bildet sein System heraus und entwickelt die Methode körperlicher Handlungen. Um das zu tun, um politischer und kultureller Kontrolle zu entgehen, täuscht er Krankheit und Desinteresse an seiner eigentlichen Arbeit vor: Man kann nicht ‹moralisch› in einer unmoralischen Gesellschaft sein.

Der letzte Satz stammt von Brecht.

Was heißt es, Brechtianer oder Stanislawskianer zu sein? Wächter und Priester ihres Grabmals oder ein von ihrem Zeichen angeregter Reisender zu sein?

Was bedeutet es, Brecht zu folgen: mit ihm einverstanden zu sein, wenn er von seiner Technik, von seiner Verfremdung spricht, oder sich an ihm zu orientieren, wenn er von der Notwendigkeit spricht, die eigene Identität zu bewahren, ‹Ausländer› in einer Gesellschaft zu bleiben, die man durchquert, oder wenn er von der schwierigen Kunst spricht, die Wahrheit zu verkünden, ohne sich den Hals brechen zu lassen?

Die schwimmenden Inseln

Kritiker, Ideologen und Theaterleute haben jahrelang die Tatsache ignoriert, daß Theater seine tiefergehende, verändernde Bedeutung für eine bestimmte soziale Schicht, für eine bestimmte Gemeinschaft verloren hat.

In zahlreichen Ländern der Welt kam es dazu, daß die Begegnung mit dem Theater, besonders für die junge Generation, eine unerwartete Bedeutung erhielt: Es war nicht mehr das Bedürfnis, Theater zu sehen, sondern es zu machen, als Schauspieler und Zuschauer neue Beziehungen zu entwickeln.

Ein Theater als Ausdrucksmittel kleiner Gruppen wurde geboren, die möglicherweise Bedürfnisse und Wiedersprüche zeigen, die nur eine begrenzte Zahl von Menschen angehen. Gleichwohl existieren sie und sind aktiv unter uns. Diese Gruppen träumen nicht von sich als Vehikel großer Worte, großer Botschaften, großer Auseinandersetzungen, sondern sie suchen einen Weg, das Individuum mit dem Individuum in Berührung zu bringen, den Andersartigen mit dem Andersartigen.

Nicht neue Inhalte, sondern neue Beziehungen nehmen den Platz ein, der von dem gewöhnlichen Inhalt des Theaters leergelassen wird. Kein ‹anderes Theater› wird geboren; andere Situationen fangen an, Theater genannt zu werden.

Aus besonderen Gründen erlebte das Odin vor einigen Jahren einige solcher Situationen.

Wenn es einer Gruppe gelingt, Diskussionen über sich zu entfachen, wenn sie ins Schußfeld gerät, beschuldigt wird, nutzlos oder unproduktiv zu sein, hat sie oft schon die halbe Schlacht gewonnen. Es ist nicht die schlimmste Diskriminierung, wenn man vom Standpunkt der geltenden Normen her angegriffen wird.

Viele Gruppen sind zum Schweigen verurteilt, schon bevor jemand begonnen hat zu diskutieren, ob sie das Recht haben zu reden oder nicht. Die härtesten Erfahrungen finden statt, wenn niemand zusieht. Über sie kann nur in persönlichen Begriffen gesprochen werden.

Der Überlebenskampf bestimmt die folgenden Entscheidungen. Für die Zuschauer, die nach dem urteilen, was sie sehen, erscheinen die Ergebnisse dieses Kampfes als neue ‹Strömungen› im Theater.

Alle grundsätzlichen Züge des Odin – von der Schauspieltechnik zur internen Organisation, von seiner Ethik bis zu der Art, ökonomische Probleme zu lösen, schließlich seine Vorstellungen für wenige Zuschauer, die nicht auf dem Verständnis eines aus Worten zusammengesetzten Textes basieren – all das sind Antworten auf eine Situation, die uns zur Machtlosigkeit zu verurteilen schien. Wir waren gezwungen, Autodidakten zu sein. Schauspielschulen und professionelle Theater hatten uns abgewiesen, an denen einige meiner Kameraden anfangs normale Schauspieler sein und Stücke interpretieren wollten und wo ich am Anfang vorhatte, mit professionellen Schauspielern zu arbeiten, und normale Texte zu inszenieren.

Die Situation zwang uns, allein zu beginnen ohne jede Erfahrung. Der Diskriminierung der Theaterwelt wurde bald eine geographische und sprachliche hinzugefügt: Um zu überleben, mußten wir aus der Hauptstadt Norwegens in eine kleine Stadt nach Dänemark emigrieren, weit weg von den großen Städten, von den Kritikern, von der Öffentlichkeit der normalen Theaterbesucher.

Es mußte uns gelingen, diese Situation nicht als Schwächung zu empfinden. Wir mußten einen Weg finden, den beiden Widerständen nicht nachzugeben, die es uns erschwerten, eine Art von Theater zu machen, welche in diesen Jahren anerkannt und akzeptiert war: das Handicap der Sprache, das uns daran hinderte, uns durch Texte auszudrücken, und das Handicap unserer mangelnden theatralischen Ausbildung.

Wir mußten beides erfinden, eine ‹soziale Funktion› für uns selbst, die wir anscheinend nicht hatten, und eigene theatralische Kenntnisse von uns selbst. Ich selbst hatte keine professionelle Ausbildung: Meine drei Jahre bei Grotowski verbrachte ich damit, dazusitzen, seine Arbeit zu beobachten und zu schreiben, nur an einem begrifflichen Verständnis interessiert, ohne jegliche praktische Überprüfung.

Gemessen an dem, was man normalerweise von einem Theater erwartet, hörten wir Jahr für Jahr wiederholt, daß unser Theater ohne Nutzen und wir Leute seien, die, besessen von privaten Bedürfnissen, ‹außerhalb der Geschichte› lebten.

Die gleichen Anschuldigungen werden heute gegen andere erhoben, die, obwohl sie ihre Entscheidung mit politischem und sozialem Gehalt rechtfertigen, aus den großen Häusern und den berühmten Ensembles ausbrechen, sich in kleinen Gruppen sammeln und Theater machen.

Die Gruppen, die ich Drittes Theater nenne, gehören keiner Familie an, keiner theatralischen Tendenz. Aber sie leben alle persönlich oder kulturell, beruflich, ökonomisch oder politisch in diskriminierenden Situationen. Die Herren des Schreibens sind diejenigen, die über die Gültigkeit dessen, was sie tun, entscheiden.

So sind sie Gruppen, die zur täglichen Bestätigung des Bedürfnisses nach einer ‹antihistorischen› Besessenheit gezwungen sind: zur Notwendigkeit, auch in der Isolation auszuharren, in der Suche nach einer Antwort auf die individuellen Bedürfnisse jedes einzelnen.

Sie sind Leute, die versuchen, ihren Traum von einem Leben durch das Theater zu erfüllen.

Also ein Theater der Andersartigen, von Träumern?

Welches Bild haben wir von einem Träumer? – Eine Person, die das Land verläßt und zu Wasser zieht, aber, nicht einfach um zu entdecken und andere Regionen zu finden.

Einige scheinen sich weit draußen auf dem Wasser zu isolieren und wollen trotzdem in der Nähe anderer sein. Sie versuchen, auf dem Meer Landfragmente zu bilden. Das sind die schwimmenden Inseln. Die schwimmenden Inseln sind kein Mittel, die gewaltigen Wassermassen des Texcoco und Titicaca nützlich und fruchtbar zu machen. Sie sind ein Mittel, um zu überleben.

Der Besitz der schwimmenden Inseln kann nicht vererbt werden. Sobald man aufhört zu bauen, hört das Feld auf zu existieren. Es ist ein kleiner unsteter Garten, der Früchte trägt, aber dessen Ausmaße und dessen Existenz ganz von den Strömungen abhängt. Er ist aus der Notwendigkeit geboren, Wurzeln zu treiben.

Aber in einer entwurzelten Realität.

Als die Tolteken die Azteken ankommen sahen – sie waren nur wenige und dem Sterben nahe –, da nannten sie sie ‹Kinder von niemandem›, ‹die, deren Gesicht niemand kennt›. Die Tolteken gewährten den Neuankömmlingen einige wenige kleine Inseln im Texcoco-See, wo sie leben könnten; dort würden die zahlreichen giftigen Schlangen sie ausrotten.

Statt dessen waren es die Azteken, die die Schlangen töteten und aßen. Wie der Adler auf dem Kaktus: ihre Vision und ihr Symbol.

Die Azteken bauten auch Flöße aus Schilfrohr, auf die sie Erde verteilten und Samen streuten. Aus diesen schwimmenden Gärten wuchs langsam ein Dorf, dessen Name eine lange Geschichte haben sollte: Mexico – Tenochtitlan. Mexico bedeutet: die Stadt, die im Zentrum des Mondsees liegt.

Aber das ist eine optimistische Geschichte.

Viel weiter im Süden, in der Weite der Anden, baute ein anderer

Stamm, die Uru, schwimmende Inseln auf dem Titicaca-See. Die Chronisten der Zeit der Eroberer erwähnten die Uru als Menschen, deren Leben sich nur geringfügig von dem der Tiere unterschied – ein Leben, unwert zu leben.

Anthropologen haben vor einigen Jahren festgestellt, daß die Uru von der Erdoberfläche verschwunden sind. Aber die Uru leben noch, bebauen ihre unbedeutenden Gärten eines hinfälligen Lebens.

Es existiert kein *Recht*, anders zu sein.

Es ist moralisierend und naiv, sich auf ein solches Recht zu berufen, das nur in Verfassungen oder im Reich der Ideen gefunden wird und das zeitweise nicht einmal da existiert.

Ein Recht, von wem erobert? Ein Recht, von wem durchgesetzt? Mit welcher Gewalt? Wenn die kontrollierte oder gewalttätige Macht der Obrigkeit oder der verschiedenen Mehrheiten dieses Recht nicht für lange gewährleisten kann, dann ist es Selbstmord, uns mit allen Sehnsüchten und Bedürfnissen zu zeigen. Wir gehen das Risiko ein, zu ‹Sündern›, ‹Kranken›, ‹gesellschaftlichen Außenseitern›, ‹Asozialen› erklärt und entsprechend behandelt zu werden.

Wir müssen einen Graben ziehen.

Als es Zeit war zu säen, spotteten viele über das, was das Odin säte, über die Weise, in der wir es taten.

Sie wollten, daß wir etwas anderes anbauten. Der Rat war explizit: Folgt uns, wohin wir euch führen, und ihr werdet in den Armen unserer Anerkennung sicher sein. Wir mußten unsere Ohren verstopfen, uns fast ganz isolieren, um den Kurs zu finden, der unserer war, um so zu vermeiden, getrennt oder woandershin verschleppt zu werden.

Viele Jahreszeiten vergingen. Jetzt, wo es Zeit ist zu ernten, wo wir merken, daß da wirklich etwas zu ernten ist, schauen wir uns um. Und es ist, als wäre nach einem langen Winter die Einsamkeit jetzt ein Teil unseres Lebens geworden.

An Briefen, die ich bekomme, an den Besuchen, an den Treffen, die ich habe, sehe ich, daß die Bedeutung des Odin nicht nur in seinen theatralischen Ergebnissen, sondern in seiner gesamten Existenz, in seinem Überleben als greifbares Zeichen liegt. Es ist eine Gruppe von Leuten verschiedener Länder, verschiedener Religionen, verschiedener Sprachen, eine Gruppe von Außenseitern, die den Mut hatte, das Festland zu verlassen, auf dem die Menschen den Boden nützlich zu bearbeiten scheinen. Sie brachten ihre eigenen Taschen voll Erde auf ein Floß und arbeiteten besessen, ohne der Kultur des Festlandes zu folgen, sie übergaben sich den Strömen, die sie weit mit sich fortnahmen.

Darin besteht der Wert des Odin Teatret und anderer Gruppen, anderer Leute, die inzwischen fast ihr gesamtes Leben damit verbracht haben, auf dem Wasser zu säen.

Aber wenn man trotz allem erfolgreich überlebt, dann transformiert sich paradoxerweise die ‹Asozialität› selbst in etwas Soziales. So wird Theater zu einem Mittel, nicht allein zu bleiben, eine Brücke zu bilden und Bindungen zu schaffen, ohne auf die eigenen Träume zu verzichten.

Theater wird auch zur Klugheit, die das schützt und versteckt, was wir für lebenswichtig halten.

In den Jahren des Kampfes, in den Jahren, in denen wir große Aktivitäten entwickelten, nur um das Wesentliche zu behüten, als wir alle Ideen und unsere ganze Vorstellungskraft brauchten, um schlicht zu überleben, kam der Mut durchzuhalten auch aus dem Wissen, daß andere und andere Gruppen unter gleichen Bedingungen lebten wie wir.

Bis jetzt haben sie sich geweigert nachzugeben und nutzten alle Kraft, all ihren Verstand, um eine Suche zu schützen, der es nicht ausschließlich um Theater geht.

Wenn ich versuche zu verstehen, was aus den Theaterforschungen der sechziger Jahre entstanden ist, erscheint mir klar, daß sie allmählich eine Richtung genommen haben, die anfangs niemand von uns voraussah. Eine tiefe Verbindung zu einer bestimmten Geschichte, deren Vorgänger Stanislawski, Meyerhold oder Brecht waren, übersetzte unsere Bedürfnisse in theatralische Begriffe, in eine ‹Reform von Theatersprache›, von Ausdrucksmitteln. Mit der Zeit und den Erfahrungen ging diese Verbindung über den Beruf hinaus, wurde zu einer ethischen Haltung mit einer anderen Art der Wahrnehmung.

Wenn für viele diese Haltung eine Erweiterung der Grenzen des Theaters bedeutet, so erscheint sie uns oft wie eine Verweigerung von all dem, was in unserer Kultur Theater genannt wird.

Ich denke an Grotowski, an die Leute vom Living Theatre, an uns, an das Odin. Mehr als einer von uns war, nachdem er jahrelang an einer Neubestimmung der Rolle des Schauspielers gearbeitet hatte, versucht, den Schauspieler bei seinen Kollegen zu widerlegen, die Aufführung und konsequenterweise den Zuschauer für null und nichtig zu erklären.

Ich spreche von dem Bedürfnis, Theater in eine genau definierte Situation zu überführen, die es erlaubt, über die Beziehungen und Wahrnehmungen hinauszugehen, die das Alltagsleben bestimmen.

Für einige bedeutet das den Aufbruch in gefährliches, verdächtiges Territorium, das als ‹romantisch›, ‹mystisch›, ‹irrational› denunzierbar ist.

Diese bewußte Suche durch die Person, die Theater nicht nur als Zuschauer, sondern als Mittel wählt, um einen anderen Zustand der Erfahrung zu erreichen, überschreitet die festgelegten Grenzen des Theaters, eine gerade wenige Jahrhunderte alte Konvention.

Was sehen wir, wenn wir mit Erstaunen dieses einfache Wort ‹Theater› durchschauen?

Als Leeuwenhoek einen Wassertropfen unter ein Mikroskop legte, beobachtete er erstaunt einen Schwarm von Lebewesen, die dem bloßen Auge unsichtbar waren. Bis dahin war ‹Leben› etwas Sichtbares gewesen: das Pferd, der Schwan, der Delphin, der Wurm. Diese neue Form von Leben ließ viele Fragen aufkommen. Was war die Funktion dieser kleinen Lebewesen, dieser ‹Mikroben›? Welches war ihr Verhältnis zur ‹Ordnung der Natur›?

Viele bedeutende Wissenschaftler der Zeit – sogar Buffon zum Beispiel, der große Fortschritte in den Naturwissenschaften gemacht hatte, indem er die *Geschichte* der Natur studierte – nannten diese Form des Lebens eine ‹Beleidigung der Natur›.

Jahrelang waren Mikroben ein Konversationsstoff, eine Kuriosität, deren Existenz keine Bedeutung hatte. Aber dann wurde mehr über Mikroben bekannt, über ihre Wichtigkeit für den Lebensprozeß und darüber, daß sie weitaus gefährlicher als ein Tiger sein können.

Pueblos, Cimarrones

Traurige Wahrheiten sind auch solide Alibis.

Die Wahrheit, daß man als Minderheit nichts erreichen kann, hat etwas Trauriges. Am Ende bist du darauf reduziert, das Instrument derer zu sein, die die Institutionen kontrollieren, die die Macht haben, alle Quellen für unseren Unterhalt zu öffnen und zu schließen. Du mußt dich integrieren, anpassen, oder du bist sonstwie zu Untätigkeit und Unergiebigkeit verurteilt.

Es ist einfach, diese Wahrheit zu erfahren. Sie ist so augenscheinlich, daß sie nicht erwähnenswert ist.

Wie falsch sie sein kann, ist etwas, was untersucht werden kann und muß.

Die unbequeme Wahrheit ist, daß es sogar wenigen gelingen kann, die Situation zu formen, die über uns schwebt, die uns bestimmt und keinen Ausweg zu lassen scheint.

Es ist nicht genug, anders zu sein, sich an Normen und Werten zu orientieren, die gerechter sind, selbst wenn sie naiv und utopisch erscheinen, die einem in seinem Streben näherstehen. Es ist notwendig, durch die Situation hindurchzugehen und sie zu überwinden, die normalerweise eine Randgruppe brandmarkt und als Subkultur abstempelt.

Ein Theater, das der ‹Neuen Kultur der Jugend› entspricht, ein ‹junges Theater›, ist kein Wert an sich. Es ist nur das Theater einer der Subkulturen, die unsere Gesellschaft charakterisieren.

Es ist notwendig, sich von einer Subkultur in eine Kultur zu verwandeln. Kultur ist die Möglichkeit, sich der Umgebung anzupassen und sie zu verändern, ist der Weg, unzählbare Individuen und kollektive Aktivitäten zu organisieren und auszutauschen, ist die Möglichkeit, die kollektive ‹Weisheit› zu vermitteln, die aus verschiedenen Erfahrungen und technischem Wissen stammt.

Nur die Fähigkeit, intern alle Aspekte zu reorganisieren, die das Zusammenleben regeln, erlaubt einer Gruppe, sich der Welt draußen anzupassen, ohne völlig von ihr abhängig zu sein.

Es ist notwendig, eine Art Vollständigkeit anzustreben, einen kulturellen Mikrokosmos.

Kulturelle Vollständigkeit ist kein Autismus; sie ist im Gegenteil die Fähigkeit zur ständigen Antwort: in geeigneter Weise auf den Wechsel von Situationen zu reagieren, ohne daß die Gruppe sich zu einer toten Sache herabwürdigt. Sie ist weder starr bis zum Zerbrechen noch verformbar wie Wachs, das sein Siegel erhält.

Der Übergang von der Subkultur zur Gruppenkultur ist der Übergang von der Minderjährigkeit zur zahlenmäßigen Minderheit. Diese Minderheiten, die sich genau im Zentrum unserer Gesellschaft als kleine Fallgruben präsentieren, stellen vielleicht die wichtigste kulturelle Veränderung unserer Jahre – und nicht nur im Theater – dar.

Es ist illusorisch zu glauben, daß nur große Organismen große Veränderungen hervorrufen können.

Die Diskriminierung läßt den Gruppen nur eine einzige Wahl außer der zu verschwinden oder zu verraten: ihre Umwandlung in ‹Pueblos› in beiden Bedeutungen des Wortes: ‹die eigenen Leute› und ‹der Ort, an dem man lebt›. Aber weder Diskriminierung noch als Randerscheinung zu existieren, bedeutet schon eine Kultur. Die meisten Gruppen leben lediglich unter minderwertigen Bedingungen.

Eine wirklich erwachsene Kultur, auch wenn sie aus einer begrenzten Anzahl von Menschen besteht, existiert, wenn eine Gruppe in der Lage ist, die umgebenden Kulturen auf allen Ebenen zu konfrontieren, von der ökonomischen Organisation bis zum Gebrauch der Produkte eigener Arbeit, von zwischenmenschlichen Beziehungen bis zu kritischen Überlegungen über das eigene Tun.

Wie sozialisiert man seine eigenen Bedürfnisse, benutzt sie, arbeitet mit ihnen mit dem Ziel, andere zu erreichen, ohne sich hinter den vorgegebenen Antworten auf die vorgegebenen Notwendigkeiten der Gesellschaft zu verstecken? Probleme zu diskutieren, die durch Diskussion nicht gelöst werden können, ist eine Gewohnheit, die man ablegen muß.

Welche Art von Theater braucht die heutige Gesellschaft?

Sich auf politisches Theater festlegen, heißt oft, vor dem Problem zu fliehen, mit Theater eine Politik zu verfolgen.

Wer die Gesellschaft und ein Theater nicht akzeptiert, die ihm aufgedrängt sind, sondern nach einer anderen Gesellschaft und seiner eigenen Kultur sucht, muß die Frage umkehren. Er muß fragen, was er durch Theater von der Gesellschaft will.

Die Sehnsucht der ‹Pueblos› nach einer volkstümlichen Kultur, die in der Vergangenheit wurzelt und von Generation zu Generation geteilt wird, ist der unmögliche Wunsch nach Rückkehr.

Die Kultur von Theatergruppen ist eine Kultur ohne Wurzeln. Es ist die Kultur der ‹Cimarrones›, der schwarzen Sklaven, die in Brasilien, Jamaica, Surinam, Kuba in die Berge und den Dschungel flohen und winzige Kommunen gründeten, die manchmal viele Jahre widerstanden, manchmal sogar mit regelmäßigen Kontakten zu weißen Plantagenbesitzern, die nicht stark genug waren, sie zu besiegen.

Die Cimarrones hatten ihre afrikanische Kultur fast vollständig verloren und viele der kulturellen Merkmale der Weißen aufgenommen, denen sie entflohen waren und deren Welt sie ablehnten. Sie hatten keine Kultur, sie waren der Wurzeln beraubt. Ihre einzige Wurzel war die Flucht. Sie mußten von neuem eine Gesellschaft bilden.

Aus den Bruchstücken einer unhomogenen Vergangenheit, aus vergessener oder dürftig gelernter Sprache, aus verschiedenen Handwerken und Fertigkeiten und durch die Lösung spezifischer Probleme entstand eine neue Identität.

Die Theaterkultur darf kein wehrloses Theater sein. Es wäre Selbstmord, Theaterarbeit und ihre Ergebnisse, die Aufführungen, als zweitrangige Probleme anzusehen, als geringgeschätzte Instrumente, die nicht nach Perfektion streben müssen.

Jene, die ein neues Dorf errichten wollen, suchen nach einem Standort, der ein gemeinsames Leben am ehesten erlaubt und gleichzeitig am besten durch Berge, Wasser und Wald geschützt ist. Die Aufführung ist unser Berg, unser Wasser, unser Wald.

Die Fähigkeit, Respekt zu erzwingen und sogar diejenigen zu faszinieren, die uns nicht akzeptieren sollten oder werden, erlaubt uns nicht nur zu leben, sondern bringt uns auch außerhalb der Schußweite.

Ein asoziales Theater?

Man ist nicht asozial, man wird asozial.

Eine weitere Emigration, vergleichbar der nach Brot suchenden Menschen, geht quer über den Erdball und durch das gesamte Bewußtsein unserer Gesellschaft. Sie setzt sich aus den Heimatlosen zusammen, die freiwillig oder unfreiwillig einem Land, einer Religion, einer Ideologie oder einer Klasse entwurzelt sind.

Sehr wenig verbindet uns in unserer Vergangenheit, in unserer Geschichte – außer der Tatsache, daß verschiedene und weit voneinander entfernt liegende Bedürfnisse uns genötigt haben, uns zusammenzuschließen.

Wenn Theatergruppen sich treffen, verweben sich die Dialoge von Emigranten. Das geschah jedesmal, wenn wir uns treffen konnten. Mal um Mal erfuhren wir das Gefühl, tief in der Arbeit zu stecken und gleichzeitig mitten in der Luft zu hängen im gleichen widersprüchlichen Bewußtsein, unser Schicksal in die eigene Hand genommen zu haben und gerade deshalb den Kräften preisgegeben zu sein, die wir nicht mehr werden beherrschen können, wenn die See für kleine Boote unbefahrbar ist.

Jedesmal trafen wir uns mit dem gleichen Bedürfnis, uns gegenseitig etwas zu geben, um unsere Verteidigung zu stärken, wenn wir wieder allein sein würden. Wir entdeckten jedesmal die gleiche tiefe und fast versteckte Neigung zur Solidarität mit all ihrer Doppeldeutigkeit, Spaltung, Rivalität, eingehüllt in die großartigen und trügerischen Träume, die in der Emigration ausgeschwitzt werden.

Welcher Emigrant träumt nicht von Zeit zu Zeit davon, seine Landsleute im Stich zu lassen und ein Mitbürger in dem Land zu werden, das er gerade durchquert und zu dem er nicht gehört? Wer leiht nicht gern den Stimmen ein Ohr, die ihn zu dem traurigen Frieden des Selbstbetrugs einladen?

Wie oft ist der, der solche Träume zurückweist, mit der gleichen Beschuldigung gebrandmarkt worden: asozial! Eine Anschuldigung, die ein leeres Konzept verbirgt.

Es ist nie möglich, ‹außerhalb der Gesellschaft› zu stehen. Man kann nur von ihren Normen abweichen.

Die Sehnsucht, ‹asozial› zu sein, ist manchmal das Zeichen für die tiefste Neigung zur Veränderung. Es bedeutet, den Kopf in eine andere Richtung zu wenden, zu suchen, was verschieden von der Gesellschaft ist, der man sich verweigern möchte. Was man ablehnt, wird der Punkt, an dem man seine Peilung findet, wird der Norden, auf den man seinen Blick heftet, wenn man ihn verläßt.

Jedesmal, wenn du deinen Träumen zu sehr vertraust, absorbiert dich wieder die Wirklichkeit. Aber wenn es dir gelingt, Tag für Tag, Schritt für Schritt, loszuziehen mit dem Blick auf das gerichtet, was du nicht sein willst, deinen Begleitern und dir selbst helfend, dann entdeckst du eines Tages erstaunt, daß die ‹soziale Gesellschaft›, von der du fortgezogen bist, Interesse an dir gewinnt. Sie entdeckt in dir das Bild eines anderen Lebens, studiert dich als das Beispiel einer kleinen Gruppe, die – obwohl sie im Zentrum der Gesellschaft lebt, ohne sich von ihr abzusondern – ihre eigene Kultur bildet: einen nicht zerstörerischen, mikroskopischen Organismus, der andere Formen gemeinsamen Lebens enthält.

Warum sich vor Worten fürchten? ‹Asozial› zu werden ist das Bestreben, eine eigene mikroskopisch kleine ‹Gegengesellschaft› zu bilden, in ihr das Leben zu erproben, das man anstrebt. Es ist keine gestaltlose Emotionalität, nicht die vage Sentimentalität des ‹Alle sind Brüder›, des ‹Jeder und alle von uns sind gleich›.

Nicht für eine große Familie, sondern für eine kleine Gesellschaft hat es Sinn, sich außerhalb zu setzen, einen ‹nutzlosen› Job zu wählen, der zur rechten Zeit objektive Ergebnisse destilliert, die die Beziehungen zwischen Menschen, ihre Vision von der Welt und ihr privates Verhalten formen.

Man sollte sich nicht auf Ideen verlassen in der Hoffnung, daß diese einen verändern. Man muß Bedingungen für Leben und Arbeit schaffen.

Man muß ‹asozial› sein, wenn man das Gegenbeispiel zur Gesellschaft der Ungerechtigkeit schaffen will.

Man muß asozial sein, wenn man die Regeln des Spiels nicht akzeptieren will, in dem man verlorengeht. Man muß ‹asozial› werden, wenn man wenigstens eine der Maschen in dem Netz zerreißen will, um draußen einen anderen Platz, andere Beziehungen zu finden.

Man muß ‹asozial› sein, wenn man seine gegenwärtigen Handlungen auch denen übermitteln will, die der Spur folgend vielleicht morgen mit unseren Erfahrungen konfrontiert werden.

Du darfst deine Präsenz nicht nur auf diesen Augenblick, diesen Ort, auf deine gegenwärtigen Bedingungen und auf die Fragen reduzieren, die andere dich heute fragen.

Bist du deshalb unpolitisch? Was ist Politik? Ist es nicht die Kunst des Möglichen?

Du mußt ‹asozial› sein, um deine Möglichkeiten verwirklichen zu können.

Es wäre falscher Idealismus, die Wirklichkeit von Theatergruppen zu einem Ideal des Gemeinschaftslebens zu verwandeln. Diese Gruppen sind vielmehr das Ergebnis von Spannungen, mangelnder Anpassung und einer Abweichung, die durch eine ständige Beklemmung und das Gefühl des Erstickens hervorgerufen wurden.

Sie sind nicht die Inseln der Utopie. Sie sind die Bruchstücke einer Gesellschaft im Grenzland, die zerfransten Ränder von etwas, das gleichzeitig Gesellschaft ist und nicht ist.

Viele fühlen – so wie wir oder wie wir uns gefühlt haben –, daß sie langsam in eine Art Apathie, Wirkungslosigkeit gleiten.

Theater ist die Klippe, an die wir uns geklammert haben und die uns trotz allem sozial macht.

Vom Standpunkt derer, die die Meisterschaft der Sprache besitzen, mögen wir den Stummen gleichen, die sich mit Hilfe eigenartiger Zeichen in einer nahezu privaten Sprache von Bildern ausdrücken.

Vom Standpunkt der Stummen aus sind wir Stumme, denen das Sprechen gelungen ist.

Angesichts der Unmöglichkeit und des Unbehagens, sich in ein unmenschliches Leben zu integrieren, sprechen einige im positiven Sinne von Marginalisierung. Sie sprechen von ihrer eigenen Verrücktheit und stellen sie als etwas heraus, das es zu verteidigen gilt.

Aber Marginalisierung und Verrücktheit sind genau das, was wir bekämpfen, um unseren grundlegenden Bedürfnissen treu zu bleiben, indem wir uns weigern, auf Machtlosigkeit und Stillschweigen reduziert zu werden. Die Weigerung, sich zähmen zu lassen, bedeutet nicht, in ‹Marginalisierung› und ‹Verrücktheit› zu flüchten. Sie bedeutet nicht, zur Marginalisierung und Verrücktheit domestiziert zu werden.

Theater ist Verschwendung, aber es ist auch eine sozial anerkannte Aktivität. Es ist offenbar unproduktiv, aber es rechtfertigt Gruppenarbeit. Man kann seine Träume, seine Besessenheiten darauf projizieren, ihnen einen Körper geben, der zu anderen hinreicht, ohne auf der Oberfläche üblicher Sprache hinwegzugleiten.

Es ist ein Mittel, dem Urteil der ‹Zähmer› zu entkommen, den Kreislauf der Einsamkeit zu brechen.

So zu antworten heißt, die Wahrheit zu sagen. Aber diese Antwort ist nur ein Gesicht der Wahrheit.

100: Katrin, die stumme Tochter der Mutter Courage, und Polly Peachum (Iben Nagel Rasmussen, Roberta Carreri)

Brechts Aske 2

(Brechts Asche 2, 1982–1984)

Nach einem Szenario von Eugenio Barba

Schauspieler: Roberta Carreri, Toni Cots, Tage Larsen, Francis Pardeilhan, Iben Nagel Rasmussen, Silvia Ricciardelli, Ulrik Skeel, Julia Varley, Torgeir Wethal
Die erste Version der Produktion basierte auf Gedichten von Bertolt Brecht (1980). Ein Jahr später verweigerten die Erben des Autors den weiteren Gebrauch der Texte. Die zweite Version geht auf die Quellen zurück, die Bertolt Brecht selbst inspiriert hatten: chinesische Gedichte und mittelalterliche Balladen ebenso wie die Schriften seiner Zeitgenossen wie Tucholsky und Mühsam.
Fotocollagen: Catherine Poher, Jan Rüsz
Die Autoren der Fotocollagen haben die Schauspieler von *Brechts Asche 2* in den Rahmen von Situationen gestellt, die zum Allgemeinwissen unserer Zeit gehören. Die Autoren verbinden mit dieser Collage nicht den Anspruch einer objektiven Wiedergabe des Stücks, sondern sie versuchen wiederzugeben, wie die Vorstellung in ihrer Erinnerung weitergelebt hat.

101: Bertolt Brecht und seine Frau Helene Weigel auf dem Weg ins Exil
(Torgeir Wethal, Iben Nagel Rasmussen)

102: Galileo Galilei und Andrea Sarti, im Hintergrund Schweyk
(Torgeir Wethal, Roberta Carreri, Silvia Ricciardelli)

Hüte dich vor der Sichel ohne Hammer
Hüte dich vor den freiwilligen Opfern
Hüte dich vor den unfreiwilligen Henkern
Hüte dich vor denen, die dich lieben
Hüte dich vor deinen Helden
Hüte dich vor den Toten
Hüte dich vor dem Staat.

103: Mackie Messer und Ilse Koch
(Tage Larsen und Julia Varley)

104: Marie Sanders' jüdischer Liebhaber (Toni Cots)

Über Katrin, der stummen Tochter der Mutter Courage, wird das Todesurteil gesprochen:

Du bist die Güte in Person, deshalb werden auch wir gut sein zu dir.

Du bist ehrlich und stehst zu deinem Wort. Wann hast du zum letztenmal gesprochen?

Du gibst den Durstigen zu trinken. Gräbst du auch die Brunnen?

Du bist geduldig. Bist du bei deiner ersten Liebe geblieben?

Du bist hellsichtig. Aber siehst du die Waffe in der Hand des Bruders nicht?

Wir wissen, du liebst unsere Feinde. Trotzdem sind wir deine Freunde, und freundlich werden wir dich behandeln. Mit freundlicher Hand werden wir ein Messer in dich hineinbohren und dich begraben mit freundlicher Erde, wo freundliche Würmer von dir essen werden.

105: Polly Peachum und Arturo Ui (Roberta Carreri, Francis Pardeilhan)

106: Die Hinrichtung von Katrin (Iben Nagel Rasmussen)

Dialog mit Brecht

Dieser Artikel basiert auf verschiedenen Gesprächen, die Eugenio Barba in der Zeit führte, als er im Odin Teatret in die Arbeit an der neuen Produktion, *Brechts Asche*, einführte. Er wurde in dem Buch *Il Brecht dell'Odin* (Mailand: Ubulibri 1981) veröffentlicht.

Bertolt Brecht wurde auf dem Dorotheenfriedhof in Ostberlin, nicht weit vom Grab Hegels, beigesetzt. Auch Erich Engel, Helene Weigel, Hans Eisler, Elisabeth Hauptmann und Ruth Berlau liegen dort begraben.
 Wie kann man mit einem Toten sprechen?
 Das Leben von Brecht provozierte uns.
 In unserer Aufführung erscheint die Sehnsucht nach einem unmöglichen Dialog. Wir lasen die Schriften, die er für seine Leser geschrieben hatte; aber in deren Schatten fanden wir, was er für sich selbst geschrieben hatte. Wir konnten seine Erfahrungen nachvollziehen: entwurzelt zu sein und im Exil zu leben. Wir wurden mit seiner desillusionierenden Intelligenz konfrontiert, mit seiner List, seinem vorurteilsfreien Handeln, womit er beschützte, was für ihn wesentlich war: intellektuelle Unabhängigkeit, Scharfblick, Zweifel und seine individuelle Stimme.
 Allmählich erschien uns sein Werk nicht mehr als abgeschlossen und unabänderlich, sondern als noch warme Asche, in der die Vieldeutigkeit eines Lebens und Handelns noch nicht zur Ruhe gekommen ist.
 «Can this cockpit hold the vasty fields of France?» – Kann diese kleine Hahnenkampfarena den Weiten Frankreichs standhalten?
 Manchmal empfand Brecht den Ärger früherer Schauspieler, die, eingeschlossen auf ihrer Bühne, die großen geschichtlichen Ereignisse betrachteten, welche sich um sie herum ereigneten. Auch Brecht fragte und zweifelte, ob Theater das enggeflochtene Netz von Ursache und Wirkung nachzeichnen könne, welches das Schicksal von Menschen und Gesellschaften bewegt.
 Jetzt zeigt die kleine Bühne die Plätze und die Vielfalt Berlins der dreißiger und fünfziger Jahre, die Kriegslandschaften, die Lager und die Wege der Flucht, auf denen Brecht, der wie festgenagelt an seinem Schreibtisch saß, die Nachrichten über seine Freunde erreichten: den Erschossenen und Erhängten, den Ermordeten und Selbstmördern.
 Sie zeigt auch das imaginäre China des Me-Ti und des Ken-Yeh; eine Welt, die uns mit ihrer dialektischen Vernunft märchenhaft erscheint.

Erste Begegnung mit Brecht

Zum erstenmal begegnete ich Brecht 1961, fünf Jahre nach seinem Tod; die Begegnung hatte den Beigeschmack von Erbrochenem.

Als ich nach Polen kam, stürzte ich mich auf die Lehren des Brechtschen Theaters. Mit diesen Lehren im Kopf bewarb ich mich bei der Theaterschule. Dort traf ich zufällig Tedeusz Kuliszevicz, einen Grafiker, der mit Brecht zusammengearbeitet hatte. Er hatte das Plakat für *Das Leben des Galilei* entworfen, auf dem Galilei mit scharfem Strich als ein gebeugter Mann dargestellt wird, der aber in Wirklichkeit wie eine elektrische Batterie voller Ladung steckt. Kuliszevicz gab mir einen Empfehlungsbrief für Helene Weigel. Mit diesem Brief in der Tasche fuhr ich nach Berlin.

Es war im Februar; ich kam aus Warschau, das immer noch Spuren des Krieges zeigte. Der Wiederaufbau ging langsam voran. Aber in gewissen Kreisen explodierte nachts die Lebensfreude. Nach der Vorstellung gingen die Schauspieler in den «Club Spatif», der bis zwei Uhr morgens geöffnet war. Sie erfreuten sich am Wodka, am Essen und waren voll von jener besonderen Begeisterung, die einen nach der Anstrengung der Aufführung befällt. Oft hatten sie Lust weiterzumachen und sie gingen ins «Bristol», in den einzigen Club in Warschau, der bis zum Morgengrauen geöffnet hatte. Am Eingang saß eine alte Frau mit einem Korb. Sie verkaufte Papierblumen. Die Schauspieler gaben gern etwas von ihrem Geld, um den weiblichen Kollegen eine künstliche Blume schenken zu können.

Außer den Straßenlaternen sah man in der Nacht auch hunderte kleiner Lichter, die die Frauen an den Ruinen anzündeten. Im Schein dieser Lichter konnte man die Namen der während der Besatzung von den Deutschen erschossenen Polen lesen.

Warschau war düster und grau, mit langen Schlangen vor den Geschäften für Grundnahrungsmittel. Die in den Ruinen grabenden Bulldozer legten Skelette frei und holten sie zu Dutzenden heraus. Aus diesem Warschau kam ich nach Berlin, und ich sah all dieses Neon, all die Geschäfte mit Blumen, Obst, Schokolade und gefärbtem Plastik. Plötzlich war mir zum Erbrechen übel. Diesen Geschmack hatte ich im Mund, als ich nach Ostberlin hinüberging.

«Die Mutter» und die Theorie

Am Ende der Vorstellung kamen mir Tränen. Das Stück hieß *Die Mutter*, es wurde vom Berliner Ensemble gespielt. Wenn es stimmt, daß uns am Lebensende die Bilder wiedererscheinen, die uns am tiefsten geprägt haben, dann wird für mich darunter auch das Bild von Helene Weigel mit der roten Fahne in der letzten Szene von *Die Mutter* sein.

Als ich nach Warschau zurückfuhr, war ich verwirrt. Wie hatte ich so sentimental werden können? Wie hatte ich in diese Falle treten können? Trotzdem, nach einem Jahr Polen erwachten in mir die ersten Anzeichen von Zynismus. Wenn ich so naiv gewesen war, daß ich anfing zu weinen, was stimmte dann an der Vorstellung oder bei mir, dem Zuschauer, nicht? Was war aus der Wirkung geworden, die Brecht erreichen wollte, die in seinen Schriften so klar definiert war? Ich war nicht nur verlegen, sondern auch irritiert. Die Theorien verschwanden – die theatralischen und die anderen. Polen wirkte auf meinen Glauben und meine Vorstellungen wie ätzende Säure.

Meine Studentenbude lag am Platz der «Helden des Gettos». Der Platz war ein kleiner Hügel von ungefähr zehn Metern Höhe; denn die Ruinen waren nicht abgetragen, sondern nur planiert worden. Auf diesem Ruinenhügel stand ein Monument. Jeden Tag kamen Busse mit Ostdeutschen, und ein Führer gab Erklärungen ab.

Einer meiner Freunde war ein vielversprechender junger Parteifunktionär. «Hier in diesem Land etwas zu verändern ist, als würde man seinen Schwanz in einen Eisblock stoßen. Am Ende bist du kastriert und es schmilzt nichts.» Es war schmerzlich zu sehen, wie bewußt und intelligent er die Regeln des Spiels akzeptierte.

Brecht und das Theater waren kein wirkliches Problem mehr. Das Problem war die Orientierungslosigkeit. Es ging nicht mehr um diese oder jene Entscheidung; es ging darum zu überleben, sich vorsichtig voranzutasten, ohne Teil des Eisblocks zu werden.

Tastend kam ich nach Opole. Dort traf ich Grotowski. Er war damals noch ein junger Mann, zwei Jahre älter als ich, und er wurde mein Lehrer. Früher war er einer der Führer der kommunistischen Jugend gewesen, als sich am 3. März 1956 die Arbeiter in Posen erhoben und die Studenten an den Universitäten für Gomulka Partei ergriffen. Der kam an die Macht und leitete den berühmten polnischen Oktober ein. Zum erstenmal entstand der Eindruck, daß sich in einem sozialistischen Land etwas verändern ließ. Aber in den Jahren '57 und '58 begann das, was die Polen Salamitaktik nennen. Eine Scheibe nach der anderen wurde von dem Erreichten wieder abgeschnitten. 1959 hatte Grotowski der Politik den Rücken gekehrt und begonnen, Theater zu machen. Als ich ihn traf, sprach ich sofort über Brecht und dessen Theatertheorie. Grotowski war immer sehr freundlich. Er hörte mit einem Lächeln zu, das Lust machte weiterzusprechen. Aber nach einiger Zeit frage ich mich, ob es wirklich ein ermutigendes Lächeln war.

Der Krak

Lange Zeit war mir nicht klar, warum das, was ich über Brecht zu verstehen glaubte, nicht dem entsprach, was die Erfahrung mich lehrte, und warum er mir trotzdem etwas sagte. Das Odin Teatret hat Lehrer, mit denen wir uns offen auseinandergesetzt und Dialoge geführt haben: Stanislaswki, Meyerhold, Eisenstein. Unter diesen Lehrern war auch Brecht. Aber mit ihm war es anders. Er blieb wie in einer geheimen Krypta. Die parasitäre Interpretation seiner Werke, das politische Alibi seines Namens verärgerten uns und zwangen uns, den Dialog jahrelang verdeckt zu führen. Aber die Bedeutung seiner Worte blieb für uns schwer verstehbar.

Ich mußte erkennen, daß ich mich nicht fragen durfte, was Brechts Worte bedeuten, sondern was ihn dazu gebracht hatte, sie zu Papier zu bringen. Dann erst verstand ich Brechts eigentümliche Botschaft: Mißtrauen gegenüber Idealen und den Glauben ans eigene Handeln, so klein, anonym und bedeutungslos es auch erscheinen mag; die Überzeugung, daß Treue zur eigenen Identität und Vertrauen ins eigene Handeln weiterbestehen, auch wenn die Zeiten finster sind und sie niemand wahrnimmt; daß unser Handeln wie ein kleiner Kieselstein ist, den man hinter sich fallen läßt und den nach langer Zeit ein anderer vielleicht findet.

Zwischen 1933 und 1948 setzte Brecht fast nie seinen Fuß in ein Theater. Trotzdem hörte er nicht auf zu schreiben, von einem Land zum anderen. Er wußte, daß die Stücke nicht gespielt werden und sein Tun keine unmittelbare politische Relevanz hatte. Er arbeitete Stunden und Stunden in dem Bewußtsein, daß diese Arbeit für andere nichts galt. Er ist zum Vater des engagierten Theaters erklärt worden. Aber wenn wir seinen Lebenslauf betrachten, sehen wir, daß er nie eine enge Beziehung zur Arbeiterbewegung hatte. Die marxistischen Intellektuellen attackierten ihn als einen dekadenten Bourgeois, der mit dem Marxismus flirtet, aber isoliert lebt und über die Arbeiterklasse nichts weiß.

Und anscheinend hatten sie recht.

In den Jahren des Exils, in Dänemark, Schweden, Finnland und in den Vereinigten Staaten, nahm er nie an den politischen Kämpfen teil. Er hatte keinen Kontakt zu kommunistischen Organisationen; er wurde im Gegenteil von ihnen oft angegriffen. Als in Dänemark *Rundköpfe und Spitzköpfe* aufgeführt wurde, verrissen die linken Zeitungen das Stück, weil es eine grobe und falsche Analyse der politischen und historischen Situation enthalte. Niemand, mit Ausnahme einiger kleiner Amateurgruppen, war an seiner Arbeit interessiert. Er schrieb und schrieb weiter, immer isoliert, und wenige konnten überhaupt lesen, was er schrieb, es aufgeführt sehen und praktisch werden lassen.

Brecht erteilt uns eine Lektion über das Verhältnis von Individuum und Geschichte: ein Verhältnis, das nicht flüchtig sein muß. Seine Art, sich fernzuhalten, nicht teilzunehmen, wie hinter einem Fenster aus der Entfernung zu sehen, ermöglicht es, einen scharfen Blick zu bewahren. Dieser Blick erscheint unengagiert, zynisch, aber er versucht, die Wahrheit zu erkennen.

Hinter einem Fenster im dritten Stock des Hauses von Fritz Sternberg betrachtet Brecht am 1. Mai 1929 die Menge auf der Straße. Plötzlich sieht er, wie sie in Bewegung gerät und sich zerstreut. Die Polizei schießt. Brecht beobachtete diese Szene – ohne teilzunehmen.

Die Geschichte des Berliner Ensembles in der DDR ist die Geschichte einer großen Strategie, des Versuchs, die Spielregeln zu gebrauchen, ohne sie zu respektieren. – Diese Geschichte zeigt auch, wie die Spielregeln ihre eigene Logik aufzwingen, wenn man sie zu lange benutzt.

Trotz allem blieb das Berliner Ensemble eine kleine Oase für die Intellektuellen der DDR wie auch für die wenigen westlichen Intellektuellen, die es besuchten. Max Frisch erzählt, daß es ein intellektuelles Abenteuer war, Brecht zu seinen Lebzeiten in Ostberlin zu besuchen. Brecht hatte sich wieder einmal in seinem Haus isoliert, wo er nur wenige empfing. Nicht er, sondern Helene Weigel leitete das Berliner Ensemble. Brecht hatte keinen offiziellen Titel. Er konnte sich so von seinem eigenen Theater zurückziehen.

Aber was verbarg sich hinter den samtenen Sitzen und den riesigen Kristalleuchtern des ‹Berliners›? Ein Hügel, und auf diesem Hügel war ein *Krak*.

In Palästina gab es eine Zeit, in der ursprünglich rein geistigen Dingen verschriebene Männer zu Mönch-Soldaten wurden. Der Leprakranke Roger Buyant gründete in diesen Jahren einen Orden, der die Aufgabe hatte, die von Lepra befallenen Kreuzritter zu betreuen. Um ihn vor Diskriminierung und Vernichtung zu bewahren, militarisierte er diesen Orden. So entstand an der Grenze zum Libanon der *Krak*. Er war eine Oase der Sicherheit für alle Fremden, die durch arabisches Gebiet reisten.

Der *Krak* war eine Burg, die von einer handvoll leprakranker Ritter gehalten wurde. Sie waren so wenige, daß sie nicht gegen die Macht derer angehen konnten, die um sie herum lebten. Aber sie waren so stark, daß die Feinde keine Lust hatten, sie anzugreifen. Das Risiko lohnte sich nicht.

Die Ritter des *Krak* besiegten Nur Edim, sie wiederstanden der Belagerung von Saladin, und sie überlebten mehr als ein Jahrhundert. All die, die ihre Heimat verlassen hatten, um sich vor einem leeren Grab in Jerusalem zu verbeugen, und die auf ihrem Weg in Lebensgefahr schwebten, fanden in dem *Krak* Schutz. Hier konnten sie zeitweilig davor bewahrt werden, getötet oder als Sklaven verkauft zu werden.

Brecht schrieb viel über das Engagement des Theaters und über die Bedingungen, die es wirksam werden lassen. Aber es gibt etwas, worüber er nie geschrieben hat, was er aber trotzdem gezeigt hat: Theater kann ein *Krak* sein.

Heute weiß ich, daß Brecht mich immer beschäftigt hat, auch in den Jahren, in denen sein Bild für mich zu verblassen und sich aufzulösen schien: den Jahren, in denen ich mit Grotowski arbeitete. In diesen Jahren habe ich selbst das Abenteuer der Entstehung einer Theater-Festung miterlebt.

Als sich Grotowski aus der Politik und mit sieben Schauspielern in das kleine Theater von Opole zurückgezogen hatte, jenes Theater, das nicht größer war als eine Bühne, da erfuhr er sehr bald, wie bedrohlich die öffentlichen Reaktionen auf seine Arbeit wurden. Seine Tätigkeit paßte nicht in die Schemata der Kulturpolitik des Landes. Er akzeptierte nicht die Normen, nach denen Theater sich darzustellen hätte und die es rechtfertigen.

Tatsächlich wäre es für die polnische Obrigkeit sehr leicht gewesen, Grotowski zu vernichten; aber es gab immer einen gewissen Zweifel, und das Risiko lohnte sich nicht. Die Entscheidung, Grotowskis Theater zu schließen, hing anfangs von den örtlichen Behörden ab. Aber sie zweifelten, weil sein kleines Theater allmählich im Ausland bekannt wurde. Bei ausländischen Reaktionen hätten die zentralen Behörden etwas sagen müssen. Später merkten auch die zentralen Behörden, daß sich Grotowskis Theater zu etwas sehr Eigenartigem entwickelte. Aber da war der Name Grotowski im Ausland schon mehr als bekannt, und man mußte vorsichtig sein, um keine unerwünschten Reaktionen auf eine eventulle Schließung zu riskieren.

In diesen Jahren wurde Grotowski als Formalist und Mystiker attakkiert. Er hielt den kulturellen Produktionsplan des Kulturministeriums nicht ein. Als er 1962 *Kordian* und *Faustus* produzierte, war das Publikum nicht sehr zahlreich. Die Schauspieler waren froh, wenn sie für zwei oder drei Zuschauer spielen konnten.

Es war wie in der Wüste: als sei man umzingelt und von der Außenwelt abgeschnitten. Wir spürten, wie sich täglich das Eis um uns herum verfestigte: wenn wir die Zeitungen lasen, wenn wir sahen, wie uns die Leute auf der Straße grüßten, wenn wir hörten, was die Politiker des Ortes sagten und was sie zwischen den Zeilen durchscheinen ließen.

Wir konnten uns nur auf das banale Überlebensproblem konzentrieren, konnten nur diesen Lebenskern verteidigen, der nicht verschwinden sollte. Damals fing ich an zu reisen und zu schreiben. Ich hatte vorher nie geschrieben und war ziemlich unsicher und scheu. Ich mußte an unbekannte Türen klopfen, an die Tür von Claude Levi Strauss zum Beispiel. Es genügte mir, daß Levi Strauss mich empfing, mit mir sprach und sagen konnte, daß er an den theatralischen Erfahrungen, von denen ich sprach, interessiert sei. So konnte ich nach Polen zurückfahren und sagen: «Seid vorsichtig, greift dieses Theater nicht an, denn es gibt im Ausland bedeutende Persönlichkeiten, die daran interessiert sind.» Das war meine Schule, abgesehen davon, daß ich dasaß und die Arbeit Grotowskis beobachtete.

1978 wurde ich zur Geburtstagsfeier von Bertolt Brecht nach Ostberlin eingeladen. Er wäre achtzig Jahre alt geworden. Die Creme der Brecht-Intelligenz war anwesend: Professoren, die ihre Universitätskarriere damit begründet hatten, daß sie über Brecht schrieben und ihn jahrelang in eine neue Orthodoxie eingeschlossen hatten. Jetzt sagten sie, das ‹Berliner› sei jeder Bedeutung verlustig gegangen und nur noch ein staubiges Museum. Am ‹Berliner› war eine neue Produktion herausgekommen: die erste Version von das *Leben des Galilei*. Sie zeigt, wie der Intellektuelle trotz eines Regimes wirken kann, das versucht, ihn zu knebeln.

Wieder einmal ergriffen mich Emotionen, aber noch stärker war meine Verwunderung: Was hat es ihnen ermöglicht, diese Vorstellung hier zu zeigen?

Die letzte Szene war eisig und schrecklich: Galilei, blind, von seiner Tochter bewacht, greift in unbewachten Augenblicken mit hastig verschwörerischer Geste wie ein Dieb nach dem Papier unter seinem Stuhl. Er schreibt, schreibt, schnell, und plötzlich versteckt er wieder, was er geschrieben hat.

Zu dem Gefühl, das mich zur Bühne hinzog, kam der Ärger auf all die Intellektuellen aus dem Westen. Sie saßen um mich herum, als seien sie nicht in der Lage zu verstehen, was die Vorstellung ihnen so deutlich zurief; sie flüsterten: «Wie langweilig; das ‹Berliner Ensemble› ist am Ende; alles nur noch Museum; sie wiederholen sich selbst.»

Neben mir saß eine Frau von etwa vierzig Jahren. Als wir hinausgingen, sprachen wir miteinander. Sie lebte in Algerien, wo sie deutsches Theater und Literatur unterrichtete. Sie kam aus Berlin und hatte einen Algerier geheiratet. Sie erzählte von den Jahren des Algerienkrieges, in denen die sozialistischen Länder Studenten und auch Partisanen aus Algerien zu Gast hatten und sie studieren ließen. Sie hatte sich in einen dieser jungen Männer verliebt, und nachdem das Land befreit war, wollte sie ihn heiraten und ihm nach Algerien folgen. Sie wurde zum Büro der kommunistischen Jugend gerufen, wo man ihr erklärte, daß es nicht recht sei, einen Algerier zu heiraten und seinetwegen Deutschland zu verlassen. Der deutsche Staat bezahle nicht für ihre Ausbildung, damit sie anschließend das Land verlasse. Sie könne den Algerier als Freund haben, solange er zu Gast sei. Sie könne auch mit ihm schlafen, aber sie solle ihn nicht heiraten und mit ihm gehen.

Sie gab nicht auf und heiratete ihn. Das letzte Jahr, in dem sie auf ihre Ausreise wartete, war schrecklich. «Schau», sagte sie zu mir, «es gab nur einen Ort, an dem ich mich zu Hause fühlen konnte. Das war hier im Berliner Ensemble. Es war, als folgten sie hier nicht den gleichen Regeln, als verhielten sie sich nicht so wie die Stadt draußen. Es war der einzige Ort, an dem es Sauerstoff gab, den ich atmen konnte.»

Allein in der Straßenbahn zum Hotel betrachtete ich die grauen Umrisse der großen Gebäude von Berlin.

Die Lichter des Theaters, seine Konventionen und seine künstlerischen Theorien schienen mir falsch und nicht aktuell wie ein Betrug an der schweren und brutalen Realität.

Aber im nächsten Augenblick erschienen mir diese Lichter wie durch eine optische Täuschung oder eine plötzliche Hellsicht als die Lichter eines unterirdischen Refugiums. Ich fragte mich, ob die Geschichte der großen Reformer des modernen Theaters nicht in Wirklichkeit die Geschichte der Erbauer von Burgen sei, in denen man Sauerstoff atmen könne.

Die Zügel und das Pferd

Zwei Bilder wecken in mir unwillkürlich die gleiche Assozation: das Pferd in (Picassos) «Guernica» und der stumme Schrei von Helene Weigel als Mutter Courage.

Nachdem er die *Mutter Courage* des Berliner Ensembles gesehen hatte, sagte ein Theaterkritiker, er habe die ganze Zeit den Eindruck gehabt, daß Brecht das Stück mit einer ‹Kruste› von Regeln überzogen habe, um die emotionalen Erdbeben darin zu meistern.

Als Brecht, den ‹Bomberschwärmen› vorausfolgend, nach Berlin zurückkehrte, besetzte er das Berliner Ensemble mit Leuten, die im Exil gelebt hatten oder aus Nazi-Gefängnissen und Konzentrationslagern kamen. Die Stadt war stark zerstört. Die Begeisterung und der kollektive Rausch des Großdeutschland waren verflogen.

Die jungen Leute, die mit Brecht arbeiten wollten, gehörten der Generation derer an, die singend und siegessicher als Soldaten nach Rußland gezogen waren. Barfuß und gebrochen kehrten sie zurück. Es ist verständlich, daß diese Leute sich keinen Gefühlen mehr überlassen wollten, sie wollten sich nicht mehr ‹gehenlassen›. Brecht verstand das sehr gut. Im Exil hatte er schwer gegen Leidenschaften anzukämpfen gehabt, gegen Wut, Schmerz, Verzweiflung, Träume und Hoffnungen, in dem ständigen Bemühen, seine Klarheit zu bewahren, den wirklichen Verlauf der Ereignisse zu verstehen und sich von ihnen nicht gefangen nehmen zu lassen.

Es ist nicht verwunderlich, wenn man in den Biographien von Brechts eigentümlichen Verhalten gegenüber Frauen und Freunden, von seinem Zynismus und seinem moralischen Nihilismus liest. Er war nicht unmoralisch, aber amoralisch, als ihn bestimmte persönliche Kräfte jenseits von Gut und Böse beförderten. Es waren belebende und zerstörerische Kräfte, vielleicht von der gleichen ‹Farbe› wie die, welche Dostojewski trieben.

Im privaten Leben konnte Brecht diese Kräfte, die ihn zu zerstören drohten, kontrollieren. Er versteckte sich hinter der Maske des unberührten, ironischen, orientalischen Weisen, der rauchte und gütig lächelte. Berührungspunkte dieses Mannes mit dem großen Spieler, dem mystischen Dostojewski, scheinen unwahrscheinlich.

Brecht sprach über Dostojewski manchmal im Ton erfahrener Überheblichkeit. Er nannte ihn einen Dummkopf und behandelte ihn wie einen übersensiblen, idealistischen jüngeren Bruder. Der eine versteht es, seine Laster und Leidenschaften zu kultivieren, der andere wird von ihnen beherrscht. Der eine läuft Gefahr, zu vernünftig, zu vorsichtig zu sein, der andere riskiert das Delirium. Der eine geht ins Exil, um kein Verräter zu werden, der andere, um seinen Schulden zu entfliehen.

Aber wie zwei Mitglieder derselben Familie machten beide trotzdem ähnliche Erfahrungen. Beide leiden darunter, daß sie nach ersten wertvollen Erfolgen in Anonymität versanken; beide versuchten, die Massen zu erreichen, wurden jedoch entwurzelt und mit tragischer Isolation konfrontiert: der eine in Sibirien, der andere durch fünfzehn Jahre Exil. Beide trafen auf ihren inneren Vulkan; sie verleugneten und versteckten ihn nicht, sondern versuchten, ihn mit Hilfe des Glaubens an eine übergeordnete Ideologie zu zügeln, gegen die der Nihilismus ihres Verstandes ständig ankämpfte.

Über all das sprach ich an einem Abend des Juni 1978 während eines Vortrags im «Instituto Nacional de Cultura» in Lima. Ungefähr dreißig Personen waren anwesend. Ein vornehm gekleideter Herr, philosophisch äußerst belesen, fragte mich, was meine beständige Negativität bedeuten solle, mit der ich nie zur Negation der Negation käme. Ein Medizinstudent mit Sonnenbrille vertrat die Ansicht, daß die Kunst rein und von sozialem Engagement unbefleckt bleiben müsse. Anwesend war auch ein Kulturrepräsentant der kommunistischen Jugend, der die ganze Zeit Notizen machte. Sein Gesicht verzog sich zu einer bösartigen Maske, wenn ich mit heimlicher Freude daran erinnerte, daß Brecht die Mitgliedschaft in der kommunistischen Partei verweigert, Moskau eiligst verlassen hatte und daß sein russischer Freund Tretjakov während der Säuberungen der dreißiger Jahre verschwand.

Aber dabei war auch Victoria Santa Cruz, eine Peruanerin. Als Schwarze war sie diskriminiert worden, galt aber jetzt als die Personifikation des Ideals der kulturellen Tradition des Landes. Als Leiterin des «Conjunto Nacional de Folklore» veranstaltete sie jeden Abend in einem großen Theater Aufführungen mit den Tänzen der Schwarzen von der Küste, die sich dem Delirium des Rhythmus zu ergeben schienen, den versteinerten, kontrollierten Tänzen der Indios von Cuzco, und denen der ‹Campesinos›, die die Tänze ihrer kreolischen Lehrer weiterentwickelt hatten.

Ich ging mit Victoria durch das Stadtzentrum Limas. Manchmal wurde unser Gespräch vom Geheul der Polizeisirenen übertönt, die auf die Piazza San Martin zuhielten. Mitglieder von APRA, einer den Peronisten vergleichbaren Partei, schrien der Menge dort ihre Parolen zu. Es war die Nacht vor den ersten politischen Wahlen seit zehn Jahren. Einige Tage zuvor waren die Preise für Grundnahrungsmittel verdoppelt und verdreifacht worden, und in den Dörfern der Anden herrschte Aufstand. Die Grundrechte waren außer Kraft gesetzt, der Generalstreik ausgerufen und der Kriegszustand über das Land verhängt worden.

Das Licht einer Straßenlaterne fiel auf Victorias Gesicht. Brecht hatte ihr Alter, als er starb, aber sie sah kaum älter als dreißig aus. Ich stellte mir vor, daß sie in ihren früheren Leben die Königin von Saba, die Königin von Casamance, Medizinfrau und Regenmacherin gewesen war.

Wir gingen ohne bestimmtes Ziel, suchten nach leeren Straßen, um dem Trubel zu entkommen. Auch das erschien wie ein Echo dessen, was ich vorher im Kulturinstitut sagte: Brecht hatte sich immer von den Zentren der Geschichte ferngehalten, um sich etwas zu bewahren, das in diesen Zeiten nur ihm allein wichtig erschien.

Victoria erzählte: Ihr Vater war ein einfacher schwarzer Handwerker gewesen, der seine ethnischen Wunden mit einer großen Liebe zur Kultur zu heilen versuchte. Er las seinen Kindern Molière und Balzac vor und ließ sie Mozart und Haydn hören.

Die Kinder – Victoria und ihr Bruder – hörten gelangweilt zu und warteten auf den Augenblick, in dem sie zu ihrer Mutter konnten. Sie kannte die Lieder der Schwarzen und tanzte auch so, wie Schwarze tanzen. «Nicht wie Sklaven», fuhr Victoria fort, «denn ein Schwarzer, der seinen Rhythmus bewahrt, ist nie ganz Sklave.» Ihr Vater hatte jedoch den seinen verloren.

Als Victoria sieben Jahre alt war, entdeckte sie, daß sie eine Schwarze war und daß Schwarze verachtet werden können. Jahrelang haßte sie die Weißen. Immer wieder hatte sie den gleichen Traum: Sie war Bahnhofsvorsteher; wenn der Zug voller Menschen kam, stellte sie die Weichen so, daß der Zug in einen Abgrund stürzte. «Unbewegt betrachtete ich all diese Toten», und sie fuhr fort: «So war ich die Schwarze, wie sie Schwarze sehen, voller Haß, und in Wirklichkeit war ich eine Weiße geworden.»

Für die Tänzerin Victoria Santa Cruz gibt es nichts Wichtigeres als das, was sie ‹ritmo› nennt. Sie erzählt mir von der Entdeckung, durch die sie sich befreit hatte: Deinen Rhythmus kennst du nicht, du bist dein Rhythmus. Rhythmus haben nicht nur Schwarze, er gehört nicht zu einer bestimmten Kultur. Man sollte nicht überheblich sein und nach den Wurzeln einer Identität suchen, um sich von denen zu unterscheiden, die man haßt und von denen man verachtet wird. Mit dieser Entdeckung hatte sie aufgehört, zwischen Angst und Haß zu schwanken. «Rhythmus», sagt Victoria, «ist das Nicht-Wissen, das Wissen ist.»

Aber all das, wovon sie sprach, waren Überlegungen, denen eine Warnung vorausgegangen war. Als wir den Vortragsraum verließen, hatte sie gesagt: «Ich sehe in dir einen aus meiner Familie. Ich finde in dir die gleiche Gewalt, die dich verzehren kann. Du bist ein Skorpion; dessen Gegenteil ist der Adler. Ich habe das Gefühl, daß ich dich warnen muß: Du bist deinem eigenen Zentrum sehr nahe, aber irgend etwas trennt dich immer noch davon.» Sie fuhr fort: «Sieh dich vor, daß deine Gewalt nicht dich und deine Kollegen zerstört. In deiner Gewalttätigkeit ist kein Haß, dennoch, du weißt und du weißt nicht, was es ist.»

Ich denke mir Brecht mitten in einer elisabethanischen Landschaft, wo die Werke der Geschichte unter Leichen enthüllt werden. In diesem gewaltigen Kriegs-Theater ist Brecht ein Dichter, der sich in Frage stellt, ein weiser, reflektierender Mann. Wo immer er hingeht, mischt er sich nicht ein, spricht immer nur sein Deutsch, das er mit Anleihen lutherischer Psalme, biblischer Zitate und Schillerscher Nachklänge zu färben versteht. Um ihn herum nimmt die Geschichte ihren Lauf. Die Freunde begehen Selbstmord, die Frauen, die er liebt, sterben auf fremder Erde, und die Siege des ‹großen Anstreichers› machen seine Werke überflüssig.

«Du mußt die Wahrheit des Widerstands erkennen», sagte Victoria. «Nur die eine Hälfte ist außerhalb von dir. Die andere Hälfte ist in dir selbst. Die Hälfte, die außerhalb von dir liegt, kannst du mit Hilfe anderer überwinden. Sie kann sich dann zu einer Stufe verwandeln, die dir beim Aufsteigen hilft. Aber die Hälfte, die in dir bleibt, mußt du allein überwinden.»

Postskript

Reisen 1974–1984

Fotos von Italien, Venezuela und Spanien: Tony D'Urso
von Peru und Dänemark: Peter Bysted
von Japan: Saul Shapiro
von Obervolta: Jean-Pierre Kaba

107: Iben Nagel Rasmussen

108, 109: Iben Nagel Rasmussen

110: Roberta Carreri

111: Torgeir Wethal

112: Iben Nagel Rasmussen

113: Else Marie Laukvik

114: Tage Larsen

115: Julia Varley

116: Torgeir Wethal

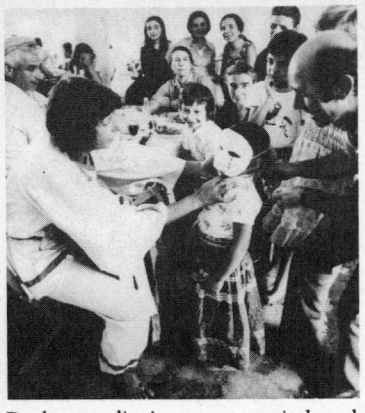

Die einsame Reise des Schauspielers: Iben Nagel Rasmussen in Sarule.

«Bei deiner Ankunft wirst du eine Wirklichkeit vorfinden, die dich nicht erwartet und die dir das Gefühl gibt, überflüssig zu sein. Hier ist nicht das Handeln des Schauspielers, sondern das Handeln des Menschen notwendig. Es ist der Augenblick der Einsamkeit.

Du kannst nicht erobern: Du bist ein Fremder, und du wirst dich als Fremder fühlen. Du mußt in den Augen, den Gesten, den Reaktionen der anderen eine Rechtfertigung für deinen Aufenthalt finden. Wie schaffst du es, daß deine Bedürfnisse die der anderen treffen, die nichts mit der Welt des Theaters zu tun haben? Du kennst die Antwort: nur, indem du sie zerstörst, sie verbrennst, sie mit einer Gewalt zerbrichst, die an die Gewalt erinnert, der jeder Mensch hier unterworfen ist.

Du wirst allein nach Sarule gehen mit deinem Kostüm, deiner Maske und deiner Trommel, nicht um zu erobern, sondern um aufgenommen zu werden, um in seinem Gedächtnis zum Bild eines Menschen zu werden, der auf der Suche nach sich selbst Schauspieler wurde, indem er sich mit andren maß.»

117–118: Während des Aufenthalts des Odin Teatret in Ollolai, Sardinien (1975), hatte Iben die Aufgabe übernommen, allein mit dem Dorf Sarule einen ‹Tauschhandel› durchzuführen. Sie begann damit, daß sie mit ihrer weißen Maske, dem weißen Kostüm, der Flöte und der Trommel zu einem Gerber ging, um ein neues Fell für ihre Trommel zu bestellen. Diesem ersten ‹nützlichen› Kontakt folgten sehr bald andere. Sie mußte erklären, wer sie ist: eine Schauspielerin; sie antwortete, indem sie tanzte, sang und auf ihren Instrumenten spielte. Die Leute antworteten, indem sie ihr zu essen gaben, ihre tägliche Arbeit zeigten und sie zu einer Hochzeit einluden. Die einsame Reise der Schauspielerin dauerte zwei Wochen und endete an einem Samstagabend, an dem sie das ganze Dorf traf, das sich auf der Piazza versammelt hatte.

119–120: 1983 erhielt die dänische Anthropologin Mette Bovin, die seit 1964 Forschungen in Westafrika durchgeführt hatte, vom dänischen Forschungsrat die Mittel für ein seltenes Projekt: Der Einfluß der Religion auf die Tänze des Fulbe-Stammes in Obervolta sollte durch ein Treffen zwischen ihnen und der Schauspielerin Roberta Carreri vom Odin Teatret studiert werden. Ihre reiche Erfahrung mit dem Tauschhandel und in der Herstellung von Beziehungen zur einheimischen Bevölkerung in Europa, Japan und Südamerika ermöglichten es Roberta, Beziehungen zu entwickeln, die andere Studien und Beobachtungen erlaubten, als sie normalerweise Anthropologen möglich sind. Die Erfahrung, die fünf Wochen dauerte, wurde in einem Film dokumentiert.

Ferdinando Taviani:
Die Geschichte des Odin

I

Ein Name

Im Lateinischen galt ein Name als Zeichen: *nomen est omen*. Aber wenn «Odin», der Name des Theaters, dessen Geschichte hier kurz skizziert wird, ein Zeichen ist, dann ein dunkles; denn seine Bedeutung taucht erst auf, nachdem die Geschichte erzählt ist.

Odin, ein Gott der skandinavischen Mythologie, durchreist die Welt, unter einem dunkelblauen Kapuzenmantel versteckt. Er ist der Herr dieser Welt, aber ein heimlicher, nächtlicher Herr, der ungesehen den Lauf der Geschehnisse beobachtet. Alten Chroniken zufolge ist Odin in der Kunst der Verwandlung geübt, hat die Gabe, Form und Aussehen willentlich zu ändern und besitzt Zauberkraft.

Odins Ursprünge sind unsicher und umstritten. Man sagt, er sein ein junger Gott aus südlichen Ländern, der die Königreiche Nordeuropas eroberte. Die Wurzeln seines Namens umschließen unablässige Bewegung, Wut, Toben, das gewaltsame Wehen von Wind und Sturm, das Rasen der Wellen, aber auch den inneren Atem, aus dem Musik und Dichtung in den Seelen der Künstler geboren werden.

Unter seiner nachtfarbenen Kapuze späht Odin mit nur einem Auge auf die Welt. Er hat sich selbst verstümmelt, um sehen, um wissen zu können; ein Auge liegt unter der Braue, das andere ist versunken in die Tiefen der Quelle der Erinnerung.

Eines Tages geschah es sogar, daß Odin den Tod suchte und sich selbst in einen Baum hängte.

> Ich weiß, daß ich hing
> am windgepeitschten Baum
> neun lange Nächte lang,
> vom Speer verwundet.
> Ich wurde Odin gegeben,
> mir selbst von mir selbst
> in diesem Baum hängend.
> Niemand weiß,
> wo seine Wurzeln sind.

Kein Brot, kein Fleisch
wurde mir gereicht.
Ich schaute hinab,
und mit einem Schrei
ergriff ich die Runen,
fiel so von dem Baum.

Das Licht drang in mich,
mit dem Licht begann ich,
wachsend und blühend.
Worte erzeugten
aus Worten
das Wort.
Taten erzeugten
aus Taten
die Tat.

Das rituelle Hängen, ähnlich einem schamanischen Initiationstod, erleuchtete Odin. Der ursprüngliche Erfinder von Schrift und Runen gilt auch als der Gott von *Licht durch Dunkelheit*.

Als Name eines Theaters läßt uns «Odin» eine Gruppe vermuten, die weder Programm noch Doktrin kennt und die keine Thesen darzulegen hat. Er könnte uns an Fragen denken lassen, vielleicht an Besessenheiten, mit denen eine Gruppe im Versuch, den Geist unserer Zeit zu sezieren, vor den Augen des Publikums kämpft.

Odin, Gott des Krieges und des heiligen Zorns, sowohl zerstörerisch als auch selbstzerstörerisch, kann als der Gott angesehen werden, der über der Geschichte unseres Jahrhunderts zu thronen scheint. Er ist aber auch ein Schamane, der es verborgenen Kräften gestattet, ans Licht zu treten, der sie erhellt und in furchtbare Kräfte verwandelt. Er ist ein Gott der Weisheit, die sich als Fähigkeit versteht, die dunklen und destruktiven Kräfte zu beherrschen und zu verwandeln, die sich in einzelnen, in Gruppen und ganzen Gesellschaften winden. Mehr noch ist er Gott einer Weisheit, die widersprüchliche Pole und Kräfte in der Waage hält. Seine Weisheit versteht sich als Spannung und nicht als illusorische Leugnung des vermeintlich ‹Bösen›.

«Ebenso wie unsere Vorfahren ihre Dämonen beschwörten und bekämpften, indem sie ihnen in ihren Zeremonien freie Bahn ließen», schrieb Barba vor einigen Jahren in einem Artikel über sein Theater, *«sind auch wir, Zuschauer und Schauspieler, hier beisammen, um den Aspekt Odins, der in unserer Dunkelheit lauert, zu demaskieren, um ihm selbst im Tageslicht entgegenzutreten.»*

Barba hat anderswo erklärt, wie die Wahl fast zufällig und improvisiert auf «Odin» fiel, als die dringende Notwendigkeit entstand, einen

Namen zu finden, um die Gruppe nach einem Jahr Arbeit der Öffentlichkeit vorzustellen. Die Anekdote dieser Namenswahl gleicht anderen. «Ich kam nicht durch Nachdenken auf den Namen Odin», erzählt Barba. «Ich fand ihn buchstäblich auf der Straße, als ich spazieren ging und alle möglichen Namen, die ich mir vorstellen konnte, im Kopf hatte. Zufällig schaute ich auf und sah ein Schild, *Odin Gate* – Odinstraße. Sofort dachte ich: Dieser Name klingt gut.»

Jeder künstlerische Prozeß (ebenso wie die gesamte Geschichte des Odins, seiner Produktionen, seiner Entscheidungen) wird durch das Zusammentreffen von Zufall und Notwendigkeit charakterisiert. Vom Standpunkt abstrakter Logik gesehen, ist dieses Paar widersprüchlich, von der Logik der Wirklichkeit aus bildet es jedoch die beiden Ansichten derselben Münze. Barba stieß zufällig auf den Namen Odin, weil es unbedingt notwendig war.

Odin, ein Gott von *Licht durch Dunkelheit*.

In einer der jüngeren Produktionen des Odin Teatret, in *Come! And the Day Will Be Ours*, singt ein Schamane, von zivilisationsbringenden Pionieren aufgestöbert:

*Dark is a way
and light is a place.*

Dunkelheit ist ein Weg, und Licht ist ein Ort. Niedergeschrieben wirken diese Worte zu bestimmt; aber wenn sie gehört werden, von einer lebendigen Stimme englisch gesungen, bewahren sie ihre Ambiguität: *dark is a way* oder *dark is away*, Dunkelheit ist ein Weg oder auch Dunkelheit ist weg, fort, verschwunden.

In einer späteren Produktion, in *Brechts Asche 2*, scheinen sich diese Worte zu vergegenständlichen. Am Ende der Vorstellung geht das Saallicht aus, Schauspieler und Zuschauer werden in völlige Dunkelheit getaucht. Winzige Lichter erscheinen dann wie Glühwürmchen oder wandernde Sterne. Stimmen singen ein Brechtlied:

*Die Nacht hat zwölf Stunden,
dann kommt schon der Tag.*

Eine andere Stimme schreit lachend eine Warnung heraus: «Laßt euch nicht verführen.» Die Lichtpunkte bilden eine Linie, werden zu einer kleinen Prozession in der Dunkelheit wie eine Kerzenreihe in der Nacht. Eine Tür öffnet sich, und blendendes Licht strahlt in den Raum. Alle Schauspieler, ausgenommen der Brecht-Darsteller, schreiten auf dieses Licht zu. Für den Zuschauer ist es schwer, mit diesem gleißenden Licht die Vorstellung einer Rettung zu verbinden. Etwas völlig anderes kommt ins Bewußtsein: nächtliche Motten, die von selbst in die Flamme einer Lampe und in den Tod fliegen. Oder ist es eben dieses Licht, das von Brechts Stimme und von seinem Lachen «Verführung» genannt wird?

Über die Zeit hinweg, von einer Produktion zur anderen, scheinen sich Brecht und der Schamane zuzurufen. Wie in einer auditiven Halluzination geben sie sich gegenseitig Antwort, die durch die Intensität zu einem Symbol wird:
Licht ist ein Ort.
Laßt euch nicht verführen.

Von Italien nach Norwegen via Polen

Eugenio Barba, der Mann, der den Namen seines Theaters wählte, indem er ihn aufs Gratewohl von der Straße pflückte, wurde 1936 geboren. Der Sohn eines hohen italienischen Offiziers verwaiste früh und verbrachte die letzten Kriegsjahre, die auch die letzten seiner Kindheit waren, in einem Dorf mit griechischem Namen, in Gallipoli, im äußersten Süden Italiens. Heute verbringen dort Scharen von Touristen ihren Sommerurlaub. Damals war es ein kleiner, nur von Fischern bewohnter Hafen, oft mit dunklen und stürmischen Wintern.

Barbas Familie verarmte wie andere vom Krieg getroffene Familien. Als Sohn eines hohen Offiziers mußte er, um seine Ausbildung fortzusetzen, drei Jahre lang die Militärakademie in Neapel besuchen. Zu dieser Zeit, Anfang der fünfziger Jahre, wurde Italien von fast bürgerkriegsähnlichen politischen Kämpfen geschüttelt. Im Süden besetzten die Bauern das Land der Grundbesitzer und wurden mit Polizeigewalt wieder vertrieben. In der neapolitanischen Militärakademie, weit ab von den ideologischen Schlachten, die in anderen italienischen Schulen heranreiften, wuchsen die Vitalität und Träume der Zöglinge ähnlich wie Gestrüpp in Ruinen. Obwohl schüchtern und lernbegierig, gelang es Barba als jungem Schüler, so viele Tadel zu sammeln und so regelmäßig bestraft zu werden, daß er alle Rekorde der Schule brach. Er, der später im Theater ‹Selbstdisziplin› als wesentliche Qualität werten sollte, tat sich als Beispiel für Disziplinlosigkeit hervor.

In den Sommerferien trampte Barba durch Europa, und nach Schulabschluß, 1954, wurden seine Reisen zu einer wirklichen Emigration. Er ließ sich zunächst für sechs Jahre in Norwegen nieder, wo er als Seemann und Fabrikarbeiter Geld verdiente, die Universität besuchte und einen kleinen Kreis von Freunden um sich sammelte.

Unter denen, die das zeitgenössische Theater nachhaltig beeinflußt haben, ist Barba vielleicht der einzige, der keine künstlerische oder literarische Ausbildung innerhalb des Theatersystems durchlaufen hat. Erst 1960 näherte er sich dem Theater, als er die plötzliche Entscheidung traf, seine neue Heimat Norwegen zu verlassen und nach Polen zu gehen, um in Warschau die Theaterschule zu besuchen. Schon nach ein paar Monaten gab er dieses Studium auf und schloß sich Jerzy Grotowski an, der seit einem Jahr in Opole Leiter des kleinen «Teatr 13 Rzedów» (Theater der 13 Reihen) war. Grotowski war 27 Jahre alt, wenige kannten ihn – und wenn, dann nur als Regisseur avantgardistischer Produktionen von Stücken Cocteaus, Majakowskis, Kalidasas und Byrons.

Man weiß kaum etwas über die zweieinhalb Jahre, die Barba mit Grotowski verbrachte. In dieser Periode wandelte Grotowski das «Teatr 13 Rzedów» in das Theaterlaboratorium um. Barba spricht von dieser Zeit als seiner «Lehre» und nennt Grotowski oft seinen «Meister». Grotowski spricht von Barba als seinem einzigen wirklichen Schüler, als dem einzigen, der es verstanden hat, ihn zu «verraten». Die Beziehung dieser beiden Meister des zeitgenössischen Theaters scheint eher der tiefen, sich immer wandelnden Beziehung von Schüler und Meister (Ex-Schüler und Ex-Meister) zu gleichen, die sich in den klassischen Kulturen und im orientalischen Theater findet, als dem Verhältnis zwischen einem Gründer einer theatralischen Bewegung und seinem Erben.

Tatsächlich ist der Kontakt zwischen Grotowski und Barba auch heute noch eng, obwohl es zwischen Grotowskis momentanen Aktivitäten und dem Theater keinen Zusammenhang mehr gibt, während das Theater immer der Mittelpunkt von Barbas Interesse und seiner Arbeit blieb. Die Gründe für die andauernde Beziehung der beiden liegen möglicherweise in der Periode, die Barba seine «Lehre» nennt.

Hier und da, in einigen Büchern und Artikeln finden sich jedoch die Spuren der damaligen, komplexen Tätigkeit Barbas. Er war Regieassistent in einer der grundlegenden Produktionen der heutigen Theatergeschichte, in *Akropolis,* das Grotowski 1962 inszenierte, und er veröffentlichte das erste Buch über das polnische Theaterlabor, auf das wir später zurückkommen werden. Rénée Saurel schildert Barba in einem Artikel, der 1965 in *Les Temps Modernes* in Paris erschien, als jungen italienischen Intellektuellen, einen faszinierenden Redner, der lange Reisen aus Polen unternimmt, um die Nachricht eines neuen Propheten des Theaters zu verbreiten, dessen Name noch unbekannt ist.

Im wichtigsten und vollständigsten Buch über Grotowski (Z. Osinski, *Grotowski i jego Laboratorium,* Warzaw 1980) erscheint Barba oft als einer der Protagonisten jener kühn-dreisten und klugen Kampagne, die das Theaterlaboratorium erfolgreich führte, um im Polen der Sechziger die eigene Unabhängigkeit trotz seines sehr unorthodoxen Charakters zu bewahren.

Und noch eine weitere, fast zufällig hinterlassene Spur findet sich auf dem Weg Barbas durch diese Jahre. In einem Buch von Richard Schechner (*Performative Circumstances from the Avant Garde to Ramlila*, Seagull Books, Calcutta 1983, S. 147) lesen wir:

«1972, beim Besuch des Kathakali Kalamandalam in Kerala, fragte ich nach Grotowskis Besuch dieser Schule. Niemand erinnerte sich an ihn. Doch man erinnerte sich an Eugenio Barba, und im Gästebuch fand ich folgende Eintragung:

29. September 1963

Sekretariat
Kalamandalam
Cheruthuruthy

Geehrter Herr,
gestern abend bei der Aufführung hatte ich nicht die Gelegenheit, mich für all die freundliche Hilfe zu bedanken, die Sie mir hier während meines Aufenthalts gewährt haben. Ihnen, dem Direktor und allen so außerordentlich hilfsbereiten Schülern möchte ich meine verbindliche Dankbarkeit ausdrücken.
 Mein Besuch im Kalamandalam hat mir bei meinen Studien hervorragend geholfen, und das Forschungsmaterial, das ich gesammelt habe, wird von großer Hilfe für alle sein, die im Theaterlaboratorium in Polen arbeiten.
 Nochmals vielen Dank.
 Ihr
 (Unterschrift, Eugenio Barba)

 Barba brachte Kathakaliübungen zu Grotowski nach Polen. Sie bilden den Kern der plastischen und psychophysischen Übungen. Als Barba das Odin Teatret gründete, benutzte er diese Übungen, die im Theaterlabor modifiziert worden waren, auch als Basis der eigenen Arbeit.»

Neben diesen mageren Hinweisen haben wir noch einige Informationshappen, die Monate und Jahre eines Lebens nur flüchtig beschreiben. Barba arbeitet als Schweißer und Matrose, lebt in einem Kibbuz, besteht seine Magisterprüfung für Literatur und Religionsgeschichte an der Universität Oslo und verbringt vier Jahre in Polens sozialistischer Wirklichkeit. Er lernt viele Sprachen, studiert moderne Kunst und Literatur, wird mit politischen Ideologien vertraut. Er zeigt eine Vorliebe für Bücher, die sich mit den ‹neuen› Wissenschaften beschäftigen, für andere Methoden, die menschliche Psyche zu untersuchen, und neue Ansätze in den Religionswissenschaften. Vor allem interessiert sich Barba für die Veröffentlichungen der Wissenschaft, die sich mit dem Reisen und dem Leben als Ausländer beschäftigt, der Ethnologie.

1964, genau zehn Jahre nach seiner Ankunft in Norwegen als Einwanderer und Arbeiter, entscheidet sich Barba, dorthin zurückzukehren und ein Theatermann zu werden.

Der historische Horizont

Im Oktober 1964 wird das Odin Teatret in Oslo gegründet.

In Skandinavien ist Stockholm die Hauptstadt des Theaters. Am «Dramaten» produziert der weltbekannte Regisseur Alf Sjöberg Klassiker und auch Brecht, während am selben Theater Stücke eines anderen berühmten Regisseurs, Ingmar Bergmans, aufgeführt werden. Im November 1964 wohnt das Publikum in Stockholms «Moderna Museet» einem Theaterabend bei, der eine Reihe von wissenschaftlichen Experimenten zeigt, die sich in einem immer rasender werdenden Rhythmus entwickeln. Menschliche Versuchskaninchen laufen kettenrauchend umher, während Techniker den Grad ihrer Vergiftung messen. Ein Mann mit dem Gesicht einer Ratte wird, auf einer Pritsche liegend, durch Elektroschocks aktiviert, die ihm, ähnlich den Ratten in gleichartigen Experimenten, sich wiederholende Orgasmen geben. Diese durch den Maler Öyvind Fahlström eingerichtete Aufführung dauert eine Stunde. Die Zuschauer sehen ein Ereignis, keine Geschichte.

Die Künstlergemeinde Stockholms gehört zu den ersten Europas, die *Happenings* organisieren, die letzte Neuigkeit aus den USA. In diesen *Happenings* verbinden sich die Tendenzen und Umwälzungen der Avantgardemalerei und -musik mit dem Avantgardetheater: Zerstörung der Signifikanz, Abbruch des ‹Informationsflusses›, aber auch: Beredsamkeit reiner Tatsachen. In versteckter Form scheint das Theater wieder einmal nichts anderes zu sein als eine Anthologie aller anderen Kunstformen.

Die Filme Bergmans beweisen der ganzen Welt die Existenz einer skandinavischen Kultur, die ein Bezugspunkt sein kann. Peter Weiss, der deutsche Schriftsteller, der jahrelang in Stockholm lebte, hat 1964 gerade seinen *Marat/Sade* geschrieben, im Jahr darauf folgte *Die Ermittlung,* ein «Oratorium», das auf den Prozessen der Naziverbrecher aus den Vernichtungslagern beruht.

Es sind die Jahre des wirtschaftlichen Aufschwungs in Europa. In Italien spricht man vom ‹miracle›, Deutschland ist schon eine bedeutende Industriemacht und die Europäische Wirtschaftsgemeinschaft blickt, ihre Ausdehnung planend, optimistisch in die Zukunft. Stockholm symbolisiert das neue Gesicht der skandinavischen Wohlfahrtsstaaten und ist im Begriff, seinen Charakter einer alten nordischen

Hauptstadt gegen das Aussehen einer modernen Metropole im fortgeschrittenen Technologiezeitalter einzutauschen.

Themen der alltäglichen Absurdität werden im Theater langsam durch Themen des Wahnsinns, der Exesse und der institutionalisierten Gewalt ersetzt. Die in den fünfziger Jahren akzeptierten Differenzierungen, die einem politischen, didaktischen und rationalen Theater das Theater des Individuums und der existentiellen Qual entgegensetzten, verschwinden. Die Darstellung der historischen Prozesse und die des Individuums verlieren im Aufeinandertreffen an Klarheit: Die ideologische Klarheit Brechtschen Theaters versinkt gemeinsam mit der paradoxen Klarheit einer pessimistischen Logik von Beckett oder Ionesco, den großen Erneuerern der fünfziger Jahre. Im Stück von Peter Weiss geht die Französische Revolution im Denken de Sades verloren, und de Sade verliert sich in der Französischen Revolution. Genet schreibt ‹Zeremonien› voller individueller Gewalt und Rebellion. 1961 hatte er noch *Lex Paravents* verfaßt, ein gegen den Algerienkrieg gerichtetes Stück, das in Frankreich bis 1966 verboten bleibt.

In den Vereinigten Staaten sind dies die Jahre L. B. Johnsons, der hunderttausende junger Amerikaner nach Vietnam schickt. In Rußland beenden Breschnjew und Kossigyn die Hoffnungen, die Chruschtschow geweckt hatte. Und Mao setzt in China die Kulturrevolution mit ihren enormen Konsequenzen für die Ideen und Lebensgewohnheiten kommender Generationen in Gang. Zum ersten Mal finden auch Untergangspropheten Gehör: eine gemeinsame Ideologie bedeutet nicht zwangsläufige Brüderschaft, und die mangelnde Übereinstimmung zwischen China und Rußland ist kein Gezänk zwischen Bruderparteien, sondern das erste Symptom eines Konflikts zwischen Großmächten.

Sogar in der ‹kleinen› Welt des Theaters lösen sich die ersten Gewißheiten auf. Die fünfziger Jahre gehörten dem «Berliner Ensemble», dem «Piccolo Teatro di Milano» und dem «Théâtre National Populaire» Jean Vilars. Theater wurde als Darstellung und Analyse von großen historischen Konflikten und Klassenwidersprüchen verstanden, als ein öffentlicher, kultureller ‹Service› für alle Bürger. Die engagiertesten Kritiker entwickelten Theorien des Stadttheaters. So widmete Louis Althusser, der französische Philosoph aus der vordersten Reihe marxistischer Wissenschaften, dem von Strehler inszenierten *El Nost Milan* einen berühmten Aufsatz. Ein naturalistisches Drama wird hier in eine philosophisch-materialistische Aufführung verwandelt, in ein Beispiel nationalen und populären Theaters.

Ein neues Vorbild wird sichtbar: Roger Planchon hat das Pariser Theatermonopol gebrochen und in Villeurbanne, einem Arbeiterzentrum bei Lyon, ein riesiges «Théâtre de la Cité» geschaffen, in dem 2000 Zuschauer Platz finden.

Das «Living Theatre» trifft 1964, aus den USA verbannt, in Europa ein. «Sie träumen von einer Gesellschaft ohne Geld und sind täglich gezwungen, sich mit ökonomischen Schwierigkeiten herumzuschlagen», schreibt Paul Biner. Die «Ford foundation» hat sich mit einem Argument à la Brecht geweigert, diese anarchistische Theatergruppe zu unterstützen: Das «Living Theatre» bezahle seinen Schauspielern nicht genug, um ihnen eine ausreichende professionelle Ausbildung zu gestatten. Die Gruppe zeigt Ende 1964 in Paris *Mysteries and smaller pieces,* eine textlose Aufführung, die allein auf dem physischen Ausdruck der Schauspieler beruht.

Zur selben Zeit beginnen die ersten Informationen über Grotowskis Arbeit zu zirkulieren. Einige Artikel Eugenio Barbas werden in Theaterzeitungen verschiedener Länder veröffentlicht. Sie berichten von einer Auflösung der Bühnen und von Schauspielern, die sich in Osmose mit den Zuschauern durch den gesamten Theaterraum bewegen. Barba schreibt von einer Aufführung, in der der polnische Nationalheld Kordian als Insasse eines Geisteskrankenhauses gezeigt wird. Er schreibt auch über *Akropolis,* das auf einem großen symbolistischen Text Wyspianskis basiert und von Grotowski inszeniert wird, als würde es von den Insassen eines nationalsozialistischen Konzentrationslagers gespielt.

Grotowski sucht nicht nach einem ‹Stadttheater›. Er arbeitet in einem kleinen Raum in Opole, in den weniger als 100 Zuschauer hineinpassen. Aber in diesem Raum, «abgetrennt von der großen Theateröffentlichkeit», wie Peter Brook später sagt, «ist es auf einer körperlichen, gefühlserregenden und intellektuellen Ebene möglich, den Schrecken, die Erniedrigung, die Gewalt und das Märtyrertum der Konzentrationslager darzustellen.»

Selbst das «Living Theatre» ist kein ‹Theatre of the City›, eher ein Theater gegen die Stadt. Seine Aufführungen, die lange vom etablierten Theatermilieu ignoriert wurden, werden jetzt nicht allein von Intellektuellen besucht, sondern mehr noch von der Jugend des ‹bürgerlichen Ungehorsams›, den Pazifisten der ‹sit ins›.

Auch andere Theater produzieren Aufführungen, die die Tradition angreifen. Die Klassiker werden jetzt als Fetische einer Kultur betrachtet, denen man sich widersetzen und die man zerstören muß. Bestenfalls galten sie noch als Ware, gespielt von Schauspielern, die sich dem Zuschauer als Repräsentanten der bürgerlichen Gesellschaft entgegenstellen. Die Gebärden der Verachtung, die die turbulenten Abende der früheren Avantgarde, der Dadaisten und Surrealisten gekennzeichnet hatten, finden wieder Gefallen. Peter Handke schreibt 1966 ein Stück, das ein Resümee dieser Tendenzen ist: *Publikumsbeschimpfung*.

Der didaktische Charakter des neuen politischen Theaters neigt dazu, hinter Satire, Denunziation und Schlußbemerkung zu verschwinden. *Mc Bird,* eine Universitätstheatersatire über Kennedys Ermordung und die Johnson-Regierung, wird, aufgeführt als eine Macbeth-Parodie, in den Vereinigten Staaten zu einem nationalen Skandal und in Europa zum Diskussionsthema. Peter Brook zeigt *US* in London, eine Aufführung zum Vietnambombardement. *Viet-Rock* von Megan Terry wird in vielen Ländern produziert. LeRoy Jones gibt der schwarzen Rebellion Ausdruck mit den Stücken *The Dutchman* und *The Slave*. 1967 schreibt und produziert er *The Slave-Ship,* eine Wiederbeschwörung schwarzer Deportation aus Afrika, verbunden mit einem Angriff auf pazifistische und integrative Ideologie: Martin Luther King wird enthauptet, und die Darsteller spielen mit seinem Kopf Fußball. Am Ende der Vorstellung schütteln sie allen im Raum anwesenden Schwarzen die Hände und ignorieren die Weißen mit Verachtung: für sie haben sie nicht gespielt.

Die Bildung einer Gruppe

In Oslo scheinen ein paar junge Norweger Theater nur für sich selbst zu machen. Sie sammeln sich im Oktober 1964 um einen siebenundzwanzigjährigen Italiener, der in Oslo lebt und arbeitet. Gemeinsam gründen sie ein Theater mit einem mystischen, engagierten Namen: Odin Teatret. Aber außer diesem Namen eines archaischen und vergessenen Gottes besitzen sie nichts, keinen Raum, keine Gelder und keine professionelle Ausbildung. Sie sammeln sich weder um den Entwurf einer bestimmten Produktion, noch wenden sie sich an ein bestimmtes Publikum. Sie wollen Schauspieler werden, aber für die meisten scheint die Aussicht gering zu sein. Eugenio Barba, der sie zusammengebracht hatte, kam mit ihnen in Kontakt, indem er sich die Liste der Bewerber verschaffte, denen die Aufnahme in die Osloer Schauspielschule verweigert worden war. Barba selbst wollte Regisseur werden: aber kein Theater gab einem Ausländer mit unsicherer professioneller Qualifikation und ohne perfekte Norwegischkenntnisse eine Arbeit. Denn wie könnte er die Aussprache seiner Schauspieler korrigieren?

Das Odin Teatret ist offensichtlich als Antwort auf persönliche Bedürfnisse geschaffen worden. Und tatsächlich ist es die Antwort auf einen Mangel.

Die Arbeit der Gruppe sieht zunächst wie die eines Amateurtheaters aus. Barba und seine Schauspieler verdienen sich tagsüber ihren Lebensunterhalt und trainieren nachts in Behelfsquartieren, einem Seminarraum der Universität, der Halle eines Architektenklubs und in einem Luftschutzkeller, der vor Feuchtigkeit tropft. Aber die Arbeit hat nichts mit dem Hauptinteresse eines Amateurtheaters, der Produktion von Aufführungen gemeinsam. Nur vier Schauspieler blieben von dem Dutzend, das begann. Die Arbeitsweise, die Barba entwickelt, enttäuscht die Erwartungen der meisten angehenden Schauspieler. Selbst denen, die sich zum Bleiben entschieden hatten, schien es weder nützlich noch akzeptabel, stundenlang an schwierigen akrobatischen Übungen zu arbeiten. Torgeir Wethal, einer der Odingründer, sagt: «Ich erinnere mich dieser Zeit als eines körperlichen Alptraums. Anfangs war ich völlig steif und kraftlos, ich brauchte ungefähr sechs Monate, um die einfachsten Elemente des Trainings zu lernen, die die meisten unserer Schüler sich jetzt in vierzehn Tagen aneignen.»

Else Marie Laukvik, eine andere Gründerin, erinnert sich: «Es gab Augenblicke zum Verzweifeln. Manchmal war es einfach unangenehm, die Reaktionen von jemandem zu sehen, der uns fragte, was wir machten. – Theater in einem Bombenkeller? Geleitet von einem Italiener aus Polen? Keine Bühne? Und Zuschauer? – Einige dachten, wir seien Schmarotzer, würden nichts Nützliches, schlimmer noch, nichts Akzeptables machen.»

Isoliert und als Autodidakten sind die Leute des Odins gezwungen, sich ihre Inspiration aus den Büchern der großen Meister zu klauben, besonders von Stanislawski und Meyerhold. Aber was sie tun, ist nicht *erkennbar*. Sie haben keine anderen Erfahrungen, die ein größeres Maß an Prestige besäßen und zu denen sie ihre praktischen Entscheidungen in Bezug setzen könnten.

Nur wenige wissen 1964 von der Existenz Grotowskis, des «Living Theatre» oder von den Experimenten, die Peter Brook – bekannt durch seine neuartigen Shakespeare-Interpretationen – mit einer Gruppe von Schauspielern durchführt, bei denen er von Artauds Theater der Grausamkeit inspiriert wird. Dario Fo hat das bürgerliche Theater noch nicht verlassen und produziert immer noch surrealistische und satirische «Farcen» in Mailand und Rom. Luca Ronconi ist noch ein Schauspieler zweiter Garde in mittelmäßigen, traditionellen Aufführungen. In Europa gibt es keine Theatergruppen. ‹Theaterforschung› wird in ihren wesentlichen Aspekten Dramaturgen und Produzenten überlassen. Ein Schauspieler, der täglich trainiert und sich nicht allein auf Proben und Aufführungen beschränkt, ist unüblich oder wird bestenfalls in Verbindung mit fernen orientalischen Kulturen gebracht, verwurzelt in deren traditionellen Werten.

Eine indische Episode

1963 hatte Barba seine Zusammenarbeit mit Grotowski für sechs Monate unterbrochen und ging nach Indien, um dort nach Techniken zu suchen, die vom Polnischen Theaterlaboratorium adoptiert werden könnten. Vor 20 Jahren war Indien für solche Nachforschungen eine überraschende Wahl. Die Theaterformen anderer orientalischer Kulturen waren einigermaßen bekannt und hatten die Vorstellungskraft vieler europäischer Theaterreformer geschürt. Aber die indischen Aufführungsgenres hatten nicht die gleiche Aufmerksamkeit gefunden; tatsächlich wurden sie völlig ignoriert. Barbas Entscheidung fiel möglicherweise wegen seines Interesses an den religiösen und rituellen Aspekten der indischen Kultur.

Ohne vorgefaßtes Ziel fährt Barba durch die Türkei, den Iran und Pakistan, wandert dann durch Indien, bis er nach Kerala, einer südlichen Provinz, kommt. Hier in dem Dorf Cheruthuruthy erlebt er die ‹Offenbarung› des Kathakali.

Bestimmte orientalische Theaterformen waren schon für viele westliche Theaterleute zu einer ‹Offenbarung› geworden. Aber weder Meyerhold, Brecht noch Artaud, um die bekanntesten Vertreter zu nennen, hatten den Orient wirklich bereist und die Theaterformen, die sie so faszinierten, selbst untersucht. Sie fanden in diesen Formen Bestätigungen ihrer eigenen Ideen und Theorien, die im Widerspruch zu den theatralischen Ideologien ihrer Zeit standen. Über die Funktion als Inspirationsquelle hinaus hatte das orientalische Theater als Alibi gedient, als Rechtfertigung, um damit die eigenen Praktiken und Visionen zu polstern.

Barbas Reise diente insgesamt einer anderen Absicht. Er ging nicht, um Zustimmung für a priori gefaßte Theorien zu finden, eher um der Erfahrung eines *anderen* Theaters nachzuspüren, einer Erfahrung, die sich vielleicht in Bewußtsein und technisches Können verwandeln würde, um *auf der Suche nach dem verlorenen Theater* nützlich zu sein. Dies ist auch der Titel seines ersten Buches über Grotowski, das wenige Monate nach der Rückkehr aus Indien veröffentlicht wurde.

Es scheint, daß Barba nicht allein die faszinierenden Bilder der Kathakali-Vorstellungen beeindruckten, nicht nur die suggestive Energie der Schauspieler, sondern vor allem etwas, das hinter den eigentlichen Vorstellungen verborgen lag: die unbeugsame, stille Monotonie, die die Vorbereitungen eines Kathakali-Schauspielers charakterisieren. Dieser Vorbereitungsprozeß beansprucht derart viel Zeit, daß weder die Bewunderung des Publikums noch der Verdienst einer Karriere ihn kompensieren können.

Barbas Artikel, die er nach seiner Rückkehr über Kathakali-Theater schrieb, enthielten die ersten technischen Berichte einer klassischen Kathakali-Aufführung. Diese Informationen fanden soviel Interesse, daß die Artikel bald in Frankreich, Italien, Skandinavien und den Vereinten Staaten veröffentlicht wurden. Barba schrieb:

«Kathakali-Schauspieler zu sein, ist keine Entscheidung, sondern eine Berufung. Vom zartesten Alter an wird das Kind einer ‹Disziplin› gewidmet und betritt ein theatralisches Universum, das eng an das Religiöse grenzt. Es geht nicht allein um fachliche Fähigkeiten, sondern um eine Mission. Acht Jahre einer ausschließlichen und arbeitsreichen Lehre prägen das Kind für immer hinsichtlich seiner technischen Fähigkeiten und seiner geistigen Form. Diese lange ‹Initiation› konditioniert die Psyche und das Verhalten des Kathakali-Schauspielers, führt ihn zu einer Sensibilität, die sich grundlegend von jeder profanen Sensibilität unterscheidet.»

Die indische Erfahrung führt Barba zu der gleichen Vision, die am Anfang des Jahrhunderts die großen Theaterreformer von Stanislawski bis Craig und Copeau geleitet hatte, einer Vision eines neuen Theaters, das nicht auf der Produktion von Aufführungen aufgebaut ist, sondern auf einer neuen Schule für Schauspieler. Diese Vision war immer ein Traum, eine Utopie oder ein Paradoxon geblieben. – Als Craig die Leitung eines berühmten französischen Theaters angeboten wurde, erwiderte er, er würde unter einer Bedingung zusagen: daß er das Theater für zehn Jahre schließen dürfe.

Copeau erinnerte später an Craigs Vorschlag und unterstrich, wie er förmlich vom gesunden Menschenverstand diktiert würde, unglücklicherweise jedoch in der Welt des Theaters unverstanden blieb. Copeau selbst konnte seine Vision einer Schule von Schauspielern, die das Theater verjüngen sollten, nicht verwirklichen. Andauernde Aufführungen, Produktionsverpflichtungen und selbst die Ungeduld der Spieler behinderten immer wieder seine langsame pädagogische Arbeit.

Was orientalische und westliche Schauspieler oft unterscheidet, ist nicht allein die technische Virtuosität, nicht allein die Fähigkeit des Orientalen, sein Theater als nichtprofane Aufgabe zu erfassen, sondern vor allem die Fähigkeit, als Schauspieler zu leben, ohne für seine Aufführungen leben zu müssen.

Barba konnte die grundlegende Wichtigkeit dieses Aspekts des Kathakali-Schauspielers aus tausend offensichtlicheren Charakteristika herausstellen, machte sie zur Basis seines Theaters. Das Odin entwickelte so etwas wie Kraft, lange bevor das Herausragende seiner Schauspieler und Aufführungen anerkannt wurde. Diese Kraft entsprang der

Fähigkeit der Gruppe, sich an einem Gespür für die innere Bedeutung des Theaters zu orientieren, ohne die Rechtfertigung ihres Schauspielerdaseins aus den Wünschen und Bedürfnissen des Publikums abzuleiten oder sie gar von einer Anerkennung durch das Publikum abhängig zu machen. Sie fanden ihren eigenen Weg. An einer bestimmten Biegung begegneten sie Menschen, die bereit waren, ihnen zu applaudieren. Doch dieser Applaus war nicht ihr Weg.

Während das Odin noch immer isoliert auf der verlassenen Spur des Theaters entlangzog, umrundete Grotowski wie ein älterer Bruder die ‹Biegung des Applaus› und erfuhr ihre Vorteile und Gefahren.

Laboratorien

Im Frühjahr 1966 explodierte in Paris während des «Festival du Théâtre des Nations» das ‹Grotowski-Phänomen›. *Der Standhafte Prinz* wird das Ereignis des Jahres. Er wird sofort als ein authentisches Beispiel Arthaudschen Theaters katalogisiert, und Grotowskis Name wird schnell zu einem Adjektiv, um andere Theatergruppen einzuordnen.

Die erste Westeuropatournee von Grotowskis Theaterlaboratorium hatte jedoch schon ein Jahr vor dem Festival stattgefunden. Organisiert vom Odin Teatret, hatte sie nach Oslo, Stockholm und Kopenhagen geführt.

Als das Odin zwei Jahre zuvor begann, hatte Barba das erste Buch über Grotowskis Arbeit geschrieben: *Auf der Suche nach einem verlorenen Theater* wurde in Italien veröffentlicht und blieb dort praktisch unbemerkt. Allein Renée Saurel schrieb in Sartres *Les Temps Modernes* eine lange Kritik, und in späteren Jahren wird das Buch so stark verlangt, daß es eine bibliographische Rarität wird.

Während Grotowski in Paris internationalen Beifall findet, muß das Odin Norwegen verlassen und sich in Dänemark etablieren.

Nach den Anfangsmonaten in Oslo, in denen das Training der einzige Focus ihrer Arbeit war, begannen Barba und seine Schauspieler, ein unvollendetes Stück des norwegischen Schriftstellers Jens Bjørneboe, *Ornitofilene* (Die Vogelfreunde), zu proben. Ein Jahr später war die Produktion fertig. Es geht um ein süditalienisches Dorf, in dem eine Gruppe ausländischer Touristen beschließt, einen Hotelkomplex zu errichten, der es der örtlichen Bevölkerung erlauben würde, sich von Armut und Elend zu befreien. An das Projekt ist nur eine Bedingung geknüpft: Die Dörfler müssen aufhören, Singvögel zu schießen. – Zwanzig Jahre zuvor waren die gleichen Touristen in Naziuniformen im Dorf erschienen, hatten die Bewohner zusammengetrieben, hatten Todesurteile verhängt, hatten gefoltert und gemordet. Die Nazis von gestern sind die Touristen von heute, die Freunde der Vögel; die Verurteilten und Verfolgten von gestern sind die Jäger von heute. Hinter diesen Widersprüchen tauchen viele andere auf. Die Aufführung – mit ihrer Wiederbeschwörung der Pogrome, der Prozesse, der Gewalt von Kriegs- und Friedenszeiten – zeigt beide Seiten der Situationen. Die vier Schauspieler verwandeln sich ständig in andere Charaktere, wechseln von lyrischen, tragischen Tönen zu grotesken. Sich stark kontrastierende Szenen fließen ineinander. Der Ausdruck von Stimme und Geste widerspricht oft den Worten des Textes. Das Stück endet mit dem Selbstmord eines Kindes. Es ist der Preis dafür, daß der Vater es akzeptierte zu vergessen.

Es gibt Schwierigkeiten, einen Raum für die Aufführungen zu mieten, Leute zu finden, die sich für eine Gruppe interessieren, die kein *erkennbares, etabliertes Theater* ist. Nur 10 der 50 Aufführungen von *Ornitofilene* werden in Oslo gezeigt. Die Möglichkeit, in Norwegen zu überleben, ist gleich Null.

In diesem kritischen Moment erhält das Odin Teatret die Einladung, nach Holstebro zu übersiedeln, in eine kleine Stadt mit 20000 Einwohnern im Nordwesten Dänemarks, die gerade im Begriff ist, eine neue Kulturpolitik zu versuchen. Trotz der familiären und sprachlichen Bindungen sowie der sozialen und kulturellen Gewohnheiten, die sie an Norwegen binden, entscheidet sich die Gruppe, die Einladung zu akzeptieren und nach Dänemark zu gehen.

Das Odin Teatret kommt ohne *Ornitofilene* in Holstebro an. Einer der Schauspieler ist in Oslo geblieben, und neue Leute sind zur Gruppe gekommen. Alles muß wieder ganz von vorn anfangen.

Das Odin bezeichnet sich selbst als «Interskandinavisches Theaterlaboratorium für Schauspielkunst» und rechtfertigt damit, daß seine Aktivitäten nicht die eines ‹normalen› Theaters sind, nämlich regelmäßig Aufführungen zu produzieren.

Laboratorium ist ein magisches Wort. Es bedeutet nichts Genaues, und man weiß nie, was sich dahinter verbirgt.

In der Theatergeschichte erinnert man sich an die «Laboratorien» von Stanislawski, Wachtangow, Meyerhold und an das Laboratorium Copeaus (an dieses eher wie an eine richtige Theaterschule). Als Grotowski 1962 das «Teatr 13 Rzedow» in Opole in das «Teatr-Laboratorium» umwandelte, zog er das Bohr-Institut zur näheren Bestimmung des Begriffs heran: «Es ist ein Treffpunkt, an dem Physiker verschiedener Länder experimentieren und die ersten Schritte in das Niemandsland ihres Berufes machen.» Grotowski war ‹professioneller› Regisseur, und seine Schauspieler waren ‹professionelle› Schauspieler. Sie hatten ein Gebiet, das sie verlassen konnten, um den Weg des Laboratoriums zu beschreiten.

Regisseur und Schauspieler des Odin Teatret können keine *neuen* Wege betreten. Ihr Niemandsland beginnt mit dem allerersten Schritt, den sie in ihrem Beruf unternehmen. Welche Begründung kann ihre Wahl eines ‹experimentellen› Weges rechtfertigen, wo sie keine Aufführung vorzuweisen haben, keine professionellen Qualifikationen, keine kulturellen Titel?

Das Theaterlaboratorium in Holstebro wird mehr infolge seiner äußeren Aktivitäten denn als ein Forschungszentrum anerkannt. Es verlegt und veröffentlicht Bücher sowie ein eigenes Magazin, das von Theatertheorien und -techniken handelt: Commedia dell'Arte, Dionysien, Reform des russischen Theaters, Piscators Politisches Theater, Zeami und der No-Schauspieler, klassisches indisches Theater, Gordon Craig, die Arbeiten Decrouxs und Grotowskis.

Der gleiche Eklektizismus kennzeichnet die Seminare, die für skandinavische Theaterleute arrangiert werden. Die Teilnehmer haben die Möglichkeit, mit den unterschiedlichsten Lehrern zu arbeiten: mit Jean Louis Barrault, Jacques Lecoq, Dario Fo, mit der italienischen Clownfamilie Colombaioni, mit Hideo und Hisao Kanze vom No-Theater, mit Shanta Rao, Joseph Chaikin, Etienne Decroux, Otomar Krejča, Charles Marowitz, mit Jerzy Grotowski und dem Schauspieler, der seine theatralische Vision verkörpert, Ryszard Cieslak.

Zwischen 1966 und 1972 wird das Odin hauptsächlich auf Grund dieser kulturellen Organisationsarbeit in Holstebro und Dänemark akzeptiert. In seiner Heimat ist es für die vielen Gastspiele ausländischer Ensembles bekannt, die es veranstaltet. Im Ausland wird es wegen seiner eigenen Aufführungen anerkannt, die mit denen Grotowskis in Verbindung gebracht werden. Denn Barba hat mehr als sonst irgend jemand dazu beigetragen, Grotowski im Ausland bekannt zu machen. Grotowskis Buch *Towards a Poor Theatre,* das einen unmeßbaren Einfluß auf die Geschichte des zeitgenössischen Theaters hat, wird 1968 von Barba im Odin Teatret Forlag herausgegeben.

1968

Das Odin Teatret präsentiert 1967 seine zweite Aufführung, *Kaspariana*. Das von der Produktion behandelte Thema ist Vermittlung von Kultur und die damit verbundenen Dialektiken von Gewalt und Erziehung, von Befreiung und Kolonisation. Diese Problematik besteht auch innerhalb der Gruppe, seit es eine zweite Generation von Schauspielern gibt. In diesen Jahren geht die Diskussion moderner Pädagogen über Fachkreise hinaus und verwandelt sich in eine erregte Debatte, die größere politische Verwicklungen mit sich bringt.

In der Produktion des Odins wird dies alles durch ein historisches Beispiel gefiltert, das im letzten Jahrhundert Spekulationsobjekt für die ersten Ethnologen und Anthropologen gewesen war, durch die Affaire Kaspar Hauser, eines ‹wilden› Jugendlichen, der 1828 in Nürnberg auftauchte, dort ‹erzogen› und fünf Jahre später ermordet wurde.

Da die meisten Schauspieler Ausländer sind und sich nicht gut auf dänisch ausdrücken können, lebt die Aufführung im wesentlichen von den dramatischen Handlungen und Situationen, die von einem Szenario des dänischen Schriftstellers Ole Sarvig inspiriert werden. Worte werden wegen ihres melodischen Gehalts benutzt und wegen der verschiedenen Assoziationen, die ein aus mehreren Sprachen zusammengesetzter Text unabhängig von seiner semantischen Bedeutung anregen kann.

Diese Form des Theaters war vollkommen ungewohnt; sie basierte nicht auf einem vorgegebenen Text, sondern auf einem Aufführungstext – auf Aktionen, auf den Beziehungen zwischen den Schauspielern, dem Verhältnis zum Publikum, dem Raumarrangement, der Beleuchtung, dem Rhythmus usw. – *Kaspariana* lockte in Holstebro, wo es zuerst gezeigt wurde, kein großes Publikum an. Das Odin Teatret war gezwungen, umherzuwandern. Es ging zunächst in Dänemark auf Tournee, wo es nur höfliches Interesse weckte, genau wie auf der Biennale in Venedig, wo die beiden Gastspiele praktisch unbemerkt verliefen. Nur einige Avantgardekritiker würdigen die Aufführung als eine Übung, die technische Genauigkeit und Disziplin der Schauspieler demonstriert.

Kaspariana wird im Mai 1968 auch nach Paris zum Festival du Théâtre des Nations eingeladen. Das Odin fährt jedoch nicht dorthin. Während der Maidemonstrationen wurde das Théâtre de l'Odéon als Symbol bürgerlichen Theaters besetzt. Jean Louis Barrault, sein Direktor, war gezwungen, zurückzutreten.

1968 markiert in allen Ländern Europas das Entstehen neuer Gruppenformen, die nicht nur politische Aktivitäten im engeren Sinn einschließen, sondern auch einen neuen Weg bedeuten, das kulturelle Leben zu reorganisieren, nämlich die Suche nach alternativen Produktionsformen von Musik, Film, Literatur und Theater. Die Kehrseite der Medaille ist eine ideologische Starre, die oft zu pauschaler Verurteilung und fruchtloser Zerstörung führt.

Die chinesische Kulturrevolution liefert ein typisches Beispiel. Die Peking-Oper wird reformiert, und die Schauspieler werden ausgetauscht; die Spuren einer feudalen Vergangenheit werden gemeinsam mit der aristokratischen Ästhetik fortgewaschen. Das Theater ist in eine Feier revolutionärer Werte verwandelt worden. Chiang Ching, die Frau Maos, die später als Mitglied der ‹Viererbande› verachtet wird, leitete diese theatralische Revolution.

Im Europa von 1968 ist selbst Brecht vor dem Kampf gegen die Tradition nicht sicher. Es wird gesagt, revisionistische und bürgerliche Regisseure hätten ihn ausgebeutet und ‹sozialdemokratisiert›. Manchmal wird auch Brecht selbst als ein bürgerlicher Autor angeklagt. In diesem Fieber der Erneuerung verläßt Strehler sein «Piccolo Teatro di Milano», das er als ein Modell des ‹Theaters der Stadt› geschaffen hatte und mit dem sein Name seit den ersten Nachkriegsjahren verbunden war. Er gründet eine unabhängige Gruppe, das «Teatro Azione», und produziert den *Gesang vom Lusitanischen Popanz* von Peter Weiss, ein kaltes und sarkastisches Dokument der portugiesischen Greueltaten in Angola. Aber Strehlers Abenteuer ist kurzlebig; 1972 ist er wieder Direktor des «Piccolo Teatro».

Barrault kommt erst viel später in ein ‹wirkliches› Theater zurück. Während seiner Jahre des ‹Exils› arbeitet er im Zirkuszelt und im Boxring. Er produziert unter anderem eine von Rabelais inspirierte Aufführung. Sie wird ein Sprung in das totale Theater. Tanz, Musik, Gestik und Text verflechten sich zu einem sehnsuchtsvollen Aufbruch zur Insel Utopia. Rabelais' Entdeckung der sinnlichen Freude wird in eine hoffnungsvolle Reise zum Nichtvorhandenen verwandelt, die an den Aufbruch der Jugendlichen am Ende zweier Fellini-Filme erinnert: *Satyricon* und *Roma*.

1968 veröffentlicht Peter Brook ein weitsichtiges Theaterbuch. In *Der leere Raum* prägt er Definitionen, die bald zu Schlagworten werden. Er spricht vom «tödlichen» Theater – nicht tödlich wie eine Krankheit, sondern wie die Langeweile – und er spricht vom «heiligen» Theater, dabei die Geburt eines «derben» und «unmittelbaren» Theaters voraussagend, bei dem alle Aspekte von Realität und Erfahrung als eine Mischung aus Tragödie und derbem Spaß dargestellt werden können. Die englische Geschichte scheint sich zu wiederholen: Die Revolution kommt ohne Blutvergießen und vor der Zeit zur «Royal Shakespeare Company» zu diesem Tempel des klassischen Theaters. Peter Brook hat 1966 eine Aufführung entwickelt, die auf den Improvisationen seiner Schauspieler und auf einem kollektiv erarbeiteten Text beruht. *US* (engl.: «uns» und «Vereinigte Staaten») ist ein Stück über das amerikanische Vietnambombardement und die europäische Verantwortung. 1970 verläßt Brook die «Royal Shakespeare Company» und gründet in Paris das «International Center of Theatre Research», dessen Ziele nicht allein auf Aufführungen beschränkt bleiben.

Aus theatralischer Sicht ist 1968 aber vor allem das Jahr von *Paradise Now* und *Orlando Furioso*.

Das «Living Theatre» zeigt *Paradise Now* in von Studenten besetzten Universitätssälen; jede Aufführung wird zugleich eine politische Demonstration. Oft greift die Polizei ein. Das Publikum wird immer aufgefordert, hier und jetzt seine *eigene* Revolution zu schaffen und zu erkennen, daß die Symptome, welche Gewalt, politische Macht und Unterdrückung kennzeichnen, die gleichen sind, die in den sexuellen Tabus bestehen, im Hang zu persönlichem Eigentum und in der Angst vor anderen. Das «Living Theatre» führt die Konsequenzen seiner Konzeption, Theater als Mittel zur direkten politischen Aktion, ins Extrem. Die Gruppe lebt als anarchistische Kommune; einige Mitglieder, unter ihnen Julian Beck und Judith Malina, fahren nach Brasilien und schaffen dort bis zu ihrer Verhaftung in den *favelas* von São Paulo eine theatralische Zeitung der Propaganda und politischen Agitation.

In Europa geben viele Theaterleute die klassische Konzeption der Aufführung auf und entwickeln eine theatralische Ausdrucksform, die oft zu politischer Demonstration in Fabriken, Arbeitervierteln und Schulen wird. Das äußere Bild des Theaters scheint in wenigen Monaten explodiert zu sein. Was Grotowski in einem kleinen Raum in Opole begann, scheint sich nun in größerem Maßstab auf Plätzen, in Sportstadien und Arenen zu wiederholen.

Ronconis *Orlando Furioso* ist das festlichste, barockeste und phantasievollste Beispiel dieser theatralischen Explosion. Das Odin holt die Aufführung nach Skandinavien. Anschließend wird sie durch ganz Europa und die USA reisen. Das Theater als populäre Festlichkeit nimmt schnell politische Züge an.

Richard Schechner gründet die «Performance Group» in New York und produziert mit ihr *Dionysos '69*. In allen Produktionen der folgenden Jahre experimentiert Schechner mit der Beziehung zwischen Raum, Schauspieler und Zuschauer, eine Beziehung, von der Schechner, Grotowski weiterführend, sagt, daß sie sich ändern muß, wie sich die Themen der Aufführungen ändern.

Auch die Nachricht von einer Theatergruppe, die riesige Puppen durch die Straßen trägt, kommt aus New York. Im «Bread and Puppet Theatre» treffen sich Bilder volkstümlicher Mythologie mit radikaler politischer Satire. Der Gründer ist ein Bildhauer deutscher Abstammung, Peter Schumann, der auf eine Kultur abzielt, die so notwendig und elementar wie Brot ist (eine Vorstellung Artauds, die wiederkehrt).

Etwas später zeigt Ariane Mnouchkine in Paris die Geschichte der Französischen Revolution aus der Sicht der arbeitenden Bevölkerung. Sie geht von ähnlichen Prinzipien wie *Orlando Furioso* aus. *1789* ist eine als Freudenfest gedachte Aufführung, eine politische und theatralische Feier für Hunderte von Zuschauern.

Die ‹Applauskurve›

Unberührt vom Wind der Erneuerungen, der 1968/69 durch die Welt der Jugend weht, bleibt das Odin in seinem Laboratorium, das einst als «monastischer Vorposten des Theaters am Rande Europas» bezeichnet wurde. Es hat jedoch einige Monate zuvor für Dario Fo und sein Ensemble eine Tournee durch Dänemark und andere skandinavische Länder organisiert, auf der die antiamerikanische Komödie *Gnädige Frau zum Wegwerfen* gezeigt wurde. Dario Fo hält ein Seminar in Holstebro, auf dem er eine Reihe von praktischen Demonstrationen durchführt, die auf einem mittelalterlichen Text der italienischen Literatur beruhen. Diese Demonstrationen liefern die Grundlage für sein später berühmt gewordenes *Mistero Buffo*. Die Hauptbeschäftigung des Odin Teatret bleibt die Vorbereitung seiner dritten Aufführung. *Ferai,* das maximal 60 Zuschauern pro Abend gezeigt wird, kommt 1969 nach Paris. Es wird als ein Beispiel esoterischen und rituellen Theaters eingestuft, weit entfernt von historischen und sozialen Problemen.

Die Geschichte dieser Jahre gehört nicht allein der Studentenbewegung, der Geburt der extremen Linken und dem Versuch, Intellektuelle und Arbeiter zu vereinigen. Sie ist auch die Geschichte der Tschechoslowakei Dubceks, des Prager Frühlings und des Eintreffens der sowjetischen Panzer; die Geschichte Jan Palachs, der sich selbst verbrennt: ein hoffnungsloser Protest, der die ‹Jugend von 68› zweifeln läßt, weil er ihnen so tragisch naiv erscheint. Aber der Tod des jungen Prager Studenten sät auch Unruhe, weil er wie das Resultat einer tragischen Einsicht kommt. Die Hoffnungen auf eine bessere Gesellschaft schrumpfen.

Der Text von *Ferai* stammt vom dänischen Schriftsteller Peter Seeberg. Die Bezüge zu griechischen Mythen mischen sich in ihm mit der skandinavischen Götterwelt. König Frode wurde derart von seinem Volk gefürchtet, daß es nach seinem Tod ausreichte, seine Leiche aufgethront herumzutragen, um die Fortdauer seiner Herrschaft erneut zu festigen. Die Hauptcharaktere des Stückes sind Alkestis, seine Tochter, und Admetos, der junge Thronfolger. Er möchte die Normen einer gerechten und freien Gesellschaft anlegen, Macht zerstören und eine neue

Lebensqualität ermöglichen. Das Volk beschuldigt Admetos, schwach und unerfahren zu sein und sich mit Kriminellen zu verbünden. Alkestis, die junge Königin, begeht Selbstmord.

Die Kritiker waren weniger von den politischen Assoziationen, die *Ferai* auslöste, beeindruckt als von seiner strengen, theatralischen und rituellen Natur. Trotz der eng begrenzten Zuschauerzahl und des rätselhaften, nicht überschwenglichen Charakters gelingt es der Aufführung, die Vorstellungskraft der Zuschauer zu fangen und sie direkt auf einer emotionalen und intellektuellen Ebene zu erreichen.

Der Übernachterfolg, den das Odin in Paris, auf allen großen Theaterfestivals und in den europäischen Hauptstädten erlangt, trifft die Gruppe wie ein Blitz. Plötzlich ist sie berühmt.

Zurück in Holstebro, setzt Eugenio Barba den *Ferai*-Aufführungen ein abruptes Ende. Er ist über die möglichen Auswirkungen dieses plötzlichen Erfolgs auf seine Schauspieler besorgt und löst die Gruppe mit der Absicht auf, sie vor einem neuen Arbeitsbeginn umzubilden. Nur drei der ehemaligen Schauspieler akzeptieren die neuen Arbeitsbedingungen: Else-Marie Laukvik, Iben Nagel Rasmussen und Torgeir Wethal.

Es folgen zwei Jahre der ‹Zurückgezogenheit›, in denen sowohl die alten Schauspieler wie die neuen Schüler mit einer rigorosen neuen Trainingsform beginnen. Nach einigen Monaten der Reorientierung der grundlegenden Arbeit beginnt die Gruppe mit den Proben für eine neue Produktion. Zum erstenmal ist der Text nicht von einem Schriftsteller, sondern basiert auf einem Szenario Eugenio Barbas.

Im Herbst 1972 ist das neue Stück *Min Fars Hus* (Meines Vaters Haus) fertig. In vielen Ländern wird darüber noch lange Zeit als von einer Aufführung gesprochen, die unvorstellbare Aussichten auf neue Wege des Verständnisses und der Nutzung von Theater eröffnet hat.

Die Arbeit an der Produktion geht von einer Betrachtung des Lebens Dostojewskis aus. Ein junger Mann konspiriert mit der Revolution und wird durch die Deportation brutal aus einem politischen Romantizismus gerissen. In einem historischen Paradoxon berührt dieser Exrevolutionär das Gewissen und die Gesellschaft seiner Zeit durch die Schriften seiner Reifejahre, in denen er sich selbst vom Fortschritt zu trennen scheint und von den extremsten Widersprüchen mitgerissen wird: von politischem Nihilismus zu religiösem Glauben. In ihrer endgültigen Form hat die Produktion keinen Text, keine Fabel, keine Bezugspunkte auf irgendwelche dem Zuschauer erkennbare Fakten. Sie ist nicht *über* oder *von* Dostojewski, sie ist einfach Dostojewski *gewidmet*.

Min Fars Hus ist die persönlichste Aufführung des Odin an der

Grenze zum Privaten. Aber sie ist auch eine Aufführung, die für Zuschauer verschiedener Herkunft und Altersstufen eine lebendige, oft brennende Bedeutung erlangt. Die Kritiker erkennen, daß *Min Fars Hus* außerhalb theatralischer Normen steht, viele klassifizieren es daher als ein ‹schwieriges› Stück. Die Aufführung reist jedoch weit und wird vor Zuschauer gebracht, denen die Kultur des Theaters und der Bücher fremd ist. Hier entstehen Kontakte und Beziehungen, die auf die Zukunft des Odins grundlegende Konsequenzen haben werden.

Min Fars Hus steigert das Prestige des Odins nicht allein im Ausland, sondern auch zu Hause in Dänemark, wo seine Aufführungen bis dahin eher skeptisch aufgenommen worden waren. Die Tätigkeitsfelder, die normalerweise nicht mit einem Theater in Verbindung gebracht werden, erkennt das dänische Kulturministerium jetzt an. 1973 wird ein Gesetz verabschiedet, das die Existenz von Theaterlaboratorien zur Kenntnis nimmt und dem Odin Teatret den Status einer experimentellen Theaterschule mit einem jährlichen staatlichen Zuschuß gewährt.

Doch befindet sich das Odin mit *Min Fars Hus* in einem offensichtlichen Widerspruch. Seine Fähigkeit, gesellschaftlich präsent zu sein, wird um so stärker, je mehr sich die Gruppe ausschließlich auf ihre eigenen Probleme konzentriert. Es entdeckt den gesellschaftlichen Wert von etwas, das schon immer an den Wurzeln seiner Theaterprodukte verborgen lag, entdeckt seine Geschichte, seine Ethik, seine eigene, besondere ‹Kultur›.

II

Kulturmodell

Mit den Aufführungen von «Meines Vaters Haus» dehnt das Odin zwischen 1972 und 1974 seine Tätigkeit auf ganz Europa aus. Tourneen wechseln mit Perioden der Arbeit, der Forschung und der kulturellen Initiative in Holstebro ab. Viele Gastspielreisen des Odin erhalten eine neue Prägung. Theatertourneen bestehen normalerweise aus Aufführungen in unbekannten Städten vor einem unbekannten Publikum. Das dauernde Reisen unterbricht den Arbeitsrhythmus des Schauspielers und macht einen wirklichen Kontakt mit dem Zuschauer unmöglich. Ankunft und Abreise scheinen nur für den Abend Bedeutung zu haben, an dem die Aufführung gezeigt wird. «Das Publikum», sagt Barba, «ist eine Versammlung von Geistern, Gesichtern, die für eine Stunde erscheinen und direkt anschließend für immer verschwinden.»

Bei den Tourneen von «Meines Vaters Haus» ist das häufig anders. Die Aufführung ist nicht nur ein kurzer Augenblick der Berührung mit dem Zuschauer, sondern im Zusammenhang mit Begegnungen, die oft mehrere Tage dauern, wird sie zu einer längeren Zeitspanne weitergehender Reflektion und größerer Offenheit auf einer menschlichen Ebene. Einige Zuschauergruppen konfrontieren sich während dieser ‹Begegnungen› mit dem Odin in seiner Gesamtheit, mit dem täglichen Training der Schauspieler, der inneren Organisation, dem Verhalten und den Zielen, die die Aktionen und Entscheidungen der Gruppe lenken.

Auch andere Gründe bestimmen die Umwandlung der Tourneen zu einer größeren Öffnung gegenüber der Außenwelt. In den Jahren nach 1968 zersplittert sich die Jugendbewegung, die auf politischer Ebene offensichtlich geschlagen ist, und gerinnt in kleine Einheiten. Diese experimentieren mit verschiedenen Formen des kollektiven Zusammenlebens, bilden Gemeinschaften, die auf landwirtschaftlicher oder handwerklicher Produktion basieren, entwickeln eine alternative Kulturbewegung, die Theater macht, unabhängige Filmproduktionen organisiert und die Volkskultur wieder stärkt. Diese Gruppen entstehen nicht nur in den Großstädten, sondern auch in dünnbesiedelten ländlichen Gegenden. Die Gruppe wird zur Alternative für eine nicht akzeptable soziale Umwelt. Sie wird auch zur Alternative für die Familie.

Das Odin Teatret erscheint auf der einen Seite als ein Gruppenmodell, das eine Reihe der gesellschaftlichen Sehnsüchte verkörpert, die die Jugend von '68 geleitet haben; andererseits weist es Kennzeichen auf, die dem gewöhnlich akzeptierten Modell einer Gemeinschaft zu widersprechen scheinen. Das Odin beseitigt beispielsweise nicht den Leiter. Barba hat auf den ersten Blick eine strenge – einige sagen diktatorische – Autorität. Die Freiheit und kreative Spontaneität der Schauspieler stehen im Widerspruch zu ihrer rigorosen Disziplin. Man stellt fest, daß es innerhalb der Gruppe ungeschriebene Gesetze gibt, die so stark sind, daß sie die Beziehungen nach außen bestimmen und diese eher in eine ‹Konfrontation zwischen Verschiedenen› als in eine ‹Begegnung zwischen Brüdern› verwandeln. Das Fehlen von Kompromissen, das eher die Unterschiede als die Gemeinsamkeiten betont, charakterisiert viele Begegnungen mit dem Odin. Die Solidarität, die das Odin durch seine Aktionen beweist, wird häufig nicht durch Worte oder warmes und freundliches Benehmen ausgedrückt. Die Einheit der Gruppe scheint mit dem strengen Individualismus der Mitglieder Hand in Hand zu gehen.

Ebenso wie die Aufführung sind es auch diese Kennzeichen und Widersprüche, die ein Interesse am Odin als Gruppe entstehen lassen.

Als das Odin gebeten wird, Seminare für Studenten, Professoren, für Theater- und Kulturgruppen zu halten, steht es diesen Problemen und Widersprüchen selbst gegenüber. Zum einen arbeitet der Schauspieler des Odin immer in einer intimen, vor den fragenden Blicken Fremder abgeschirmten Situation. (Für diejenigen, die das Odin kannten, war die absolute Unmöglichkeit, einer Probe oder der intensiven, individuellen Arbeit mit Barba zuzuschauen, fast sprichwörtlich.)

Zweitens besuchten die Seminare häufig junge Leute, die nicht die Absicht hatten, professionelle Schauspieler zu werden. Es hätte keinen Sinn ergeben, mit ihnen eine Woche oder zehn Tage zu arbeiten, um ihnen ein grundlegendes professionelles Wissen zu vermitteln. Zudem hat das Odin keine generelle Theatertheorie anzubieten, keine ‹Philosophie des Theaters›, die durch Worte weiterzugeben wäre.

Drittens hatten die erfahreneren Schauspieler des Odin schon erkannt, daß das Unterrichten von Techniken in den Seminaren zwar sofort positive Resultate hervorruft, sie sich jedoch mit der Zeit in ihr Gegenteil verkehren. Man kann in ein paar Tagen eine ganze Reihe von Übungen vermitteln; dabei wird aber nur das Resultat eines Arbeitsprozesses weitergegeben. Für den Schauspieler ist nicht allein die technische Virtuosität wesentlich, sondern mehr der Prozeß selbst, die Entwicklung persönlichen Forschens. Ein Schauspieler, der seine eigenen Übungen lehrt, die aus *seiner eigenen Entwicklung* resultieren, riskiert es, *die Entwicklung seines Schülers* zu blockieren.

«In einer Woche kann man nichts lehren», reflektiert Barba, «man kann nur einen Schock hervorrufen, der die Sicherheit erschüttert, in der wir eingekettet sind und der es jedem von uns erlaubt, sich für die neuen Horizonte zu entscheiden, auf die wir uns zubewegen. Eine wirklich pädagogische Beziehung erfordert einen langen Zeitraum, zwei oder drei Jahre gemeinsamer Arbeit.»

Die Kultur eines Schauspielers

Als das Odin sich entschließt, seine Gruppenerfahrung anderen mitzuteilen, kollidiert es mit dem Grundproblem modernen Theaters, der Kultur des Schauspielers. Kultur ermöglicht es, das Erbe der Vergangenheit zu benutzen, um es später umzuwandeln. Das bedeutet, fähig zu sein, etwas zu schaffen und etwas zusammenzufassen, ohne jedesmal ganz von vorn beginnen zu müssen.

Seit dem Auftauchen der ersten professionellen Schauspieltruppen in Europa, Mitte des 16. Jahrhunderts, gibt es da eine Zerrissenheit. Einerseits entsteht ein technischer Jargon, den die Schauspieler untereinander benutzen, den sie aber nicht in eine überprüfbare Sprache umwandeln und der Außenwelt vermitteln können. Andererseits gibt es eine Ungenauigkeit und Begriffsunbeständigkeit, die Kritiker, Ideologen und Theaterwissenschaftler den Schauspielern von außen aufdrängen wollen. Die einzig wirkliche Diskussion über den Schauspieler in der westlichen Welt ist die Auseinandersetzung zwischen der ‹Technik der Identifikation› und der ‹Verfremdung›. Dieser Gegensatz hat zu vielen Mißverständnissen geführt; darüber hinaus hat er seine Wurzeln in einem Problem, das nicht zur Welt des Schauspielers gehört. Er begann mit Diderot und anderen Philosophen des 18. Jahrhunderts als einer Diskussion metaphysischer und psychologischer Probleme, die den Schauspieler nur als ein Beispiel benutzte.

Theater hat die moderne Gesellschaft und deren Kultur fast ausschließlich durch seine Schriftsteller und Theoretiker und nur sehr wenig durch seine Schauspieler beeinflußt. Die Schauspieltruppen – ‹Fremdkörper› in der Gesellschaft ihrer Zeit – haben keine eigene autonome Kultur entwickelt. Sie haben es nicht geschafft, ihr Anderssein zu sozialisieren, und fanden sich statt dessen damit ab, das Theater zu machen, das man von ihnen erwartete und das ihnen durch ökonomische und ideologische Zwänge aufgedrängt wurde. Die Schauspieler wurden schnell zu Mikrogesellschaften, die einen starken Akkulturationsprozeß durchlaufen hatten. Sie hatten sich in die Instrumente eines Theaters verwandelt, das als ‹lebendiges Museum› der dramatischen Literatur verstanden wurde.

Trotzdem hatten die Gruppen von Schauspielern seit dem 16. Jahrhundert nach völlig anderen Normen gelebt als die sie umgebende Gesellschaft. Anders waren die Normen ihres Familienlebens, anders und außergewöhnlich war auch die Unabhängigkeit, Freiheit und Autorität der Frauen in den Truppen. Sie lebten gerade zu der Zeit als Nomaden, in der sich die bürgerliche Moral mit ihrem Kult des Heims formte. Für mehr als drei Jahrhunderte kann man überall in Europa von einer Schauspielergesellschaft sprechen, die in ihrem Inneren allen fundamentalen sozialen Verpflichtungen nachkommt: von der Familienbildung bis zur Kindererziehung, von der Entwicklung eines ökonomischen und produktiven Systems bis hin zur Festlegung exakter Verhaltensnormen.

Aber diese ‹Gesellschaft› wird von außen bestimmt, erhält von außen ihre Aufgaben, ihre Werte, ihre Funktion – zunächst von den Aristokraten, dann vom Theatermarkt, von der Öffentlichkeit und schließlich von den Intellektuellen, die sie beeinflussen.

Die Lehre des Schauspielers fand vom 16. Jahrhundert bis zum Anfang des 20. Jahrhunderts in den Schauspieltruppen statt, nicht wie in einer Schule, sondern wie in einer Werkstatt, in der sich Lernen und produktive Arbeit mischen. Die jungen Schauspieler wurden in eine Rolle eingeführt und folgten einem bestimmten Modell, von dem sie sich später mit der Entwicklung ihrer eigenen Fähigkeiten entfernen konnten. Im Namen der *Kreativität* widersetzten sich die großen Theaterreformer – Antoine, Stanislawski, Craig, Meyerhold und Copeau – seit der Jahrhundertwende dem starren Rollenfach, den *Emplois,* die das ‹handwerkliche› Theater charakterisieren. Sie ersetzten das Erlernen vorgefaßter Techniken durch kontinuierliches Forschen, bekräftigten den Wert der persönlichen, selbständigen Entwicklung jedes Schauspielers und schufen ein Lehrer/Schülerverhältnis, das über die bloße berufliche Vorbereitung hinausging und auf den Menschen in seiner Gesamtheit zielte.

Aus dieser Revolution resultiert der moderne *Reformismus* der Theaterschulen. In diesen Schulen ist die Vision der Reformer fast noch intakt; sie ist nur enthauptet worden. Die für den Schauspieler notwendige ‹Kultur› wurde in Lehrstoffe für Fachlehrer aufgeteilt. Nicht länger ist das Erforschen Ziel, sondern der Erwerb und Besitz von Wissen, von sofortigen Resultaten, die in den verschiedenen Branchen der Aufführungsindustrie benutzt werden können.

Die Forderung nach einer neuen Ethik für den Schauspieler war immer die treibende Kraft aller Theaterrevolutionen: den Schauspieler von der Knechtschaft durch das Publikum, von den Konventionen und Bequemlichkeiten der Moden und des Theatermarktes zu befreien. Die ‹ethische Revolution› Stanislawskis war Voraussetzung für die Geburt eines neuen Künstlers, der in der Lage ist, sich zu wandeln, sein eigenes Theater zu erfinden und für eine neue Gesellschaft zu kämpfen – nicht allein für ein neues Theater.

Theater nach eigenen Prinzipien zu machen bedeutet, sich aus einer Situation zu befreien, die es dem Schauspieler nicht erlaubt, seine eigene Kultur oder die seiner Gruppe zu entwickeln. Erst durch die Komplexität einer solchen Kultur kann der Schauspieler zu seiner größten Wirksamkeit gelangen, ein Fragezeichen und ein Widerspruch in der eigenen Gesellschaft zu werden. Für andere Theater zu machen, hatte für den Schauspieler nur eine historische Bedeutung: die eigene Funktion zu hintergehen.

Training und die Kultur der Gruppe

Die Kultur des Odin wird von seinem Training verkörpert. Das Wort Training bezeichnet einen fortlaufenden Prozeß, ein Wissen, das jemand nur so lange *weiß*, wie er es ausübt, das er aber nicht besitzen und auf die Seite legen kann. Es ist dem Wort ‹Disziplin› vergleichbar, dessen Ursprung nichts mit der Beachtung von Regeln und Befehlen zu tun hat, sondern die Wissenschaft vom permanenten Lernen meint.

Ähnlich ist die ‹Disziplin› im Odin eine Beachtung von Regeln, deren einziges Ziel es ist, die Arbeit jedes Individuums zu schützen und ihm jeden Zeitraum und alle nötigen Bedingungen für seine autonome Entwicklung zu geben. Die Regeln ändern sich deshalb oft und radikal. «Sie sind da», sagen die Mitglieder des Odin in einem Paradoxon, «um zu zeigen, wie man sie bricht.» Man muß durch Tatsachen beweisen, wie man sie überflüssig macht. So war es auch mit der Regel, die in den ersten Jahren jede sexuelle Beziehung zwischen den Mitgliedern der Gruppe verbot, weil Aspekte des Privatlebens der Schauspieler Einfluß auf die Arbeit genommen hätten. In gleicher Weise zeigt das Odin sein Training, das in den Anfangsjahren für jeden Außenstehenden strikt verschlossen war, heute öffentlich.

Dieses Training ändert sich laufend, teilweise, weil die Arbeit des Schauspielers unerwartete Richtungen einschlägt, teilweise, weil der Schauspieler, der eine gewisse Selbstsicherheit erlangt hat, indem er die Übungen virtuos beherrscht, sie aufgibt, um in einem neuen Gebiet von vorn zu beginnen. So wird das Training zu einem sehr persönlichen Prozeß und variiert von einem Schauspieler zum anderen so stark, daß heute ein Beobachter große Schwierigkeiten hätte, die Beziehungen zwischen den verschiedenartigen einander fast kontrastierenden ‹Trainingspfaden› zu erkennen.

Beim Odin beginnt der Arbeitstag normalerweise um 7 Uhr morgens und dauert zehn bis zwölf Stunden. Es gibt keine Angestellten für das Putzen und Pflegen des Theaters, für Beleuchtung und das Herstellen von Kostümen und Requisiten. All diese Arbeiten werden vom Regisseur und den Schauspielern selbst erledigt. Jeder durchläuft die Erfahrungen organisatorischer und kultureller Arbeit, das Übersetzen von Texten für den Odinverlag, das Organisieren der Filmabende und der Besuche ausländischer Gruppen. Bis heute hat das Odin neun didaktische und dokumentarische Theaterfilme in der Regie von Torgeir Wethal produziert.

Ein neues Mitglied des Odin begreift schnell, daß seine Position in der Gruppe von dem Platz abhängt, den es sich durch seine eigene Arbeit sichern kann. Dabei gibt es Hierarchien, tatsächlich sogar viele; sie werden in jeder Arbeitssituation, in jeder Phase eines Prozesses gebrochen und neu wiederaufgebaut. Ein Besucher, der das Odin beobachtet, wie ein Anthropologe einen kleinen Stamm beobachtet, würde eine Reihe von Tatsachen bemerken, über die nachzudenken ist:

Menschen mit verschiedenen politischen und ideologischen Vorstellungen leben gemeinsam in einer Gruppe. Die Mitglieder haben verschiedene, oft sich widersprechende Gründe zu bleiben. Nicht einmal eine Übereinkunft über die politische, ideologische oder künstlerische Bedeutung des Odin besteht, auch nicht irgendeine generelle Übereinstimmung über die ‹Bedeutung› der Produktionen. (Die Schauspieler und Barba stellen sich hier oft die gleichen Fragen wie die Zuschauer.) Die Gruppe kennt persönliche Spannungen und Unverträglichkeiten; aber sie werden während der Arbeit in der Schwebe gehalten und verschwinden fast völlig, sobald eine Probe beginnt. Ein ‹Vergangenheitskult› existiert in keiner Form, und die neueren Mitglieder kennen oft die Gruppengeschichte nicht. Wenige interessieren sich für die Welt des Theaters. Praktisch niemand erkundigt sich nach der Aufnahme – dem Erfolg oder Mißerfolg – der Aufführungen in den Medien. Training und Produktionsarbeit werden weder innerhalb noch außerhalb der Gruppe jemals Thema einer Unterhaltung oder Auseinandersetzung. Hinsichtlich der bereits fertigen, dem Publikum vorgestellten Produktionen gibt es immer eine Art Zurückhaltung; niemand beurteilt jemals die Arbeit eines Kollegen.

Die Schauspieler des Odin sind von vielen Nationalitäten. Jeder hat einen vierjährigen Vorbereitungsprozeß durchlaufen, nach dem er das gleiche Gehalt wie alle anderen bezieht. Die Gruppe ist stabil: das jüngste Mitglied ist seit neun Jahren dabei. Die Sprachen, die neben Dänisch vorherrschen, sind Norwegisch, Englisch, Italienisch und Spanisch. Während der Arbeit wird jedoch nur Dänisch gesprochen, das stark von dem Slang beeinflußt ist, der sich über Jahre hinweg in der Gruppe entwickelt hat und das durchzogen wird von einem technischen Jargon, Bildern und bestimmten Wortbedeutungen. Einige Schauspieler wohnen in Wohngemeinschaften, andere allein. Es gibt feste Paare und zwei Kleinkinder. Training und Proben werden niemals durch Telefonanrufe, Besuche oder dringende Nachrichten unterbrochen. Die Arbeitseinteilung wechselt täglich oder wöchentlich. Ähnlich gibt es keine feste Aufgabenverteilung der manuellen Arbeit; selbst der freie Tag und die Sommer- und Winterferien sind nicht festgelegt. Intensive Beziehungen zur Außenwelt werden unterhalten: eine regelmäßige Korrespondenz mit 50 Theatergruppen in Skandinavien, Europa, Südamerika und Japan. Viele Besucher werden im Theater empfangen; sie kommen zu Kursen oder zeigen ihre Aufführungen.

Die Dialektik von Freiheit und Einschränkung oder (in den Worten, die B. Russell für die beiden Pole der heutigen Welt benutzte) von Freiheit und Organisation schließt auch ein Gleichgewicht von Beständigkeit und Veränderung ein. Dieses Gleichgewicht kennzeichnet den lebendigen Organismus. Sein Fehlen führt viele Gruppen nach kurzer Zeit zur Selbstzerstörung. Manchmal kristallisiert eine Gruppe in einer Form, einer Tätigkeit, einer streng fixierten Lebensregel. Manchmal verliert sie ihren Zusammenhalt und löst sich in einer Reihe von voreiligen und unüberlegten Änderungsversuchen auf.

Trotz der Veränderungen, die das Leben und Arbeiten des Odin charakterisiert haben und noch immer charakterisieren, sind einige Elemente immer konstant geblieben. Das ist vor allem die Anwesenheit von vier Leuten, die seit Beginn Teil des Odin sind und dessen Geschichte verkörpern. So hat sich die Gruppe verändert, wie sich Menschen verändern, und sie hat sich nicht einfach durch das Auswechseln von Menschen verändert.

Die Präsenz Barbas ist neben allen Veränderungen ein anderer konstanter Faktor, ein beständiges, externes Gewissen, das nicht die künstlerischen Ergebnisse beurteilt, sondern täglich feststellt, bis zu welchem Grad seine Kollegen in ihrer Arbeit *gegenwärtig* sind.

Besucher des Odin sind oft von Barba beeindruckt, von der Art, wie er extreme Sicherheit und Zweifel vereinbart, Autorität und Nicht-Einmischung, politische Intelligenz und die waghalsige Eigenschaft, alles aufs Spiel zu setzen, so als gebe er einem Traum konkreten Ausdruck. Besucher des Odin schließen hieraus oft mechanisch, das Odin sei nichts anderes als die Ausstrahlung Barbas.

Leute, die in einer Gruppe zusammenkommen und sich bemühen, die Vorstellungen einer besseren sozialen Gemeinschaft zu realisieren, beginnen oft mit der Abschaffung des Gruppenleiters. Aber ein Leiter kann in einer Gruppe weder geschaffen noch beseitigt werden; es sind immer ein oder mehrere vorhanden. Manchmal wird ihre Anwesenheit nicht bemerkt, und sie erscheinen nicht offen in der Form, in der die Gruppe organisiert ist. So wird die Leiter/Gruppendialektik zu einer Dynamik, deren die Gruppe sich nicht bewußt ist und die wie eine zerstörerische Kraft in einem geschlossenen System wirkt.

Das Odin scheint entdeckt zu haben, daß die Macht eines Leiters nicht dadurch beseitigt wird, daß man den Leiter beseitigt, sondern die Macht.

Freiheit und Einschränkung werden heute im Odin in einer Form des *Individualismus innerhalb einer Gruppe* gefunden. Sie bilden die beiden Flußufer, die früher vielleicht durch die Feindseligkeit der Lebensumstände und den Bezug zu einem Meister repräsentiert wurden. Die

Ansammlung verschiedener Egoismen schafft eine komplexe innere Sozialisation, was in anthropologischen Verkürzungen Kultur genannt werden könnte. Dies hat schließlich die Fähigkeit des Odin zur Folge, auf Umstände wie ein lebendiger Organismus zu reagieren, und läßt es seit 20 Jahren gedeihen.

Theaterkultur und Theateranthropologie: ISTA

Die Abschaffung der Arbeitsteilung hat es einer kleinen Gruppe wie dem Odin ermöglicht, viele Initiativen in verschiedenen Richtungen zu unternehmen und ein Können in professionellen Bereichen zu entwickeln, die normalerweise Spezialisten vorbehalten bleiben: Filmproduktion, soziologische Forschung, Herausgabe und Veröffentlichung von Büchern etc. Vielleicht hat eine Theatergruppe zum erstenmal in der modernen Geschichte öffentliche Unternehmungen entwickelt und ihren Lebensunterhalt verdient, ohne ihren Theatercharakter auszubeuten, sondern indem sie Produktionsmethoden vom Theater auf andere Gebiete übertragen hat.

In seinen frühen Jahren erschien das Odin als ein isoliertes ‹Theaterkloster›, das niemals als Beispiel gelten könnte. Es wurde auf Grund von Gesichtspunkten gewürdigt, die es von allgemeineren, wichtigen Problemen soziokultureller Organisation zu trennen schienen. Gegen Ende der sechziger Jahre wurde das Odin jedoch zu einem immer klarer umrissenen Modell für europäische und südamerikanische Gruppen. Seine innere Organisation und seine Tätigkeiten haben viele Randgruppen des Theaters inspiriert, nicht nur zu überleben, sondern die eigene Unabhängigkeit zu erreichen und zu entwickeln. Das Odin begann eine Unterstützungspolitik für diese Gruppen, die Barba das Dritte Theater nennt, indem es verschiedene internationale Begegnungen organisierte. Das Netz von Tätigkeiten, das diese kleinen Gruppen fördert, konstituiert in einigen Ländern die Haupttheaterentwicklung der letzten Jahre.

In bezug auf die Vielfalt und unterschiedliche Manifestation dieses Phänomens der Theatergruppen der siebziger Jahre beobachtet Barba, daß ihr Handlungsspielraum nicht mit den gewöhnlichen Parametern korrespondiert, die unser anerkanntes, spezifisches kulturelles Erbe, das traditionelle Theater, bestimmen. Diese Gruppen gehören auch nicht zur Avantgarde. Daher das Dritte Theater, das Barba als kleine Minderheiten junger Menschen sieht, die eine Identität und die Mittel des eigenen Ausdrucks suchen, die ökonomisch, kulturell, politisch und gesellschaftlich diskriminiert werden. Barba hält diese auseinanderstrebende Bewegung für eine der *potentiellen* Theaterkulturen der Gesellschaft, die in der Lage ist, einen bestimmten Teil ihrer Generation zu sozialisieren und damit repräsentiv ist für eine Gesellschaft, die in Arbeitslosigkeit und Wertverfall verstrickt ist.

1979 gründet Barba die Internationale Schule für Theateranthropologie. Die ISTA ist der Kulminationspunkt von Barbas langjährigen Untersuchungen über westliche und östliche Schauspieltechniken. Sie ist auch die Konsequenz der eigenen Lehr- und Wanderjahre des Odin.

Mit der ISTA hat Barba eine internationale Forschungsgruppe geschaffen, die Theaterfachleute, Soziologen, Anthropologen, Wissenschaftler und Meister verschiedener Theatertraditionen zusammenführt. In ihren öffentlichen Sessionen (Bonn, September 1980, und Volterra, Italien, August bis Oktober 1981) wird die ISTA zusätzlich zu ihrem Charakter als Forschungslaboratorium zu einer Schule, in der den Studenten nicht das Vermächtnis eines angesammelten Wissens angeboten wird, sondern ein Lernen zu lernen abverlangt wird, das es ihnen ermöglicht, eine eigene, persönliche und individuelle Arbeitsmethode aufzubauen.

In seinen der Theateranthropologie gewidmeten Schriften definiert Barba eine prä-expressive Ebene des Schauspielers als den Arbeitsbereich, der dem *szenischen Bios* verbunden ist. Dies theatralische Leben existiert unabhängig von den Intentionen und Handlungen der Aufführung, steht aber in direktem Bezug zur Präsenz des Schauspielers. Zum erstenmal wird die Tradition des orientalischen Theaters, insbesondere Indiens, Chinas, Japans und Balis, auf organische Weise mit der Trainingsentwicklung des westlichen Schauspielers verknüpft. Zum erstenmal öffnen sich hochqualifizierte Spezialisten wie Sanjukta Panigrahi, Katsuko Azuma, I Made Pasek Tempo einer pädagogischen Erfahrung, die sie über die Grenzen ihrer Tradition hinausführt und ihnen ermöglicht, westliche Schauspieler auf die Suche nach künstlerischer Autonomie zu führen.

Über den Rahmen der Arbeit schreibt Barba:

«Die ISTA ist ein Ort, an dem eine neue Theaterpädagogik vermittelt, umgewandelt und übertragen wird. Sie ist ein Laboratorium interdisziplinärer Forschung, eine Schule, die die Grenzen einer spezialisierten Kompetenz ignoriert, um sie durch direkte Erfahrung zu verändern und in der sich selbst die Meister dem Neuen aussetzen. Die Demarkationslinie zwischen Meister und Schüler verschwindet schnell und erlaubt beiden zu lernen.»

Alle Fäden seines mehr als zwanzigjährigen Forschens scheinen zusammenzulaufen und sich zu harmonisieren. Jerzy Grotowski und die orientalischen Meister, mit denen Barbas Lehre begann, kommen zur

ISTA; einige Odinschauspieler sind da. Sie sind die Früchte dieses Lernprozesses und gleichzeitig die Garantie seines Fortbestandes. Doch ist die ISTA nicht allein das Resultat der Lehrjahre, sie ist auch das Ergebnis der Reisen und der geknüpften Verbindungen.

Die Teilnehmer, die ‹Studenten› der ISTA, sind zum größten Teil Schauspieler und Regisseure des Gruppentheaters, die das Odin auf seinen langen Reisen an der Peripherie des Theaters getroffen hat. Sie sind die Akteure eines Theaters, das selten zur Kenntnis genommen wird, dessen Existenz oft vergessen wird und dessen Arbeit nicht mit dem korrespondiert, was von der offiziellen Kultur als künstlerische Arbeit anerkannt wird. Diese Gruppen, deren Repräsentanten sich auf der ISTA einander nähern, sind Autodidakten, die die gleiche Erfahrung durchlaufen, die vom Odin allein und als Ausnahme zu Beginn der sechziger Jahre gelebt wurde.

Durch die ISTA versucht Barba eine utopische Vision zu konkretisieren: eine *Theater-Kultur*, in der Können, Identität und Weisheit der Tradition mit der inneren Emigration derer verschmilzt, die auf der Welle tiefgreifender sozialer Bewegung getragen werden.

Aber zurück zu unserer Geschichte: Es kommt das Jahr 1974, und nach dem Abschluß von «Meines Vaters Haus» ändert das Odin Teatret abermals seine Richtung.

III

Sparen und Verschwenden

Im Oktober 1973 waren die Ölpreise um 70 Prozent gestiegen. Das Europa des wirtschaftlichen Aufschwungs wird zum Europa der Sparmaßnahmen. ‹Energie› wird nicht länger mit der Vorstellung von Fortschritt verbunden, sondern mit der Notwendigkeit zu sparen. Die ökonomische Krise geht Hand in Hand mit kulturellen und politischen Krisen; morgen findet die Revolution noch nicht statt. Viele junge Menschen strömen zurück in die traditionellen politischen Parteien, während sich andere kleine ‹alternative› Inseln schaffen. Im Herzen Kopenhagens wird die ‹freie Stadt Christiania› geboren. Im Norden Italiens hört man den Lärm der ‹revolutionären und kreativen› *Feste*, die mehrere Tage andauern. Polizei und Zeitungen sprechen von Tumulten, aber diese ‹Tumulte› bedrohen kaum die Außenwelt. Der Kampf der neuen Generation gegen die falschen Werte einer überreichen Gesellschaft verwandelt sich in die Rebellion der neuen Jugend, die außer ihrer Arbeitslosigkeit nichts zu verlieren hat.

In der Schweiz wird ein Volksentscheid zur Ausweisung aller ausländischen Arbeiter nur knapp vereitelt. Und in vielen europäischen Ländern werden Ausländer entlassen. In Deutschland wird die ‹Verteidigung der demokratischen Grundrechte› immer systematischer durch die legalisierte Diskriminierung der Berufsverbote bewerkstelligt. In Frankreich zerbröckelt die Einheit der Linken, noch bevor sie in den Wahlen geschlagen wird. Die skandinavischen Wohlfahrtsstaaten, fast mythische Modelle des Wohlstandes für den Rest der Welt, erfahren die Bedrohung durch Arbeitslosigkeit. Dänemark wird nach Irland und Italien das Land mit der dritthöchsten Arbeitslosenrate.

Die Politik scheint wieder über die Köpfe der Menschen hinwegzugehen und sicher in die Hände der Politiker zurückzukehren – und das nicht allein auf Grund der schwierigen und komplexen ökonomischen Situation. In Deutschland und Italien geht auch die ‹Politik› heimlich bewaffneter Gruppen über die Köpfe der Menschen hinweg. Diejenigen, die für eine allgemeine Beteiligung an politischen Entscheidungsprozessen gekämpft hatten, werden nun im Fernsehen mit blutigen ‹vollendeten Tatsachen› bombardiert. Die Hoffnungen, das bürgerliche System zu brechen, sind nun selbst in Gefahr, zwischen dem Geschwätz des Status quo und dem Terrorismus zerrieben zu werden.

Innerhalb dieses Panoramas trifft das Odin einige zunächst unverständliche Entscheidungen. Es beginnt, Theater zu ‹verschwenden›.

Das Gesetz von Angebot und Nachfrage war immer vorteilhaft für das Odin, das stets nur eine Produktion für 50 bis 60 Zuschauer im Repertoire hatte. Wo immer es auch hinging, war sein Theaterangebot geringer als die Nachfrage. Manchmal drängten sich kleine Menschenmengen vor den geschlossenen Türen einer vollbesetzten Vorstellung von «Meines Vaters Haus». Doch zwischen den Jahren 1974 und 1978 erarbeitete das Odin nicht weniger als sieben Produktionen, die alle im Repertoire blieben, und es improvisierte gelegentlich noch spontane Aufführungen, indem es die eigenen Aktionen mit denen anderer Theater verband.

Heute gilt eine Aufführung vor begrenzter Zuschauerzahl nicht mehr als skandalös und wird nicht mehr als ‹elitäres› Theater gewertet, wie es in den frühen sechziger Jahren geschah, als Grotowski und das Odin begannen, für ein kleines Publikum zu spielen. Heute ist vielen nicht bewußt, daß das Odin auch in geschlossenen Räumen spielt, sie haben es überall sonst gesehen: in Dörfern und Stadtzentren, auf Straßen und Plätzen. Für manche ist das Odin eine Clowntheatergruppe. Die Kritiker, die ständig nach Imitationen und Einflüssen suchen, nennen nicht länger solche Gruppen ‹Odin-Nachahmer›, die täglich trainieren; Nachahmer sind jetzt solche Gruppen, die mit Fahnen und Stelzen in den Straßen aufmarschieren.

Das Odin hat das Gesetz von Angebot und Nachfrage zu seinen Ungunsten umgekehrt. Mancherorts riskiert und akzeptiert es eine Inflation. Der Theatermarkt interessiert sich weniger für eine Gruppe, die nach dem Erfolg von «Meines Vaters Haus» in kleinen süditalienischen Dörfern zu arbeiten beginnt und lebt und die überall dort, wo sie erscheint, den Zuschauern die Möglichkeit gibt, mindestens eine Vorstellung gratis zu sehen.

Aber wieder einmal ist die Situation paradox. Je mehr der Theatermarkt das Odin ignoriert, desto häufiger schließt es wichtige Kontakte. Barba organisiert internationale Begegnungen mit der Unterstützung der UNESCO, des ITI (International Theatre Institute) und anderer großer Kulturinstitutionen. Tourneen werden zu langen Aufenthalten in verschiedenen Ländern und neigen dazu, der Kontrolle offiziell geplanter Theaterprogramme zu entkommen. Meist gerät das Odin mit kleinen Gruppen in Kontakt, manchmal mit nur ein, zwei Leuten, die isoliert und unbeobachtet arbeiten. Hier ist ein weiterer Widerspruch: Auf der einen Seite stehen die kleinen Gruppen und einzelnen, die vom Odin aufgesucht werden, auf der anderen Seite die hochgestellten Vertreter des Institutionalismus.

Reise

Jahrelang hat Barba die Entscheidungen und Erfahrungen des Odin durch Verweise auf die Geschichte des westlichen und orientalischen Theaters erklärt. Seine Zuhörer waren Kritiker und Theaterwissenschaftler. Als seine Zuhörer wechseln, ändern sich auch seine Worte. Die verschiedenen Wege, auf denen Barba nun über Theater spricht, haben nichts mehr mit Theater zu tun: Reise, Tauschhandel, Reservation, Getto, Pueblo, schwimmende Inseln, Emigration.

«Sprechen wir vom Theater, wenn wir von den Schritten sprechen, die wir unternehmen?» fragt sich Barba in dem Artikel «The Park and the Reservation» von 1975, der sich stark von den vorhergehenden unterscheidet. Dieser Artikel ist eine autobiographische Collage von Vorstellungen, Rechtfertigungen und Beispielen. Barba reflektiert in einem Monolog über das Theater, als ob die Notwendigkeit, eine «Doktrin» zu erklären, nicht mehr bestünde. Theatergruppen werden einem Schiff verglichen: «Wenn du weit reisen willst, mußt du ein Schiff haben.» Diese Vorstellung vermischt zwei Perioden aus Barbas Leben, seine Zeit als Seemann auf einem norwegischen Tanker und die Jahre im Theater. In beiden Fällen «sind die Häfen anders, als man sich vorgestellt hat».

Barbas Persönlichkeit wurde durch die Jahre 1956 und 1957, die er an Bord eines Schiffes verbrachte, tief geprägt, vielleicht mehr durch mitfahrende und angetroffene Menschen als durch die besuchten Orte. In der Konfrontation mit dem Unbekannten und Unerwarteten erfuhr Barba menschliche Beziehungen als eine kontinuierliche Entdeckung und Überraschung. Auf den Tankern der Orientlinie, beim Trampen in Afrika, Nordskandinavien und im Mittleren Osten, begann er, Realität als ein Aufeinandertreffen von begrifflich unvereinbaren Widersprüchen zu betrachten.

Dieses Gefühl, ein Fremder zu sein, der einen anderen studiert, findet Barba wieder, als er beginnt, Theater zu machen in seiner Situation als Zuschauer und Regisseur. Auf diese Weise sieht er Cieslak in *Der Standhafte Prinz*. «Von Anfang an, seit den ersten Sekunden der Aufführung, war es, als ob meine Erinnerungen an ihn und alle meine Kategorien, auf die ich mich stützte, unter meinen Füßen verschwänden. Ich sah ein anderes Wesen, die Gewalt eines entschlossenen Hurrikans.»

Während der Arbeit an *Ornitofilene* sieht er einige seiner Kollegen auf die gleiche Weise. «In manchen Szenen schienen die Schauspieler die auferlegte Komposition zu entwirren, indem sie zu einer Ausstrahlung fanden, die über das Theater hinausgehend mich eine vierte Dimension wahrnehmen ließ.» Der Schauspieler reist, wenn er arbeitet.

Zehn Jahre später verwendet das Odin, bevor es nach Süditalien aufbricht, einige Wochen auf Improvisationen für die nächste Produktion. Das Thema ist die Reise; aber hinter dieser Vorstellung stehen neue Erfahrungen und neue Unbekannte. Die fertiggestellte Produktion wird wenig mit dem Thema zu tun haben, zu dem sie 1974 in Holstebro begann.

Kurz darauf beginnt die wirkliche Reise des Odin nach Süditalien, zu den «Regionen ohne Theater», von denen Barba im *Brief aus Süditalien* und in *Blätter und Wurzeln* spricht.

Zwei Jahre danach reist das Odin nach Venezuela. Die neue Produktion ist fertig und wird zum erstenmal dem Publikum vorgestellt. *Come! And the Day Will Be Ours* ist eine Reflektion auf das, was das Odin gesehen hat: die Zerstörung von Kulturen, die Beseitigung dessen, was anders ist, und der Todesstoß für die, die durch die Benutzung ihrer Kultur als Folklore schon vernichtet sind.

Nach einem Monat verläßt das Odin Caracas, folgt dem Oberen Orinoco in den venezulanischen Amazonas und zeigt seine gesamten Produktionen einem Stamm der Yanomami-Indianer. Jacques Lizot, ein Anthropologe, der seit vielen Jahren mit den Yanomami zusammenlebt, demonstriert ihnen ein anderes Gesicht des weißen Mannes, den Schauspieler. Weiße sind nicht nur Missionare, Regierungsagenten oder Anthropologen. Die Indianer präsentieren den Schauspielern ihre Kriegstänze, und der Schamane spielt den Mythos der Schildkröte und des Jaguars, des Inzesttabus zwischen Schwiegersohn und Schwiegermutter. Die letzten Yanomami werden innerhalb der nächsten Jahrzehnte verschwinden. Sie werden ihr Shabono im Dschungel mit den Feldern an den Missionsstationen vertauschen, und von dort werden sie in die Barackendörfer an den Rändern der Großstädte ziehen. Die längste Reise des Odin, die zu den Yanomami, war auch die Reise mit den geringsten Hoffnungen und Illusionen.

In *Come! And the Day Will Be Ours* werden die Schauspieler zeitweise zu Zuschauern, zu Zuschauern der Geschichte, nicht des Theaters. Sie beobachten die Zerstörung der Stämme, die vor ihren Augen stattfindet. Das Publikum kann auf den Gesichtern der Schauspieler seine eigenen nutzlosen Emotionen ablesen, sein eigenes sentimentales Mitleid, sein eigenes gutes Gewissen. Oder es kann die unmenschliche und ernste Einsichtigkeit sehen, mit der man eine ‹tragische Notwendigkeit› beobachtet.

Auch die Straßenparaden des Odin werden zu symbolischen Reisen. Zuvor waren sie ein lärmendes Auftauchen, eine plötzliche, beunruhigende Erscheinung. Sie tauchten in den Dörfern und Städten Apuliens und Sardiniens auf, in Okzitanien und Katalonien, in Venezuela und Jugoslawien. Diese Paraden erlangten langsam einen fester umrissenen Charakter und wurden zu einer wirklichen Aufführung, zu *Anabasis,* das ganze Straßen und Plätze ausfüllt, dabei Dächer und Balkone, Statuen und Kirchtürme erstürmt.

Anabasis hat seinen Namen von einer alten griechischen Chronik. Eine Gruppe von Ausländern bahnt sich ihren Weg durch eine fremde Bevölkerung. Die Schauspieler sind bewaffnet mit Stelzen und Fahnen, Masken, Trompeten und Trommeln. Sie sammeln und zerstreuen sich wie Soldaten. Nur die beiden großen Verkörperungen des Todes am Ende der Prozession nehmen Kontakt zum Publikum auf. Die Reise *Anabasis* endet in einem großen schwarzen Tuch, das die Masse der Schauspieler, ihre Stimmen und Geräusche erstickend, aufnimmt. So kommt *Anabasis* im Mai 1978 nach Ayacucho in den peruanischen Anden. Ayacucho ist voller Soldaten.

Die jungen Schauspieler der peruanischen Theatergruppe Cuatrotablas haben hier, weit weg von der Hauptstadt, ein Treffen lateinamerikanischer Theatergruppen organisiert und auch das Odin eingeladen. Als aber der *Taller de Ayacucho* des Gruppentheaters anfängt, durchlebt Peru eine seiner schlimmsten Krisen. Die Preise verdoppeln und verdreifachen sich plötzlich. In allen Andenstädten gibt es Aufstände gegen die Militärregierung. Die verfassungsmäßigen Rechte werden außer Kraft gesetzt, und öffentliche Demonstrationen sind verboten. Es besteht nun die Möglichkeit, das Treffen abzusagen oder es nur unter den Teilnehmern, isoliert vom örtlichen Milieu, abzuhalten. Das wäre gegen die ursprüngliche Idee der Cuatrotablas gewesen, diese Werkstatt in der Öffentlichkeit Ayacuchos durchzuführen, anstatt sie im Theatermilieu Limas zu isolieren.

Das Odin stellt sich auf die Situation ein, es verhält sich wie Schweijk, aber wie ein Schweijk, der eine Strategie hat. Es befolgt die Polizeiverbote buchstäblich. Die Odinleute ziehen paarweise (drei würden als Gruppe angesehen) im genehmigten Abstand mit farbenfrohen Kostümen, Musikinstrumenten und Stelzen durch die ganze Stadt. Die neugierig gewordenen Bewohner umringen diese buntgescheckten *gringos,* stellen Fragen und werden über die südamerikanischen Gruppen, die am Treffen teilnehmen, informiert. Die Werkstatt des Gruppentheaters wird rasch zu einer öffentlichen Demonstration. Die Familien der *campesinos* kommen, um die venezolanischen, kolumbianischen, bolivianischen, argentinischen, chilenischen und peruanischen Gruppen zu sehen, und dem Odin gelingt es, jeden Tag in einem anderen Stadtteil aufzutreten. Es kommt mit den Komitees der *barrios* in Kontakt, die es einladen, auf ihren traditionellen, religiösen Festen zu spielen. Das Odin spielt schließlich sogar im Gefängnis.

An den beiden Ufern des Flusses heißt ein Film von Torgeir Wethal, der im Mai und Juni 1978 während des Peruaufenthaltes gedreht wurde; er ist eine ironische und bittere Fabel, die zeigt, wie sich eine Gruppe von Ausländern ihren Weg aus dem Wirrwarr äußeren Drucks und legaler Restriktion bahnen und erfolgreich auf die Menschen treffen kann, um deretwegen sie gekommen ist. Der Film ist reich an theatralischen Bildern, ist aber vor allem ein Film über Strategie, Strategie mit den Mitteln des Theaters. In einer Filmszene spricht Barba mit der Gruppe, die gekommen war, um Theater zu spielen und nun herausfand, daß die Militärregierung alle öffentlichen Versammlungen untersagt hatte.

«Es ist verboten, sich auf den Straßen zu versammeln. Gut. Laßt uns die Kostüme anziehen und hinausgehen. Wir werden weder gewöhnliche Gringos noch normale Touristen sein. Wir werden ein fremdes Element sein, das nicht in die normale Logik der Straßen paßt, etwas Theatralisches, das dennoch kein Theater ist. Wir respektieren das Gesetz und machen gleichzeitig die Leute auf uns aufmerksam.

Wir werden das Gesetz auf den Buchstaben genau befolgen, wie Schweijk. Es ist verboten, sich zu versammeln und als Gruppe herumzumarschieren, aber es ist nicht verboten, sich rot, blau oder grün zu kleiden und zu zweit einherzuschlendern. Die Leute werden uns folgen und feststellen, daß wir ein Katze-und-Maus-Spiel treiben, bei dem wir die Maus sind. Aber vielleicht eine Maus, die gewitzter und wagemutiger ist als die Katze. Und so bekommen wir die Solidarität der Leute auf unsere Seite.»

Die Behörden sind nie in der Lage, etwas zu finden, das sie dem Odin vorwerfen könnten.

Während der Monate des Odinaufenthaltes in Süditalien wurden drei Filme gedreht. Zwei Fernsehdokumentationen, eine dänische und eine italienische, zeigen, was offen sichtbar war, die Straßenaufzüge, die Clowns, die Wärme und Heiterkeit unter den Zuschauern, die die Aufführungen vom *Buch der Tänze* umringen. Der dritte Film zeigt, was nicht gesehen wird: das einsame Forschen des Schauspielers. Er ist nicht dokumentarisch, er ist Fiktion. Torgeir Wethal drehte ihn zusammen mit den Bewohnern Carpiganos. Nur eine Schauspielerin tritt auf, Iben Nagel Rasmussen. Torgeir spricht von der Reise seiner Schauspielerin im Süden als von einer «Einsamkeit mit tausend Grüßen».

Der Film *Vestita di Bianco* zeigt «das erste Kapitel der Geschichte eines Spielmanns». Iben Nagel Rasmussen trägt eine weiße Maske und eine Trommel. Ihre Reise führt durch das Dorf und endet am Meer. Die vorbeiziehende Schauspielerin erweckt die Neugier eines Augenblicks, eine plötzliche Schüchternheit oder kurzlebige Solidarität. Dies ist die Einsamkeit auf der Reise des Schauspielers, lyrisch, doch realistisch dokumentiert.

Ein Jahr später, im Sommer 1975, wird die imaginäre Reise des Films zur wirklichen. Iben geht allein mit ihrer Maske, dem weißen Kostüm einer Flöte und einer Trommel für einige Tage in ein sardisches Dorf. Nach zehn Jahren beim Odin ist dies ihre erste Reise als einzelne Schauspielerin. In einigen Häusern wird sie willkommen geheißen, sie tanzt, und man gibt ihr zu essen. Andere Male fühlt sie eine Verachtung, die sie an andere Reisen erinnert.

Anfang 1978 trennt sich das Odin für drei Monate. Jeder Schauspieler bricht allein oder mit ein, zwei Kollegen auf. Einige gehen nach Indien, Brasilien, Bali oder Haiti; andere bleiben in Europa, in Dänemark. Zum erstenmal werden die Schauspieler durch eine Reise für einen längeren Zeitraum aus dem Odin herausgerissen. Als sie im April 1978 zurückkehren, bringt jeder von ihnen eine Reisebeschreibung mit: Kostüme, Musikinstrumente, Tänze, Lieder, kurze Szenen, die die Erinnerungen ihrer Reise zusammenfassen. Die Einheit der

Gruppe wird um dieses Material herum neu aufgebaut. Gegen Ende des Jahres entsteht daraus eine neue Produktion, *Der Million – erste Reise.*

Der Million ist der «Rechenschaftsbericht einer Reise» durch die Tänze und Feste verschiedener Völker, zwischen dem Gold des buddhistischen Neujahrs und lateinamerikanischen Karnevalsrhythmen, indischen Fabeln und den vornehmen Tänzen des bourgeoisen Okzidents. Es erzählt von der Sinnlichkeit der Männer und Frauen, die sich begegnen, von der Einsamkeit und dem Hohnlachen des Karnevals und dem Massaker an ungeborenen Kindern. *Der Million* ist so direkt, unterhaltsam und voller exotischer Farben wie ein auf dem Jahrmarkt aufgeführtes Musical und so dunkel und voller kalter Tragik wie die Erzählungen eines desillusionierten Reisenden.

1964 hatte Barba in seinem Buch über Grotowski vom Theater als einer «anthropologischen Expedition» gesprochen. Zwischen 1974 und 1979 hat das Odin dieses Bild in die Wirklichkeit übertragen.

Tauschhandel

Barba benutzt den Begriff «Tauschhandel» zum erstenmal, als das Odin 1974 in Süditalien ist. Er vergleicht Theater mit dem Austausch von Gegenständen, der stattfindet, wenn ein Stamm einen Fluß überquert, um einen anderen zu besuchen. Er vergleicht es auch mit dem Gebrauch von «Salzgeld» und mit *Kula,* dem ökonomischen System Neuguineas, das von Malinowski untersucht wurde. Muschelhals- und Armbänder reisen zwischen den Inseln hin und her. Sie sind offensichtlich nutzlos und werden nicht einmal als Schmuck verwendet. Doch erlauben sie getrennt lebenden Menschen, miteinander in Kontakt zu treten.

Ein Mensch kann einen anderen nicht treffen, es sei denn *durch etwas;* hierin liegt das Paradoxon der Brauchbarkeit offensichtlich nutzloser Gegenstände. Als ein Austausch ist das Theater mit der Nützlichkeit der Verschwendung verknüpft, mit der des *Potlach,* der Vergeudung von Energien, die nicht genutzt werden, um Dinge zu produzieren, sondern um Beziehungen herzustellen.

Ein Tauschhandel besteht aus einer Bezahlung in ‹Sachleistungen›. Er ist Höhepunkt des Prozesses einer Beziehungsbildung zwischen zwei Gruppen – einem Theater und einer Gemeinde –, die ihre Kulturen austauschen. Die Theatergruppe präsentiert sich durch ihr Training, ihr Straßenspektakel, ihre Improvisationsformen, ihre Aufführungen. Und die Gastgemeinde antwortet mit den eigenen Tänzen und

Liedern mit ihrer Musik und oralen Überlieferungen, selbst mit religiösen Zeremonien.

«Was kann direkte Kommunikation sein?» fragt sich Peter Brook unmittelbar vor seiner Abreise nach Dahomey, Togo und Niger. «Ich leugne nicht die Wichtigkeit von Worten, aber wir suchen nach etwas viel Radikalerem, nach einer Theaterform, die wie Musik wirkt, nach etwas, das überall in der Welt ohne Bezugnahme zur Sprache den gleichen Eindruck hinterläßt.»

Vielleicht findet das Odin dieses «etwas, das überall in der Welt den gleichen Eindruck hinterläßt», weil es nicht auf einer wissenschaftlichen Ebene nach einer ‹theatralischen Sprache› sucht, sondern auf einer ‹politischen Ebene› nach dem *Nutzen* von Theater. Es sucht nicht nach einem ‹Code›, der Kommunikation erlaubt, sondern nach einer Situation, die den Kontakt zwischen Schauspieler und Zuschauer trotz aller Verschiedenheit ermöglicht und die gerade deshalb fasziniert, weil beide voneinander getrennt sind.

Das Publikum, das zu einem aktiven Gastgeber geworden ist, kann im Tauschhandel eine genuine populäre Kultur aus einer reichen und lebendigen Tradition anbieten oder wie viele urbane Gemeinden die allgegenwärtigeren Produkte einer Vorstadtkultur. Das Odin kommt nicht mit vorgefaßten Erwartungen und akzeptiert den Tauschhandel mit jeder Form der Aufführung, die von den ortsansässigen Menschen organisiert wird, ohne zu fragen, ob das Gegenprodukt wirklich ‹volkstümlich› oder ‹genuin› oder bloß die Kopie eines von oben aufgezwungenen Modells ist.

Wenn der Tauschhandel in den Arbeitervierteln großer Städte stattfindet, offenbart er die kulturelle Zersetzung, die das Resultat von Proletarisierung und Emigration ist. Im Oktober 1977 stehen in Paris im Mittelpunkt des ‹Tauschhandels› abwechselnd alle Arbeiter, die selbst Arbeitersöhne sind und Lieder der Kommune singen, und junge Amateure, die Fernsehsänger und -ansager imitieren, und junge Popgruppen. Erst gegen Ende, als klar ist, daß niemand das Geschehen leitet, kommen die Nordafrikaner mit ihren Liedern, Tänzen und Gedichten hervor mit dem gesamten Stolz ihrer Diskriminierung, der sie zu Richtern macht. Bis dahin hatten sich die ‹Araber› in einer Ecke des Raumes gedrängt, hatten gekichert, gestört, getrunken und uninteressiert zugeschaut. Sie hatten sich genauso verhalten, wie man es von den ‹Arabern› erwartete.

Der Tauschhandel, der nicht als Theater präsentiert wird und der kein Theater ist, wird für viele Theater-, Kultur- und Politgruppen zu einer Gelegenheit, andere Beziehungen aufzubauen als die, die ihnen von ihren spezifischen Aktionsfeldern bestimmt werden. Viele aktive

Gruppen finden sich oft auf Grund ihrer Ideale entwaffnet, sobald sie in Bereiche geraten, in denen die Waffen der Worte keinen Wert mehr haben.

Die ‹Lehrjahre› und das Training bauen keine wirkliche Spezialisierung des Schauspielers auf. Im Gegenteil, sie erlauben es ihm, die Ketten zu zerbrechen, die ihn an ein bestimmtes Publikum, an eine bestimmte Theaterform, Sprache oder Kultur binden. Mit anderen Worten, erlauben sie es dem Schauspieler, *sich darauf zu spezialisieren, nicht spezialisiert zu sein.*

Das Odin kann in unterschiedlichen Situationen angemessen reagieren. Es kann sozial sein nicht *trotz,* sondern *auf Grund* seiner langen Isolation, die es damit verbracht hat, die Probleme seiner inneren Sozialisation und Arbeit zu lösen.

Theater als Tauschhandel bedeutet nicht allein, Theater in einer bestimmten Situation auf besondere Weise einzusetzen. Eine allgemeinere Vision drängt das Odin dazu, die Bedeutung des Theaters zu untersuchen: die Verweigerung der Theaterware, deren Wert auf Grund von abstrakten ästhetischen Kategorien und materiell auf Grund ihres Erfolges und ihres Preises auf dem Theatermarkt geschaffen wird.

Diese Vision war schon in den ersten Odinseminaren gegenwärtig, im Verhältnis zu den Zuschauern von «Meines Vaters Haus» und vor allem in den Beziehungen, die innerhalb der Gruppe geschaffen wurden.

Barbas Brief an seine Schauspieler vom Februar 1973 schlägt einen Tauschhandel vor, keinen *Austausch unter gleichen,* aber einen Austausch als die einzige Möglichkeit, Gleichheit zu finden. Wie bei den Muschelketten Neuguineas gibt die Handlung des Tauschens dem, was getauscht wird, seinen Wert und nicht umgekehrt. Dies unterscheidet den Theatertauschhandel von anderen Tauschformen. Es gibt keinen, und es kann keinen vorbestimmten Wert dessen geben, was man austauscht. Und es gibt kein Problem ungerechten Tauschens.

Als Barba diesen Brief schreibt, versucht das Odin, Lösungen für das Problem zu finden, wie es neue Mitglieder aufnehmen kann. Das Mißverhältnis zwischen der Erfahrung der älteren Schauspieler und der Unerfahrenheit der jüngeren ist zu groß. Neue Mitglieder, die in die Gruppe aufgenommen werden wollen, können sich den bestehenden Normen, Arbeitsbedingungen und Verhaltensweisen nur anpassen, sie können sie entweder akzeptieren oder ablehnen.

Barba versucht, dieses Problem zu lösen, indem er eine Gruppe von Schülern bildet, die von den Älteren getrennt arbeitet und ihr eigenes Training entwickelt. Dieser Versuch, der theoretisch die Lösung des

Problems zu sein scheint, scheitert in der Praxis, als die Neuen mit den Schauspielern von «Meines Vaters Haus» zusammentreffen. Das Gleichgewicht verschiebt sich deutlich in Richtung der ‹alten› Gruppe, und alle neuen Schauspieler verlassen innerhalb von ein paar Monaten das Theater. Andere Schauspieler kommen, um die Gruppe zu vervollständigen. Sie folgen dem alten System und integrieren sich selbst in die bestehende Gruppe. Der Mikrokosmos des Odin reproduziert die sozialen Probleme der Beziehung zum anderen. Man darf annehmen, daß *Come! And the Day Will Be Ours* auch diesen Aspekt der Gruppe widerspiegelt: Die Produktion zeigt das Zusammentreffen von Individuen, die nichts auszutauschen haben, zeigt einen Integrationsprozeß, der auf gewaltsamen Beziehungen beruht.

Die Lösung des Problems der neuen Mitglieder findet sich in der Logik der Situation.

Das Odin braucht keine neuen Schauspieler. Deshalb haben die jungen Bewerber keine Chance. Ein paar der Schauspieler entschließen sich jedoch, einige dieser jungen Leute zu ‹adoptieren›. Sie übernehmen die ökonomische und professionelle Verantwortung für ihre Anwesenheit und arbeiten getrennt mit ihnen. So sind die neuen Mitglieder nicht gleich gezwungen, der gesamten Gruppe entgegenzutreten.

Ein Schauspieler ‹adoptiert› nur eine, möglicherweise zwei Personen, von denen er annimmt, daß sie ihn stimulieren können. So wird auch eine Situation des Austausches zwischen den neuen und alten Schauspielern geschaffen.

Zwei Jahre später bildet die Generation ‹adoptierter› Schauspieler mit dem Odin ein Ganzes. Aber dieser Prozeß hat sich durch die Bildung von Untergruppen entwickelt, die über ihre verschiedenen Arbeitserfahrungen untereinander Wechselbeziehungen hergestellt hatten.

Das Buch der Tänze war eine Aufführung *für* einen Tauschhandel. *Der Million* ist die Aufführung *von* einem Tauschhandel, der innerhalb des Odin stattfindet. Austausch und Tauschhandel sind die Prinzipien geworden, die das gesamte Leben der Gruppe regulieren.

Nach seiner ersten Italienreise hatte das Odin eine Unterstützungspolitik für Theatergruppen begonnen, indem es in Holstebro einjährige Seminare organisierte. Diese Seminare konzentrierten sich nicht allein auf die schauspielerische Arbeit; sie zielten auch darauf ab, die Teilnehmer zu trainieren, alle Probleme, die in einer Gruppe auftauchen können, von internen Beziehungen bis zur äußeren Organisation zu besprechen und, wenn möglich, zu lösen.

1976, 1977 und 1979 organisiert Barba in Belgrad, Bergamo und

Madrid drei internationale Begegnungen für das Gruppentheater. Er hat die Unterstützung der UNESCO und des ITI. In Belgrad findet die Begegnung im Rahmen des bekannten «Theater der Nationen» statt. Die teilnehmenden Gruppen sind jedoch alle unbekannt. Sie sind aber zur Zusammenarbeit fähig und in der Lage, die ganze Stadt zu beleben, als wären sie eine einzige große Gruppe. In Belgrad und Bergamo enthüllen die ‹Bettler des Theaters› eine Kraft und einen Zusammenhalt, für den es im traditionellen Avantgarde- oder ‹politischen› Theater keine Beispiele gibt.

Als Einführung für das Treffen in Belgrad 1976 schreibt Barba sein ‹Manifest›, *Das Dritte Theater*. Für viele Gruppen in vielen Ländern wird es schnell zu einer Art Spiegel, in dem sie sich wiedererkennen und mit dem sie sich auseinandersetzen.

Die Gruppen, die an den Treffen des Dritten Theaters teilnehmen, haben eine gemeinsame Charakteristik. Sie haben ihre Arbeit auf den Schauspieler aufgebaut, betonen sein Training, seine körperlichen Fähigkeiten, und sie benutzen theatralische Techniken, die sich von heterogenen Traditionen ableiten. Bei diesen Begegnungen präsentieren die Gruppen gegenseitig ihre Arbeiten, sie schaffen Kontakte, die spätere Zusammenarbeit erlauben. Die Schwäche der einzelnen Gruppen entstammt größtenteils ihrer Isolation im eigenen Milieu. Durch das Auflösen dieser Isolation und das Schaffen eines Verbindungsnetzes vergrößert jede Gruppe ihre Kraft und Widerstandsfähigkeit.

Barbas Arbeit in Belgrad und Bergamo wird von den Cuatrotablas bei der Begegnung 1978 in Ayacucho mit der Unterstützung des Odins unter der Schirmherrschaft der UNESCO und des ITI fortgesetzt. 1981 folgt in Zacatecas, Mexiko, ein weiteres von der Gruppe la Rueca organisiertes Treffen. Südamerikanische Gruppen lernen sich außerhalb eines Theaterfestivals kennen. Horatio Dzertok schreibt in der argentinischen Zeitung «La Nacion», daß Barba und das Odin für das Gruppentheater gewesen sind, was Grotowski für den einzelnen Schauspieler war. «Wir können sagen, daß Jerzy Grotowski für die Arbeit des Schauspielers eine neue Dimension eröffnet hat. Das Odin Eugenio Barbas hat auch eine neue Theaterdimension geöffnet, die den Schauspieler einschließt und in die Gesellschaft projiziert.»

Emigration und Erdbeben

Barba nennt das Theater Reservation, Getto, Schwimmende Insel und Emigration. Diese Bilder verlieren dabei schrittweise ihren negativen Charakter der Zerstörung und Marginalität und gewinnen mehr und mehr den Sinn der Verteidigung eigener Unabhängigkeit.

Eugenio Barba spricht oft von der Geschichte des Odin und seiner eigenen als einer Geschichte von Emigranten. Er verließ Italien im Alter von 17. In Norwegen entdeckte er eine Freiheit, von der er zuvor nur geträumt hatte. Dafür lernte er die Bedingungen eines Emigranten kennen, die Notwendigkeit, sich ungewohnten Sprachen und Gebräuchen anzupassen, und den andauernden Kampf gegen Demütigung. Der Italiener in Norwegen wird zu einem Italo-Norweger, zuerst in Polen, später in Dänemark. Mit jedem Schritt nach vorn scheint sich seine Lage als Ausländer zu verschärfen. Paradoxerweise wird seine Identität um so bestimmter, je ausländischer er wird.

Auch das Odin muß emigrieren, um Unabhängigkeit zu erlangen, ebenso wie viele seiner Mitglieder, die aus Italien, den Vereinigten Staaten, Spanien, Norwegen und Schweden kamen. Sogar die Dänen mußten emigrieren, wenngleich nur ein wenig – in Holstebros Theater gibt es keinen Dänen aus Holstebro.

Das Wort ‹Emigrant› läßt einen an ökonomische und politische Zwänge, an Reise und Trennung denken, an etwas, das kurz einem privaten Erdbeben, einem inneren Riß und auch Gewalt gleichkommt. Es läßt an die eigene Gesellschaft denken mit dem verheerenden Erdrutsch der Arbeitslosigkeit und der Emigration der Jugend, die nicht bloß das eigene Land verlassen muß, sondern auch die Werte, mit denen sie geboren und aufgewachsen ist.

Die letzten beiden Hauptproduktionen des Odin, *Come! And the Day Will Be Ours* und *Brechts Asche* (erste Version 1980, zweite 1982), sind Reflektionen über Emigration: wenigstens hat Barba sie unmittelbar nach ihrer Fertigstellung so genannt.

Wenige hätten gedacht, daß es eines Tages eine Begegnung zwischen Barba und Brecht gäbe. Tatsächlich sahen viele das Odin und Brechtsches Theater als einander gegenüberliegende Pole. Als Barba 1976 begann, Brechts Leben und seine Schriften zu erforschen, wurde er besonders von der eigenartigen Emigration angezogen, die der Intellektuelle und Künstler Brecht erfahren hat, als ein Mann, der im Widerspruch zu seiner Zeit steht und unfähig ist, den Lauf der Dinge zu ändern, der jedoch seinem Ruf als Zeitzeuge treu bleibt, selbst wenn seine Worte wie die eines Rufers in der Wüste verhallen und auf Seiten geschrieben werden, die niemand lesen wird.

Brechts Asche, Barbas Meisterstück, verwebt Episoden aus Brechts Leben mit Charakteren aus seinen Stücken. Es ist nach einer Dramaturgie konstruiert, die den Prinzipien der modernen Dichtung und der Filmkunst folgt. Es bewegt sich schnell von einer Zeit zur anderen, überlagert verschiedene Bedeutungsebenen und Situationen mit kristallklarer Komplexität.

Brechts Asche ist eine zweisprachige Produktion. Es wird in Deutsch aufgeführt und in der Sprache des Landes, in dem es gastiert. Brechts Gegenüber ist Meckie Messer. Brecht spricht seine eigene Sprache und wird von Meckie Messer kommentierend übersetzt. Beide Männer sind ironisch, mitleidslos, sardonisch; aber ein großer Abstand liegt zwischen ihnen: der Abstand zwischen der kalten Schneide einer Vernunft, die von Schmerz und dem Durst nach unerreichbarer Gerechtigkeit belebt wird, und einem harten Knüppel der Vernunft, gesteuert von gesundem Menschenverstand, ohne Träume, ohne Durst.

Barba geht vom ursprünglichen Thema der Emigration aus und gelangt auf tiefere Ebenen. Das Publikum kann an der Erfahrung teilhaben, wieviel Tragödie dem Brechtschen Konzept der Verfremdung innewohnt, das im zeitgenössischen Theater oft einseitig und optimistisch als der lächelnde Sohn wissenschaftlicher Vernunft erscheint. In *Brechts Asche* zeigt Barba, wie Brecht es oft selbst in seiner Poesie getan hat, daß der Abstand zwischen Vernunft und Emotion, Resultat einer bitteren Notwendigkeit ist, eine Spaltung, eine Wunde, die zwar Verständnis mit sich bringt, die aber das Produkt des Wahnsinns der Zeiten ist. Durch einfache und theatralisch überraschende Mittel gelingt es Barba, das Publikum den trauervollen Zustand erfahren zu lassen, in dem sich die Vernunft von der Emotion trennen muß, um verstehen und urteilen zu können. So bietet die Produktion keinen Exkurs über Brecht, sondern eine direkte Erfahrung. Wieder einmal geht es nicht um eine ‹Repräsentation›, um Mise-en-scene, sondern um ein lebendiges Paradigma.

Wenn man, nachdem man *Brechts Asche* gesehen hat, über die Geschichte des Odin Teatret nachdenkt, kommt man zu der Überlegung, daß die Entscheidungen und Aktionen der Gruppe immer aus einem *Bruch* mit den eigenen Bedingungen, immer aus einem *Zerreißen* der eigenen Geschichte gewachsen sind. Handlungen erscheinen immer als das Resultat einer Veränderung, die innerhalb des Mikrokosmos der Gruppe oft wie ein wahrhaftiges Erdbeben auftritt.

In diesem Zusammenhang steckt Barba den Zunder an, um das Feuerwerk zu entfachen. Er entwurzelte die neugebildete Gruppe in der norwegischen Hauptstadt und ließ sie in einer kleinen Stadt Norddänemarks weiterleben. Er löste die Gruppe nach dem internationalen Erfolg von *Ferai* auf und forderte von den wenigen gebliebenen Schauspielern einen Neubeginn. Er stellte das gewohnte Leben der Gruppe nach «Meines Vaters Haus» auf den Kopf und führte sie in ein kleines italienisches Dorf.

In der Phrase «mit den eigenen Bedingungen als Gruppe zu brechen» liegt ein potentielles Mißverständnis, das das Leben jeder Gruppe bedroht. Ein Bruch mit der Vergangenheit ist nicht schon an sich ein Zeichen für Lebendigkeit oder Entwicklung. Es gleicht einem Schachspiel mit dem Tod, man gewinnt Zeit.

Nach einer gewissen Periode entsteht in allen Gruppen das Gefühl, daß ihre momentanen Bedingungen sie ersticken, sie spüren die Notwendigkeit einer Veränderung. Diese Veränderung ist dann normalerweise nichts anderes als die beginnende Auflösung. Die Kräfte, die den Zusammenhalt einer Gruppe gewährleisten, sind tatsächlich so schwach, wenn man sie mit denen, die eine Familie oder Gesellschaft zusammenbinden, vergleicht, daß sie laufend gefährdet sind, von jeder größeren auftretenden Veränderung zerfressen zu werden. Eine Gruppe ist genau deshalb eine Gruppe, weil sie weder eine Familie noch eine Gesellschaft ist, und sie ist schneller vom Teufel der Auflösung besessen als vom Schutzengel der Dauerhaftigkeit. Andererseits kann keine Gruppe ohne größere Veränderungen überleben.

Die ‹Erdbeben› des Odin Teatret (‹Erdbeben› mit einem ‹Urheber›) waren eine Lösung dieses Problems. Sie sind keine einfachen Veränderungen, keine Reihe von Weggabelungen im Gruppenleben, sondern herausfordernde Situationen die bewußt provoziert werden, um die vielfältigen schon gemeisterten Erfahrungen in neue Umlaufbahnen zu bringen. Tatsächlich hat Barba diese Veränderungen nicht um ihrer selbst willen hervorgerufen. Er wollte den inneren Zusammenhalt, die tiefliegende Kontinuität in der Gruppe wiederbeleben und stärken.

Das Problem der Veränderung taucht ebensogut für den einzelnen Schauspieler auf. Für ihn darf die Frage nicht heißen ‹zu wechseln›, sondern ‹was wechseln›. Man spricht davon, ‹ein Haus zu wechseln› oder ‹einen Gatten zu wechseln›, und es geht oft nur darum, ein Haus durch ein anderes zu ersetzen, einen Gatten durch einen anderen. Ebenso wird oft ein Stil ersetzt, eine Arbeitsmethode oder eine Gruppe. Damit der Wechsel eine wirkliche Veränderung und nicht ein bloßes Ersetzen wird, muß er die Veränderung *von etwas* auf sich nehmen, dessen Kontinuität gewährleistet wird. Was schließlich bestehen bleibt, ist nicht das, was der Veränderung widersteht, sondern das eigentliche Motiv und Instrument der Veränderung selbst.

In seiner Entwicklung sieht sich der Schauspieler zunehmend dem

Problem gegenüber, ein dialektisches Gleichgewicht zwischen Kontinuität und Veränderung zu errichten. Dieses Problem, das Barba auch in seiner Theateranthropologie definiert hat, beschäftigt ihn in den letzten Jahren. Was er eine Reihe pragmatischer Regeln nannte, die die prä-expressive Ebene der Schauspielkunst definieren und über die er in seinen Artikeln «Der Lauf der Gegensätze» und «Theateranthropologie» spricht, kann als Verkörperung eines konkreten Ausgangspunktes gesehen werden, der dem Schauspieler erlaubt, über die Grenzen einer erlernten Technik hinauszugehen, ohne sich selbst aufzugeben.

Zum erstenmal beschränkt sich Barba nicht darauf, die Resultate der eigenen Erfahrung wiederzugeben, er wagt sich über die traditionellen Grenzen einer Theaterpädagogik hinaus, um eine fundamentale ‹Logik des Lebens› zu skizzieren, die das Wachsen und Wandeln einer autonomen individuellen Erfahrung gestattet.

Theater der Migration

Am Ende dieser kurzen Geschichte des Odin-Theaters kann man sich fragen, welche Bedeutung die Erfahrungen Barbas für uns haben können.

Besonders betonen möchte ich seinen Status als Emigrant, Auswanderer, und es durch Migrant, Wanderer, ersetzen – ein Theater des Wanderns, ein Theater der Migration. Der ‹Emigrant› definiert sich durch den Ort, den er verläßt oder verlassen muß. Der ‹Migrant› definiert sich allein durch sein Gehen. Es gibt feste Theater, Theater der Emigration und Theater, die umherwandern.

Über Jahrhunderte war die Bedeutung eines Theaters streng an Zugehörigkeit zu einer Stadt, Region oder Nation verknüpft. Von der Comédie Française» zum «Berliner Ensemble», vom «Piccolo Teatro di Milano» zum «Théâtre National Populaire» entstammte der Geist großer Theater immer ihren nationalen oder städtischen Wurzeln. Vielen erscheint es auch heute noch so: Je tiefer die örtlichen Wurzeln reichen, desto weiter können die Äste ragen, können auch nationale Grenzen überschritten, ein entferntes Publikum und andere Kulturen erreicht werden. Das Modell eines Theaters, das Wurzeln schlägt und sich wie ein Baum ausdehnt, ist das klassische griechische Theater. In ihm erkennen die modernen westlichen Theater gern ihren Ursprung und benutzen dabei das Wort griechisch gleichbedeutend mit universell.

Nun gibt es aber Theater, die ihr Innerstes nach außen kehren, die das Problem ihrer nationalen Identität beiseite schieben und ihr Zugehörigkeitsgefühl zu einer bestimmten Schule, Tradition oder Nation bewußt aufgeben. Sie arbeiten nahezu interkulturell. Sie sind keine festen Theater, auch keine Theater der Emigration. Ein Wanderer ist ein Fremder, einer, der nirgendwo zu Hause ist.

Dieser Wechsel der Perspektive kann auch definiert werden als Wechsel vom Theater als einem Ort, an dem Vorstellungen gemacht werden, zu einem Ort, an dem Veränderungen geschehen.

Die gesamte Geschichte von Barbas Forschen und Handeln kann als die fortlaufende Anstrengung interpretiert werden, ein Fremder zu bleiben. Alles an seinem Theater ist Schule für Fremde. Alle Produktionen von *Ornitofilene* bis *Brechts Asche* sind Meditationen über die Loyalität gegenüber sich selbst im Gegensatz zu einer Loyalität gegenüber dem Heimatland oder einem Ideal. Dieses Theater ist schließlich sehr fern von einem Theater, in dem das moderne Denken idealisiert wird und das sich selbst als öffentliche Dienstleistung versteht, als städtische Institution, die letzlich auf Integration abzielt.

Eine alte Maxime lehrt, es sei notwendig, *in* der Welt zu sein, in der man lebt, aber nicht *von* der Welt.

Lange Zeit haben die meisten Künstler auf diametral entgegengesetzte Weise gehandelt. Sie haben versucht, ein Dilemma zu vermeiden, haben versucht, so wenig wie möglich in der Welt zu sein, und wurden daher unwiederbringlich Teil dieser Welt.

Vielleicht wird die alte Maxime, die einen drängt, nicht an einen Ort, ein Heim gebunden zu sein, heute zu einer einfachen Regel menschlicher Klugheit ohne alle transzendentalen Zwischentöne.

Angesichts einer weltweiten Kultur, die augenblicklich mit Bequemlichkeit, Angst und schwelgerischem Luxus geschaffen wird, finden wir die klarste und konkreteste Bestätigung dieser nüchternen Maxime vielleicht gerade in den Theatern, die sich selbst zu Fremden machen.

Anabasis

(Erste Version 1977, vierte Version 1982–1984)

Schauspieler: Torben Bjelke, Roberta Carreri, Toni Cots, Tom Fjordefalk, Francis Pardeilhan, Tage Larsen, Else Marie Laukvik, Iben Nagel Rasmussen, Silvia Ricciardelli, Ulrik Skeel, Julia Varley, Torgeir Wethal

Anabasis, eine Straßenvorstellung, geht auf eine Geschichte von Xenophon zurück, einem griechischen Autor des vierten Jahrhunderts vor Chr. Eine Gruppe Fremder marschiert durch fremde Bevölkerungen. Die mit Fahnen, Trompeten und Trommeln ‹bewaffneten› Schauspieler vereinigen und verstreuen sich, sie verstecken sich hinter Straßenecken, erscheinen auf Balkonen, greifen von Dachspitzen aus an. Nur die beiden großen Figuren des Todes, die den Schluß der Prozession bilden, haben Kontakt mit der Menge. Die Reise von *Anabasis* endet in einem großen schwarzen Tuch, das die Schauspieler einwickelt und ihre Geräusche und Stimmen erstickt.
Anabasis von Xenophon erzählt die Geschichte einer griechischen Militärexpedition, die in Kleinasien abgeschnitten wurde. Sie muß eine lange Reise durch das Gebiet befreundeter und feindlicher Völker machen, natürliche Hindernisse, Angriffe von außen und das Risiko innerer Uneinigkeit und Streiterei überwinden, bevor sie die See erreicht und in die Heimat zurückkehren kann. Die 10000 Griechen kommen aus verschiedenen Städten, sprechen verschiedene Dialekte und haben unterschiedliche Traditionen, Religionen und Kleidungen. Aber da sie gezwungen sind, sich zu verteidigen, entwickeln sie eine komplexe soziale Struktur, die es ihnen erlaubt, von allen akzeptierte schnelle Entscheidungen zu fällen und die Freiheit jedes einzelnen zu bewahren. Bei der Ankunft am Meer und der Abfahrt in die Heimat zerfällt die Gemeinschaft, die nur solange überlebte, wie alle sich täglich darüber bewußt werden konnten, was sie miteinander verband.

Fotos: Peter Bysted, Toni D'Urso, Saul Shapiro.

121: Der Schauspieler: ein Fremder unter fremder Bevölkerung
(Iben Nagel Rasmussen)

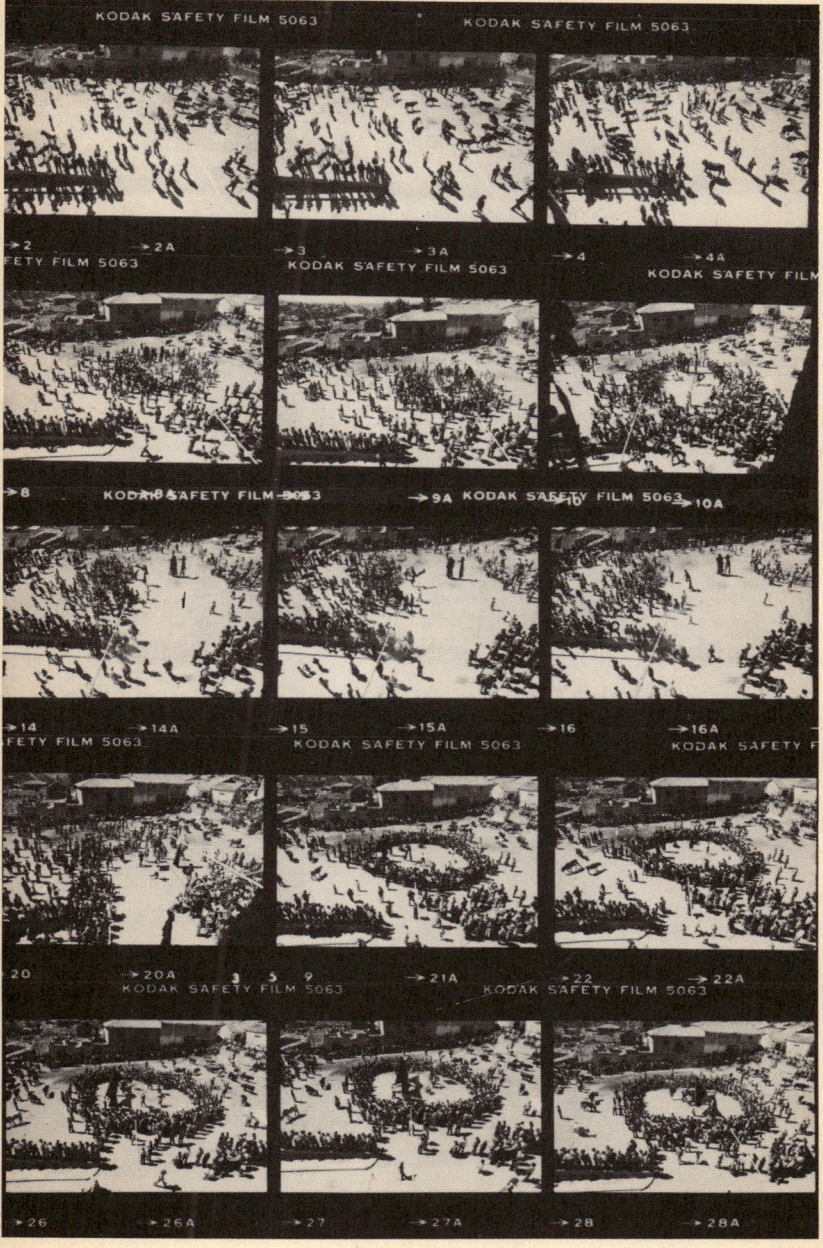

124

125: Toni Cots   126: Torgeir Wethal

In seiner Straßenvorstellung führt das Odin Teatret seine Forschungen über den szenischen Gebrauch des Raums bis zur extremen Konsequenz. Alle Teile der Straße – Häuser, Balkone, Dächer, Brunnen, Denkmäler und Straßenbeleuchtung – werden nach ihrer verschiedenen Höhe, ihrem Umfang, ihrer Farbe und ihrer Form benutzt und dramatisiert. Die Giebel entfernter Dächer, der Rahmen eines offenen oder geschlossenen Fensters, die Weite eines Portals oder seine Verzierung, alles wird zum Partner des Schauspielers und zu Handlungen und Geräuschen, Kostümen und Requisiten in Beziehung gesetzt. Der tägliche Rhythmus der Straße wird durch das ständig sich verwandelnde kontrastierende Moment der Schauspieler unterbrochen, der Raum wird diagonal und vertikal versetzt, indem sie sich in langsamem Gang zusammenziehen oder explodieren und sich durch die Menge in alle Richtungen zerstreuen. Die Schauspieler bilden bewußt wechselnde theatralische Architekturen und verändern für den Betrachter die Wahrnehmung des Raums ‹Straße› und seine Gegenwart/Funktion in diesem Raum.

127: Toni Cots, Francis Pardeilhan

128: Knud Erik Knudsen, Torgeir Wethal

129

130: Silvia Ricciardelli, Torgeir Wethal, Iben Nagel Rasmussen

131: Tom Fjordefalk, Else Marie Laukvik, Tage Larsen

132–133: Das Schlußbild von *Anabasis*: der letzte Kampf der Figuren und ihre Erstickung durch die großen Mächte

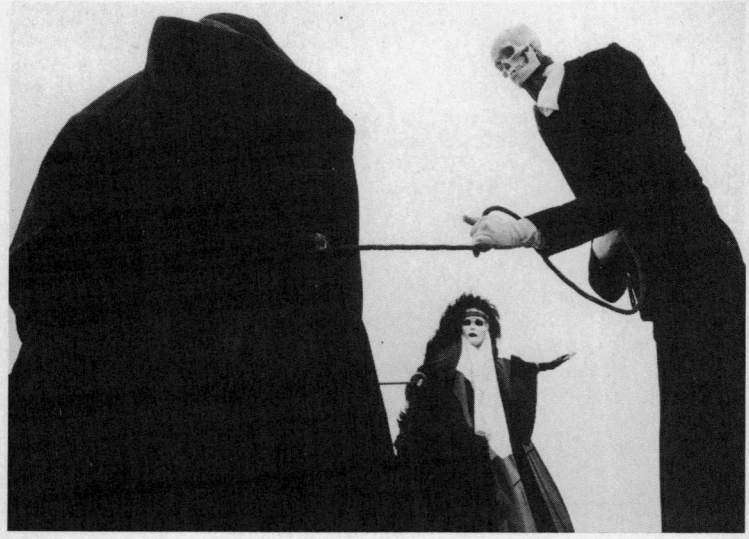

134: «Wer bist du?» – «Ein Schauspieler.» – «Ja, aber wer bist du?»

rowohlts enzyklopädie

Gerhard Hauck
Geschichte der soziologischen Theorie
Eine ideologische Einführung (401)

Richard Huelsenbeck (Hg.)
Dada
Eine literarische Dokumentation (402)

Benjamin Lee Whorf
Sprache – Denken – Wirklichkeit
Beiträge zur Metalinguistik und Sprachphilosophie (403)

Robert von Ranke-Graves
Griechische Mythologie
Quellen und Deutung (404)

Günther Schiwy
Der französische Strukturalismus
Mode, Methode, Ideologie. Mit einem Textanhang (405)

Eberhard Braun/Felix Heine/Uwe Opolka
Politische Philosophie
Ein Lesebuch. Texte, Analysen, Kommentare (406)

Harald Kerber/Arnold Schmieder (Hg.)
Handbuch Soziologie
Zur Theorie und Praxis sozialer Beziehungen (407)

Ekkehard Martens/Herbert Schnädelbach
Philosophie
Ein Grundkurs (408)

José Ortega y Gasset
Der Aufstand der Massen (409)

Walter Hess
Dokumente zum Verständnis der modernen Malerei (410)

Günther Schiwy
Poststrukturalismus und «Neue Philosophen» (413)

Martin Esslin
Das Theater des Absurden
Von Beckett bis Pinter (414)

Eugenio Barba
Jenseits der schwimmenden Inseln
Reflexionen mit dem Odin-Theater. Theorie und Praxis des Freien Theaters (415)

Robert von Ranke-Graves
Die Weiße Göttin
Sprache des Mythos (416)

ro
ro
ro